COMENTARIOS DE UN MAGISTRADO DE LO SOCIAL SOBRE LA JUSTICIA Y OTROS ASPECTOS

COMENTARIOS DE UN MAGISTRADO DE LO SOCIAL SOBRE LA JUSTICIA Y OTROS ASPECTOS

EDICIÓN 2023

Pedro Tuset del Pino
Magistrado

COLEX 2023

© Editorial Colex, S.L.
Calle Costa Rica, número 5, 3.º B (local comercial)
A Coruña, C.P. 15004
info@colex.es
www.colex.es

I.S.B.N.: 978-84-1359-802-4
Depósito legal: C 210-2023

SUMARIO

PRESENTACIÓN 13

PRÓLOGO 15

LA LEY EN LA HISTORIA

1. Cuarenta expresiones en latín de imprescindible conocimiento en Derecho ... 17
2. Mi concepto de la Justicia 25

AL MARGEN DEL DERECHO

3. A la memoria de mi padre.. 29
4. Al encuentro de la felicidad 33
5. España: entre la abstracción y la realidad 37
6. Acerca de las carteras ministeriales, cómo y dónde se fabrican y cuál es su coste.. 43
7. Cataluña, una historia y una gastronomía por descubrir y degustar 45
8. El trabajo es contrario a la esencia espiritual del hombre. Algunas reflexiones acerca de la obra de Giuseppe Rensi.......................... 49
9. Falta una adecuada formación profesional en el sector de la restauración..... 53
10. Espinàs, un escritor de vocación 63
11. Josep Pla. Retrato humano de un escritor tímido e ingenuo 65
12. Julián Marías. Vida y reflexiones de un filósofo 69
13. Sentirte extranjero en tu propio país 75
14. Sólo la mitad de los trabajadores de todo el mundo ocupan puestos de trabajo correspondientes a su nivel de formación 79
15. El redondeo en el sistema de pago de los bienes de consumo 85

SOBRE LOS JUECES

16. ¿Pueden los jueces dar a conocer ante los medios de comunicación social sus opiniones sobre actuaciones judiciales? 89

17. El uso de la toga por los jueces como símbolo de respeto y autoridad a la Administración de justicia 93

18. El inicio del nuevo año judicial 99

RELACIÓN DE TRABAJO

19. El devenir histórico de la mujer trabajadora en España 103

20. El Tribunal Supremo resuelve sobre la determinación de la fecha de efectos del reconocimiento a un varón del complemento de pensión por maternidad. Comentario a la Sentencia de 16 de febrero de 2022 129

21. Contraer matrimonio con una compañera destinada en otro centro de trabajo de la misma empresa no es suficiente para lograr el traslado 141

22. La regulación de la temperatura ambiental como medida energética y su incidencia en los centros de trabajo, conforme al Real Decreto-ley 14/2022, de 1 de agosto 145

23. A partir del día 2 de septiembre de 2022 los conductores de vehículos de transporte de mercancías de más de 7,5 toneladas de masa máxima autorizada no podrán participar en las operaciones de carga o descarga de las mercancías 153

24. Compendio de las disposiciones sobre vigencia, régimen derogatorio y transitorio contenidas en el Real Decreto-ley 32/2021, de 30 de diciembre, de reforma laboral 161

25. Las bajas médicas por regla incapacitantes. 167

26. El gigante chino impone a sus trabajadores la jornada laboral «996» 169

DERECHOS FUNDAMENTALES

27. ¿Puede declararse la nulidad de un despido sobre la base de la vulneración de las convicciones o ideología animalista del trabajador? Comentario a la Sentencia del Tribunal Superior de Justicia de Cataluña de 12 de noviembre de 2021 175

28. El despido de una trabajadora en baja médica es nulo por vulneración del derecho a la integridad física al acreditarse que la política de la empresa ha sido la de segregar al colectivo de quienes a menudo ha estado en situación de incapacidad temporal. Notas a la Sentencia del TSJ de Cataluña, de 14 de septiembre de 2021 185

29. La discriminación por razón de sexo, de identidad de género y la vinculada a la expresión de género con ocasión de la vestimenta laboral. A propósito de la Sentencia del Tribunal Constitucional núm. 67/2022, de 2 de junio 201

30. El Poder Judicial dice que hacer apología del franquismo es libertad de expresión 223

DOCTRINA COMUNITARIA

31. El Tribunal Constitucional polaco torpedea la línea de flotación del Derecho Comunitario 227

32. La prevalencia del derecho de la Unión Europea. Algunas reflexiones acerca de la STJUE de 8 de marzo de 2022 239

33. Derecho a la asistencia sanitaria pública en el marco del Derecho de la Unión Europea 249

EXTINCIÓN DEL CONTRATO DE TRABAJO

34. El Tribunal Constitucional inadmite a trámite una cuestión de inconstitucionalidad frente a la previsión legal de inexistencia de indemnización derivada de la extinción del contrato de interinidad 255

35. La extinción del contrato de trabajo derivada de la jubilación forzosa. Recorrido histórico y apuntes a la Sentencia de la Sala Social del Tribunal Supremo, de 13 de junio de 2022 259

36. ¿Resulta exigible el pago del interés legal del dinero vinculado al importe de la indemnización en caso de declaración de improcedencia del despido? 267

ORGANIZACIÓN INTERNACIONAL DEL TRABAJO

37. Según la OIT, crece el riesgo de divergencia en la recuperación de empleo post pandemia entre los países desarrollados y en desarrollo 273

PROCEDIMIENTO SOCIAL

38. Algunas reflexiones a vuela pluma en el ámbito de la jurisdicción social 279

39. Aprobado el Anteproyecto de Ley de Medidas de Eficiencia Digital del Servicio Público de Justicia 281

40. A vueltas con el ejercicio del derecho de opción por el trabajador y el Fondo de Garantía Salarial en los supuestos de despido improcedente. Anotaciones a la Sentencia del Tribunal Supremo de 26 de octubre de 2021 . 285

41. Declarada la improcedencia del despido, en acción acumulada a la de extinción del contrato por voluntad del trabajador, procede el pago de salarios de tramitación. Comentario a la STS de 23 de junio de 2021 299

42. El plazo procesal fatal del artículo 135 de la Ley de Enjuiciamiento Civil. Entre la ficción legal y su carácter improrrogable. Últimos criterios judiciales 305

43. Es recurrible en suplicación la sentencia que resuelve sobre la imposición a la empresa de una sanción administrativa en cuantía inferior a 18.000 euros en materia de Seguridad Social 313

44. La celebración de la conciliación administrativa previa en el orden jurisdiccional social. La particularidad de la reclamación previa 317

45. La eficacia de la cosa juzgada impide que sea ajustada a derecho la demanda presentada por el FOGASA, en reclamación de prestaciones indebidas, cuando dichas prestaciones han sido reconocidas previamente por sentencia firme que estimó su pertinencia 353

46. La instructa como irregularidad procesal en el procedimiento social 363

47. La suspensión del procedimiento social con ocasión de la tramitación de causa penal vinculada con el despido impugnado en sede judicial 367

48. La opción del empresario entre la readmisión del trabajador o el abono de la indemnización en los supuestos de despido declarado improcedente exige que sea manifestada por escrito 373

49. Las dobles escalas salariales establecidas en convenio colectivo deben considerarse nulas si no existe una justificación objetiva y razonable 377

PRESENTACIÓN

Tras la buena acogida de «Artículos doctrinales, Justicias e injusticias explicadas por un Magistrado de lo Social», Editorial Colex ha vuelto a confiarme otra edición, ahora bajo el título de Comentarios de un magistrado de lo social sobre la justicia y otros aspectos, que recopila nuevos artículos de opinión tras la publicación de aquél.

En esta nueva obra, continuación de la anterior, el lector podrá hallar los más diversos comentarios no sólo legales, sino históricos, filosóficos e, incluso, literarios, distribuidos por temas a lo largo de 49 artículos, la gran mayoría publicados en revistas y plataformas jurídicas.

En esta nueva obra he contado con la participación del Decano del Iltre. Colegio de Abogados de Barcelona, Jesús M. Sánchez García, que amablemente ha aceptado mi invitación para prologar el libro, toda una muestra de confianza de quien preside los intereses del colectivo de letrados de Barcelona.

Sin duda, durante este último año, han sido muchas y variadas las novedades legislativas que han centrado la atención informativa pero, especialmente, la reforma laboral aprobada por el Real Decreto-ley 32/2021, de 28 de diciembre, de medidas urgentes para la reforma laboral, la garantía de la estabilidad en el empleo y la transformación del mercado de trabajo, sin duda un revulsivo que ha transformado, de manera particular, las modalidades de contrato de trabajo con la esperanza puesta en acabar con la precariedad en el empleo y ofrecer una mayor seguridad jurídica tanto a empresas como a trabajadores.

Estará por ver cómo nuestros tribunales resuelven las, sin duda, numerosas dudas que se ciernen sobre esta reforma que a buen seguro protagonizarán su aplicación efectiva.

Pero no todo debe versar sobre el mundo jurídico. Como comprobará el amable lector, abordo otras materias, no por ello de menor interés, como la guerra en Ucrania, la realidad de España y de Cataluña, tantas veces enfrentadas, el trazado en el perfil personal de autores literarios como Josep Pla, Julián Marías o Josep Maria Espinàs, e incursiones en el mundo de la justicia y de los jueces.

Espero y deseo que esta nueva obra colme el interés de todos Vds. y les deseo una feliz y fructífera lectura.

PRÓLOGO

Octubre de 2022

Cuando recibí la petición y la confianza, por parte del magistrado Pedro Tuset del Pino, de prologar su último libro, rápidamente sentí como me embargaban la emoción y la alegría, pero también la responsabilidad de asumir el encargo de dedicar unas líneas a quien, como yo, es un apasionado del Derecho.

Así se desprende tanto de sus escritos, a los que el lector podrá acercarse a través del presente libro, como de su amplia y brillante trayectoria, de la que sí me gustaría destacar que ejerció la profesión de abogado durante más de 25 años. La mayoría de los cuales, además, a través de un despacho propio, con todo lo que ello significa en términos de sacrificio, determinación y compromiso, ya no solo con el Derecho, sino con los clientes a quienes asistió y defendió como letrado.

Persona inquieta y de una gran inteligencia, Pedro Tuset del Pino, a quien tengo el privilegio de conocer y seguir su trayectoria como jurista desde hace años, decidió inscribirse al concurso-oposición en la especialidad de lo social para acceder a la carrera judicial. Y pudo hacerlo, precisamente, por ser un jurista de reconocida competencia que contaba en su haber con más de diez años de ejercicio profesional. Un reto que superó en diciembre del año 2009, tras varios meses de estudio, aunque verdaderamente intensos, ingresando en mayo de 2010 como magistrado a través del llamado cuarto turno; habiendo ejercido como tal en el Juzgado de lo Social núm. 2 en Arrecife, en el Social núm. 2 en Lleida y, actualmente, en el núm. 11 de Barcelona, del que es titular.

La obra objeto del presente prólogo se suma al prolijo compendio de publicaciones del autor, conformado, entre otros, por 18 libros y más de 600 artículos doctrinales en revistas especializadas y diarios, tanto de ámbito nacional como internacional. Adición, la del presente libro, cuyo valor reside, no solo en el plano cuantitativo, sino sobre todo en el carácter cualitativo de sus palabras y contenidos, a los que siempre precede y acompaña del estudio, el rigor y su certera visión crítica sobre la realidad jurídica que nos rodea.

De hecho, el presente libro es continuación del que publicó el año pasado, dato revelador del éxito que cosechó; y como ya hiciera entonces, el autor recopila cuarenta y nueve artículos, en los que reflexiona sobre diferentes aspectos del Derecho y la sociedad. Y lo hace agrupándolos en un total de nueve bloques, de cuyos epígrafes se infiere lo que nos vamos a encontrar en las sucesivas páginas.

Empezando por el primero, al que el autor ha titulado, a mi juicio, muy acertadamente, «La ley en la historia». Cuántas veces, mientras estudiábamos la carrera, hemos podido escuchar la importancia que tiene para un jurista el conocer la historia. Para cualquier persona en realidad, pero en el caso de los profesionales del derecho más aún, aunque solo sea porque el art. 3 CC nos obliga a interpretar las normas «según el sentido propio de sus palabras, en relación con el contexto, los antecedentes históricos y legislativos, y la realidad social del tiempo en que han de ser aplicadas, atendiendo fundamentalmente al espíritu y finalidad de aquéllas».

Ello nos lleva a acercarnos a la ley, material y sustantiva, también desde una visión humanista; y es lo que consigue el autor con los artículos que publica bajo el rótulo de «Al margen del Derecho», mediante sus reflexiones más personales, por ejemplo, sobre filosofía, la felicidad, la vocación y el perfil de diversos escritores o la «guerra sin sentido» que en pleno siglo XXI está teniendo lugar en el corazón del continente europeo.

Pedro Tuset del Pino se atreve con todo, y delibera sobre los jueces, los derechos fundamentales o la doctrina comunitaria. También sobre el Derecho del Trabajo y la Seguridad Social, su gran especialidad, con artículos relativos a diferentes aspectos de la relación laboral, del procedimiento social e incluso de la Organización Internacional del Trabajo.

Realmente, la obra que el autor ha confeccionado a través de algunos de sus muchos artículos publicados, nos permite, por la propia experiencia de quien los escribe, reflexionar sobre la evolución del ordenamiento jurídico en general y del Derecho del Trabajo en particular. Sin duda, la jurisdicción social es una de las más dinámicas y transversales. También es una de las disciplinas que tiene ante sí una serie de retos jurídicos de suma trascendencia, no solo por las medidas que tuvieron que adoptarse para hacer frente a la coyuntura derivada del Covid-19, sino por las muchas otras de carácter estructural que se están dictando y/o que vendrán, para regular elementos relacionados con la digitalización de las relaciones laborales, las eventuales discriminaciones que se pudieran producir o la protección de la salud y el bienestar de los trabajadores.

Cuestiones, entre otras muchas, sobre las que, tanto si nos dedicamos al Derecho del Trabajo como a cualquier otro ámbito, como juristas debemos meditar por su enorme relevancia e incidencia en la configuración de las relaciones humanas, siendo la lectura sosegada de las reflexiones que hace el magistrado Pedro Tuset del Pino en el presente libro, una excelente oportunidad para ello.

Jesús M. Sánchez García
Decano del Colegio de la Abogacía de Barcelona

LA LEY EN LA HISTORIA

1.
Cuarenta expresiones en latín de imprescindible conocimiento en Derecho[1]

Como es sabido, el español proviene del **latín**, de igual modo que otras **lenguas denominadas romances**, como el **francés**, el **italiano** o el **portugués**, de modo que durante el dominio del imperio romano los hispanos hablaban el conocido como latín vulgar, esto es, el utilizado por el vulgo o pueblo, adaptándolo a la peculiar forma de expresión del mismo con sus particulares giros, modismos y acento, derivando en el moderno castellano actual pero también en el catalán, el gallego, el francés o el italiano.

Tras la caída y declive del Imperio Romano, el latín dejó su impronta y su raíz, así como multitud de expresiones que utilizamos a diario aun cuando desconocemos el origen y motivación semántica de la mayoría. Y lo mismo sucede en el ámbito jurídico y, por extensión, judicial, al emplear aforismos extendidos en su forma hablada y escrita, expresión viva de la cultura latina.

No olvidemos que nuestra tradición jurídica hunde sus raíces en el Derecho Romano, entendido como el ordenamiento jurídico que reguló las actividades de los ciudadanos del Imperio, desde su fundación —en el año 753 a. C.— hasta la caída del Imperio bizantino, en el año 1453, del que derivan los actuales códigos y compilaciones.

De este modo, el objeto del presente comentario no es otro que recordar algunas expresiones en latín que nos darán la justa medida de su significado y de su empleo adecuado, no tanto como ostentación del dominio de los latinismos sino como fruto de la curiosidad y del respeto que nos han de merecer, como referencia obligada a una época de la historia en que el Derecho Romano marcó su impronta y reguló nuestra conducta en los más variados escenarios, sociales, económicos, comerciales o jurídicos.

Ciertamente, no están todas las que son pero sí son todas las que seguidamente se transcriben.

---

1 Publicado en Economist & Jurist, el 20.6.2022.

Ad calendas graecas

Entre los griegos antiguos no existían las calendas, inventadas per los romanos para indicar el primer día del mes y que dio origen al término *calendario*. Retrasar cualquier acontecimiento hasta las calendas griegas era sinónimo de que aquello no se haría ni se cumpliría ni se pagaría jamás, o *hasta después de morir*; y en el mejor de los casos significa dejar una realización, aquello prometido o un pago *para ya veremos cuándo, si es que lo vemos*.

Ad hoc

Esta expresión *significa por eso o a propósito de eso*, o con una determinada intención o finalidad. Se emplea asimismo para presentar una acción o afirmación que pretende explicar o justificar algo, y por eso mismo tal acción o afirmación pueden contemplarse como oportunistas. Pero también puede utilizarse para subrayar aquello que se dice o algún aspecto suyo, ilustrándolo gráficamente con un ejemplo.

Auctoritas

Se trata de la condición propia del auctor (autor) de una obra escrita, acción, institución, etc. La autoridad nunca se impone sino simplemente debe ser reconocida, de ahí que durante la edad media se contraponía al término ***potestas***, esto es, al poder, a la fuerza y a la violencia.

Por extensión, el plural ***auctoritates*** se aplica a quienes por su dedicación y aportaciones a un tema o a otro autor se consideran especialistas i merecedores de crédito.

Bona fide

Es decir, *de buena fe* si nuestras intenciones o intereses inconfesables no dirigen nuestros actos y decisiones.

En un ámbito estrictamente jurídico, la buena fe se presupone siempre, salvo prueba en contrario ***(bona fides semper praesumitur nisi mala adesse probetur)***.

Ceteris paribus

Esta locución puede traducirse como *en las mismas circunstancias* o, incluso, *con las mismas condiciones*, y se emplea cuando alguien quiere comparar entre sí dos situaciones diferentes pero que presentan similitudes.

Conditio sine qua non

Expresión, en ocasiones abreviada como ***sine qua non***, que *significa condición sin la que no es posible o válida una cosa*. O dicho de otro modo, *condición necesaria*, de modo que cuando no se da invalida el acuerdo.

De facto / de iure

Ambas expresiones etimológicamente se contraponen, dado que *de facto* indica una situación que es real, aunque no haya sido reconocida de manera oficial. Por su parte, *de iure* hace referencia a cualquier situación basada en el derecho establecido.

Do ut des

Te doy para que me des. Consiste en un principio de reciprocidad, recogido en el Digesto de Justiniano, que debe presidir cualquier permuta.

Dura lex sed lex

La ley es dura, pero es la ley, razón por la que debe cumplirse. Proclama solemnemente que la ley es inflexible en su cumplimiento, y que nadie está exento de cumplirla aunque en ocasiones le pueda resultar desfavorable.

Errare humanum est

El ser humano se equivoca por naturaleza y como decía Séneca el reconocerlo y disculparse de los errores cometidos es igualmente humano.

Et cetera

Esta fórmula (igualmente usada en su abreviatura etc.) es empleada habitualmente a la hora de abreviar una relación de cosas fácilmente deducibles por el contexto, sin necesidad, pues, de extenderse con más palabras o expresiones.

Ex abusu non arguitur in usum

Del abuso de una cosa no puede argumentarse en contra de su uso. Se trata de un aforismo jurídico que defiende el uso correcto de una cosa o el ejercicio de un derecho a pesar de que alguien pueda abusar del mismo.

Excusatio non petita, accusatio manifesta

La excusa no pedida es una acusación manifiesta. Dicho de otro modo, luchar para justificar sus propias acciones sin ser solicitado puede ser considerado como una indicación de que uno tiene algo que ocultar, incluso si la persona es en realidad inocente.

Ex novo

Expresión con la que se indica que es necesario volver a comenzar desde el principio.

Habeas corpus

Literalmente, *tengas tu cuerpo*, es una fórmula jurídica, cuyo origen se remonta a una ley inglesa del año 1679, que prohíbe ingresar en prisión a ningún ciudadano sin una orden del juez y ordenando llevar el cuerpo del detenido a su presencia, en su calidad de autoridad judicial.

Hic et nunc

Combinación de adverbios, *aquí y ahora*, utilizada para indicar la concreción de una situación o la inmediatez con que debe emprenderse una acción, sin dejarla en demora.

Ignorantia legis neminem excusat

La ignorancia de una ley no exime a ninguno. Norma jurídica que defiende la obligación del conocimiento de la ley; adaptación de una regla recogida en la compilación de Decretales, de Bonifacio VIII.

In claris non fit interpretatio

Cuando algo es claro, evidente, no hace falta interpretar el sentido de las palabras. Este principio jurídico se recoge en el art. 1281 del Código Civil, conforme al cual «Si los términos de un contrato son claros y no dejan duda sobre la intención de los contratantes, se estará al sentido literal de sus cláusulas. Si las palabras parecieren contrarias a la intención evidente de los contratantes, prevalecerá ésta sobre aquéllas».

In fieri

Expresión que significa *haciéndose o en formación*, implicando una acción que aún se encuentra en curso, sin acabar.

In fraganti

También empleada en su otra expresión de *in flagranti delicto*, comporta *sorprender a alguien en el momento de cometer el delito* o, en su caso, una acción oculta al conocimiento general.

Se trata de una adaptación del ablativo ***flagrante crimine*** que aparece en el Código de Justiniano.

In illo tempore

Expresión muy usual en las narraciones evangélicas leídas en misa que significa *en aquellos tiempos*, en relación a hechos o sucesos ocurridos en una época lejana o pretérita.

Ipso facto

Significa *en el mismo acto* y expresa la inmediatez con que debe llevarse a término una acción.

Labor omnia vincit improbus

Traducido como *el trabajo tenaz todo lo vence*, proviene de la Geórgicas.

Mutatis mutandis

Puede traducirse como *cambiando lo que deba cambiarse*, y con su empleo se acostumbra a suavizar, y relativizar hasta cierto punto, la comparación en la similitud o paralelismo exacto que acaba de establecerse.

En cierta manera resulta equivalente a la expresión ***cum grano*** (o, ***cum mica***) ***salis***, esto es, con un grano (o un poco) de sal, en el sentido que no debe tomarse una afirmación al pie de la letra, sino que debe interpretarse con una cierta libertad, más allá de lo escrito.

Non multa sed multum

Literalmente viene a decir, *no muchas cosas, sino bien hechas*, equivalente a nuestro refrán «quien mucho abarca, poco aprieta».

Esta alocución procede de una simplificación de la frase atribuida a Plinio el Viejo cuando se refirió a ***multum legendum esse, non multa***, es decir, *hace falta leer muy bien, no muchas obras, o más vale leer un solo libro que muchos*.

Nosce te ipsum

Significa *conócete a ti mismo* y suele atribuirse a Sócrates, si bien para muchos entendidos esta locución antecede al gran filósofo al encontrarse inscrita encima de la entrada del templo de Delfos, invitando a conocer y aceptar el que el hado tenía inevitablemente tenía reservado al individuo.

Numerus clausus

Debe traducirse por *número cerrado* y se refiere, en general, cuando existe un número limitado de plazas para inscribirse o matricularse en un lugar concreto, evitando que pueda haber un exceso de asistentes o de público.

En el ámbito del derecho se cita cuando las causas o razones legales que puedan o deban ser de aplicación no son más que las que expresamente contempla la ley, sin posibilidad de extenderlas a otros supuestos.

Obiter dicta

En Derecho procesal es el conjunto de afirmaciones y argumentos contenidos en los fundamentos jurídicos de la sentencia que no forman parte de la *ratio decidendi* del fallo jurisdiccional.

Omnia tempus habent

Esto es, *cada cosa tiene su tiempo*, según sentencia del Eclesiastés dirigida a los impacientes.

Pares cum paribus facillime congregantur

Los iguales se reúnen con mucha facilidad con sus iguales. Cicerón, en su afamada obra *Sobre la Senectud*, pone en boca de Catón este antiguo proverbio, aunque de hecho ya encontramos esta alocución en los griegos Homero, en su obra *Odisea*, y Platón, en su elogiado *Banquete*.

Similar es la frase ***primus inter pares***, que defendían los antiguos griegos ante la pretensión del obispo de Roma de ser la autoridad suprema y única de las Iglesias, principio, pues, de corte democrático de aplicación a muchos ámbitos donde pueda imperar la tiranía o la imposición.

Quo peius, eo melius

La proclama *como peor, mejor*, suele ser el ideal de partidos políticos en la oposición, con objeto de facilitar recuperar el poder en las próximas elecciones.

Ratio decidendi

Se trata de los *fundamentos de la decisión judicial*.

Resulta ilustrativa sobre su alcance y significado la Sentencia del Tribunal Supremo, de la Sala 2.ª, de 21 de junio de 2016, rec. 10139/2016, al establecer que «deben considerarse suficientemente motivadas aquellas resoluciones judiciales que contengan, en primer lugar, los elementos y razones de juicio que permitan conocer cuáles han sido los criterios jurídicos esenciales fundamentadores de la decisión, es decir, la ratio decidendi que ha determinado aquella».

Rem tene, verba sequentur

Se trata del consejo dado por Catón el Viejo a su hijo Marco, que puede traducirse como *domina el asunto, que las palabras vendrán solas*.

Así, en la contestación de una demanda o en la fase conclusiones en una vista oral, quien tiene por asimilado el derecho que sostiene tendrá mayor facilidad y convicción para hacerlo valer.

Sapere aude

El consejo de Horacio *atrévete a saber, o atrévete a pensar y decidir por ti mismo*, fue más siglos más tarde un lema de la Ilustración europea como reacción enfrente del dominio del dogma religioso.

En el actual contexto esta frase puede aplicarse a poder conocer para decidir por sí mismo ante el avance de las nuevas tecnologías que nos facilitan toda la información posible.

Sublata causa tolltur effectus

El principio jurídico *suprimida la causa, desaparece el efecto* resulta también de aplicación a muchos otros ámbitos, y resulta equivalente al dicho de origen escolástico, ***cessante causa cessat effectus***, o sea, *en dejar de ser la causa, dejar de ser el efecto*.

Summum ius, summa iniuria

La justicia extrema es extremadamente injusta. Se trata de un proverbio citado por Cicerón en su obra «Sobre los deberes», que aparece igualmente en la comedia «El verdudo de sí mismo», de Terenci, como ***Ius summum saepe summa est malitia***.

Comporta una advertencia sobre la aplicación excesivamente rigurosa de la justicia legal.

Totum revolutum

Supone una situación de confusión total, de cosas, ideas o palabras, sin orden ni concierto.

Ubi lex non distinguit nec nos distinguere debemus

Esta regla interpretativa reclama una exégesis estricta del texto de la norma jurídica, sin admitir más distingos que aquellos que, en su caso, la propia norma contenga (SSTS, 3.ª, 3 de abril de 2014, rec. 2343/2013, y 1 de abril de 2014, rec. 324/2013, entre otras).

La jurisprudencia ha recordado cómo la infracción de esta regla implica también la vulneración del principio de seguridad jurídica y, con ello, de sus tres mandatos: i) el conocimiento anticipado de las conductas reguladas; ii) el conocimiento anticipado de la reacción esperada de los poderes públicos; iii) la claridad normativa.

También está presente en el uso forense del derecho de la Unión Europea: en las Conclusiones del Abogado General, de 29 de abril de 2014, C-399/12, ap. 66, se propone el criterio de excluir la aplicación de la **regla *lex non distinguit, nec nos distinguere debemus*** en los supuestos de falta de regulación.

En cambio, en casos de materias reguladas, la doctrina es con carácter general proclive a una aplicación relativamente amplia del principio, y así se hace en dos escritos de Conclusiones del Abogado General de 28 de septiembre de 2010, C-241/09, ap. 79, y de 14 de mayo de 2009, C-199/08, ap. 49.

Verba volant, scripta manent

Su significado es bien conocido, *las palabras vuelan y lo escrito permanece*, o dicho de otra manera, nadie podrá negar haber dicho lo que dijo si lo ha dejado por escrito.

Veritatis una facies est

La verdad nada más tiene una cara. Frase que ilustra el sentido unívoco de la verdad, adaptada de un texto de Séneca.

2. Mi concepto de la Justicia[1]

Bajo mi particular criterio quienes administramos justicia juzgando y ejecutando lo juzgado debemos, como esencia y causa de nuestra responsabilidad delegada, actuar en todo momento y circunstancia con exquisito compromiso de estudio, esfuerzo, anonimato de nuestra gestión y resultado, buscando la equidad en su definición aristotélica y con la satisfacción de resolver en derecho, haber hecho lo correcto y someternos a la crítica de los justiciables en el alcance de nuestras decisiones, siempre con el debido respeto y consideración a los profesionales.

Estas consideraciones se imponen, bajo el imperio de la ley y la consideración de servidores públicos, a cualquier protagonismo personal, ambición o proyección más allá de compartir conocimientos y experiencias por los cauces docentes y escritos adecuados.

No entenderlo de esta manera sería sucumbir a una manera de administrar justicia alejada de su fin esencial, el bienestar general, porque uno no es responsable solamente de lo que hace, sino también de lo que deja de hacer a los demás.

Dicho en palabras de Ulpiano «*La justicia* es la constante y perpetua voluntad de dar a cada uno su propio derecho».

Y lo anterior alejado de cualquier rasgo de soberbia, protagonismo o afán personal, imprudencia, desconocimiento, atrevimiento, descortesía, falta de respeto y de sintonía con las partes.

Tan simple pero tan complicado.

---

1 Publicado en Linkedin, el 6.9.2022.

AL MARGEN DEL DERECHO

3.
A la memoria de mi padre[1]

Hoy, 19 de agosto de 2021, se cumplen cinco años desde que mi padre pasó a mejor vida.

Como aludí en el panegírico que leí durante la misa de responso, mi padre ha sido un referente y modelo a seguir, del que he aprendido los valores de la responsabilidad, el esfuerzo, la superación, el sacrificio y el respeto.

Su fallecimiento, aun por doloroso e inevitable que es, debe ser aceptado como un hecho vital. Sí, digo vital porque forma parte de la vida misma, el final de un ciclo, Tal como afirma un proverbio chino «El destino de los hombres es morir ... ¿Por qué entristecerme, pues, cuando mi suerte es normal y mi destino el de todos los humanos?».

La muerte, así, debe ser aceptada como un hecho natural, cuya fecha forma parte del destino individual y se mantiene en incógnito. Ya los antiguos romanos aseveraban al respecto «*certus est et incertus quando*» (se sabe que llegará pero no cuándo).

Caducidad existencial que se enfrenta al deseo, propiamente humano, de la inmortalidad. No en vano, el filósofo alemán Arthur Shopenhauer no dudó en afirmar que si le concediesen al hombre una vida eterna, la rigidez inmutable de su carácter y los estrechos límites de su inteligencia le parecerían a la larga tan monótonos y le inspirarían un disgusto tan grande que, para librarse de ellos, concluiría por preferir la nada, puesto que exigir la inmortalidad del individuo es querer perpetuar un error hasta el infinito.

El final existencial del hombre debe verse compensado con su trayectoria en vida, sus logros, capacidades, relación interpersonal, con sus errores y aciertos, su proyección de futuro, los valores transmitidos, su permanencia espiritual en la familia creada.

En palabras de otro reputado filósofo, Fernando Savater, «...desde el primer momento en que empezamos a vivir, ya estamos listos para morirnos... Y es que como señaló muy bien Montaigne: no morimos porque estemos enfermos sino porque estamos vivos...».

---

1 Publicado en Linkedin el 19-8-2021.

En cualquier caso, no debe rechazarse la existencia de la muerte, cualquiera que fuera nuestra creencia religiosa, sino aceptarla como algo natural. Ya argumentó Fenelón que «La muerte sólo será triste para los que no hayan pensado en ella».

Cuestión distinta es el dolor físico que pueda acompañar al tránsito y que afortunadamente ya tiene cobertura legal en España con la reciente aprobación de la Ley Orgánica 3/2021, de 24 de marzo, de regulación de la eutanasia, sin olvidar la posibilidad del denominado testamento vital.

Como recoge el preámbulo de dicha ley «La legalización y regulación de la eutanasia se asientan sobre la compatibilidad de unos principios esenciales que son basamento de los derechos de las personas, y que son así recogidos en la Constitución española. Son, de un lado, los derechos fundamentales a la vida y a la integridad física y moral, y de otro, bienes constitucionalmente protegidos como son la dignidad, la libertad o la autonomía de la voluntad... El contexto eutanásico, en el cual se acepta legalmente prestar ayuda para morir a otra persona, debe delimitarse con arreglo a determinadas condiciones que afectan a la situación física de la persona con el consiguiente sufrimiento físico o mental en que se encuentra, a las posibilidades de intervención para aliviar su sufrimiento, y a las convicciones morales de la persona sobre la preservación de su vida en unas condiciones que considere incompatibles con su dignidad personal. Así mismo, han de establecerse garantías para que la decisión de poner fin a la vida se produzca con absoluta libertad, autonomía y conocimiento, protegida por tanto de presiones de toda índole que pudieran provenir de entornos sociales, económicos o familiares desfavorables, o incluso de decisiones apresuradas. Este contexto eutanásico, así delimitado, requiere de una valoración cualificada y externa a las personas solicitante y ejecutora, previa y posterior al acto eutanásico. Al mismo tiempo, mediante la posibilidad de objeción de conciencia, se garantiza la seguridad jurídica y el respeto a la libertad de conciencia del personal sanitario llamado a colaborar en el acto de ayuda médica para morir, entendiendo el término médica implícito en la Ley cuando se habla de ayuda para morir, y entendido en un sentido genérico que comprende el conjunto de prestaciones y auxilios asistenciales que el personal sanitario debe prestar, en el ámbito de su competencia, a los pacientes que soliciten la ayuda necesaria para morir».

Sea como fuera, tarde o temprano todos deberemos realizar el mismo viaje, sin billete de vuelta y sin más equipaje que nuestro propio cuerpo físico. Pero esta realidad no debe ser ni un referente ni menos una obsesión, sino una previsión.

Cuestión distinta es el eterno debate de si existe vida tras la muerte y de las experiencias «vividas» por quienes han estado a punto de traspasar, de las que es un referente ineludible el psiquiatra americano Raymon A. Moody, en su libro «*Life after Live*». Lo cierto es que la duda de lo que acontece tras nuestra desaparición física tiene un importante componente antropológico y teológico, sujeto a una evolución que, a criterio del filósofo suizo Hans Küng en su libro ¿Vida *Eterna?*, pasa de la magia a la religión y, finalmente, a la ciencia. Precisamente, el problema de la muerte, tantas veces tabuizado en la historia de la medicina, reclama hoy entre los médicos una redoblada atención científica, que analizan el morir humano desde dentro y desde fuera, atendiendo a otras dimensiones, que no sólo las fisiológico-médicas; investigaciones que han sido publicadas por la revista especializada en psiquiatría «*Journal of Nervous and Mental Desases*».

La cuestión, a mi modesto parecer, se mueve más en el ámbito de las creencias, de las firmes convicciones morales y religiosas, en la intimidad de cada uno.

Entre tanto y partiendo de la máxima de que «*Ignoti nulla cupido*» (No se desees lo que no se conoce) y ante el designio bíblico de que «*Memento, homo, quia pulvis es et in pulverem reverteris*» (Recuerda, hombre, que eres polvo y en polvo te convertirás), aprovechemos la vida, «*Carpe diem*», disfrutemos de ella desde la salida a la puesta de sol, respiremos con la misma intensidad con que contemplamos las maravillas de la naturaleza que nos rodea, sintamos curiosidad, demos espacio a la risa, al llanto, a la alegría, a la tristeza, al amor, a llevar a cabo las obras pendientes, a rectificar, a engrandecer nuestro espíritu.

Yo, me quedo con los recuerdos de mi padre, los gratos momentos vividos, su sonrisa, sus ojos azul de cielo, sus sabios y experimentados consejos, su apoyo incondicional en los momentos difíciles, o su incondicional entrega a su esposa e hijos y con su paternal orgullo de verme crecer en el plano personal y profesional.

4.
Al encuentro de la felicidad[1]

No resulta poco o nada aventurado afirmar que el hombre, como persona con sentimientos, se encuentra sumido en la eterna búsqueda de la felicidad. Su vida no resulta plena o, cuando menos, satisfactoria, si no encuentra en ella la felicidad perseguida, querida, deseada, entendida en su componente subjetivo que conforma su propia personalidad y da sentido a su existencia.

Es más, existe la necesidad de que la felicidad se imponga como obligación porque la única manera de tener dignidad es alcanzar un grado determinado de felicidad.

Sin embargo, en la felicidad influye el elemento cultural y sociológico más que el económico, de modo que lo que deba entenderse como felicidad varíe de un colectivo o grupo social a otro. De este modo, para los miembros de una tribu del Amazonas o de cualquier paraje de África, aislado de nuestra civilización, el poder cazar cada día, sanar con plantas o hablar con los suyos en torno a la hoguera cada noche les llena de satisfacción, les dignifica, les transfiere sentido a lo vivido.

Lo mismo nos sucede, en mayor o menor medida, cuando interrumpimos nuestro ritmo vital diario para irnos a dormir y, tras hacer balance de lo hecho ese día, despertamos en un estado de felicidad o, por contra, de infelicidad.

La felicidad supone, pues, la consecución de un estado emocional, en muchas ocasiones conectado con el deseo hecho realidad que enlaza con nuestro estado anímico, de modo que éste alcanza su más alto grado de expresión en el placer, que no necesariamente ha de ser material o económico, sino simplemente poder gozar de salud, sentir amor, mantener una buena relación con nuestros seres queridos, encontrar estabilidad laboral o profesional o creer en la existencia de una vida eterna más allá de la muerte, porque el hombre necesita creer, tener fe, confiar en que puede haber algo más allá de nuestra vida terrena, aun cuando siempre le asalte la duda razonable de cómo será, de cuál sea nuestro destino, en qué forma y condición viviremos esa nueva e

---

1 Publicado en Economist & Jurist, el 30.9.2022.

ignota existencia. Pero la sola probable existencia de una vida más allá de la muerte permite perseguir esa felicidad, porque nuestra vida, personal, social, proyectiva, libre y cotidiana la tomamos como referencia hacia la deseada, o para algunos temida, existencia eterna, orientada en nuestra fe a Dios.

De algún modo, la felicidad no tan solo posee un componente de auto conservación sino también de autocontrol mental. Deseamos firmemente lograr ese equilibrio emocional que nos transmita seguridad, confianza en nosotros mismos, que haga posible la relación e interactuación con las demás personas, sumergirnos en la sociedad con el propósito de vencer los obstáculos que se nos presenten y que más allá del necesario comportamiento ético al que nos vemos impelidos, al control social, a las leyes impuestas por la tradición o el derecho, a los condicionamientos de clase, ya sean políticos, económicos o culturales, se imponga, se haga patente nuestra verdadera condición humana exteriorizada por el placer que representa vernos pletóricos de alegría, realizados, reconocernos ante nosotros mismos y ante los demás como únicos, como singulares, porque, aunque sea por unos instantes, hemos logrados ese clímax emocional que nos conduce al placer y rechaza el dolor, la indiferencia.

Y es que la vida es una sucesión de alegrías y de penas, que impide que la felicidad sea plena y la relativice, reduciéndola a afrontar los sinsabores de la vida con una simple actitud positiva, o, simplemente, a apreciar y valorar lo que nos envuelve: un paisaje, la puesta del sol, la bravura del mar que rompe en la playa, la sonrisa de un niño, caminar por un sendero bajo la sombra de los robles.

Existen, pues tantas experiencias o sentimientos de felicidad como queramos y, sobre todo, como deseemos, puesto que debe venir precedida de una predisposición y de una actitud positiva, aun cuando nos enfrentemos al trance último de nuestra existencia deseando un tránsito ordenado y digno que nos aparte del dolor y el sufrimiento.

Para Aristóteles, hay tres bienes que conducen a la felicidad: la virtud, la prudencia y el placer, y hay tres géneros de vida que escogen vivir todos los que tienen esta facultad de elección: la vida política, la vida filosófica y la vida del placer. Y por eso, precisamente, cada uno llama feliz a personas diferentes.

Pero justamente en esa diversidad de causas y de logros radica la felicidad. Para unos puede consistir en alcanzar un honor o mérito, para otros, llevar a cabo acciones nobles, esto es, las que se deprenden de la virtud, mientras que para muchos puede ser el goce, conectado con los placeres corporales o, bien, materiales.

Como dijera Galión (hermano mayor de Séneca), todos quieren vivir felices, pero andan a ciegas queriendo descubrir lo que hace feliz la vida. En palabras del propio Séneca, hasta tal extremo es difícil alcanzar la felicidad en la vida que, cuanto más rápido se dirige uno hacia ella, más se aleja si la vía es equivocada, porque si va en sentido contrario, la misma velocidad produce una mayor distancia.

Par los clásicos, la felicidad era sinónimo de una vida feliz, asentada sobre un juicio recto y firme, basada en la razón que respalda cualquier aspecto de su conducta. Sin embargo, la felicidad es mucho más compleja que todo eso, porque forma parte de nuestra personalidad.

Si atendemos a la definición que nos da el diccionario de la Real Academia de la Lengua Española, la felicidad consiste en un estado de grata satisfacción espiritual y física o, bien, en la ausencia de inconvenientes o tropiezos.

Julián Marías, mi admirado filósofo, se preguntaba si la felicidad es exclusivamente humana o si bien los animales también pueden ser felices, respondiendo que no era claro ni seguro, añadiendo que para definirla era útil acudir a otros sinónimos como: dicha, suerte, fortuna, beatitud, ventura, bienaventuranza y algunas menos claras y cuya equivalencia con «felicidad» sería discutible. Pero también es posible designar las realidades contrarias a la felicidad: infelicidad, desgracia, desventura, mal suerte, infortunio o mala fortuna.

La propia Biblia enlaza el concepto felicidad con el latín ***beatus***, de donde surge la bienaventuranza, lo dichoso, feliz, bienaventurado, de modo que la felicidad consiste en seguir los designios de Dios: feliz el que ha sido absuelto de su culpa, porque el Señor lo protegerá; feliz el que cuida del débil y del pobre, porque el Señor lo conservará en vida; dichoso el que tú eliges y acercas, porque se saciará de los bienes de tu casa; dichosos los que habitan en tu casa, porque verán a Dios; feliz el que respeta al Señor, porque su descendencia será bendita.

Continuando en este intento definitorio, la felicidad, resultando ser un estado emocional, es naturalmente transitoria, en ocasiones fugaz, pero nunca imperecedera, definitiva, aunque puede que duradera, siempre conectada con la realidad, porque buscamos sentimientos o emociones que contribuyan a ellas, no meras expectativas o situaciones irreales, y pueden basarse en una acción (soy feliz porque trabajo o he comprado un coche), en una ausencia (soy feliz porque no tengo dolor) o en un propósito o pretensión (seré feliz cuando tenga hijos).

Por lo tanto, cada día de nuestra existencia vital debe ser un reto para lograr un cierto estado de felicidad, que se logra o se frustra, pero que siempre la buscamos.

Desde un punto de vista científico, desde el siglo XVII se sabe que el alma y la felicidad residen en el cerebro, que es el gestor de nuestras emociones y de nuestras sensaciones, generando estímulos positivos que modulan nuestro comportamiento, pero también el que controla la toma de decisiones, modulando los estados de ansiedad, estrés, angustia, miedo o felicidad.

La felicidad, retomando su origen subjetivo y personal, se ha ido transformando con el devenir histórico y social, de manera que, hoy en día, se pueda alcanzar con situaciones que generen poder, vanidad, placer o seguridad, apartándose de un plano vitalista, sentimental, de capacidad de comprensión, como componente intelectual, muchas veces perseguida, ansiada, comprada, sin sujetarse al designio.

En la actualidad, la felicidad forma parte de comportamientos consumistas, de forma que soy feliz en la medida que poseo bienes materiales, en que accedo a determinados bienes de consumo, Pero también la felicidad se confunde con la ausencia de miedo, a poder perder nuestra seguridad personal o económica, a ser despedido, a no ascender profesionalmente, a que no sea reconocida nuestra valía.

La cuestión sometida a debate es ciertamente difícil de abordar y existirán tantas opiniones y criterios como personas se decanten por una u otra definición. De lo que no hay duda es que la felicidad determina nuestra existencia, nuestra conducta, nuestra forma de ser, de comportarnos, de reaccionar, de afrontar los desencuentros de la vida, contribuyendo a transformar nuestra realidad y hacerla más placentera, a estimular nuestra capacidad sensitiva, transfigurando, temporalmente, nuestro entorno, haciéndolo más amable a nuestros ojos, aunque siempre con criterios de racionalidad y cediendo a una necesaria espontaneidad.

Y es que, retomando la concepción aristotélica, el hombre feliz es profundamente racional, prudente, reflexivo; alguien capaz de tomarse el tiempo necesario para medir las consecuencias de su acción. Antes de actuar, el hombre debe aprender para decidir, optar, elegir lo bueno, lo correcto, con las únicas armas posibles: el logos (raciocinio) el ethos (conciencia moral) y el *habitus* (lo que se adquiere).

Para que exista felicidad es imprescindible un cierto grado de ilusión, sea individual o colectiva, que nos comprometa en una meta o en un proyecto, trascendente, emotiva, compartida, que forme parte de nuestra realidad vivida y por vivir. Y es que desear, en palabras de Ortega y Gasset, supone la función vital que mejor simboliza la esencia de todas las demás.

En suma, la proyección social del hombre, su razón vital, entendida como la necesaria exaltación de la vida, debe nutrirse de una necesaria dosis de felicidad, sin la cual difícilmente muchas empresas y acciones quedarían en mero y vano intento, en fracasado fin.

Bibliografía

Aristóteles. *Ética a Nicómaco. Ética a Eudemo*. Ed. Gredos. 2019.

Küng, Hans. *Una muerte feliz*. Ed. Trotta. 2016.

Marías, Julián. *La felicidad humana*. Alianza Editorial. 2005.

Punset, Eduardo. *Por qué somos como somos*. Ed. Aguilar. 2008.

Ortega y Gasset, José. *El tema de nuestro tiempo*. Ed. Austral. 2010.

Revilla, Miguel. *Ser feliz no es caro*. Ed. Espasa. 2016.

Savater, Fernando. *El contenido de la felicidad*. El País Aguilar.1993.

Séneca, Lucio Anneo. *Sobre la brevedad de la vida, el ocio y la felicidad*. Ed. Acantilado. 2013.

5.
España: entre la abstracción y la realidad[1]

Hablar de España, desde su perspectiva nacional y territorial, como ente social, cultural, económico y en su proyección trasnacional, es, desde luego, un reto que comporta afrontar una empresa de una envergadura difícil de poder abastar si no es con una gran dosis de conocimiento histórico y de perspectiva de su pasado, de su presente pero también de su futuro.

Curiosamente, han sido los grandes hispanistas, entiéndase por tales aquellos que no habiendo nacido en España pero atraídos por sus peculiaridades y particularidades, quienes mejor han sabido divulgar y recrear su historia, y quizás porque, al contrario de los historiadores patrios, que los hay y ha habido con excelentes dotes y cualidades, que se ciñen a los acontecimientos sin realizar más valoraciones personales que las necesarias, los hispanistas han conjugado el rigor de sus anotaciones con su comentarios jocosos ofreciendo un país pleno de exotismo, dado a la diversión de sus gentes y al esplendor de sus pueblos y ciudades.

Ejemplo de lo anterior es el alemán, Christian August Fischer, que en su libro «*Travels in Spain in 1707 and 179*», se refería a que «Hace treinta años un viaje por España era considerado como un viaje al fin del mundo».

Un país cuya sociedad se mostraba cerrada y hermética a los extranjeros, como así apreció el inglés Henry Swinburne, autor de «*Travels Through Spain in 1775 and 1776*», al descubrir que a los españoles no les gustan para nada las visitas de los foráneos, a quienes atribuyen siempre un motivo encubierto, siniestro.

En 1783 Francis Carter apuntó que el pueblo andaluz de Ojén, no lejos de Marbella, está «emplazado en un lugar romántico y encantador». O de aspecto sumamente romántico tenían las murallas de Sevilla para su compatriota Christopher Hervey. Romanticismo que aparece vinculado a Don Quijote, ¿pues no era el Caballero de la Triste Figura el romanticismo personificado?

---

1 Publicado en Linkedin, el 21.12.2021.

De sumo interés, para el lector avezado, es la recopilación de las impresiones acumuladas por el célebre escritos danés Hans Christian Andersen durante un viaje realizado entre septiembre y diciembre de 1862 por varias regiones y ciudades españolas, en un libro que no tiene desperdicio titulado «Viaje por España», y en el que expresa una innegable admiración por nuestro país, a pesar de momentos amargos y de decepciones. Al final, hecho el balance de su viaje, dijo: «El mapa nos muestra a España como la cabeza de doña Europa; yo vi su preciosa cara y no la olvidaré jamás».

Esa imagen romántica, sin embargo, se daba de bruces con la característica pereza de los españoles, unido a una pésima administración y una enseñanza de desastre, a todos los niveles, donde se priorizaba el espíritu batallador y guerrero, de conquista de nuevas tierras y horizontes que culminaron con el descubrimiento de América (con el permiso de los vikingos), inmortalizando grandes conflictos armados, como la Guerra de la Independencia, en la que participaron 300.000 soldados de Napoleón y, al lado de las fuerzas españolas, 60.000 ingleses al mando de Arthur Wellesley, luego primer Duque de Wellington. Y mucho antes, la reconquista de España, en poder de los moros, hasta la toma de Granada por los Reyes Católicos en 1492, cuyos monarcas, al contraer matrimonio, fundaron las bases del que sería posteriormente el primer Estado moderno, imponiendo las leyes de Castilla y refundiendo los antiguos reinos de Asturleonés, Galicia, Granada, Navarra, León y Cataluña en un solo proyecto nacional, fuente y origen de las actuales disputas y diferencias forales y autonómicas.

Es a partir de este instante que España, ya como nación de naciones, se enfrenta al reto de su futuro, y lo hace *manu militari*, con la fuerza desafiante y característica del carácter castellano bajo el palio de la fe católica. Así pareció entenderlo Richard Ford, un gentleman inglés, educado en Winchester y luego en el Trinity College de Oxford, que en su famoso libro de viajes «*Hand-Book. Travellers in Spain. Readers at Home*», no duda en afirmar que el país divide por su geografía a distintos territorios casi incomunicados. España, dice, es una país inherentemente *unamalgamating*, que no sabe amalgamarse en aras de afrontar los retos del presente ni del futuro, salvo en lo que concierne a la religión católica, a la que con tanta devoción se le profesa. Un país, según el autor inglés, donde no se piensa jamás en el futuro y en que lo único que cuenta es el presente.

Ya Estrabón, en su conocida y admirada Geografía de Hispania, publicada según los entendidos en el año 7 a.C., supo acertar al definir los confines, accidentes geográficos, climas, culturas y poblaciones nativas de la que denominaba Iberia, nombre dado por los griegos a la península que proviene del nombre del río Íberos, en la provincia de Huelva, y que fue sustituido por los romanos por la expresión latina Hispania, sobre cuyo origen sólo puede decirse que quizás esté relacionado con Hispalis.

A nivel antropológico, los estudios demuestran, a criterio del gran historiador Salvador de Madariaga, la gran complejidad de la mezcla de tipos físicos que constituyen el pueblo español, según cada zona geográfica y de cuyo origen también se suele discrepar, pues así como para el alemán Humboldt los habitantes autóctonos de la península eran los vascos, en opinión de los romanos España la poblaron tres razas: los íberos, los celtas y los celtíberos, si bien también aseguraban que eran los tartesios, los campsos, los saefos y los cántabros. Hasta se ha discutido cómo eran los íberos; para Tácito eran de «tez oscura y pelo rizoso», mientras que para Silio Itálico, su pelo era de oro brillante y su piel blanca como la nieve, en tanto que Calcurnio Flaco nos asegura que eran altos y rubios, pero para otros eran de origen africano, emparentados con los bereberes y los tuaregs, o indoeuropeos que vinieron a España por el Este, incluso por el Norte o por el Oeste.

Este pequeño apunte antropológico ya nos advierte de la enorme complejidad de dar unidad a los orígenes de la población de Iberia o, si lo prefieren, de Hispania, y parece justificar las diferencias históricas que han sido punto de encuentro y de desencuentro de sus habitantes.

Como desencuentro fue, y lo sigue siendo, el uso normalizado de las diferentes lenguas en la península. Tras la unión de Castilla y León, personalizada en el matrimonio de Isabel y Fernando, los Reyes Católicos insistieron en una separación estricta entre las instituciones políticas de los dos reinos, salvo en lo referente a la Inquisición, sometiendo a una Cataluña reacia las formas y la personalidad castellanas, aun cuando sostuvieron sus cónsules en puertos castellanos y en puertos extranjeros, respetando el uso del catalán porque más importante que la unidad política y cultural lo fue la unidad de la fe, aunque con el devenir del tiempo las relaciones entre Cataluña y Castilla se tensaron de tal forma que se impuso como lengua oficial el castellano.

Precisamente, bajo el paraguas de la fe católica se expulsaron a los judíos, se impuso a los nativos americanos y se justificó la actuación del tribunal de la Santa Inquisición, preludio de lo que siglos más tarde se convertiría en la Leyenda Negra de España.

España, con todo, alcanzó su máximo esplendor con la dinastía austriaca y el Rey Carlos V a su cabeza, convirtiéndose en la potencia más importante del mundo, abarcando sus territorios el sur de Italia, Holanda, Bélgica, Portugal y partes considerables de Francia; toda la América Central y Meridional y la mayor parte de los territorios occidentales y meridionales de los Estados Unidos; las islas Filipinas, Madeira, Azores, Cabo Verde; La Guinea, el Congo, Angola, Ceilán, Borneo, Sumatra y las Molucas.

Debemos imaginar el ingente esfuerzo de coordinación, recursos humanos y económicos que debió comportar la administración de tan vasto territorio. Con toda seguridad, se compensaron con privilegios y prebendas las conductas de fidelidad hacia la Corona y sus gobernantes, imponiéndose las corruptelas y los tratos de favor. Sin embargo, ¿hasta qué punto, España que dominaba medio mundo, supo sacar adecuado provecho a las inmensas riquezas obtenidas con el comercio de bienes e incluso con al abyecto trato de esclavos? ¿Acaso se invirtió en nuevas carreteras, universidades, mejoras agrícolas, sanidad, cultura y bienestar en general?

Por otra parte, mientras la inmensa mayoría de los matrimonios reales en la Edad Media habían sido españoles, a partir de los Reyes Católicos se inició la época de los extranjeros. Pareciera que esta nueva circunstancia contribuiría decididamente a la apertura de España hacia Europa, con un nuevo estilo de diplomacia, de comercio, de guerra, un sistema de alianzas diferente al que se había conocido en los siglos medievales.

Julián Marías llego a decir que el estilo de la Edad Moderna es en muy alta proporción una creación española, pero lo cierto es que esta proyección al exterior quedó frustrada y no solo porque el poder que abarcaba el Estado creó una mezcla de fascinación, desconcierto, temor, antipatía y entusiasmo, sino porque en esa aventura predominó la idea de una España unida en la fe cristiana, lo que la apartó de los círculos intelectuales y de los influjos de las diferentes revoluciones, muy especialmente la francesa, a la que Manuel Azaña le atribuyó la destrucción del régimen secular, despótico, católico, consagrado por una tradición de siglos, a todo lo cual se unió la difícil labor de administrar tan extensos territorios que en breve iniciarían sus particulares reivindicaciones de independentismo de la metrópolis.

De igual manera, se impuso la razón histórica, la realidad colectiva de una sociedad acostumbrada a ser invadida por pueblos de toda condición, a amoldarse a costumbres foráneas, a respetar lo diferente pero también a luchar hasta la muerte por su independencia sin someterse al yugo de nadie. Un país que tuvo su Siglo de Oro, con el auge de la novela y de grandes escritores, pensadores y filósofos, que dieron carta de naturaleza a una peculiar formar de vivir, de sentir. Hay que ver España como un país europeo, pero con la conciencia de que todos lo son a su manera, de una forma de extrema originalidad, dando pie a que se haya afirmado que España es menos europea que el resto del continente.

No es de extrañar, pues, que Ramón del Valle Inclán, en su obra *Luces de Bohemia*, ya afirmara en el lejano 1924 que «España es una deformación grotesca de la civilización europea, en España el trabajo y la inteligencia siempre se han visto menospreciados. Aquí todo lo manda el dinero, en España el mérito no se premia. Se premia el robar y el ser sinvergüenza».

En cualquier caso, el español es pesimista y negativo respecto de su propio país. Joaquín M. Bartrina lo resume muy bien cuando dice: «Oyendo hablar a un hombre, fácil es acertar dónde vio la luz del sol. Si os alaba Inglaterra, será inglés, si os habla mal de Prusia, es un francés, y si habla mal de España, es español».

Y es que hablar de España, y por ende de los españoles, es una continua aventura en búsqueda de aquello que les une, de dar respuesta unitaria a sus contradicciones, que son muchas, de dejar atrás viejas y trasnochadas rencillas, de los muertos inútiles que batallaron en uno u otro frente, de superar miedos, de abandonar la dialéctica de los odios y venganzas, de sumar en lugar de dividir, de construir en vez de criticar, de generar orgullo y aunar afinidades colectivas frente a las inevitables individualidades. En palabras del estadista y político alemán, Otto von Bismarck «España es la nación más fuerte del mundo, lleva siglos tratando de destruirse a sí misma y todavía no lo ha conseguido».

Dejo en el tintero otras cuestiones, como el Estado de las autonomías, las luchas de poder, el uso normalizado de las lenguas de España, el estado de la Justicia y tantas otras que desbordan la finalidad de estas meras reflexiones de qué debemos entender por España.

La España de hoy aborda nuevos y desafiantes retos en que el libre juego de los principios de las mayorías y de la negociación está sufriendo el efecto de una sociedad sofisticadamente avanzada e interconectada, con una enorme incidencia en las relaciones tanto individuales como colectivas. Nada de lo que se cuece a nivel internacional nos puede ser ajeno. La autonomía de la libertad individual se ve comprometida por las decisiones de las multinacionales, de los grupos de poder y de decisión, de los organismos internacionales, generándose una fe militante que actúa por mimetismo, en lo que se ha venido a denominar como la patología de la autoridad.

En este contexto, el concepto de nación cede ante el de comunidad, en el marco de una sociedad globalizada. Y es que aquella España abstracta, en fase de construcción, obsesionada en encontrar su propia identidad, en la eterna búsqueda de su permanente unión y cohesión, es hoy una realidad en el marco de los intereses internacionales y de grupo.

Bibliografía

Azaña, Manuel y Ortega y Gasset, José. *Dos visiones de España*. Galaxia Gutenberg. 1932.

Christian Andersen, Hans. *Viaje por España*. Alianza Editorial. 2005.

Estrabón. *Geografía* (Hispania y Galia). Planeta d Agostini. 1992.

Gibson, Ian. *Aventuras ibéricas. Recorridos, reflexiones e irreverencia*. Ediciones B, S.A. 2017.

Marías, Julián. *España inteligible* Alianza editorial. 2005.

Merino, Ignacio. *Por qué España. Bases simbólicas de la nación española*. Ed. Ariel. 2021.

Peces-Barba, Gregorio. *La España civil*. Galaxia Gutenberg. 2005.

de Madariaga, Salvador. *España. Ensayo de historia contemporánea*. Espasa- Calpe. 1979.

Sánchez Drago, Fernando. *Y si habla mal de España ... es español*. Planeta. 2008.

Traité, Javier. *Historia torcida de España*. Ed. Principal de los libros. 2013

6.
Acerca de las carteras ministeriales, cómo y dónde se fabrican y cuál es su coste[1]

Siguiendo un rito que ya nos es familiar, hoy, 12 de julio de 2021, han tomado posesión de sus diferentes ministerios, los nuevos titulares designados por el ejecutivo presidido por el socialista Pedro Sánchez, en un previo acto protocolario conjunto para, posteriormente, en la sede de cada Ministerio, formalizarse la entrega por el titular saliente al nuevo designado de un maletín negro con las letras doradas del correspondiente departamento ministerial.

¿Pero, cómo y dónde se fabrican y qué precio tienen los famosos maletines?

De color negro y fabricadas en piel vacuna *box calf*, cada cartera requiere unas 16 horas de trabajo. Disponen de cinco fuelles para la distribución de la documentación en su interior, dos cerraduras de latón para llave, pesan unos dos kilos y medio aproximadamente e incorporan el nombre en mayúsculas del Ministerio en letras con película de oro de la familia tipográfica.

La cartera, dotada de asa ergonómica, está forrada en una piel de cerdo llamada pecari. También tiene bolsillos para guardar memorias USB, tarjetas y bolígrafos.

En cuanto a su precio bien puede rondar los mil euros. Cuando un ministro acaba su mandato suele conservar como recuerdo la cartera. Es por ello que todos suelen estrenar una cuando llegan al Gobierno.

En cuanto a su fabricación, se encarga el estudio madrileño del Barrio Estudio, del que han salido en los últimos 40 años decenas de carteras ministeriales, y si bien en este periodo ha habido otros fabricantes y proveedores que también han proporcionado los maletines, como es el caso de la firma madrileña Tarín, esta empresa se ha consolidado en los últimos años como el principal suministrador de este artículo.

---

1 Publicado en Linkedin, el 14.9.2021.

La empresa tarda unos tres días en tenerla lista. Como nunca se sabe cuándo se van a producir cambios, siempre suelen tener carteras de repuesto, a las que solo les falta el grabado del nombre del ministerio.

Entre los clientes hay también gobiernos autonómicos, despachos de abogados, diseñadores y «algún masterchef».

7.
Cataluña, una historia y una gastronomía por descubrir y degustar[1]

Aprovechando el período de vacaciones, qué mejor que perderse unos días visitando Cataluña y conversar con sus gentes, conociendo de primera mano, sin tergiversaciones ni intereses espurios de ningún tipo, la verdadera idiosincrasia del catalán.

Sus atractivos son numerosos, como excelentes son sus playas, la gran mayoría distinguidas por la bandera azul, y qué decir de las numerosas calas que bañan la Costa Brava. Los encantadores pueblos del Pirineo, en especial en las comarcas del Vall de Arán y la Cerdanya, o la increíble naturaleza del Delta del Ebro.

Desde la aparición del primer catalán, en la cueva de Aragón, en Talteüll, hace unos 450.00 años, en pleno Paleolítico inferior, a las ruinas del parque de la Draga de Banyoles, las exploraciones arqueológicas de las Mines de Can Tintorer, en Gavà, el Dolmen de la Roca de Toni, en Vilassar de Dalt, o el de la Creu de Cobertella, o la Cova de Daina, en Romanyà de la Selva, hasta las posteriores ciudades históricas como la imperial Tarraco (Tarragona), la villa romana de Can Terrers en la Garriga (Vallès Oriental) o el parque arqueológico de Lesso, en Guissona (Segarra), el arco de Berà (en Roda de Berà) y las villas de Els Munts (en Altafulla) y de Centcelles (en Constantí).

Y qué decir de Barcelona, una ciudad plenamente mediterránea, abierta al mar, multicultural, tolerante, identificada con los valores del comercio, el negocio, donde se valora la amistad y las relaciones personales, convencida de su aportación e influencia europea, moderna, centro del diseño y la moda, industrial hasta la médula, donde vieron nacer marcas automovilísticas como Hispano Suiza, Pegaso, los microcoches como el Biscúter, el Isetta o el PTV, y la SEAT, con una fábrica de última generación. Cuna de motos de competición internacional como Derbi, Montesa, Bultaco u Ossa; cuna de la industria de los electrodomésticos, como Vanguard o las máquinas de género de punto Jumberca.

---

1 Publicado en Economist & Jurist, el 5.7.2022.

Centro de negocios y motor de la cultura. Con grandes avenidas y tiendas de lo más variado, con vistas excepcionales de su trazado urbanístico octogonal, obra del Plan Cerdà.

No es de extrañar que la revista *The Telegraph* la haya elegido la mejor ciudad del mundo, por encima de grandes capitales europeas como París o Londres, destacando sus espacios verdes, sus sitios Patrimonio Mundial de la Unesco, sus numerosas calles peatonales y su zona baja de emisiones. Pero también poniendo en valor su compatibilidad con el colectivo LGTBI, su arquitectura secular, su clima perfecto, sus kilómetros de playas y su atrevida escena artística.

Cataluña es también una reconocida y admirada potencia gastronómica por excelencia, de la que es un claro ejemplo la gran cantidad de restaurantes con estrella Michelin existentes.

Y para muestra un botón, la plataforma de reseñas culinarias *Opinionated About Dining* ha hecho pública la lista del 2022 en que hay incluidos 453 establecimientos.

La selección se ha extraído a partir de 220.000 reseñas publicadas por 7.000 usuarios y sitúa en primera posición el restaurante danés Alchemist, que repite al frente. Completan el podio el belga Frantzén y el vasco Etxebarri, con una estrella Michelin.

De entre los cien mejores de Europa se pueden encontrar diversos restaurantes catalanes, cuya visita resulta obligada para el buen amante de la cocina y del placer de la gastronomía:

- Disfrutar, de Barcelona (20.º de Europa)
- La Bodega de Can Roca, en Girona (26.º)
- Los Casales, en Berguedà (28.º)
- Can Enric, en Girona (39.º)
- Alkimia, en el barrio de Sant Antoni, de Barcelona (44.º)
- Cocina Hermanos Torres, de Barcelona (48.º)
- Enigma, en el barrio de Sant Antoni, de Barcelona (55.º)
- Estimar, en el barrio Gótico, de Barcelona (61.º)
- Lasarte, en el Eixample, de Barcelona (77.º)
- Dos Pebrots, en el Arrabal (81.º)

La lista, sin embargo, se amplía cuando se mira entre los 150 mejores de Europa. En este caso, también los barceloneses Al Kostat (105.º), Ábaco (112.º), Los Pescadores (117.º), Momentos (122.º) y Suculento (144.º), y el emblemático Can Jubany (148.º) de Calldetenes, en Osona, se incluyen en el listado.

La plataforma de reseñas agrupa el resto de restaurantes, por debajo de la posición 150, como «muy recomendados» o «recomendados». Se pueden encontrar Aürt, Bisavis, Dos Palillos, Enoteca Paco Perez, Koy Shunka, Hotel Ampurdán, Massana, Miramar, Las Coles y L'Horta Restaurant Tavertet en la primera categoría. El Ángulo, Tragaluz, el Bono.Tic y Els Tinars, forman parte de la segunda categoría.

Es hora de contemplar personalmente toda esta impresionante historia hecha realidad de Cataluña y de sus gentes, sus tradiciones, sus ancestrales costumbres, su milenario idioma, su rica y variada cocina.

Nos vemos...

8.
El trabajo es contrario a la esencia espiritual del hombre. Algunas reflexiones acerca de la obra de Giuseppe Rensi[1]

Probablemente, a más de alguno les habrá sorprendido el título del presente comentario. Debo advertirles, antes de nada y a modo de justificación, que pocos libros me han impactado tanto como el que hace escasos días he tenido ocasión de leer: *Contra el trabajo*, de Giusseppe Rensi[2].

Este autor, nacido en Verona, Italia, en 1871 y fallecido en Génova en 1941, ejerció como filósofo, abogado y catedrático de ideas socialistas, asumiendo en 1895 la dirección del periódico *Lotta di clase* (Lucha de Clases), siendo concenado a once años de cárcel por haber participado en los levantamientos obreros milaneses de 1898, huido a Suiza y, una vez retornado a Italia, nombrado profesor de Filosofía Moral en Bolonia, Messina y Génova, orientando sus ideas filosóficas hacia el realismo y el escepticismo, convencido oponente del fascismo y autor de diversas obras, una de las cuales es la que ahora es objeto de mi atención.

Para condensar el ideal que inspira al autor del libro, nada mejor que empezar por sus conclusiones que se resumen en la siguiente afirmación: en la medida en que es esclavitud, el trabajo es contrario a la esencia espiritual del hombre, que exige total libertad de juego y contemplación.

Para Rensi, si el trabajo es una virtud, dotado de reflejos o repercusiones de carácter religioso, su ejercicio es entonces un deber religioso a la vez que moral y, en tanto que virtud, no debe atribuírsele retribución alguna. Se lo remunera no obstante sólo en la medida en que sea necesario para mantener con vida al trabajador, por lo que no hay razón para elevar esta retribución por encima del mínimo posible establecido por el juego de fuerzas económicas (oferta y demanda del valor del trabajo, compra y venta del mismo) de una sociedad dada. Y lo anterior, de modo que cualquier pretensión que supere ese umbral es absolutamente injustificada.

Esta afirmación me lleva a considerar que, desde un punto de vista estrictamente religioso, el trabajo debe ser considerado como un hecho noble, un deber moral, una virtud.

---

1 Publicado en el Diario La Ley, n.° 10038, Sección Tribuna, el 28 de marzo de 2022, Ed. Wolters Kluwer.

2 Rensi, Giuseppe. *Contra el Trabajo*. Ed. Firmamento. Octubre 2021.

En ese sentido moral, para la Biblia el trabajo aparece en su aspecto positivo y negativo. El positivo como tarea del ser humano sobre la creación que debe someter. Es negativo el esfuerzo que supone el sudor de la frente[3] y también la explotación del ser humano en trabajos forzados. Positivo es el trabajo cuando produce frutos que el trabajador disfruta, a modo de bendiciones; negativo, cuando no produce frutos o cuando otro disfruta de ellos.

En todo caso, se suele vincular el trabajo al castigo divino por haber desoído Adán y Eva la prohibición de comer del árbol prohibido, cediendo a la tentación de la serpiente y desatando en Dios su ira, condenando al hombre a comer el pan con el sudor de su frente, clara alegoría al sacrificio que supone el cultivar la tierra, como sinónimo de trabajar.

No obstante, desligado el trabajo de esa raíz religiosa, para Rensi el trabajo asume una connotación moral cuando la clase capitalista y dominante somete a la clase trabajadora a las duras condiciones de las clases proletarias, al extremo de que se produce un efecto creciente en la absoluta devaluación moral en que han caído los trabajadores, a los que se les antoja ineludiblemente como un empeño material y burdo, despojado de todo valor ético, y del que, en la medida de lo posible, es urgente escapar, de modo que no duda en afirmar que las clases trabajadoras odian el trabajo y, justo porque lo odian, exigen que se valore cada vez más.

Es aquí donde al autor, partiendo de una concepción realista, señala que para evolucionar de la vida animal a la vida del espíritu humano —a la atmósfera del arte, la poesía, la religión, la ciencia, la filosofía, las relaciones sociales, la política—, la humanidad tuvo que construir el engranaje cada vez más vasto, confuso e inmediato del trabajo, pero con el contrasentido de que quienes formaban parte del mismo no podían gozar de una vida sin trabajar, por un elemental criterio y necesidad de subsistencia, conjugándose así esa necesidad del trabajo con la del no-trabajo, siendo ambos imprescindibles para la consecución de la vida del espíritu.

Pero llegados a este punto, para nuestro autor, el trabajo auténtico es esclavitud y, por tanto, negación absoluta de la espiritualidad propia del hombre, porque no se ejerce en función del placer que de él se deriva, sino bajo la presión y el mandato de un fin distinto a la actividad, que es su condición. Y aún llega a aseverar que entre el que se llama esclavo y el que trabaja no existe diferencia cualitativa, sólo cuantitativa. Se trata del mayor o menor tiempo que uno, en relación con el otro, puede utilizar a su antojo y del que puede disponer libremente hasta el punto de desperdiciar sus horas.

Descendiendo a lo concreto, Rensi, sin embargo, resalta que el trabajo, el hecho de pasar ocho o catorce horas diarias en la fábrica o en la tienda, en un almacén o en un libro de cuentas, es preferible y moralmente superior a

3 Génesis, 3, 17-19.

la facultad de disfrutar de espectáculos naturales, de saborear las producciones artísticas, de interesarse por la ciencia y las cuestiones especulativas, de tener los ojos bien abiertos frente al espectáculo del mundo y observar lo que allí sucede, de meditar, de reflexionar, de dejar fluir los pensamientos, de soñar o simplemente de mirar con indiferencia a su alrededor.

Aun cuando añade que parece imposible justificar racionalmente que, a lo largo de una vida de unos cincuenta años (pensemos que tal era en aquella época la esperanza media de vida), una vez deducidos los años de inconsciencia de la infancia, el hombre debe consagrar al menos cuatro quintas partes de la misma a un trabajo que no le deja ni la paz ni la libertad suficientes según su espíritu, es decir, que deba privarse de la vida durante unos cuarenta años a fin de tener el tiempo y la libertad de vivir con plenitud cinco o diez, cuando en el declive de sus facultades físicas e intelectuales no sepa ya qué hacer y le sea del todo indiferente pasar sus últimos días en un hospicio.

Y sin embargo, el trabajo resulta necesario, condición *sine quan non* de la vida. Para disfrutar plenamente y libremente de ella tenemos que trabajar para poder tener algo, la vida real, la vida propia, de modo que bajando a su esencia más pura, quien no trabaja no come. En realidad, se plantea la cuestión de la relación entre el derecho a comer y el derecho a no trabajar, de suerte que mientras que la naturaleza física del hombre exige que se alimente asimismo, su naturaleza espiritual le ordena que no trabaje para poder disfrutar de la contemplación, por lo que más bien deberíamos hablar de un derecho al no trabajo de que de un derecho al trabajo.

A lo anterior se une que mientras se está en activo, esto es, trabajando, el tiempo fuera del trabajo es escaso, y para ello expone el siguiente ejemplo:

Sueño (incluido el tiempo de desvestirse y conciliar el sueño): 8,5 horas.

Baño matutino: 2,5 horas.

Dos comidas principales (de 3 horas cada una, y en las que media un lapso de tiempo sucesivo durante el que no debemos hacer nada): 6 horas.

Movimiento diario al aire libre: 2 horas

Tiempo para dedicar a la lectura de libros y periódicos, cultura en general, conversaciones y relaciones personales, política, prácticas religiosas, etc.: 3,5 horas.

Total: 22,5 horas.

De modo que nuestro hábito de proceder al revés y de destinar a las exigencias de una vida saludable y espiritual sólo el tiempo que queda después de haber satisfecho primero las exigencias del trabajo se ha vuelto imparable.

Pero esa exigencia o necesidad de trabajar sería distinta si, al menos, sólo trabajáramos en aquellas actividades por las que sintiéramos una mayor inclinación, interés o pasión, pero desafortunadamente esta posibilidad choca frontalmente con la exigencia de un trabajo constante, continuo y disciplinado, como exigen los fines últimos de la producción y, en definitiva, sea cual sea el sistema social, porque, no debemos engañarnos, el hombre trabaja no por el deseo de hacerlo, sino por los demás y bajo la coacción de la necesidad que tenemos de lo que recibiremos de ellos a cambio, que es precisamente el carácter esencial de la esclavitud[4].

Resulta evidente que estas ideas pueden ser objeto de amplias críticas e incluso de rechazo pleno y absoluto, y que, si bien se observa, bebe de las fuentes marxistas, tal como se afirma en El Capital, de Karl Marx, cuando advierte que el individuo se ve necesitado para su sustento o para su conservación de cierta cantidad de medios de subsistencia, de modo que la fuerza de trabajo tiene, pues, exactamente el valor de los medios de subsistencia necesarios al que la pone en acción, para que pueda comenzar al día siguiente en iguales condiciones de energía vital; necesidades naturales, como son los alimentos, vestidos, habitación o calefacción que difieren según los climas y según las particularidades de cada país y sociedad.

Quedan, ciertamente, muchas cosas en el tintero, como que la actual sociedad, altamente intercomunicada y tecnológicamente avanzada, nos invita a realizar un mayor consumo de bienes y de servicios, muchos de ellos superfluos por innecesarios, lo que conduce a una mayor necesidad productiva y a un mayor número de horas trabajadas, lo que no siempre resulta equivalente al número de personas empleadas, derivando en unas condiciones laborales abusivas que hacen surgir el nuevo esclavismo y el sometimiento de la mano de fuerza a unas condiciones que, en más casos de los deseables, no guardan la necesaria reciprocidad con la actividad desarrollada, pues ya sean los empresarios, a causa de las quejas que reciben, o los asalariados, que son quienes sufren las consecuencias, es sabido la importancia que entraña la aplicación de la equidad en la remuneración del trabajo y, también, aunque de un modo más vago, lo que H. Saint Maurice llamaba acertadamente «el equilibrio de los salarios»[5].

En suma, una obra de reflexión, de llamada al orden natural de las cosas, de advertencia, que a pesar del año en que fue escrita (1923) guarda un particular interés y actualidad, que es el que he querido transmitir en estas breves líneas.

---

4 El Tribunal Constitucional ha puesto de manifiesto que la libertad de empresa no legitima el que quienes prestan servicios en aquéllas por cuenta y bajo la dependencia de sus titulares deban soportar despojos transitorios o limitaciones injustificadas de sus derechos fundamentales y libertades públicas, que la Constitución le reconoce como ciudadano; de modo que la modulación que el contrato de trabajo pueda producir en su ejercicio ha de ser la estrictamente imprescindible para el logro de los legítimos intereses empresariales, así como proporcional y adecuada a la consecución de tal fin (SSTC 88/1985, 6/1998, 59/1994, 20/2002, 213/2002 y 126/2003).

5 SAINT-MAURICE, H. *Remuneración equitativa del trabajo*. Ed. Sagitario. 1963.

9.
Falta una adecuada formación profesional en el sector de la restauración[1]

I. El sector hostelero en datos

Tras el regreso de las vacaciones estivales, resulta obligado hacer balance de la actividad turística en España, tanto por su importancia económica como en la creación de nuevos puestos de trabajo.

Algunos datos nos acercarán a su realidad:

1. La actividad turística en España se desplomó durante el año 2020 —como resultado de la pandemia— hasta representar el 5,5 % del PIB nacional, frente a la aportación del turismo al PIB durante el año 2019 que fue del 12,4 %.
2. Según datos publicados por el INE, el peso del turismo alcanzó los 154.487 millones de euros en 2019, lo que supuso el 12,4 % del PIB, 6,9 puntos más que en 2020. Las ramas características del turismo generaron 2,72 millones de puestos de trabajo, el 12,9 % del empleo total.
3. A falta de conocer datos oficiales con respecto a 2021, la Confederación Española de Organizaciones Empresariales (CEOE) ha elaborado un estudio conforme al cual el sector del turismo en España aportará al producto interior bruto (PIB) entre 66.435 y 77.273 millones de euros, cifra que, en el mejor de los escenarios, supone el 50 % de los más de 154.400 millones del año 2019, antes del inicio de la pandemia.
4. En cuanto a la creación de empleo, el gobierno dio a conocer el denominado Plan de modernización y competitividad del sector turístico, incluido en el Plan de Recuperación, Modernización y Resiliencia. Según las estimaciones del Ejecutivo central, este plan debe suponer un impacto de 6.732 millones de euros en el PIB nacional y genera 100.000 nuevos empleos.
5. Por de pronto, la tasa de paro en nuestro país ha experimentado durante el pasado mes de julio la mayor caída de la historia con

1 Publicado en Economist & Jurist, el 14.9.2021.

197.841 personas menos, lo que supone un descenso del 5,47 % respecto a junio, según los datos publicados por el Ministerio de Trabajo y Economía Social.

6. Por lo que se refiere al impacto sobre nuestra economía, baste señalar que según el estudio «*The economic impact of tourism in the European Union*», el multiplicador turístico de España vinculado al gasto total del turismo es de 0,93 euros. Es decir, por cada euro gastado en el sector del turismo se producen 0,98 euros adicionales.

Efectuada esta primera aproximación, centraré mi comentario sobre el sector de la restauración, concretamente en bares y restaurantes.

Por de pronto, España es el país con más bares y restaurantes por persona de todo el mundo: uno por cada 175 habitantes, sumando en total 277.539 establecimientos gastronómicos, según el Instituto Nacional de Estadística (INE). Además, la restauración da trabajo a 1,7 millones de personas y supone el 4,7 % del Producto Interior Bruto (PIB). Datos suficientes para que se haya emprendido una campaña para que los bares y restaurantes de nuestro país sean considerados Patrimonio Mundial de la Humanidad de la Unesco.

Al menos, es lo que solicita la plataforma Juntos por la Hostelería, que ha impulsado la iniciativa #SoyPatrimonio2020 para que la hostelería española logre ese título, cuyo objetivo es reconocer el papel cultural, social y económico de bares y restaurantes.

De los más de 81.000 restaurantes y puestos de comidas (Grupo 561, CNAE-2009) que había en España a fecha de 1 de enero de 2020, Cataluña ocupaba la primera posición con algo más de 15.500 establecimientos, en tano que Andalucía, con unos 11.800, y la Comunidad Valenciana, con cerca de 10.950, completaban el podio. Con semejante oferta, no es de extrañar que la población que sale a cenar en España supere el 50 %.

La pandemia ha supuesto un serio revés en el sector de la hostelería del que aún se está intentando recuperar. Y es que el número de trabajadores en ERTE bajó a un mínimo de 272.190, de los que 144.700 (un 53,1 % del total) pertenecían a actividades ligadas al turismo. En primer lugar aparece la hostelería, con 65.373 trabajadores en ERTE y ya a mucha distancia figuran los hoteles, con 39.091 suspensiones.

Por otra parte, en agosto pasado el régimen general de la Seguridad Social, el más numeroso del sistema, perdió 110.339 afiliados medios en agosto (-0,7 %), hasta un total de 16.090.886 ocupados, si bien la hostelería lideró el aumento de la ocupación al sumar 30.690 cotizantes respecto a julio (+2,4 %) y acumula una ganancia de 68.856 ocupados en el último año (+5,5 %).

Con lo anteriores datos se comprenderá fácilmente que el sector de la restauración supone un importante negocio en todos los sentidos, aun considerando los obstáculos post pandémicos y los costes que genera la explotación de un local.

Ahora bien, esta masificación de bares y restaurantes, dejando de lado los restaurantes de alto standing y, desde luego, los que han visto recompensada su carta gastronómica con alguna estrella Michelin, adolece de importante defectos tantos personales como estructurales.

En el aspecto estructural, muchos locales esconden unas cocinas poco o nada adecuadas en condiciones de mantenimiento e higiene. Sus lavabos no suelen estar adaptados a las personas con discapacidad y su estado de limpieza deja mucho que desear. Bastantes de ellos carecen de climatización, tanto en verano como en invierno. Otros adolecen de comodidad en sus sillas y asientos.

En lo referente al aspecto personal, estoy seguro de que la gran mayoría de Vds. han padecido en carne propia los sinsabores de un servicio deficiente por parte de los camareros. Escasa educación y buenos modos, equivocaciones en la entrega de las comandas, una paciencia infinita en ser atendidos, en ocasiones cubiertos y vasos sucios.

No quiero con ello generalizar pero sí poner en evidencia que no es oro todo lo que reluce, que no bastan las cifras y estadísticas y que los derechos del consumidor, en más ocasiones de las deseables, se ven ignorados por un servicio inadecuado precisamente por la falta de profesionalidad o, lo que viene a ser lo mismo, por una inexistente o inadecuada formación del personal contratado, alentado por alguno de los siguientes factores:

a) Contratación de temporada, lo que repercute en la modalidad de contrato de trabajo, usualmente de duración determinada y eventual por circunstancias de la producción, cuya duración rara vez supera los tres meses.

   Recordemos que el art. 15.1.b) del contempla con relación a dicha modalidad que «... los contratos podrán tener una duración máxima de seis meses, dentro de un periodo de doce meses ... Por convenio colectivo de ámbito sectorial estatal o, en su defecto, por convenio colectivo sectorial de ámbito inferior, podrá modificarse la duración máxima de estos contratos y el periodo dentro del cual se puedan realizar en atención al carácter estacional de la actividad en que dichas circunstancias se puedan producir. En tal supuesto, el periodo máximo dentro del cual se podrán realizar será de dieciocho meses, no pudiendo superar la duración del contrato las tres cuartas partes del periodo de referencia establecido ni, como máximo, doce meses».

b) La duración temporal de los contratos de trabajo viene acompañada en ocasiones de comportamientos patronales fraudulentos en forma de jornadas de trabajo superiores a la formalmente contratada, superando incluso la jornada ordinaria. La inadecuación de la categoría profesional asignada con las funciones realmente desempeñadas. El pago de salarios por debajo de lo establecido en convenio colectivo de trabajo sectorial de aplicación, lo que repercute en la debida cotización a la Seguridad Social y en las prestaciones contributivas (bajas médicas, desempleo, incapacidades ...). O, finalmente, la falta de medidas adecuadas de seguridad e higiene en el trabajo.

c) Falta de motivación del personal contratado ante las condiciones pactadas y la ausencia de futuro en la empresa y en el sector, en forma de promociones o mejora salarial.

d) Escasa o nula formación profesional, lo que deriva de los anteriores factores. Para muchos empresarios del sector, la formación de erige en un gasto adicional más que se suple con las mínimas indicaciones o instrucciones para poder servir a los clientes.

II. Regulación legal de la formación profesional en el trabajo

Con todo, la formación de nuestros empleados se impone como un derecho-deber, propio de la naturaleza sinalagmática de los contratos de trabajo. Veamos, seguidamente, cómo se encuentra regulada:

1. Aunque el art. 35 CE no se refiera concretamente al aspecto formativo en relación al derecho del trabajo, el art. 35.2 se remite a la regulación por ley de un estatuto de los trabajadores.
2. El vigente Real Decreto Legislativo 2/2015, de 23 de octubre, por el que se aprueba el texto refundido de la Ley del Estatuto de los Trabajadores dedica diversos preceptos a la formación:
   - Art. 4.2.b), en cuanto que los trabajadores tienen derecho la promoción y formación profesional en el trabajo, incluida la dirigida a su adaptación a las modificaciones operadas en el puesto de trabajo, así como al desarrollo de planes y acciones formativas tendentes a favorecer su mayor empleabilidad.
   - Art. 6.4, cuando se refiere a que la intervención de los menores de dieciséis años en espectáculos públicos solo se autorizará en casos excepcionales por la autoridad laboral, siempre que no suponga peligro para su salud ni para su formación profesional y humana.
   - Art. 11.1, al regular el contrato de trabajo en prácticas, cuyo puesto de trabajo deberá permitir la obtención de la práctica profesional adecuada al nivel de estudios o de formación cursados.
   - Art. 11.2, referido al contrato para la formación y el aprendizaje, que tendrá por objeto la cualificación profesional de los trabajadores en un régimen de alternancia de actividad laboral retribuida en una empresa con actividad formativa recibida en el marco del sistema de formación profesional para el empleo o del sistema educativo.

- Art. 19.4, obligando al empresario a garantizar que cada trabajador reciba una formación teórica y práctica, suficiente y adecuada, en materia preventiva tanto en el momento de su contratación, cualquiera que sea la modalidad o duración de esta, como cuando se produzcan cambios en las funciones que desempeñe o se introduzcan nuevas tecnologías o cambios en los equipos de trabajo. El trabajador está obligado a seguir la formación y a realizar las prácticas. Todo ello en los términos señalados en la Ley 31/1995, de 8 de noviembre, de Prevención de Riesgos Laborales, y en sus normas de desarrollo, en cuanto les sean de aplicación.
- Art. 21.4, cuando se pacta la permanencia del trabajador vinculada a haber recibido una especialización profesional con cargo al empresario para poner en marcha proyectos determinados o realizar un trabajo específico.
- Art. 22, estableciendo los criterios por los cuales se establecen los grupos profesionales con objeto de agrupar unitariamente las aptitudes profesionales, titulaciones y contenido general de la prestación, y podrá incluir distintas tareas, funciones, especialidades profesionales o responsabilidades asignadas al trabajador.
- Art. 23, garantizando la promoción y formación profesional en el trabajo mediante el disfrute de los permisos necesarios para concurrir a exámenes, así como a una preferencia a elegir turno de trabajo y a acceder al trabajo a distancia; la adaptación de la jornada ordinaria de trabajo para la asistencia a cursos de formación profesional; la concesión de los permisos oportunos de formación o perfeccionamiento profesional con reserva del puesto de trabajo; y el derecho a la formación necesaria para la adaptación del trabajador a las modificaciones operadas en el puesto de trabajo.
- Art. 25, reconociendo el derecho a la promoción económica, lo que sin duda se vehiculiza por medio de la formación profesional adecuada.

3. La Ley 30/2015, de 9 de septiembre, por la que se regula el Sistema de Formación Profesional para el empleo en el ámbito laboral, desarrollada por el Real Decreto 694/2017, de 3 de julio, por la que se regula el Sistema de Formación Profesional para el Empleo en el ámbito laboral.

   Este último se cuida de advertir que la expresada Ley:

> «... tiene como objetivos estratégicos favorecer la creación de empleo estable y de calidad; contribuir a la competitividad empresarial; garantizar el derecho a la formación laboral; y ofrecer garantías de empleabilidad y promoción profesional de los trabajadores.
>
> Esta transformación del Sistema de Formación Profesional para el Empleo permitirá, en un contexto de recuperación económica, contribuir a

la competitividad empresarial y mejorar la empleabilidad y promoción profesional de los trabajadores. Se trata de ahondar en la nueva cultura del empleo en la que nuestro país está inmerso, garantizando el derecho a la formación permanente introducido en la reforma laboral de 2012.

Además, la reforma pretende alcanzar otros objetivos de carácter instrumental como son:

Lograr una mayor eficacia, eficiencia y transparencia en la gestión de los recursos empleados y evitar debilidades e ineficiencias en la gestión de fondos públicos, en este caso ligados al empleo.

Coordinar a todos los actores y a las Administraciones Públicas que participan en el sistema, con un marco jurídico adecuado, estable y común para todos, lo que ahondará en la necesaria unidad de mercado».

Por otra parte se contempla que el Ministerio de Empleo y Seguridad social, elabore cada 3 años un escenario plurianual para la planificación de las iniciativas del sistema de formación profesional para el empleo que responda a las necesidades formativas de los trabajadores ocupados y desempleados así como del sistema productivo y teniendo en cuenta la Estrategia Española de Activación para el Empleo. Este escenario plurianual identificará la proyección estimativa de los recursos financieros para el sistema de formación profesional para el empleo durante el citado periodo.

La norma se cuida de definir la acción formativa como la dirigida a la adquisición y mejora de las competencias y cualificaciones profesionales de los trabajadores, tanto empleados como desocupados, pudiéndose estructurar en varios módulos formativos con objetivos, contenidos y duración propios, siempre con criterios de calidad que posibiliten una formación por competencias y un proceso de aprendizaje acorde con la misma, así como su seguimiento y evaluación.

En todo caso, la oferta formativa dirigida a la obtención de certificados de profesionalidad tendrá carácter modular, sin perjuicio de poder ofertarse de forma completa, con el fin de favorecer la acreditación parcial acumulable de la formación recibida y posibilitar al trabajador que avance en su itinerario de formación profesional cualquiera que sea su situación laboral en cada momento.

El escenario plurianual se elaborará con informe del Consejo General del Sistema Nacional de Empleo y en su diseño participarán las organizaciones empresariales y sindicales más representativas, las comunidades autónomas, las estructuras paritarias sectoriales y las organizaciones intersectoriales representativas de autónomos y de las entidades de la economía social en su ámbito específico, y podrán colaborar además otros departamentos ministeriales, observatorios y expertos en la materia. Para su elaboración se utilizará, entre otras, la información contenida en el sistema integrado de información establecido en el artículo 20 de Ley 30/2015, de 9 de septiembre.

4. La Carta Social Europea. Su art. 10 establece como norma general que toda persona tiene derecho a medios adecuados de formación profesional, debiéndose garantizar a todos, incluidos los no nacionales, poniendo el acento en que en tiempos de recesión económica, se debe enfatizar la importancia de la formación profesional, dando prioridad a los jóvenes que, por regla general, están particularmente afectados por el desempleo.

   Se indica, asimismo, que el aprendizaje es una formación que puede basarse en un contrato de trabajo entre un empleador y un aprendiz e incluir educación vocacional; otros esquemas de formación pueden consistir en formación profesional en las escuelas. Estos tipos de la formación debe combinar teoría y práctica, y se debe mantener un contacto estrecho entre los establecimientos de formación y el mundo laboral.

   Los elementos que se tienen en cuenta para evaluar el aprendizaje son los siguientes: duración del aprendizaje y asignación de tiempo a la teoría y la práctica, selección de aprendices, selección y formación de docentes, terminación del contrato de aprendizaje.

   Los principales indicadores para determinar el cumplimiento de esta disposición son:

   - la existencia de un sistema de aprendizaje u otras instalaciones de formación para jóvenes;
   - la calidad de estos cursos de formación, es decir, el número de aprendices, la cantidad total de gastos, públicos y privados, relacionados con este tipo de formación, así como una oferta suficiente de lugares para satisfacer todas las demandas.

   De igual manera, se refiere la Carta tanto a los empleados como a los desempleados. Con respecto a las personas empleadas, el Estado debe proporcionar instalaciones para la formación y reeducación de los trabajadores adultos, de modo que la existencia de estas medidas preventivas permite combatir la pérdida de cualificación de los trabajadores aún activos que corren el riesgo de caer en el desempleo debido a los desarrollos tecnológicos y/o económicos.

5. El V Acuerdo Laboral de ámbito estatal para el sector de hostelería, aprobado por la Resolución de 6 de mayo de 2015, de la Dirección General de Empleo (BOE núm. 121, de 21 de mayo de 2015), prorroga su vigencia hasta el 31 de diciembre de 2021, conforme la Resolución de 11 de noviembre de 2020, de la Dirección General de Trabajo (BOE núm. 307, de 23 de noviembre de 2020).

   El expresado acuerdo, de aplicación a las empresas y a los trabajadores y trabajadoras del sector de hostelería, cuyos arts. 11 a 16 establecen los criterios a seguir en materia de grupos profesionales y los factores de encuadramiento profesional considerando, entre otros factores, la formación del trabajador, concebida como los conocimientos necesarios para poder cumplir la prestación laboral pactada, la formación continua recibida, la experiencia obtenida y la dificultad en la adquisición del completo bagaje formativo y de las experiencias (art. 13.b).

6. Plan estratégico de la Inspección de Trabajo y de la Seguridad Social, 2021, 2022 y 2023.

   En dicho documento de trabajo se hace hincapié en que, sin obviar la influencia que haya podido tener la pandemia durante el año 2020, se puede afirmar que en los últimos años las principales características del mercado de trabajo han seguido siendo la segmentación y la elevada temporalidad, asociada a empleos de baja calidad y bajos salarios, a la vez que han persistido problemas de paro elevado y altos niveles de desempleo de larga duración.

   En consecuencia, buena parte de las actuaciones inspectoras, singularmente las relativas al salario y el tiempo de trabajo, y en conexión con las mismas, da lugar a la comprobación de irregularidades, a menudo graves, en materia de Seguridad Social, afectando singularmente a la cotización debida. Una de las prioridades del Plan Estratégico de la ITSS es garantizar que no queden impunes los comportamientos infractores que degraden las condiciones de trabajo y la carrera de cotización de las personas trabajadoras, de modo que la sostenibilidad del Sistema de Seguridad Social y la protección social de los sujetos beneficiarios vayan de la mano.

   Dentro de las diferentes actuaciones a emprender por la Inspección de Trabajo y seguridad Social se verificará la formación programada por las empresas que han sido financiadas por el SEPE a través de las bonificaciones en cuotas a la Seguridad Social que aquellas se aplican, con el objeto de verificar el correcto cumplimiento de la normativa en materia de formación profesional para el empleo, lo que comprende la verificación de la impartición de los cursos, incluso los accesos telemáticos en el caso de la formación a distancia.

   Asimismo, se prevé automatizar los procesos de comprobación con herramientas informáticas y de expedición múltiple de actas de liquidación, lo que precisará apoyo técnico y recursos adecuados y se facilitará el acceso de las personas actuantes a la base de datos de la Fundación Estatal para la Formación en el Empleo.

III. A modo de conclusión

Puede afirmarse que la formación de los trabajadores se impone como un derecho inalienable que compromete tanto al empresario como al empleado, por lo que debe procurarse, ya sea mediante la negociación colectiva o los acuerdos individuales, y en línea con el Reglamento (UE) 2021/1057 del Parlamento Europeo y del Consejo de 24 de junio de 2021 por el que se establece el Fondo Social Europeo Plus (FSE+) y por el que se deroga el Reglamento (UE) 1296/2013:

a) Mejorar el acceso al empleo y a medidas de activación de todos los demandantes de empleo, y en particular de las personas jóvenes, especialmente a través de la aplicación de la Garantía Juvenil, de los desempleados de larga duración y los grupos desfavorecidos en el mercado laboral, y de las personas inactivas, así como mediante la promoción del empleo por cuenta propia y la economía social.

b) Modernizar las instituciones y los servicios del mercado de trabajo para evaluar y prever las necesidades de capacidades y garantizar una asistencia oportuna y personalizada y el apoyo a la adecuación entre la oferta y la demanda en el mercado de trabajo, las transiciones y la movilidad.

c) Promover la adaptación de los trabajadores, las empresas y los emprendedores al cambio, el envejecimiento activo y saludable y un entorno de trabajo saludable y bien adaptado que aborde los riesgos para la salud.

d) Mejorar la calidad, inclusividad, eficacia y pertinencia para el mercado laboral de los sistemas de educación y formación, también mediante la validación del aprendizaje no formal e informal, para apoyar la adquisición de competencias clave, incluidas las capacidades empresariales y digitales, y promoviendo la introducción de sistemas de formación dual y de formación de aprendices.

e) Promover la igualdad de acceso a una educación y una formación de calidad e inclusivas y su culminación, en particular para los grupos desfavorecidos, desde la educación infantil y cuidados de la primera infancia, pasando por la educación y la formación generales y profesionales, hasta la educación superior, así como la educación y el aprendizaje de las personas adultas, facilitando también la movilidad para el aprendizaje para todos y la accesibilidad de las personas con discapacidad.

f) Promover el aprendizaje permanente, en particular mediante oportunidades para todos de mejora y reciclaje flexibles de las capacidades teniendo en cuenta las capacidades empresariales y digitales, una mejor previsión de los cambios y nuevos requisitos de capacidades, habida cuenta de las necesidades del mercado de trabajo, facilitando las transiciones profesionales y promoviendo la movilidad profesional.

g) Fomentar la inclusión activa al objeto de promover la igualdad de oportunidades, la no discriminación y la participación activa, y mejorar la empleabilidad, en particular para los grupos desfavorecidos.

10.
Espinàs, un escritor de vocación[1]

Apenas acaba de cumplir noventa y cinco años, que está dicho bien pronto, y tanto su discurso como su vieja máquina de escribir Olivetti, con la redacta sus artículos periodísticos y relatos de todo tipo, guardan aún, y espero que por mucho tiempo más, el frescor, la ilusión y la emotividad con que se inició en el mundo literario con su primer libro, en el ya lejano 1954.

Incansable viajero, Josep María Espinàs, ha recorrido a pie, por senderos y caminos, prácticamente toda España, relatando sus experiencias con la gente de los pueblos que visitaba, con su mochila a cuesta y su inseparable pipa de fumar.

Ha sido testigo fiel de la realidad de esa otra España, la que se asienta al borde de un río, la que se resguarda al cobijo de una sierra, se extiende por la huerta o, simplemente, corre paralela a una carretera comarcal. Confundiéndose, como uno más, de sus pobladores, compartiendo mesa, pan y vino, indagando sobre sus costumbres, sorteando cada recoveco, adentrándose en sus tiendas, bares, hostales, lugares de comida, iglesias...

Su expresión serena, huérfana de innecesarios calificativos, llana, sentida y emotiva se ha hecho dueña y señora de sus artículos periodísticos, uno diario, y así desde el primero publicado en el diario Avui el 23 de febrero de 1976 y luego ya en El Periódico, desde hace 21 años, lo que representa la friolera cifra de más de 16.000 artículos.

En su extensa y apasionante obra, el autor nos recrea los sentidos con cosas cotidianas, de lo que nos rodea y envuelve, de todo aquello que se nos resiste en nuestra jungla de asfalto y de competencia. Qué difícil es mantener esa constancia de publicar diariamente, y sin embargo, el propio Espinàs afirma que no planifica, y menos a su edad, que vive el presente, y por ello se califica de «presentista», alguien que da gracias por seguir haciendo lo que más le gusta, escribir. Y lo subraya en una de sus obras cuando afirma que sus textos son, en general, aspectos o momentos de su vida, pero también observaciones y opiniones, sin un plan previo, y todo ello a sabiendas que publicar un artículo cada día significa aceptar una dosis diaria de fracaso.

Otra cualidad de Espinàs es su irrenunciable humildad en el oficio de escribir, al extremo de afirmar que «no he sido ni soy ambicioso, porque ni como

---

1 Publicado en Linkedin, el 1.11.2021.

escritor ni como persona he sentido nunca deseos desordenados, y me alegro mucho», y a sabiendas que escribe no a gusto de todos, razón por la cual «he podido leer críticas amables, respetuosas, alguna incluso entusiastas, y también, naturalmente, alguna opinión absurda».

Su obra, compuesta por cerca de noventa libros, y sus miles de artículos en prensa, se extienden tanto al género de la novela (*L´últim replà*, *Un racó de Paraigua*, o *Tots som iguals*, entre otras), como a los libros de viajes (*A peu per l´Alt Camp*, *A peu per Múrcia*, *A peu per Galícia*, *A peu pel País Basc*, *A peu per Maiorca*, *A peu per La Segarra*, *A peu pel Pallars i la Vall d´Aran*...), los libros biográficos o anecdotarios (Viatge pels Grans Magatzems, *Els nostres objectes de cada dia*, *Temps afegit*, *El meu ofici*, *A ritme del temps*), aquellos otros que relatan su experiencia televisiva, como las conversaciones mantenidas en el programa *Identitats*, de TV3, y, finalmente, los libros que recopilan sus innumerables y amenos artículos publicados en prensa (*A la vora de l´Avui*, *Relacions Particulars*, *Tots som iguals*, *I la Festa segueix*, *Entre els lectors i jo*, o *Una Vida Articulada*).

Leer a Espinàs es una verdadera experiencia para nuestros sentidos. Es tomarse un respiro entre tanto ajetreo, problemas y estrés. Es dejarse acariciar por una lectura fácil, amena, entretenida, con una prosa llena de colores, matices, olores y texturas que nos devuelve el valor de las pequeñas cosas, de los sentimientos, del día a día, de lo cotidiano. Es reencontrarse a sí mismo y recuperar el valor perdido de aquello que creíamos olvidado o que habíamos relegado a un segundo plano.

Su capacidad de influir en los sentidos es tal que, sin saberlo, cientos de miles de aficionados al Barça corean por todo el mundo, como si de una sola voz se tratase, la letra que compuso para el himno oficial del Barça. ¡Qué mayor recompensa que estar, sin quererlo, en el corazón y en el sentimiento de tantos *culers* que cantan «Tot el camp és un clam».

Ahora, con noventa y cinco años cumplidos, continúa incólume su pasión por la lectura y la escritura, como almas gemelas que se complementan. Su curiosidad, su anhelo por descubrir, su pasión por fijarse en los pequeños detalles que engrandecen su inconfundible estilo, su mirada observadora y su olfato periodístico continúan sin desvelo deleitándonos con su columna periodística diaria.

A todos quienes le seguimos a través de sus artículos y libros, sólo desearle lo mejor, que su obra continúe su andadura como hasta la fecha, segura, entrañable, esperada y deseada, prueba irrefutable de su fidelidad con sus lectores y de una constancia personal como pocas podemos encontrar en el universo literario.

Desde aquí animo a cuantos aún no han descubierto el encanto y la magia de sus obras a que se adentren en la aventura de leer a Josep María Espinàs, todo un referente de pasión, sabiduría popular y magnetismo a través de una fructífera vida entregada a su pasión por escribir, en lo que nuestro gran filósofo Julián Marías denominara la trama biográfica, la serie de articulaciones con que se va tejiendo la vida, una vida articulada.

11. Josep Pla. Retrato humano de un escritor tímido e ingenuo[1]

Pocas personas podemos encontrar con la sencillez, humanidad y realismo que caracterizan a uno de los más ilustres escritores y pensadores con que ha contado España, al menos durante el siglo XX, como Josep Pla Casadevall. Un catalán universal como lo fueron también Antoni Gaudí, Salvador Dalí, Joan Maragall o Salvador Espriu, por tan solo citar algunos ejemplos.

Y es que este ampurdanés, nacido en la Masía Más Plà, la casa de sus padres, como se estilaba, en el municipio de Palafrugell (Girona), en el año 1897 y fallecido en Lofriu, en 1981, es el fiel reflejo y ejemplo de la sencillez pero, al mismo tiempo, de la excelencia que caracterizó tanto su forma de ser como su extensa obra, con más 25.000 páginas escritas, de las que reconoció no gustarle ninguna porque, según afirmó, tenían grandes defectos.

De padre pobre y de madre acaudalada, el joven Pla estudió, influenciado por su tío, en el Instituto de Girona, con los Hermanos Maristas, para luego estudiar la carrera de Medicina que abandonó al poco tiempo para licenciarse en Derecho, aunque apenas lo ejerció.

Su verdadera vocación de escritor nace por recomendación de algunos amigos, entre ellos Salvador de Madariaga, que le convencieron, en aquellos primeros años convulsos del siglo XX, irse al extranjero a hacer de reportero, primero en Madrid, luego en París, donde comenzó a comprar libros y a leer ávidamente a los autores franceses y a aprender la lengua de Moliere. Fue a Rusia, un país que, según confesó, pretende que los pobres sean ricos y los ricos sean pobres, para trasladarse posteriormente a Alemania, en un ambiente prebélico en que la población padecía la ignominia y las necesidades básicas tras la humillante derrota en la I Guerra Mundial, con un marco devaluado hasta límites insospechados y un desempleo insostenible que auparon al poder, más por necesidad que en consciencia, a Adolf Hitler.

1 Publicado en Economist & Jurist, el 13.2.2022.

Su próximo destino sería Inglaterra, del que sentía gran admiración y que, según comentó, aplicaba la teoría del «*Little England*», un país deliberadamente aislado de los demás.

Conversó con Benito Mussolini, una persona de la que dijo que era muy educada, que pretendió hacer del Mediterráneo una gran potencia, cuna de la quinta esencia del ser humano, donde todo se inventó, como el cristianismo, la civilización romana y una gran gastronomía, pero que fracasó en su intento como fracasó Italia, un país que ha perdido todas las guerras en que ha intervenido, porque siempre se ha decantado más al pensamiento, a razonar, al cultivo del arte y de figuras ilustres como Nicolás Maquiavelo, un personaje virtuoso y creador de la vida moderna, según su parecer.

Tras finalizar la II Guerra Mundial, Josep Pla regresó a España, y se limitó a hacer viajes esporádicos a Francia o los EEUU. Es a partir de entonces que nace un nuevo escritor, al que le gusta hablar y contactar con la gente llana, imbuirse de su realidad, de hacerla suya, de emplearla para sus relatos, aunque, como él mismo admitió, le hubiera encantado irse a vivir seis meses a Grecia y tratar son su gente, secularmente comerciante y abierta.

Se ha dicho de Josep Pla no solo que fue un gigante y patriarca de las letras catalana y española, sino un escritor escéptico e irónico, de escritura bilingüe, aun reconociendo que dominaba poco el castellano, más dado al gracejo, y mucho más el catalán, sencillo y directo.

Cuando viajaba solía hacerlo preferentemente en barco y a ser posible en un petrolero, para poder hablar con la tripulación y observar la gente y las cosas, aunque sus viajes siempre fueron con ocasión de su trabajo, nunca por turismo.

Directo, sincero y sin pelos en la lengua, para Josep Pla los dos grandes escritores del siglo XX fueron Antonio Machado y Pío Baroja, con el que coincidió en el uso de la boina —de la que opinaba que estéticamente servía para viajar— y de su lenguaje sencillo, aun admitiendo que escribir en España no servía para nada, ni tan siquiera para poder comer.

De su extrovertida y preclara personalidad son un claro ejemplo las opiniones que vertió respecto de otros personajes de la época, muchos de ellos recogidos en su libro *Homenots* (Personajes), publicados entre el 1958 y el 1962, por la Editorial Selecta, y entre 1969 y 1974, repartidos en cuatro volúmenes de su Obra Completa, en Editorial Destino, en los que recopila hasta 60 personajes, mayoritariamente escritores, periodistas, artistas y personajes pintorescos que superan, según el autor, el conformismo, la ignorancia o el negativismo.

Así, de Salvador Dalí afirmó que delante de él nunca dijo ninguna tontería, haciendo una fortuna gracias a su talante como comerciante. Joan Maragall fue un gran poeta, mientras que Salvador Espriu fue un «cuco», que tendía permanente a no ser inteligible para la gente.

Prat de la Riba fue un hombre vulgar aunque buen ministro. Azorín, un excelente escritor, pero que no sabía el castellano al utilizar frases cortas y escuetas, mientras que Jacinto Benavente fue un escritor de los de literatura para tomar el té.

De José Ortega y Gasset opinó que era un gran orador y un excelente escritor en temas de política. Sin embargo, Miguel Delibes destacó por ser un escritor gris. Con respecto a Antoni Gaudí, como artista no valía absolutamente nada.

Julio Gamba fue un excelente escritor influenciado por el humor inglés, articulista breve y con una redacción perfecta; un gallego excelentemente vivo, con una extraordinaria intuición. Finalmente, en opinión de Pla, Blasco Ibáñez fue un excelente pero vulgar escritor levantino.

Como señalaba al inicio, Josep Pla nunca se consideró un gran escritor ni se vanaglorió de su prolífica obra escrita. Sirva de ejemplo las confesiones, que a sus casi 80 años, confió a Joaquín Soler Serrano en su mítico programa de televisión «A fondo», al sincerarse diciendo, mientras liaba su sempiterno pitillo, con aquellos pequeños pero expresivos y vivaces ojos y la sonrisa en la comisura de sus labios, que no tenía envidia por nada ni por nadie, es más, no sabía nada, nada de nada y se consideraba una persona insignificante. Al serle preguntado por los rasgos personales que le caracterizaban dijo, sin rubor alguno, que la ignorancia, el descuido, la ingenuidad, admitiendo que era un infeliz que no había servido para nada, con un gran sentido del ridículo, empedernido fumador y bebedor de whisky, que no fue capaz de escribir nada emocionable ni nada que previamente no lo hubiera pensado. Fue soltero por vocación, al que no se le conoció ninguna novia, salvo algún lío que salió mal. Soltería al que unía su peculiar concepto de las mujeres de las que decía que eran anti románticas por excelencia, curiosas, amantes del dinero, del realismo y de la seguridad, mucho más que el hombre, y que dejaban de ser satisfactorias después del matrimonio. Sólo se enamoraba de un paisaje, una ciudad, de la hierba, pero nunca de una persona.

No creía en la igualdad de sexos, afirmando que no existía, si bien quien gobernaba al hombre y el mundo eran precisamente las mujeres.

Otro rasgo característico de Josep Pla era que solía escribir a mano, en lápiz o bolígrafo, al lado de la chimenea de su hogar en invierno (decía que siempre tenía frío) o en la cama y, generalmente, de noche, buscando una pausa para liar su pitillo, lo que le ayudaba a encontrar el adjetivo más correcto en su narración, sin caer en su abuso, siempre atado a la realidad, como buen observador que era, superando cualquier tentación a la imaginación, porque lo importante era llevar dinero a casa y poder comer una tortilla.

Del español opinaba que era una persona históricamente insatisfecha, porque creía que se podían haber muchas cosas, lo que no resta para que exista buena gente, cordial y simpática, y mujeres muy guapas. Al español le vence la envidia, pecado capital que forma parte del carácter mediterráneo.

Con respecto al catalán no se retrajo al poner de manifiesto que es un ser español al cien por cien, al que le han dicho que debía ser, no obstante, otra cosa. El catalán, para nuestro protagonista, era una persona al que le gusta copiar. De Barcelona opinaba que era espantosa, agobiante y de escasa calidad.

En un plano más personal, para Josep Pla la felicidad consistía en no tener envidia, hasta el punto de que el éxito no es nada, salvo poder hablar. La vida le había sido bastante corta y no creía en la inmortalidad, motivo por el que nunca había escrito para la posteridad sino para sus contemporáneos.

La inmensa producción literaria de Josep Pla, compuesta por más de 31 tomos de su obra completa, dan buena muestra de su vocación como escritor, por mucho que renegara de su innegable calidad, muestra de su fecundidad y de su capacidad creadora, testigo personal de su país, de su gente y de la sociedad en general, retratando, como solo él lo sabía hacer, a la persona porque, como solía decir, lo más profundo que tiene el hombre es su superficie. Fue claro partidario de la inteligibilidad esencial, porque lo escrito debe hacerse entender por la gente más sencilla.

Personalmente, destacaría de entre todos sus libros, *el Cuaderno Gris*, considerado su obra autobiográfica cumbre, escrito entre el 8 de marzo de 1918 y el 15 de noviembre de 1919, y que vio la luz pública en 1966. También, *La ceniza de la vida*, 34 deliciosas narraciones entre los años 1949 y 1967 que sitúan a Pla no solo como un prosista excepcional, sino también como uno de los grandes narradores del siglo XX. Y, finalmente, en esta particular selección, su «Historia de la Segunda República Española», un repaso histórico que arranca en la liquidación de la Dictadura del general Primo de Rivera y de los sucesivos gobiernos del general Damas Berenguer i Fuster, la caída de la Monarquía, encarnada en el Rey Alfonso XII y su exilio romano, pasando por la proclamación el 14 de abril de 1931 de la II República, con sus diversos avatares presididos por la constitución de las Cortes Constituyentes, la aprobación de la Constitución, el bienio social-azañista y la elección del primer presidente en la persona de Alcalá Zamora, los conflictos vasco y catalán, el problema de los radicales o la ofensiva lanzada contra las congregaciones religiosas —de la Iglesia afirmó que era una burocracia como cualquier otra dedicada a los nacimientos, al matrimonio y a la muerte—.

Faltan por citar otros muchos otros libros, de relatos, cocina, viajes y ciudades en su extenso recorrido literario. Invito al amable lector que lea a Pla, que se sumerja en su mundo, en su fina ironía, en la recreación de personas, paisajes y ciudades, en su cuidado lenguaje, siempre directo y comprensible.

En suma, todo un escritor tímido, ingenuo y lleno de sencillez, como lo fue su vida.

12.
Julián Marías. Vida y reflexiones de un filósofo[1]

Julián Marías Aguilera nació en Valladolid, un 17 de junio de 1914, si bien habiéndose trasladado a Madrid con su familia en 1919 siempre presumió de sentirse madrileño. Pero más allá de su ciudad adoptiva, su agitada vida social, cultural y docente le hizo frecuentar y residir en diversos países, como Inglaterra, Francia, Alemania, Italia, EE.UU., Puerto Rico, Argentina, México, Perú, Israel, Australia, la India o Japón, por solo citar algunos, buscando refugio, cuando sus compromisos se lo permitían, en su querida y añorada Soria, a la que tan ligado se sentía vitalmente.

Su azarosa andadura dio inicio en el Colegio Hispano, dirigido por sacerdotes, como rezaba en un letrero colgado en el balcón, aunque el único sacerdote era el director-propietario, don Nicolás Hortelano, mientras que su profesor atendía al nombre de don Juan Sánchez, con un bigotillo muy recortado, delgado, mal color y algunas cicatrices en el cuello, que solía escribir con una pluma estilográfica muy gruesa y portaba un encendedor cilíndrico, mostrando su autoridad docente, como eficaz instrumento pedagógico propio de la época, una vara de dos palmos; siendo sustituido, al padecer una grave pulmonía, por don Nemesio Priego, quien llevó con calma y destreza la educación de aquellos niños, haciendo uso, rara vez, de una correíta en vez de la vara, y aunque no aprendiera gran cosa, Julián Marías (JM) comenzó a iniciarse en el estudio de la aritmética, la geometría, la geografía y la historia de España.

Ya en el Instituto Cardenal Cisneros, JM prosiguió su formación académica de manera mixta, con chicos y chicas, relacionándose con los catedráticos, que fueron unos cuantos muy notables, como los de Matemáticas, don Ignacio Suárez Somonte y don Pedro Archilla, el de Latín, don Vicente García de Diego, o don Francisco Morán, de Geografía e Historia, aunque de entre ellos le causó viva impresión por su inteligencia don Manuel Manzanares, que impartía clases de Alemán.

Nuestro protagonista fue precoz y asiduo lector, y como tendremos ocasión de comprobar, prolífero escritor, sumergiéndose en las lecturas infantiles, las novelas españolas del siglo XIX, los siempre apasionantes libros de

1 Publicado en Economist and Jurist, el 23.1.2022.

viajes, como los de Stanley por África, las colecciones de Europa pintoresca, alternando con las obras de aventuras de Julio Verne y Salgari, salpicadas con algunas novelas policiacas.

Pronto se aficionó a la lectura en francés, en cuyo idioma leyó completo *Les Trois mousquetaires*, de Alejandro Dumas, seguido de *Vingt Ans aprés*, aunque también dedicó tiempo a otros autores franceses como Daudet, Víctor Hugo, Flaubert, Musset, que alternaba con autores españoles como Galdós, Palacio Valdés, Pardo Bazán o Rubén Darío, entre otros muchos.

Fue fiel y apasionado aficionado a los libros de viejo, lance u ocasión, de tal suerte que en cierta ocasión el Instituto al que acudía otorgó un pequeño premio a unos cuantos estudiantes, entre ellos JM, y pudiendo elegir pidió dos volúmenes de la Biblioteca Clásica: Esquilo y Sófocles; y cuatro novelas de Valera: *Pepita Jiménez*, *El Comendador Mendoza*, *Doña Luz y Pasarse de listo*.

Lo anterior muestra bien a las claras la natural tendencia a la lectura y al aprendizaje que le serviría para profundizar en especial en las letras, para luego dedicarse de pleno a sus otras dos grandes pasiones: la escritura y la docencia, en el marco de una vocación intelectual que despertó desde muy pronto en el joven JM.

Pero no todo era, como confesó, de color de rosa, ni mucho menos. JM tuvo que vivir, o padecer, los sinsabores de una España sometida al capricho de militares y de políticos, con continuos cambios de gobierno y de régimen. Hubo de convivir con un Directorio militar, encabezado por el general Primo de Rivera, en plena Monarquía de Alfonso XIII, a la que le siguió de manera traumática el advenimiento de la II República, con las enormes y trascendentales reformas y cambios que supuso, para, nuevamente, caer en manos de la dictadura de Franco y acabar sus días con la restauración de la Monarquía, con don Juan Carlos I al frente, y la transición pacífica, quién lo diría, a un Estado democrático y de derecho.

Sería prolijo seguir sus pasos desde la salida del Instituto hasta el comienzo de su carrera docente y escritor, pero sin embargo merece la pena detenerse en su etapa universitaria, iniciada al albor de la recién estrenada II República a la que, otro eminente filósofo, José Ortega y Gasset, apoyó en una publicación en el diario El Sol, el 15 de noviembre de 1930, bajo el título *El error Berenguer*, y que terminaba con estas palabras: «¡Españoles, vuestro Estado no existe! ¡Reconstruidlo! *Delenda está Monarchia*».

JM dio inicio a sus estudios universitarios en 1931 en la Facultad de Ciencias, sección de Químicas, si bien al siguiente año se matriculó en la Facultad de Filosofía y Letras, cuyo decano fue nada más ni nada menos que el prestigioso don Claudio Sánchez Albornoz, cursando asignaturas tan diversas como Latín, Literatura española, Historia del Arte e introducción a la Filosofía, materia ésta en la que bien pronto centró su máximo interés, gracias a dos profesores de notable altura y que junto a Ortega marcarían su rumbo filosófico: Morente y Zubiri.

Compaginó sus estudios con su pasión por la lectura de escritores alemanes (Leipzig, Köhler y Fock), franceses (Maupertuis o d'Alembert) y ediciones inglesas como la de Newton y su primer Atlas británico de la India.

Así las cosas, JM tuvo la oportunidad de conocer, mediante sus clases magistrales en la Facultad, a todo un elenco de magistrales profesores que brillaban con luz propia en plena República, como Ortega, Morente, Zubiri, Gaos, Besteiro, Menéndez Pidal, Gómez Moreno, Obermaier, Ibarra, Ballesteros, Pío Zabala, Américo Castro, Claudio Sánchez Albornoz, Asín Palacios, Pedro Salinas, Enrique Lafuente Ferrari, Montesinos o Lapesa.

Se comprenderá que toda esta magistratura influyera notablemente en la obra posterior de JM, aunque debe reconocerse que fue Ortega quien le produjo una más honda impresión por su figura, su voz extraordinaria, bien timbrada y modulada con destreza oratoria, su manera de hablar y el contenido de su pensamiento, a pesar, como dijo, de su baja estatura, más bien ancho, corpulento, bien plantado y calvo, con ojos luminosos y penetrantes, piel arrugada y gran conocedor de la lengua y de los filósofos alemanes, siendo quien más influyó en el pensamiento de JM, despertando su vocación filosófica y a quien admiró y siguió, tanto en España como en su etapa forzada de exiliado, desde la amistad, el respeto y la admiración hasta su último aliento el 18 de octubre de 1955, acontecimiento éste que le supuso «lo más parecido a perder por segunda vez al padre; quizá menos en ese fondo oscuro de la carne; sin duda más en esa otra hondura luminosa, pero misteriosa también, del espíritu».

Finalizados sus estudios de Filosofía y Letras, el joven JM no desperdició el tiempo ni las oportunidades que se le presentaron, alguna de ellas iniciadas en plenos estudios universitarios. Podríamos afirmar, sin error a equivocarnos, que su actividad fue frenética, sin por ello descuidar los aspectos más vitales, familiares e íntimos de su existencia personal, como sin duda lo fue su esposa y compañera de aventuras Lolita, a quien perdió más pronto de lo debido y esperado, dejándole una huella imborrable de consternación dolor y soledad solo superada por su afán de servir a la causa del conocimiento, lo que hizo mediante sus regulares y periódicas colaboraciones docentes en el Wellesley College, en la Harvard University, en la Yale University o en la Universidad de Puerto Rico, los cursos de verano de Soria, los múltiples congresos y conferencias en Puerto Rico, Chile, Argentina, la India, o sus encuentros y desencuentros con Salvador de Madariaga, Dionisio Ridruejo o Morente, por tan solo citar algunos.

Y es que el fallecimiento de su esposa, a quien tan unido estaba en lo personal, sentimental y profesional, hizo que JM perdiera el sueño y se pasara horas hundido en el sillón, rodeado como siempre de libros, inmerso en una desolación sin riberas, con angustias muy hondas que le hicieron temer por perder la fe. Emociones y sentimientos que solo superó al afrontar con decisión las responsabilidades y compromisos pendientes.

Su magnífica obra escrita abarca todos los aspectos de la vida social, familiar y de pensamiento, en la que el hombre centra su atención. De esta manera, JM tuvo ocasión de tratar acerca de la familia, de los amigos, de su vocación como escritor, de España como una cuestión inteligible y de preocupación, la esperanza en Europa, de la felicidad humana, de la fuerza de la razón, del mapa del mundo personal, de su última ratio consistente en difundir la historia de la filosofía, en enfrentarse a temas trascendentales como el tiempo del dolor, los hijos, la dilatación de la vida, el nivel vital, el ateísmo, la promesa de libertad y la libertad religiosa, el sentido del decoro, el yo convertido en circunstancia, la reiteración y reflexión o el mapa personal.

En octubre de 1964, tres días después de haber cumplido 51 años de edad, fue elegido miembro de la Real Academia Española, por expreso deseo de Pedro Laín y Rafael Lapesa, versando su discurso de ingreso, materializado el 20 de junio de 1965, sobre «La realidad histórica y social del uso lingüístico».

Quizá haya sido la cuestión de España, junto con Europa como vocación y meta, la que más haya ocupado el sentir de JM, siguiendo los pasos de su predecesor y referente, Ortega. Prueba de ello es su magnífica obra «España inteligible», en la que intenta ordenar y dar sentido a las razones históricas que han dado lugar al país en que hemos nacido y vivimos, partiendo de una visión de estricta razón histórica, sin amagar las trayectorias reales y la España que pudo ser, con extraordinaria argumentación de su gestación, desde la romanización a la aparición de los visigodos, su islamización, la gesta de la Reconquista y la consiguiente españolización de Castilla y la invención de la Nación española, la Edad Media y el Renacimiento, su expansión por Europa, África y Asia, la lucha contra la Leyenda Negra y sus consecuencias, la construcción de España en el siglo XVIII y su afrancesamiento, hasta desembocar en la época del Romanticismo, la aparición de los nacionalismos, el fracaso de la Monarquía con Alfonso XIII, el advenimiento de la ambiciosa y fracasada II República, el golpe militar de Franco y la restauración monárquica con la recuperación pacífica y en orden de las libertades y de la democracia.

Como el propio JM significa en su libro, España se ha presentado reiteradamente como un misterio o enigma, como una realidad incomprensible, tal vez contradictoria, por lo menos incoherente, conflictiva, desgarrada por tensiones insuperables, frustrada. Circunstancias estas que aún perduran en el inconsciente de los españoles, como un lastre que nos impide en ocasiones hacer valer nuestros logros y ambiciones como unidad. Sigue, de este modo, la preocupación manifestada por su maestro, Ortega, dada a conocer a través de dos de sus obras maestras *España invertebrada* y *La rebelión de las masas*.

Sería ciertamente prolijo extenderse, en este breve esbozo, en la vida apasionada, entregada y emotiva de unos de los filósofos españoles más reconocidos a nivel internacional y, no obstante, gran desconocido en nuestro país, pues ya se sabe que España es país de grandes escritores y escasos lectores.

Me conformaría con que las anteriores líneas animaran a nuestros lectores a indagar en la persona y en la figura que ha representado en nuestra filosofía Julián Marías, y se adentraran de lleno en la lectura serena, reflexiva, constructiva y crítica de sus apasionantes libros de los que, algunos de ellos, cito al final del presente comentario.

Pocos personajes me han influido tanto como Julián Marías, una vida inmersa en el conocimiento del hombre respecto del cual gira la historia, tanto individual como colectiva, y de la que tanto se ocupó y preocupó poniendo de manifiesto el pensamiento y la doctrina de su preceptor, amigo y confidente don José Ortega y Gasset, difundiendo el concepto de la filosofía como ciencia y modo de vida que hunde sus raíces en la respuesta que ha de dársele a la pregunta formulada por Aristóteles en su obra *Metafísica*, de que todos los hombres tienden por naturaleza a saber. La razón del deseo del hombre por conocer es, para Aristóteles, nada menos que su naturaleza, de ahí la compleja aventura de adentrarse en las diferentes escuelas y tendencias filosóficas de las que nuestro protagonista era un gran conocedor.

Un autor que persiguió la felicidad, entendida como algo vital, reconocible, individualizable, que se extiende, para los creyentes, en la existencia de otra vida, quizá mejor que la presente, que contribuyó a divulgar la Historia y la Filosofía en sus más variados aspectos, como los colores que confluyen y se expanden en un poliedro.

Una felicidad que se refugia en el carácter único e insustituible de la vida humana, en todos sus órdenes, que se enfrenta a los esfuerzos constantes por despersonalizar lo humano, de reducirlo a números y algoritmos, resistiéndose a considerar que existe una forma de pensar, de actuar, de reaccionar aplicable por igual a todos los hombres, encorsetando de este modo —o al menos intentándolo— el libre ámbito de decisión y de razonamiento por medio del acceso a ingenios artificiales. En suma, la resistencia a condicionar e ignorar el libre albedrío, a reducir la capacidad, el razonamiento, el entendimiento y la decisión responsable basada exclusivamente en el conocimiento adquirido y heredado, pero nunca impuesto, mediatizado, programado o inducido.

Pero todo ello será objeto de un próximo comentario que abarque y exponga la dimensión social del hombre. Quedémonos de momento con la vida y reflexiones de esta gran persona, sencilla, familiar, social, comprometida, ilusionada, justa, e ilustrada y, ante todo, testigo y actor de la existencia vital, que fue Julián Marías.

Bibliografía

Una vida presente Memorias. Ed. Páginas de Espuma. 2017.

La Felicidad Humana. Alianza editorial. 2005.

Mapa del mundo personal. Alianza editorial. 2005.

España inteligible. Alianza editorial. 2005.

La fuerza de la razón. Editorial Alianza. 2005.

Historia de la filosofía. Alianza Editorial. 2005.

13.
Sentirte extranjero en tu propio país[2]

Recién finalizadas mis vacaciones estivales he tenido oportunidad de reflexionar, con carácter crítico, acerca de algunos comportamientos y circunstancias que, no por generalizados y conocidos —o padecidos— deben ser objeto de un comentario constructivo pero crítico.

Y es que a veces tengo la sensación de que soy un extranjero en mi propio país. En las zonas turísticas, especialmente de la costa, la gran mayoría de los establecimientos abiertos al público, tiendas, farmacias, supermercados, bares, restaurantes, alquiler de coches, venta de excursiones turísticas, muestran sus servicios y productos en inglés, a veces también en alemán y francés, y casi nunca en español, ya sean rótulos, ofertas, servicios, cartas y menús. Incluso el personal que presta el servicio lo hace, por lo general, en inglés, ya sea como única lengua de comunicación o por defecto, aunque uno sea de Aranjuez, Ourense o Lleida.

Para colmo —entiéndase de los propios nacionales— muchos bares y pubs ofrecen sus propios y particulares espectáculos con artistas de su país en una atmósfera y un ambiente que nos traslada directamente a cualquier ciudad o villa inglesa.

Y me pregunto si esta situación debe ser tolerada por mucho que gran parte de los ingresos por divisas que integran el PIB de España dependan directamente de la explotación turística —la aportación al PIB y al empleo turística de España tocó techo en 2018, con 191.000 millones (un 15 % del PIB) y triplicó la contribución de otro sector vital como la automoción, con 60.000 millones y un 5 % del PIB—.

Por qué, ¿dónde quedan los derechos lingüísticos e informativos de los turistas españoles, entendidos como aquellas personas que utilizan los establecimientos y bienes turísticos o reciben los servicios que le ofrezcan las empresas de esa naturaleza y que como clientes los demanda y disfrutan?

---

2 Publicado en Economist & Jurist, el 3.9.2022.

¿Acaso no debe preservarse su derecho a recibir información en su propio idioma, veraz, previa y completa sobre los bienes y servicios que se le oferten, a recibir del establecimiento turístico elegido bienes y servicios acordes, en naturaleza y calidad, con la categoría que aquel ostenta, a tener garantizada, en el establecimiento, su seguridad, su tranquilidad e intimidad personal y que se adopten las medidas adecuadas para la protección de su salud, así como a formular quejas y reclamaciones y, fundamentalmente, el deber que incumbe a la Administración de proteger las manifestaciones culturales y la forma de vida de la población de toda agresión, manipulación o falseamiento?

Dicho de otro modo y en relación con este proceder, ¿cómo velan nuestros poderes públicos en la protección y promoción de la imagen de España como unidad de destino turístico, así como en la coordinación de las políticas de ordenación, fomento y promoción del turismo de los municipios, vinculado a una adecuada planificación y ordenación del mismo a nivel regional, incluida la ordenación de la oferta, así como la planificación y programación sobre infraestructuras turísticas de interés regional?

Si Vds. han viajado a cualquier otro país, especialmente a Inglaterra, Francia, Alemania o Italia, comprobarán que sus establecimientos tan solo se expresan en su propia lengua o emplean por igual las más comunes, aunque en más supuestos de los deseables se encontrarán con que el español, el castellano para los más legalistas —art. 3 CE— queda relegado a la nada; simplemente no existe.

Bajo mi particular prisma, la dignidad de un país se cimienta de muy distintas y variadas maneras, tanto en el orden social, cultural, científico como económico, pero también en la adecuada proyección de su imagen exterior.

Pareciera como si el famoso slogan «*Spain is different*» (ideado en el año 1963 por el entonces Ministro de Información y Turismo Manuel Fraga, aunque el autor fuera Luis Bolín, que durante 15 años —1938-1953— fue el influyente director general de Turismo del Régimen), empleado hasta la saciedad como slogan de diferentes campañas promocionales en la época del apogeo turístico, poniendo de relieve la fama española de país aislado y de costumbres bárbaras, vino para quedarse definitivamente.

No quisiera que estos comentarios, escritos a vuela pluma, cayeran en saco roto, sino que germinaran en una normativa capaz de afrontar una situación que por absurda resulta vergonzante.

Y es que resulta que siendo de capital importancia para algunos discutir sobre el modelo lingüístico en España, poniendo en duda o confrontando el interés en el respeto, divulgación y enseñanza de todas y cada una de las lenguas españolas —catalán, eusquera y gallego— mientras tanto los árboles no nos dejan ver el bosque, dejándonos invadir por el inglés, sus hábitos y costumbres como si de una nueva colonia se tratase.

Y lo anterior, para los más críticos lectores, que de todo hay, sin poner en tela de juicio la importancia de aprender cuantos más idiomas mejor, pero con el debido respeto y consideración hacia los derechos de los consumidores de este país.

14.
Sólo la mitad de los trabajadores de todo el mundo ocupan puestos de trabajo correspondientes a su nivel de formación[1]

Según un reciente informe de la OIT, dado a conocer el pasado día 17 de septiembre de 2021, a lo largo de los años, se ha invertido un esfuerzo considerable en mejorar el nivel educativo de las personas en todo el mundo, especialmente en el marco de la aplicación de los Objetivos de Desarrollo del Milenio y los Objetivos de Desarrollo Sostenible. Sin embargo, los enormes avances logrados en el aumento de los niveles de educación, especialmente entre las mujeres y las niñas, no se han traducido en las correspondientes mejoras en los resultados del mercado laboral.

Muchas personas trabajan en empleos que no se corresponden con su nivel de estudios. Al mismo tiempo, muchos empresarios afirman tener dificultades para encontrar trabajadores con las competencias que necesitan para ampliar su negocio e innovar con éxito. Este fenómeno comporta una importante desconexión entre el mundo de la educación y el mundo del trabajo.

A partir de los datos de las encuestas de población activa sobre el nivel de educación y las ocupaciones de todos los trabajadores empleados en más de 130 países, la OIT estima que sólo alrededor de la mitad de estos trabajadores ocupan puestos de trabajo correspondientes a su nivel de educación. El resto está sobreeducado o infraeducado para su trabajo, de modo que:

a) Los trabajadores de los países con mayores ingresos tienen más probabilidades de ocupar puestos de trabajo acordes con su nivel de estudios, en particular en los países de renta alta, que es el caso de alrededor del 60 % de los empleados.

b) Los porcentajes análogos para los países de renta media-alta y media-baja son del 52 % y el 43 %, respectivamente.

c) En los países de renta baja, sólo uno de cada cuatro trabajadores ocupa un puesto de trabajo correspondiente a su nivel de estudios.

---

1 Publicado en Economist & Jurist, el 27.9.2021.

Las anteriores observaciones sugieren, pues, que la tasa de adecuación aumenta con el nivel de desarrollo de los países.

Veamos, seguidamente y con mayor detenimiento, los principales resultados de las encuestas realizadas:

1. La sobreeducación y la infraeducación coexisten en todos los países, pero los patrones difieren según el nivel de ingresos.

Aunque tanto la sobreeducación como la infraeducación se dan en todos los países, independientemente de su nivel de renta, existen patrones diferentes para los distintos grupos de renta de los países. La infraeducación es más frecuente en los países de renta baja, mientras que la sobreeducación es más frecuente en los países de renta alta.

En los países de renta alta y media-alta, alrededor del 20 % de todos los empleados están sobreeducados (es decir, tienen más educación de la requerida para sus trabajos); la proporción correspondiente para los países de renta media-baja es de alrededor del 12,5 %, mientras que en los países de renta baja es inferior al 10 %. Es probable que las tasas más altas de sobreeducación en los países de renta alta se deban a la composición de la mano de obra, que se caracteriza por un nivel de educación relativamente alto.

Siempre existirá un cierto grado de sobreeducación porque algunos individuos aceptan trabajos por debajo de su nivel de educación, ya sea porque estos trabajos ofrecen ventajas específicas (como un trabajo menos exigente y estresante, una mejor conciliación de la vida laboral, una mejor protección social, tiempos de desplazamiento más cortos y una mayor responsabilidad social) o porque carecen de experiencia. Para algunos de estos trabajadores, la sobreeducación puede ser sólo una situación temporal.

Sin embargo, cuando la sobreeducación se debe a distorsiones del mercado laboral en las que la oferta de trabajadores con un nivel de educación superior supera la demanda, suele ser un fenómeno a más largo plazo y suele requerir intervenciones políticas.

La infraeducación también se observa tanto en los países de renta baja como en los de renta alta. Los países de renta baja son los que presentan la mayor proporción de trabajadores infraeducados: aproximadamente el 70 % de los ocupados tienen menos estudios de los que se requieren para su trabajo. La proporción análoga para los países de renta media-baja es de alrededor del 46 %, mientras que en los países de renta media y alta es de alrededor del 20 %.

La principal razón de la infraeducación es el nivel relativamente bajo de estudios de la mano de obra existente y/o la falta de cualificaciones formales, especialmente en los países de renta baja. Algunos de estos trabajadores infraeducados pueden seguir haciendo su trabajo correctamente porque han adquirido las competencias necesarias a través de la formación en el puesto de trabajo, la experiencia, el autoaprendizaje, las actividades sociales o el voluntariado.

Tanto la sobreeducación como la infraeducación pueden tener consecuencias y costes negativos para los trabajadores, los empresarios y la sociedad en general. La sobreeducación puede dar lugar, por ejemplo, a salarios más bajos, menor satisfacción en el trabajo, pérdida de motivación, mayor índice de búsqueda en el trabajo, expectativas no cumplidas y menor rendimiento de la inversión en educación. La infraeducación, por el contrario, puede tener un impacto negativo en la productividad, el crecimiento económico y la innovación.

Además, muchos trabajadores infraeducados tienen dificultades para pasar de la economía informal a la formal debido a la falta de cualificaciones formales requeridas para trabajos en el sector formal que son similares a los que realizan de manera informal. La infraeducación también puede impedir que los trabajadores pasen de las industrias mal pagadas a los empleos mejor remunerados del sector de los servicios, y que hagan frente a los cambios provocados por los avances tecnológicos, la automatización y la digitalización. Los trabajadores con escasa formación corren un mayor riesgo de perder su empleo, especialmente durante una crisis.

2. Las mujeres de los países de renta alta tienen más probabilidades de estar sobreeducadas que los hombres, mientras que las de los países de renta baja tienen más probabilidades de estar infraeducadas.

Cuando se desglosan los datos por sexo, se observa que tanto las mujeres como los hombres tienen dificultades para encontrar empleos que se correspondan con su formación. Sin embargo, mientras que en los países de renta alta no hay diferencias significativas entre ambos sexos en cuanto al nivel de adecuación, las mujeres de los países de renta baja tienen menos probabilidades que los hombres de tener empleos que se correspondan con su nivel de formación.

En los países de renta alta, la tasa de sobreeducación es mayor para las mujeres que para los hombres; en los países de renta media-alta, no hay diferencias significativas; y en los países de renta baja, las mujeres tienen más probabilidades que los hombres de estar infraeducadas para los trabajos que realizan.

Estas diferencias en los patrones de desajuste educativo entre mujeres y hombres, y entre los países de ingresos bajos y altos, sugieren que a medida que un país se desarrolla, muchas mujeres bien formadas acabarán ocupando puestos de trabajo que están por debajo de su nivel educativo. Sin embargo, también hay que tener en cuenta que algunas mujeres pueden aceptar estos trabajos porque ofrecen ventajas específicas (por ejemplo, como se ha mencionado anteriormente, un trabajo menos exigente y estresante, un mayor equilibrio entre la vida laboral y la personal, una mejor protección social, desplazamientos más cortos, una mayor responsabilidad social, etc.).

Para reducir el número de mujeres que aceptan trabajos para los que están sobreeducadas, puede ser necesario adoptar políticas que promuevan un reparto equitativo de las responsabilidades domésticas y de cuidado entre hombres y mujeres, y que mejoren el acceso a los servicios de guardería, lo que a su vez puede favorecer un mejor equilibrio entre la vida laboral y la personal.

La heterogeneidad de los modelos de desajuste educativo pone de manifiesto la importancia de no limitarse a considerar el fenómeno a nivel agregado, sino también de identificar las razones de tales desequilibrios.

Aunque en la actualidad no se dispone de datos detallados relevantes, la pandemia de COVID-19 ha tenido probablemente un impacto en la tasa de desajuste educativo entre las mujeres, especialmente las de menor nivel educativo porque tienden a concentrarse en las industrias de servicios más afectadas por las restricciones relacionadas con la pandemia, como el comercio minorista y la hostelería, y porque es más probable que tengan que cuidar de los niños. No sólo es probable que la tasa de concordancia de las mujeres haya disminuido, sino que **también muchas mujeres han pasado a trabajar a tiempo parcial ocupación, han perdido su empleo o han abandonado por completo la población activa**. Por ejemplo, en los Estados Unidos de América, la proporción de trabajadoras emparejadas descendió del 60,2 % en 2019 al 57,1 % en 2020, mientras que en la República Dominicana, que depende en gran medida del sector turístico, la tasa de emparejamiento de las mujeres disminuyó en 2020, mientras que la de los hombres aumentó.

3. Los asalariados tienen más probabilidades de ser emparejados que los autónomos.

Por norma general, los asalariados tienden a estar mejor emparejados que los autónomos, especialmente en los países de bajos ingresos. Los autónomos tienen una tasa de subeducación considerablemente mayor. Mientras que para algunos autónomos, como los trabajadores por cuenta propia y los empresarios, el nivel de educación no es el criterio más importante para dirigir un negocio, una gran parte de los subeducados en los países de bajos ingresos está formada por trabajadores familiares que cotizan y que tienen una educación inferior a la básica.

4. El nivel de correspondencia es mayor en los países con menor desigualdad salarial.

Los países con tasas de correspondencia muy bajas tienden a tener mayores diferencias salariales. Esto es especialmente pronunciado en los países de renta baja y media-baja, donde menos del 30 % de los ocupados ocupan puestos de trabajo correspondientes a su nivel educativo y alrededor del 10 % de los trabajadores reciben más del 50% del total de los ingresos laborales.

5. En la mayoría de los países existe una discrepancia significativa entre la proporción de trabajadores con estudios superiores y la proporción de puestos de trabajo que requieren ese nivel de estudios.

Al examinar específicamente la proporción de puestos de trabajo que requieren un nivel de educación avanzado y la proporción de trabajadores que tienen dicha educación, podemos observar que en la mayoría de los países existe una discrepancia significativa entre ambos. Por ejemplo, en la mayoría de los países de bajos ingresos, la proporción de este tipo de puestos de trabajo supera en más de un 20 % a la proporción de trabajadores con un alto nivel de formación. Esto significa que en muchos países se necesitan políticas para elevar el nivel de educación de quienes ocupan puestos de trabajo altamente cualificados.

Finalmente, el informe concluye con las siguientes observaciones:

a) A pesar de los considerables avances en la mejora del acceso a la educación y el aumento del nivel educativo de las personas en todo el mundo, muchos trabajadores siguen teniendo una formación insuficiente para los trabajos que desempeñan, especialmente en los países de renta baja. Al mismo tiempo, muchas personas de los países de renta alta trabajan en empleos que requieren un nivel de educación inferior.

b) Tanto la infraeducación como la sobreeducación reflejan un uso inadecuado del capital humano y, si son persistentes, estos desajustes pueden suponer un elevado coste económico y social para los trabajadores, los empresarios y la sociedad en su conjunto. Para respaldar la elaboración de políticas basadas en datos empíricos destinadas a reducir los desajustes, es necesario evaluar en qué medida el nivel de educación de los trabajadores se corresponde con el nivel de educación que exigen sus puestos de trabajo, y también comprender las causas y las consecuencias tanto de la sobreeducación como de la infraeducación entre los distintos grupos de población (como las mujeres y los hombres, los jóvenes y las personas mayores, los trabajadores migrantes). Esta información es esencial para la planificación macroeconómica y del desarrollo de los recursos humanos y para la formulación de políticas adecuadas.

15.
El redondeo en el sistema de pago de los bienes de consumo[1]

Traigo a colación un aspecto que últimamente me ha llamado la atención, no ya solo como jurista sino como consumidor.

De un tiempo acá vengo comprobando, que determinados establecimientos y cadenas de supermercados han adoptado la costumbre, elevada a obligación previa y condicional por lo que podrá comprobarse, de exigir al consumidor que, al momento de pagar con su tarjeta bancaria, opte por aceptar o denegar el redondeo del importe de la compra —en fracciones de 50 céntimos—, apretando a tal fin bien una tecla roja, denegándolo, o verde, aceptándolo.

Lo más significativo es que el sistema implantado en la TPV no acepta el pago mediante tarjeta hasta que el consumidor haya realizado aquella opción, generándose en ocasiones situaciones de confusión que se solventan con las explicaciones dadas por el dependiente informando que necesariamente debe optarse o no por el redondeo en el pago.

No es mi intención poner en duda las bondades de la finalidad perseguida por el redondeo, denominado solidario por su finalidad de apoyar proyectos y ayudas a colectivos de población vulnerable, pero sí la forma de realizarlo.

Hasta hace poco el redondeo en la compra era sugerido por el propio empleado del establecimiento y el consumidor aceptaba o no de manera verbal, pero es que ahora se condiciona el pago a que se opte de manera expresa apretando cualquiera de las teclas que lo permite o lo deniega, convirtiendo un gesto y decisión esencialmente voluntarios en otro de obligado.

¿Hasta qué extremo, me pregunto, esta estrategia comercial tiene amparo legal?

El vigente art. 618 del Código Civil establece que «La donación es un acto de liberalidad por el cual una persona dispone gratuitamente de una cosa en

---

1 Publicado en Linkedin, el 6.6.2022 y en Economist & Jurist, el 7.6.2022.

favor de otra, que la acepta», mientras que por acto liberal se entiende aquel por el que sin estar obligado a ello una persona proporciona a otra alguna ventaja o beneficio gratuito, es decir, sin nada a cambio.

Dicho lo anterior, ¿en qué medida el consumidor, lejos de manifestar libremente su voluntad, viene compelido a optar entre efectuar o no su donación en la adquisición de productos cuando como condición previa se le exige apretar la casilla verde o roja?

¿Y si se niega a hacerlo porque su única intención, como no puede ser de otra manera, se limita a pagar directamente?

En cualquier caso, creo que existe un vacío legal en este asunto que no se compadece con el art. 60.2, letras c) y d) del vigente Real Decreto Legislativo 1/2007, de 16 de noviembre, por el que se aprueba el texto refundido de la Ley General para la Defensa de los Consumidores y Usuarios y otras leyes complementarias[2].

En fin, dejo la solución a esta cuestión para la adecuada reflexión y debate, porque estoy seguro de que habrá detractores y partidarios de esta forma de previo pago, porque ya se sabe que «Doctores tiene la Iglesia».

---

2 El art. 60.2.c) señala que:

«Serán relevantes las obligaciones de información sobre los bienes o servicios establecidas en esta norma y cualesquiera otras que resulten de aplicación y, además:

c) El precio total, incluidos todos los impuestos y tasas. Si por la naturaleza de los bienes o servicios el precio no puede calcularse razonablemente de antemano o está sujeto a la elaboración de un presupuesto, la forma en que se determina el precio así como todos los gastos adicionales de transporte, entrega o postales o, si dichos gastos no pueden ser calculados razonablemente de antemano, el hecho de que puede ser necesario abonar dichos gastos adicionales.

En toda información al consumidor y usuario sobre el precio de los bienes o servicios, incluida la publicidad, se informará del precio total, desglosando, en su caso, el importe de los incrementos o descuentos que sean de aplicación, de los gastos que se repercutan al consumidor y usuario y de los gastos adicionales por servicios accesorios, financiación, utilización de distintos medios de pago u otras condiciones de pagos similares.

d) Los procedimientos de pago, entrega y ejecución, la fecha en que el empresario se compromete a entregar los bienes o a ejecutar la prestación del servicio».

Como se comprueba de redactado literal, nada se advierte sobre el pago condicionado a optar por donaciones o liberalidades que pueda realizar el consumidor.

SOBRE LOS JUECES

16. ¿Pueden los jueces dar a conocer ante los medios de comunicación social sus opiniones sobre actuaciones judiciales?[1]

Resulta harto frecuente que determinados jueces intervengan en los diferentes medios de comunicación social (televisión, radio y prensa, mayoritariamente) dando a conocer su criterio respecto de determinadas resoluciones judiciales que por su proyección social, actualidad y controversia generadas, suscitan el interés general.

La cuestión que se plantea es si es ello posible y de serlo cuáles sean los límites de tal actuación.

Dando respuesta a ello, la Comisión de Ética Judicial, del Consejo General del Poder Judicial, emitió un dictamen el 3 de diciembre de 2020, referido a la consulta 5/20 donde aborda en profundidad la cuestión.

I. Regla general

La regla general es que nada se opone a emitir esas opiniones, aclaraciones o comentarios sobre actuaciones judiciales, en el marco de la prudencia y moderación. No contradice ningún principio ético: más aún, se podría considerar que esa presencia en medios de comunicación públicos viene alentada por elogiables compromisos con la transparencia y la divulgación en la opinión pública de una cultura de respeto a la Justicia y confianza en ella, haciendo la debida pedagogía de lo que representa la función jurisdiccional en un Estado de Derecho y la reglas que rigen su funcionamiento.

Pero al tiempo se enfatiza que prudencia y moderación impondrán autocontención, cuidando de no erosionar otros valores como son la independencia o la confianza en la justicia. La valoración final corresponde a cada uno modulando su discurso (o eludiendo opinar) para ajustarse a las exigencias de esos principios (conforme al dictamen de 23 de octubre de 2019, que dio respuesta a la consulta 17/2019).

---

1 Publicado en Economist & Jurist, el 15.7.2021.

II. Comentarios sobre asuntos propios o resoluciones dictadas por otros órganos jurisdiccionales

Se revela indispensable en un primer acercamiento discriminar entre asuntos judiciales propios del que opina/comenta/informa, y actuaciones o resoluciones dictadas por otros órganos jurisdiccionales.

Se acentúa todavía más la improcedencia de presentarse ante la opinión pública a explicar o justificar las propias decisiones o actos judiciales, cuando esa salida surge como reacción a críticas públicas, por injustas, carentes de base o desenfocadas que se reputen estas.

Ante esas situaciones el Juez ha de buscar preservar su independencia y sosiego a través del instrumento previsto en al art. 14 LOPJ (usado con la debida moderación en los casos en que se den sus presupuestos y no como mera forma de repeler esas críticas, criticas frente a las que en principio debe mostrar tolerancia); y no polemizando o entrando en una dialéctica perversa con otros actores sociales que en principio cuentan con legitimidad para discrepar de decisiones judiciales en el debate público.

Los límites serán mínimos (los derivados del necesario respeto a las distintas opiniones y la prudencia y seriedad intelectuales) cuando se trata de debates en un ámbito estrictamente académico o profesional, desarrollados con un contenido exclusivamente técnico-jurídico (punto 3 del dictamen de 8 de abril de 2019, que daba respuesta a la consulta 6/2019). La crítica respetuosa a resoluciones de diferentes órganos, basada en argumentos jurídicos, enriquece el debate en esos ámbitos (Dictamen de 10 de febrero de 2019, consulta 21/2019). Aunque ni siquiera ahí puede tener cabida la descalificación gratuita, el tono ofensivo o el juicio desabrido, que desdicen de la ejemplaridad inherente a la función judicial.

En el mundo de los medios de comunicación de masas y redes sociales y tratándose de comentarios atinentes a actuaciones o resoluciones emanadas de otros órganos judiciales sobre los que se recaba una opinión o reflexión, no hay axiomas absolutos, aunque también se pueden brindar algunas orientaciones. La idea general se enunciaría con dos aseveraciones complementarias:

a) Máxima amplitud para lo que es pura pedagogía, información o divulgación de las reglas procesales y las exigencias de los derechos fundamentales o normas jurídicas: explicar qué recursos caben, cuáles son los pasos procesales, cómo se deliberan los asuntos, qué soluciones pueden adoptarse

b) Y máxima restricción en lo que son opiniones o juicios críticos (laudatorios o desfavorables).

En definitiva, aclarar, explicar, traducir, divulgar, sí; pero no censurar, desautorizar, o entrar en polémica con la decisión judicial. Menos aún, insinuar qué debiera hacerse o qué no debería haberse hecho según la propia opinión.

III. Conclusiones

La Comisión de Ética Judicial, a la vista de las anteriores recomendaciones, efectúa las siguientes conclusiones:

1. Los jueces, como cualquier ciudadano, gozan de la libertad de expresión, y como tales pueden intervenir en los medios de comunicación.
2. Cuando se requiere su opinión o algún comentario sobre asuntos judiciales no pueden olvidar que si interesa es precisamente por su condición profesional. Eso les impone un deber de autocontención, prudencia y moderación para no faltar a la lealtad debida al Poder al que sirven, ni afectar a las exigencias derivadas de los principios de independencia, integridad e imparcialidad.
3. Resultan desaconsejables, como regla general que podría admitir alguna excepción muy singular (mundo académico, procesos que ya son historia), comentarios u opiniones sobre asuntos propios: es muy alto el riesgo de afectar a la imparcialidad. La transparencia, que también constituye una exigencia ética, podrá quedar colmada mediante la difusión a través de los mecanismos institucionales (gabinetes de prensa).

   El juez no debe entrar en polémica frente a eventuales críticas recibidas.
4. Los comentarios sobre actuaciones o decisiones de otros órganos judiciales son admisibles cuando ayudan a explicar, divulgar o contextualizar tales actuaciones, informando sobre las reglas procesales o las exigencias de un Estado de Derecho y el funcionamiento de la Administración de Justicia: informar es contribuir a una legítima y elogiable labor pedagógica alentada por la ética.
5. La crítica centrada en la censura y la desautorización del juez o tribunal que dictó la resolución puede contravenir los principios de ética que aluden al respeto a los poderes del Estado y a la imagen que debe proyectarse para fortalecer la confianza de los ciudadanos en la Administración de Justicia y la propia dignidad de la misma.
6. En principio debe evitarse proponer soluciones o exponer criterios propios formados fuera del escenario rigurosamente procesal en que está llamado a decidir un juez, en tanto pueden confundir a la opinión pública sobre la función jurisdiccional o mermar su prestigio social generando una impresión de arbitrariedad o de que la decisión jurisdiccional en último término puede ser caprichosa por obedecer a las particulares concepciones del Juez.
7. Un Juez no debe tratar de orientar, ni tácita ni expresamente, ni de forma deliberada o inconsciente, ni dar la apariencia de que trata de orientar, las decisiones que deben adoptar otros órganos judiciales.

17.
El uso de la toga por los jueces como símbolo de respeto y autoridad a la Administración de justicia[1]

La vigente Constitución española de 1978 (CE) establece, en su art. 24, como un derecho fundamental el que todas las personas tienen derecho a obtener la tutela efectiva de los jueces y tribunales en el ejercicio de sus derechos e intereses legítimos, sin que, en ningún caso, pueda producirse indefensión.

Del mismo modo, se contempla que todos tienen derecho al Juez ordinario predeterminado por la ley, a la defensa y a la asistencia de letrado, a ser informados de la acusación formulada contra ellos, a un proceso público sin dilaciones indebidas y con todas las garantías, a utilizar los medios de prueba pertinentes para su defensa, a no declarar contra sí mismos, a no confesarse culpables y a la presunción de inocencia.

Como trasunto de lo anterior, el Título VI CE, dedicado al Poder Judicial, regula, en su art. 117, apartados 1 a 3, los siguientes principios básicos en su administración:

1. La justicia emana del pueblo y se administra en nombre del Rey por Jueces y Magistrados integrantes del poder judicial, independientes, inamovibles, responsables y sometidos únicamente al imperio de la ley.
2. Los Jueces y Magistrados no podrán ser separados, suspendidos, trasladados ni jubilados, sino por alguna de las causas y con las garantías previstas en la ley.
3. El ejercicio de la potestad jurisdiccional en todo tipo de procesos, juzgando y haciendo ejecutar lo juzgado, corresponde exclusivamente a los Juzgados y Tribunales determinados por las leyes, según las normas de competencia y procedimiento que las mismas establezcan.

---

1 Publicado en Economist & Jurist, el 27.8.2022.

Por su parte, la Ley Orgánica 6/1985, de 1 de julio, del Poder Judicial (LOPJ), se refiere, en el apartado VII de su Exposición de Motivos, a que la realización práctica del derecho, constitucionalmente reconocido, a la tutela judicial efectiva, requiere como presupuesto indispensable que todos los órganos jurisdiccionales estén provistos de sus correspondientes titulares, Jueces o Magistrados, los cuales, conforme el art. 187.1 LOPJ, deberán usar toga en audiencia pública, reuniones del Tribunal y actos solemnes judiciales y, en su caso, placa y medalla de acuerdo con su rango.

Previsión legal desarrollada por el art. 34, ordinales 1 y 2, del Acuerdo de 23 de noviembre de 2005, del Pleno del Consejo General del Poder Judicial, por el que se aprueba el Reglamento 2/2005, de honores, tratamientos y protocolo en los actos judiciales solemnes (BOE núm. 302, de 19 de diciembre de 2005), al establecer que los miembros de la Carrera Judicial, como distintivo del cargo, llevarán sobre la toga una placa situada en el lado izquierdo y, en su caso, usarán medalla. Ambos atributos del cargo serán dorados si se trata de Magistrados del Tribunal Supremo y Magistrados, y plateadas si son Jueces. Asimismo, los miembros de la Carrera Judicial que pertenezcan a la primera y segunda categorías, llevarán en las mangas de la toga vuelillos blancos sobre fondo negro.

El uso de la toga por los jueces en el procedimiento se impone, pues, legal y reglamentariamente, constituyendo un distintivo que, lejos de podérsele atribuir cualquier atributo de superioridad, casta o sumisión, se identifica con el respeto y dignidad debida a la Administración de justicia encarnada en la persona del juez, muy lejos de interesadas opiniones de algunos que identifican dicha prenda con el color de la justicia y del alma de los que utilizan para hacer el mal[2].

En mi opinión, la toga, más que una prenda y un color, identifica y distingue a quien ha sido investido en nombre de la Administración para impartir justicia y ordenar el procedimiento hasta dictar sentencia y ejecutarla conforme a derecho. El juez actúa por delegación del Estado y, más concretamente, del Poder Judicial para situarse no en un plano de igualdad sino de custodia de la justicia.

En un primer estadio de la incipiente Roma, la toga era el símbolo romano por excelencia (plural togae), tanto como para que el poeta Virgilio pudiera inmortalizar su frase «*Romanos, rerum dominos, gentem que togatam*»

---

2 Como la relatada por Josep María Loperena, en su obra *El circo de la justicia*, Ed. Flor del viento, 4.ª edición, marzo de 2007 —pág. 19—, cuando refiriéndose a «la hermosa historia sobre la toga» que le contó su padre, transcribe lo siguiente: «En cierta ocasión —me dijo—, hace muchísimos años, un tribunal condenó a morir en la hoguera a un hombre acusado de haber matado a su mujer. Fue ejecutado públicamente en la plaza mayor de la ciudad. Al cabo de unos años se supo que la víctima del ajusticiado tenía un amante, y que fue éste quien movido por los celos le quitó a la vida a la desventurada. Los jueces, conscientes de aquel irremediable error juraron ante Dios que llevarían por los siglos y los siglos una toga negra, podrida y cochambrosa en señal de luto como advertencia para los que administran justicia. De esta forma se lo pensarían mucho antes de volver a condenar a nadie sin tener pruebas de su culpabilidad».

(romanos, señores del mundo, los que visten con togas). Su uso estuvo tan difundido entre los ciudadanos que *gens togata* o *togati* pasó a ser sinónimo de ciudadano de Roma, principalmente no solo por la tradición y popularidad detrás de la misma, sino porque además solo podían ser vestidas por los ciudadanos romanos, de modo que los extranjeros o esclavos que se atreviesen a vestir la toga eran penados y castigados. Estas, como generalmente todas las prendas de vestir en Roma, eran símbolo de la clase y prestigio de quien las vestía, aunque su uso, si bien casi exclusivo por cuestiones económicas, no estaba limitado solamente a los patricios y era un derecho de todos los ciudadanos romanos ya fueran ricos o pobres.

Sin duda alguna los romanos veían en la toga simbolizadas dos de las siete virtudes: dignitas y gravitas. Esto la hacía una parte fundamental del sentir y carácter romano.

Estas piezas de vestir eran confeccionadas a partir de lana finamente hilada, puesto que otros materiales eran vistos por la sociedad romana como de mal gusto y una falta de respeto a la tradición. Durante la mayor parte de la historia las togas fueron hiladas y tejidas en las casas por las mujeres para sus esposos, padres, hijos, etc., y dicha tarea era considerada como una tradición fundamental romana. No obstante, entrado el Imperio y a medida que la sociedad romana se fue deteriorando, estas comenzaron a ser confeccionadas por esclavos especializados en la fabricación de togas.

A pesar de la importancia que tuvieron para los romanos, no se conoce a ciencia cierta su forma exacta, y este un tópico en discusión entre los historiadores. Actualmente se cree que en la época pre-republicana la toga era una pieza rectangular de tela. Luego, poco antes de la formación de la República, esta toma una forma más redondeada o semicircular para adaptarse a los nuevos y complejos modos de vestir la toga entre los romanos. Durante la época imperial, el uso de la toga se hizo todavía más complejo al punto que armar los pliegues requería de la ayuda de un asistente.

Ya durante los tiempos de la República las togas comenzaron a distinguir no solo a los ciudadanos romanos de los no romanos sino también a los patricios de los plebeyos y a los nobles entre ellos. El uso de la ***toga praetexta***, blanca con borde rojizo (o púrpura si se contaba con el dinero para costear la tintura purpura), indicaba que el que la vestía era un senador. Así mismo, las personas en luto podían utilizar una toga hecha de lana oscura y los candidatos a alguna oficina pública utilizaban la ***toga candida***, algo que indicaba su candidatura.

Debe igualmente advertirse que la jurisdicción se concentraba en la ciudad, es decir, en el rey, que tiene su tribunal y «ordena» *(jus)* en los días «consagrados a la palabra» *(dies fasti)*. Se sienta en el tribunal colocado en el lugar de las asambleas, sentado en su silla curul *(sella curulis)*, estando a sus lados sus alguaciles (lictores) y delante de él, el acusado o las partes *(rei)*[3].

3 MOMMSEN, Theodor, *Historia de Roma* I. Ed. Magnegraf, SCP. Ed. 2005, pág. 174.

En la obra *El alma de la toga*[4] su autor afirma que en aquel tiempo, la toga era una larga tela de lana de 6 metros, que se enrollada alrededor del cuerpo. No era negra sino blanca, aunque en ciertos casos especiales se usaban de otro color. Por ejemplo, la toga *pulla* sí era de color negro o gris oscuro y se usaba en los casos de luto. La toga *picta* era de color púrpura con finos acabados en oro y la portaban cónsules y pretores para presidir los circos romanos. Finalmente, la toga *trabea* era de diferentes colores con una banda púrpura y la usaban los caballeros como vestidura de gala.

Sin embargo, para el citado autor, el antecedente más remoto de la toga que conocemos, está en la toga *praetexta*, utilizadas por los pretores al momento de administrar justicia.

Ya en los siglos XII y XIII, la toga era utilizada en los estrados de los tribunales reales ingleses. Algunos dicen que se usaban como disfraz, para mantener a los jueces en el anonimato y así evitar que fueran agredidos por los familiares del condenado, después de dictada la sentencia. Sin embargo, otra versión señala que como quiera que la justicia se administraba «en nombre del Rey», supuestamente elegido por Dios, los jueces debían vestir con ropas parecidas a las de aquél, para así reforzar la vinculación entre la justicia y el monarca.

En todo caso, si al principio, las togas fueron unas capas rojas con pañuelos blancos, acompañadas de una peluca blanca, después cambiaron al color negro, cuando en 1694, según la leyenda, los magistrados ingleses la portaron así en señal de luto, en el velorio de la Reina María II de Inglaterra.

Por tanto, históricamente, el juez ocupa, por delegación, un puesto y papel prominentes en el proceso y en el acto de juicio, que no debe confundirse, por lo menos en los tiempos actuales, con ningún comportamiento déspota o actitud de privilegio.

La misma imagen de respeto, seriedad y sobriedad que debe transmitirse, no sólo a abogados, graduados sociales, procuradores y fiscales, sino al resto de partes procesales.

Imagen que se vincula con la opinión de los españoles al momento de evaluar a la Administración de Justicia, según la última encuesta realizada al efecto[5] y cuyas principales conclusiones son las siguientes:

1. Es percibida, ante todo, como una institución plenamente confiable en el desempeño de las funciones fundamentales que, según los españoles, le corresponden en una democracia avanzada como la española actual.
2. Las informaciones que sobre la misma suelen proporcionar los medios informativos, pese a ser consideradas por una amplia mayo-

4 Saturno Troccoli, Gustavo A.. Profesor de Derecho Laboral en Universidad Católica Andrés Bello.

5 Los españoles y la Justicia. Consejo del Poder Judicial. Mayo 2021, encuesta realizada por Metroscopia.

ría ciudadana como incompletas y sesgadas, contribuyen a mantener un entramado básico de estereotipos, en ocasiones con lejanas raíces temporales. Ahora bien, las sensaciones experimentadas en sede judicial por la mitad ciudadana que ha tenido contacto con la Justicia resultan constituir un decisivo factor corrector de esas percepciones, como los datos de estudio ponen de relieve.

3. Es percibida como inasequible a la corrupción, y es considerada grave, y crónicamente, desatendida en los recursos que precisa para funcionar adecuadamente; en consecuencia, resulta seriamente afectada en su eficiencia funcional.
4. La generalizada impresión en la ciudadanía es que la Justicia es objeto permanente de presiones sobre su actividad desde toda una amplia variedad de sectores e instituciones. Esta extendida sensación propicia, sin duda, un sustancial grado de desasosiego y suspicacia en la ciudadanía: ¿pueden los tribunales logar, realmente, en esas circunstancias, ser totalmente independientes? Cuando se analizan con algún detenimiento las respuestas a este interrogante se termina descubriendo que, en definitiva, solo una reducida fracción de españoles (24 %) cree que la Justicia pueda acabar en ocasiones cediendo a las presiones que sobre ella pesan.
5. Se la percibe en permanente riesgo de politización por las tensiones políticas que produce el nombramiento de vocales del CGPJ.

La imagen de la Justicia en nuestra sociedad es, en suma, notablemente mejor de lo que de suele darse por supuesto. Sobre ella pesa una carga secular de tópicos y lugares comunes, que en alguna medida perviven indemnes en el imaginario colectivo por encima de las variaciones que, en su organización y funcionamiento, haya podido experimentar a lo largo del tiempo. Esto es algo que, en cambio, ocurre en mucha menor medida con las otras dos instituciones básicas del sistema político: las que tienen por función —*puissance*, diría Montesquieu— de dictar leyes o de ejercer el poder. Sólo la influencia, en apariencia creciente, de los usuarios de la Justicia que quedaron agradados con su experiencia en sede judicial parece capaz de ir matizando e incluso revertiendo, gradualmente, muchos de los estereotipos que aun pesan sobre ella. Este es un dato que parece revestir especial significación: sugiere la conveniencia de reforzar todo cuanto contribuya a propiciar la imagen de la Justicia como una institución amigable para el usuario *(user-friendly)*. Ese esfuerzo puede resultar más eficaz que cualquier campaña de información e imagen dirigida al conjunto de la población.

Por cierto que el art. 17 de la Ley 3/2020, de 18 de septiembre, de medidas procesales y organizativas para hacer frente al COVID-19 en el ámbito de la Administración de Justicia, dispensó del uso de togas en audiencias públicas a las partes que asistan a actuaciones orales, lo que debe vincularse con la, entonces, adecuada protección de la salud del personal de la Administración de Justicia, del resto de profesionales y de los particulares que acuden a sus sedes, con ocasión de la situación de pandemia derivada del COVID-19[6].

Conforme a la literalidad del precepto, la norma lo que prevé es dispensar en el uso de las togas a los profesionales de la justicia (abogados, procuradores y graduados sociales) cuando deban comparecer en audiencia pública, pero no a jueces, magistrados y letrados de la administración de justicia, al referirse tan solo a las partes procesales.

En resumen, existen, como es lógico, defensores y detractores en el uso de las togas, no ya solo por los mismos miembros de la judicatura sino por los profesionales de del derecho, aunque mi opinión es favorable al empleo de dicha vestimenta, al aportar solemnidad, respeto y dignidad a la Administración de Justicia, siguiendo el modelo seguido en otros países de nuestro entorno cultural, lo que resulta plenamente compatible con una justicia moderna, adaptada a nuestra sociedad y a los avances tecnológicos. Y lo anterior sin perjuicio de que, atendiendo al modelo norteamericano, abogados, procuradores y graduados sociales puedan prescindir de la toga en el futuro.

6 El citado precepto reza literalmente que «Hasta el 20 de junio de 2021 inclusive, las partes que asistan a actuaciones orales estarán dispensadas del uso de togas en las audiencias públicas».

18.
El inicio del nuevo año judicial[1]

Con la finalización de las vacaciones de verano y como ya viene siendo tradicional, se da inicio al nuevo año judicial 2022-2023 con el discurso del Rey en el Salón de Plenos del Tribunal Supremo, la intervención del presidente de este órgano y del Consejo General del Poder Judicial, Carlos Lesmes, y la del fiscal general del Estado, Álvaro García Ortiz.

Dicho acto institucional viene regulado en el artículo 181 de la Ley Orgánica del Poder Judicial, cuando establece que al inicio del año judicial se celebrará un acto solemne en el Tribunal Supremo en el que el presidente de este órgano y del Consejo General del Poder Judicial presentará «la Memoria anual sobre el estado, funcionamiento y actividades de los Juzgados y Tribunales de Justicia» y el fiscal general del Estado «la Memoria anual sobre su actividad, la evolución de la criminalidad, la prevención del delito y las reformas convenientes para una mayor eficacia de la Justicia».

Dejando de lado las polémicas suscitadas con la no renovación de los vocales del CGPJ y de las manifestaciones al respecto de Carlos Lesmes, lo cierto es que comenzamos un nuevo año judicial con grandes expectativas por lo que se refiere a la sempiterna modernización de la Administración de Justicia, adaptándola no solo a las necesidades que la sociedad actual demanda sino adaptándola definitivamente a los retos de las nuevas tecnologías que hagan posible una justicia más rápida y, eficiente.

Pero sí importante, desde luego, es el capítulo dedicado a las inversiones de *hardware* y *software*, también lo es dotar a nuestra administración de más medios personales a través de la creación de nuevos órganos judiciales que hagan posible absorber, tramitar y dar respuesta a la actual pendencia que pesa sobre los tribunales y juzgados de nuestro país. Y como muestra un botón: el Pleno de la Sala de Gobierno del Tribunal Superior de Justicia de Cataluña, en su sesión celebrada el pasado día 26 de noviembre de 2021, adoptó diversos acuerdos en relación a las necesidades de cobertura generadas como consecuencia del cese de los alumnos de la 70 Promoción de Escuela Judicial que se encuentran en funciones de sustitución en diversos

---

1 Publicado en Linkedin, el 10.9.2022.

órganos judiciales de Cataluña, y de la publicación del concurso de traslado de Jueces 3/2021 y 4/2021, hasta la toma de posesión de los/as (74) jueces/zas de la LXX Promoción de Carrera Judicial, se refirió a la problemática situación que se viene padeciendo desde hace décadas en Cataluña como consecuencia de una permanente desertización de la planta judicial.

En este sentido, cobra especial relevancia e interés el denominado Anteproyecto de Ley de Medidas de Eficiencia Digital del Servicio Público de Justicia, propuesto por el Ministerio de Justicia y aprobado en Consejo de Ministros, que confiere y ordena el marco jurídico necesario para que jueces y juezas, magistrados y magistradas, fiscales, letrados y letradas de la Administración de Justicia y todo el personal al servicio de la Administración de Justicia puedan desempeñar sus funciones mediante trabajo deslocalizado cuando se precise, con todas las garantías de seguridad, avanzándose en la gestión profesional eficiente, sobre la premisa del uso generalizado de los medios electrónicos en la relación con la Administración de Justicia, la incorporación de la denominada Carpeta Justicia, el empleo de la videoconferencia y los puntos de acceso seguro, la potenciación del Expediente Judicial Electrónico, la preferencia de la práctica de las comunicaciones judiciales por vía telemática, el teletrabajo, la implantación del Registro Electrónico de Apoderamientos Judiciales y la creación de un sistema de archivos para conservar y acceder a expedientes y documentos electrónicos.

Todo un reto pero a la vez una necesidad insoslayable que no puede ser aplazada por más tiempo si queremos que nuestra justicia cumpla con su mandato constitucional y sea un referente a nivel europeo.

Y lo anterior sin dejar en saco roto la adecuada formación de los jueces, impulsándola y facilitándola para que adecúen sus conocimientos al exigente ritmo de trabajo, en la vorágine de una cada vez más compleja y extensa normativa, tanto a nivel comunitario (con especial relevancia de la reciente Sentencia del TJUE, de 8 de marzo de 2022, declarando que «El principio de primacía del Derecho de la Unión debe interpretarse en el sentido de que impone a las autoridades nacionales la obligación de dejar inaplicada una normativa nacional que en parte contraviene la exigencia de proporcionalidad de las sanciones establecida en el artículo 20 de la Directiva 2014/67 únicamente en cuanto sea necesario para permitir la imposición de sanciones proporcionadas»), como internacional, estatal y comunitario lo que impone imprescindiblemente estar formado y actualizado para dar justa solución a los asuntos planteados por los justiciables.

Habremos de estar expectantes de cómo evoluciona el nuevo curso judicial y si es posible remediar algunos de nuestros males como Administración con la ayuda de los profesionales del Derecho.

RELACIÓN DE TRABAJO

19.
El devenir histórico de la mujer trabajadora en España[1]

Sumario

I. Introducción.

II. La situación de la mujer en los albores del siglo XX.

III. La II República y el cambio radical en la consideración y garantía de los derechos de la mujer.

IV. Y, nuevamente, de regreso al ostracismo. El régimen dictatorial de Franco.

V. De la Constitución de 1978 a la Ley Orgánica 3/2007, de 22 de marzo, para la igualdad efectiva de mujeres y hombres.

VI. La violencia y la brecha de géneros. Dos nuevos e importantes retos por salvar.

VII. A modo de conclusión provisional.

I. Introducción

Como recientemente puso de relieve la Decana del Colegio de Abogados de Barcelona, María Eugenia Gay Rosell, «la valentía de las mujeres que nos precedieron nos alienta a continuar reclamando la igualdad hasta que ésta constituya una realidad plena e incontestable; pues, si bien es cierto que a lo

---

1 Publicado en el Diario La Ley, número 9982, de 4 de enero de 2022.
El presente comentario se publicó con anterioridad la aprobación de La Ley 15/2022, de 12 de julio, integral para la igualdad de trato y la no discriminación, en cuyo art. 2.1 «Se reconoce el derecho de toda persona a la igualdad de trato y no discriminación con independencia de su nacionalidad, de si son menores o mayores de edad o de si disfrutan o no de residencia legal. Nadie podrá ser discriminado por razón de nacimiento, origen racial o étnico, sexo, religión, convicción u opinión, edad, discapacidad, orientación o identidad sexual, expresión de género, **enfermedad o condición de salud, estado serológico y/o predisposición genética a sufrir patologías y trastornos**, lengua, situación socioeconómica, o cualquier otra condición o circunstancia personal o social», que afecte, entre otros ámbitos, al «empleo, por cuenta ajena y por cuenta propia, que comprende el acceso, las condiciones de trabajo, incluidas las retributivas y las de despido, la promoción profesional y la formación para el empleo, así como el acceso, promoción, condiciones de trabajo y formación en el empleo público» (arts. 3.1, letras a y b, y 9), y tanto se refiera a una discriminación directa como indirecta (art. 6).

largo de las últimas décadas se han logrado importantes avances sociales, políticos y jurídicos a favor de la mujer, siguen existiendo algunos obstáculos que perpetúan la discriminación por culpa de las asignaciones de roles con motivo del género que aún persisten y que generan unos intolerables desequilibrios en detrimento de la mujer que entre todos y todas, en un ejercicio de responsabilidad colectiva, debemos corregir».

Para añadir que, «todavía hoy el hecho de que las mujeres sigan cargando sobre sus espaldas con el peso de la crianza de los hijos y el cuidado de familiares dependientes condiciona negativamente su desarrollo profesional, ya que con resignación se ven obligadas a optar por una excedencia o por una reducción de la jornada, en una proporción que supera con creces a la de los hombres. Dicha circunstancia las sitúa en una posición de clara desventaja a nivel laboral por culpa de una lógica por la cual las empresas prefieren premiar, en forma de complementos salariales, la presencia física en el puesto de trabajo, la disponibilidad o la antigüedad de la persona trabajadora; cuando lo deseable sería que se adoptaran otros criterios que, sin duda alguna, se ajustan más al reconocimiento de los méritos individuales por estar asociados a la productividad real y a la consecución de unos objetivos concretos».

En tal sentido, España no es, por desgracia, una excepción a la regla general de ostracismo en el reconocimiento de los derechos de la mujer, situación que le afecta sobre manera en el plano laboral, pues no obstante su plena incorporación al mercado de trabajo, lo habitual es que sus condiciones de jornada, horario, formación, promoción, salario y conciliación con su vida familiar aún está lejos de poder equipararse con la de los hombres, más aún cuando la mujer trabajadora se encuentra en estado de maternidad o post maternidad, como lo pone de manifiesto la circunstancia de que los valores de mujeres con hijos y trabajo a media jornada fueron superiores a las de hombres en todos los casos, con porcentajes en torno al 20 %.

Esta desigualdad de facto se contrapone con la igualdad constitucional y legal vigente con la que el legislador ha querido, aunque no siempre logrado, equiparar en derechos a mujeres y hombres en el trabajo.

Como muestra un botón. Según los datos de la Encuesta de Población Activa (EPA) realizada anualmente por el INE, la población activa de España ascendía a 23 millones de personas en 2020. De ellas, alrededor de 19 millones tenían empleo y más de 8,7 millones eran mujeres. Traducido en porcentajes, esto quiere decir que la participación femenina en el mercado laboral era de casi un 46 % a fecha de 2020.

Pues bien, algunos datos estadísticos nos aproximarán al problema en su dimensión real:

- Desempleo.

En 2020, la tasa global de desempleo femenino fue aproximadamente 0,3 puntos porcentuales superior a la masculina, que se mantenía estable en un

5,3 % desde 2018. Cabe destacar además que las previsiones apuntan a un crecimiento en la tasa de paro entre las mujeres a corto plazo, hasta situarse en un 5,7 % en 2021.

– Brecha de género.

Atendiendo al Índice Global de Brecha de Género, que tiene como objetivo medir en 153 países la paridad entre hombres y mujeres en cuatro áreas clave: salud, educación, economía y política, en el caso de España, los 0,795 puntos registrados en la edición de 2020 ponen de manifiesto una mejora del índice global con respecto a ediciones anteriores. Sin embargo, queda mucho camino por recorrer, especialmente en lo que a empoderamiento y participación de la mujer en la vida política se refiere, ya que este subíndice seguía situándose por debajo de 0,60 puntos.

– Renta neta media anual.

En el año 2019, la renta neta media anual en España por persona completó cinco años consecutivos de crecimiento hasta llegar a los 11.680 euros. No obstante y a pesar de esta mejora, las diferencias salariales entre hombres y mujeres continuaban existiendo. Concretamente, ese año los hombres seguían recibiendo de media 173 euros anuales más que las mujeres en España.

– Salario bruto medio anual.

La brecha salarial de género en España en 2017 era de aproximadamente 5.780 euros brutos anuales, manteniéndose así en valores similares a los registrados en 2016.

En el año 2018, un hombre a jornada completa tenía un salario medio anual de aproximadamente 29.355 euros, mientras que el de las mujeres era ligeramente superior a los 26.000 euros, mientras que a jornada parcial un hombre tenía un salario medio anual de aproximadamente 12.345 euros, mientras que el de las mujeres era de apenas 10.600 euros.

– Educación y ciencia.

En España son cada vez son más las mujeres que van encontrando un hueco en el mercado tecnológico y científico. De hecho, casi una cuarta parte del total de ingenieros y científicos españoles en el sector de la alta tecnología eran mujeres en 2019, concretamente el 23,71%, situándose así muy por encima de la media europea en este ámbito, que era de un 20,03%. A pesar de ello, está muy lejos aún de colocarse a la cabeza de este ranking, donde Chipre despuntaba con una representación femenina de casi un 37% ese año, o de Suecia, con un 24,7%.

– Frecuencia en el Teletrabajo.

Más del 45 % de los hombres y mujeres trabajadores españoles no tenían la opción de teletrabajar. Por su parte, entre aquellos que podían hacerlo dos o más días de forma semanal, la diferencia entre ambos géneros era de casi nueve puntos porcentuales. De esta forma un 54,9 % de los trabajadores de género masculino podrían trabajar desde casa, frente al 45,1 % de género femenino.

– Tasa de ocupación en España por género y nivel de estudios.

Si bien es cierto que en los últimos años nuestro país ha experimentado grandes avances en materia laboral, las desigualdades seguían acentuándose a medida que el nivel de estudios completado descendía. Así, por ejemplo, la diferencia entre la tasa de hombres y mujeres con niveles de educación básica que tenían trabajo era de más de 20 puntos porcentuales.

– Tasa de Emprendedores.

En 2019, más del 50 % de las personas emprendedoras que componían el indicador TEA en España eran hombres —concretamente el 51,6, frente a un 48,4 % de mujeres—. Si se atiende a la cifra de empresarios consolidados, el patrón se repite: 55,9 % del total de los mismos eran hombres, frente a un 44,1 de mujeres.

Pero dicho lo anterior, para saber de dónde venimos y hacia dónde nos encaminamos o, si se prefiere, para conocer el presente y mejorar el futuro de la mujer en nuestra sociedad, se impone analizar, desde el punto de vista histórico y de su evolución normativa, cuatro etapas bien definidas: los albores del siglo XX; la proclamación de la II República; el nuevo Estado surgido de la victoria nacional tras la guerra civil; y, finalmente, la etapa democrática surgida en 1977 con la aprobación de la vigente Constitución de 1978.

II. La situación de la mujer en los albores del siglo XX

Con anterioridad al advenimiento de la II República, el panorama social y político en España auguraba un cambio radical que afectaba la continuidad de la Monarquía, con Alfonso XIII al frente. La convulsión política era patente, con una dictadura personalizada en el general Primo de Rivera y el descontento social a modo de una olla a presión.

Por lo que respecta al ámbito social, la mujer fue víctima durante toda su vida de un sistema patriarcal, primero bajo la tutela de su padre, pasando tras el matrimonio a estar bajo la del marido. Por su parte, la situación conyugal no producía ningún beneficio a la mujer ya que cuando se casaba debía servir y obedecer al marido, no como igual sino como individuo inferior ante sus hijos, ante la ley y ante la sociedad.

Lo anterior concitó un tímido pero valiente interés colectivo propiciando que las mujeres comenzasen a reivindicar sus derechos, particularmente por lo que respecta a la denuncia de la situación conyugal y sexual, a la desigualdad cultural y jurídica, a las altas tasas de natalidad o a la tolerancia del adulterio del marido.

Sin embargo, los políticos no se ponían de acuerdo en aprobar las ansiadas reformas legislativas, bien retrasando la incorporación de la mujer a la sociedad en plena igualdad de derechos o propagando los partidos políticos diferencias que entraban continuamente en conflicto; así, mientras el partido socialista daba prioridad a la abolición de la prostitución, los anarquistas reivindicaban el reconocimiento del amor libre y la utilización de métodos anticonceptivos.

A principios del siglo XX lo habitual era que la mujer no pudiera participar, y menos destacar públicamente, en ninguna esfera de la vida pública. Así, por ejemplo, en el ámbito literario como en cualquier otro, si alguna mujer quería formar parte de un grupo de literatos, y dedicarse a escribir e intentar publicar, debía hacerse pasar por un hombre, y hacerlo bajo la sombra de un seudónimo.

La vida pública estaba reservada al sexo masculino, quedando reducidas las mujeres a la esfera privada, al hogar, al cuidado de la casa, de los hijos, y del esposo, en tanto que las que trabajaron, lo hicieron bajo una fuerte división sexual y clasista del trabajo. Situación que vino avalada por una falta de oportunidades propiciada porque su formación educativa era más bien escasa, como lo pone de relieve el que en los primeros años del siglo XX el analfabetismo entre las mujeres fuera superior a la de los varones. La tasa de analfabetos en 1930 era elevada, un 30,8 % (23 % en los varones y 38,1 % en las mujeres) aunque, había descendido once puntos a lo largo de la década anterior y lo haría en otro 9 % durante los años 30. Como pusiera de manifiesto Ortega y Gasset «En España no se piensa desde los 18 años más que en hacerse un colchón donde dormir lo más tranquilamente posible y casarse con una mujer muy ordenadita para que no gaste mucho y muy beata y muy ignorante y muy Doña Nada para no tener que inquietarse demasiado respecto a su fidelidad» (Ortega y Gasset, J. (1991): *Cartas de un joven español*, 1891-1908. Ed. El Arquero, Madrid. «Cartas a su novia, 1905-1907», pág. 312).

Además, las mujeres casadas estaban sometidas a leyes que fueron elaboradas exclusivamente por los dirigentes varones, en las que nunca se tuvieron en cuenta las necesidades de aquéllas, dificultando en gran medida su acceso al mundo laboral. A lo anterior se unía la necesidad de contar con el permiso del esposo para poder trabajar, puesto que el derecho de la mujer al trabajo seguía condicionado por el estado civil, al deber contar la mujer casada con la autorización marital para firmar contratos laborales según la Ley de Contrato de Trabajo, de noviembre de 1931.

Para situarnos mínimamente en el contexto histórico legislativo de la época, tengamos en cuenta que en 1931 el Código civil vigente era el de 1889, promulgado el 24 de julio, que seguía la tendencia del Código napoleónico, con influencia de la tradición jurídica castellana. Para las relaciones mercantiles, que también afectan a la situación jurídica femenina, estaba vigente el Código de Comercio de 22 de agosto de 1885. Y en cuanto al derecho penal, el artículo 438 del Código de 1870 contemplaba el supuesto del marido que sorprendiendo a la mujer en adulterio quedaba exento de culpa si mataba a la esposa o al amante.

En líneas generales, en esta época, las condiciones que sufrían las mujeres solteras y las casadas eran bastante diferentes. Se consideraba que el matrimonio era el estado social normal de la mujer casada. En defecto de estipulaciones matrimoniales, muy infrecuentes en la época, el marido además de ser el representante de la mujer era el único administrador de los bienes de la sociedad conyugal.

Naturalmente, tenía absoluta disposición y administración sobre sus bienes privativos anteriores al matrimonio, pero también tenía absoluta disposición sobre los bienes gananciales de la sociedad conyugal, fruto de su propio trabajo o del trabajo de la mujer, si ésta lo ejercía, o de los frutos de los bienes aportados por ambos al matrimonio. También era el administrador de la dote aportada por la mujer (aunque en teoría debía conservarla). Sobre los bienes privativos de la mujer (los llamados parafernales), anteriores al matrimonio, tenía la prerrogativa de dar o no la licencia necesaria para que ella pudiera enajenar, hipotecar o litigar sobre ellos.

La mujer no podía comparecer en juicio sin la licencia del marido (a excepción de los pleitos contra el propio marido). Y con respecto al divorcio, consistía exclusivamente en una separación legal.

En materia de nacionalidad y vecindad civil, la mujer estaba obligada a adoptar la nacionalidad del marido y a vivir donde él fijara su residencia.

En cuanto a la paternidad y filiación se diferenciaban los hijos legítimos de los ilegítimos, que estaban clasificados en naturales (hijos de padres que se podían casar con la madre) y no naturales (adulterinos, incestuosos, sacrílegos e hijos de prostitutas). En todo caso, la ley prohibía la investigación de la paternidad de los hijos ilegítimos no naturales, es decir, de aquellos cuyo padre no hubiera podido casarse con la madre. Los hijos naturales tenían ventajas sobre los no naturales, ya que sólo ellos podían heredar y tenían derecho a vivir con sus padres y llevar sus apellidos.

Las leyes eran también muy desfavorables para las madres solteras, ya que la mujer no tenía ningún derecho frente al padre del hijo. En caso de violación podía exigir matrimonio al violador si era soltero y ella prefería esta opción al escándalo. Si el padre reconocía al hijo de madre soltera, tenía siempre la patria potestad, por lo que podía apartarlo de su madre al cumplir los tres años.

Y en relación con el testamento, las mujeres casadas o solteras no podían ser testigos, excepto en caso de epidemia.

En el mundo laboral, la situación no era muy diferente a la de otros ámbitos, lo que no impidió que la lucha reivindicativa del colectivo de mujeres fuera una constante frente al agravio de una fuerte segregación y discriminación salarial. Sus salarios eran comparativamente más bajos que los hombres, trabajaban en tareas no especializadas y por tanto con salarios más bajos. Las remuneraciones femeninas oscilaban entre el 47 % y el 75 % de las retribuciones masculinas en la misma categoría y oficio, aun cuando el trabajo a realizar fuera el mismo.

En este contexto, dos tercios de las mujeres asalariadas eran trabajadoras temporales o estaban en el servicio doméstico, por tanto, carecían de todo tipo de derechos laborales y solo el otro tercio eran obreras cualificadas, principalmente en el sector del textil y vestido (82 %). Por lo que respecta a los derechos laborales la legislación existente concedía muy pocos a las mujeres por no decir ninguno.

Aunque la ley obligaba a garantizar el subsidio de desempleo en la práctica no era así; en 1933 solo cobraban el subsidio 200.000 obreros, de los cuales solo el 0,5 % eran mujeres. Además, para poder cobrarlo era necesario estar afiliado a las Sociedades Mercantiles y a éstas no podían afiliarse los trabajadores eventuales, que era el caso de la mayoría de las mujeres trabajadoras.

III. La II República y el cambio radical en la consideración y garantía de los derechos de la mujer

Proclamada la II República el 14 de abril de 1931, en sustitución de la Monarquía de Alfonso XIII, van a producirse toda una serie de cambios radicales que propiciarán el acceso de la mujer a una vida participativa en todos los sectores que hasta entonces le habían sido vetados y solo permitidos a los varones, como el social, cultural, político o el laboral, tanto en su vertiente especializada, como en el terreno familiar, donde la mujer ya había demostrado su valía en todas las facetas, la maternal, en la lactancia y en la adolescencia, en las que tan hábilmente había logrado compaginar con su trabajo, fuera y dentro del hogar.

En la Constitución de 1931, Título III (Derechos y deberes de los españoles) capítulo I (Garantías individuales y políticas), su art. 25 trata por vez primera de la igualdad ante la ley, en los siguientes términos: «No podrán ser fundamento de privilegio jurídico: la naturaleza, la filiación, el sexo, la clase social, la riqueza, las ideas políticas ni las creencias religiosas. El Estado no reconoce distinciones y títulos nobiliarios».

Continuando en el capítulo I, encontramos otros dos artículos que garantizan la situación de igualdad, el artículo 36: «Los ciudadanos de uno y otro sexo, mayores de veintitrés años, tendrán los mismos derechos electorales conforme determinen las leyes», seguido del artículo 40: «Todos los españoles sin distinción de sexo, son admisibles a los empleos y cargos públicos según su mérito y capacidad, salvo las incompatibilidades que las leyes señalen».

Por su parte, el artículo 46, inserto en el Capítulo II (Familia, economía y cultura), hace referencia al mundo laboral, indicando que: «El trabajo en sus diversas formas es una obligación social, gozará de la protección de las leyes. La República asegura a todo trabajador las condiciones necesarias de una existencia digna. Su legislación social regulará: los casos de seguro de enfermedad, accidente, paro forzoso, vejez, invalidez y muerte; el trabajo de las mujeres y de los jóvenes y especialmente la protección de la maternidad; la jornada de trabajo y el salario mínimo y familiar...».

De este modo, se pusieron los cimientos para que el Estado cubriera muchas de las necesidades asistenciales de los trabajadores y en el caso de la mujer, por vez primera, contemplando la protección de la maternidad.

Otro hito importante en las reivindicaciones de la mujer fue la Ley de Divorcio (publicada en la Gaceta de Madrid núm. 72 de 11 y 12 de marzo de 1932), una de las más vapuleadas por la represión jurídica franquista que, junto con la Ley de Matrimonio Civil del 28 de junio de 1932, pusieron en jaque las ya reducidas parcelas de poder de la Iglesia. La capacidad civil de la mujer en el matrimonio fue presentada por el Ministerio de Justicia en julio de 1932 pero se siguió aplicando el artículo 60 del Código Civil de 1889, bajo el cual se necesitaba permiso marital para comparecer a juicio la mujer, sola o con procurador. Se le autorizó a la mujer ejercer la patria potestad sobre los hijos menores con su viudez, según Orden ministerial de 4 de octubre de 1933, mientras que en la reforma del Código Penal de 27 de octubre de 1932 se igualaba a hombres y mujeres en penas por «delitos pasionales» y se suprimían el adulterio y el amancebamiento como delitos, aboliéndose la prostitución por un Decreto el 25 de junio de 1936, aunque no se llegaron a cerrar los prostíbulos, mientras que el 25 de diciembre de 1936 el Gobierno de la Generalitat de Cataluña despenalizó y legalizó el aborto por causas eugenésicas, permitiéndose la dispensación de anticonceptivos.

La II República representó el ansia colectiva por instaurar un nuevo régimen de Estado que acabase con las corruptelas y los sucesivos gobiernos que actuaban, por regla general, con mano dura y disciplina militar, pero el conflicto entre partidos de muy diversas ideologías, el afán de ruptura con el anterior sistema, la aparición de milicias armadas y un gobierno incapaz de poner freno al desorden con la quema de iglesias y el asesinato indiscriminado, puso en tela de juicio su consolidación, de modo que muchas de las nuevas leyes quedaron en mera letra impresa, sin una aplicación efectiva y, en cualquier caso, se truncaron en su desarrollo con el inicio de la guerra civil el 18 de julio de 1936.

IV. Y, nuevamente, de regreso al ostracismo. El régimen dictatorial de Franco

Acabada la guerra civil el 1 de abril de 1939, se dio inicio a una de las etapas más oscuras y degradantes en España. La contienda bélica había dejado

500.000 muertos, de las que se estima que 150.000 eran de civiles muertos por ejecución sumaria, con un país sumido en la destrucción, la pobreza y aislado internacionalmente.

El nuevo Estado nacía al inicio de la II Guerra Mundial, con Alemania e Italia liderando su proyecto del nuevo orden mundial. No tardó España en simpatizar con Hitler y alinearse con su política, más por necesidad y estrategia que por convicción propia, convencida como estaba de que podría disfrutar de los éxitos de la Alemania nazi. Este apoyo no determinó la entrada de España en la contienda mundial y, a la larga y tras los acontecimientos en la evolución de la batalla, el fracaso de la invasión de Rusia y el avance imparable de las fuerzas aliadas, la simpatía se volvió esquiva ante la amenaza de una invasión aliada en territorio nacional.

Acabada la guerra mundial, una serie de coincidencias temporales pero también de intereses geoestratégicos permitió a Franco continuar con su estado de corte autoritario, sin importarle la retirada de los embajadores, recomendada por la Asamblea General de las Naciones Unidas el 12 de diciembre de 1946, tras excluir a España de la organización, ni su inclusión en las ayudas económicas del Plan Marshall.

El nuevo estado basó su política en el partido único, en el abrazo a la religión católica y en el sometimiento del pueblo a los dictados del gobierno, cuya cabeza visible en lo político, económico y militar fue, hasta su muerte, Francisco Franco, lo que se tradujo en el desconocimiento de derechos tan fundamentales como el de reunión, manifestación, libertad ideológica, libertad religiosa o derecho de huelga.

Como resultado de esta nueva etapa política, la sociedad se basó en tres entidades naturales: la familia, el municipio y el sindicato, que se articularon por medio del denominado Movimiento Nacional, de inspiración fascista, que respondía a un concepto de sociedad corporativa.

En este contexto, la familia era el núcleo de mayor importancia quedando la mujer, una vez más, relegada a un segundo plano, dedicada por entero a la atención y cuidados del marido y de los hijos, sin poder de decisión ni de disposición, y con plena subordinación a los deseos del esposo.

Además, en el Fuero de los Españoles la Religión Católica fue declarada como oficial del Estado, condición que luego sería refrendada en las Leyes Fundamentales (a modo de una supuesta e impuesta Constitución). De este modo, la Iglesia, convertida en un organismo oficial, impuso el matrimonio canónico como el único válido, coaccionó para el ejercicio de las prácticas religiosas, penetró influyentemente en la enseñanza, en la vida universitaria, en la científica, alcanzando los aspectos más insignificantes de la vida hasta convertirse, por parte de algunos de sus representantes, en auténtica tiranía.

Sirva de ejemplo que en algunas diócesis se prohibieron todo tipo de bailes en los que hubiera agarre; se persiguieron los escotes y las mangas cortas, al extremo que los vestidos no debían ser tan cortos que no cubrieran la mayor parte de la pierna, no siendo tolerable que llegaran solo a la rodilla, ni se permitía el escote o llevar medias o guantes que no cubrieran el brazo, al menos hasta el codo, no siendo pocos los conflictos entre cardenales y obispos con las autoridades del Estado por esta y otras razones que atentaban contra la moralidad colectiva.

Ni que decir tiene que la ambición institucionalizada de la mujer se limitaba poco más que a respetar los buenos modos y observar una moral íntegra, casarse y educar a la prole, sin ningún apoyo ni comprensión a poder incorporarse al mundo laboral, económico o cultural, salvo contadas excepciones que concitaban la crítica colectiva. Buena muestra de lo anterior es un escrito del cardenal Pla y Daniel que rezaba del siguiente tenor: «Los vestidos no deben ser tan cortos que no cubran la mayor parte de la pierna: no es tolerable que lleguen solo a la rodilla. Es contra la modestia el escote, y los hay tan atrevidos que pudieran ser gravemente pecaminosos por la deshonesta intención que revelan y por el escándalo que producen. Es contra la modestia el llevar la manga corta de manera que no cubra el brazo, al menos hasta el codo. Es contra la modestia el no llevar medias. Aun a las niñas debe llegarles la falda hasta la rodilla, y las que han cumplido 12 años deben llevar medias...».

Sin embargo, a medida que transcurrían los años, con la apertura de España al exterior con la implantación de nuevas políticas tecnocráticas, que aparcaron la autarquía económica, la masiva entrada de turistas con sus nuevos hábitos y vestimentas, y la rebeldía propia de un segmento de la juventud insatisfecha que hizo de la Universidad su particular foro de discusión y debate, se hizo patente la necesidad de la progresiva integración de la mujer en la vida comunitaria, de lo que se hizo eco el régimen franquista por medio de una serie de leyes que, o bien reformaron o eliminaron varios artículos de los Códigos Civil, Penal y de Comercio que incapacitaban a la mujer española para ejercer ciertos derechos y deberes y que en la mayoría de los casos equiparaban la condición femenina con la incapacidad.

La última de esta serie de leyes, quizás por su alcance la más importante por entonces, se votó en las Cortes Españolas durante la celebración del Año Internacional de la Mujer. La ley 14/1975 de 2 de mayo, sobre la reforma de determinados artículos del Código Civil y del Código de Comercio sobre la situación jurídica de la mujer casada y los derechos y deberes de los cónyuges, entre otras cosas, puso punto y final a la licencia marital, que era algo más que un engorroso trámite administrativo que obligaba a la mujer a solicitar la autorización del marido para llevar a cabo determinados actos. La licencia marital, que había sido establecida por el Código Civil de inspiración napoleónica de 1889, era el símbolo de la opresión y de la institucionalización de la subordinación y del sometimiento de la mujer al hombre.

Precisamente por eso, por su origen decimonónico, se integraba a la perfección en la ideología nacionalcatólica del régimen, motivo por el cual, la mayoría de las discriminaciones y desigualdades que establecían sus artículos como medidas de protección a la mujer, se mantuvieron durante gran parte de la dictadura, a pesar del lavado de cara que llevó a cabo el gobierno en los últimos años del franquismo. La necesidad de mostrarse de cara a la sociedad y al exterior, como un régimen que evolucionaba y que se adaptaba a los tiempos condujo a la instrumentalización de la «problemática de la mujer», que se convertiría en un objetivo político a partir de esa fecha.

La Ley 14/1975 modificó, así mismo, varios artículos del Código Civil relativos a la nacionalidad, la capacidad jurídica de la mujer casada y al régimen económico-matrimonial, razón por la que también fue necesaria la modificación de determinados artículos del Código de Comercio, que tuvieron que adaptarse a las modificaciones realizadas en torno al régimen de bienes matrimoniales y a la capacidad jurídica de la mujer casada.

Otro tema tabú para la época fue el lesbianismo. La identificación de la falta de relación con el varón como una de las causas del lesbianismo, se puede interpretar como el reconocimiento de que, en definitiva, la educación segregada por sexos había sido contraproducente y había originado, paradójicamente, la extensión de la homosexualidad, siendo sorprendente comprobar cómo la separación de niños y niñas en las aulas, pasó de ser considerada una medida de moralidad, a una de las causas sociales del incremento del lesbianismo.

Para atajar el lesbianismo, considerado como una patología, se propusieron medidas de carácter médico como «diagnósticos precoces y tratamientos médicos y psicoterapéuticos que corrigiesen los posibles defectos somáticos» y la puesta en práctica de la educación sexual, que, por otro lado, no sería una realidad en nuestro país hasta mucho tiempo después. Las medidas sociales se centraban en el fomento de la normal convivencia entre los sexos, y las de carácter legal en la aplicación de las medidas de seguridad establecidas en la Ley de peligrosidad y rehabilitación social y en la creación del Patronato de Protección a la Mujer.

Las «desviaciones» eran duramente reprimidas por la primera de estas leyes, la Ley de peligrosidad y rehabilitación social, que declaraba en «estado peligroso» a aquellas personas mayores de 16 años que cometieran actos de homosexualidad (artículo 2). Las medidas de seguridad que planteaba la ley comprendían el «internamiento en un establecimiento de reeducación» y la «prohibición de residir en el lugar o territorio que se designa o de visitar ciertos lugares o establecimientos públicos —así como— la sumisión a la vigilancia de los delegados» (artículo 5).

Además del aumento del lesbianismo, fue analizada la situación de la mujer inadaptada y marginada, con especial referencia a la prostitución. Para el régimen, estas nuevas prostitutas «pluriempleadas» tenían un empleo «digno» de cara a la sociedad, a la vez que ejercían la prostitución como complemento, por lo que no tenían el perfil de mujeres marginadas e inadaptadas, lo cual resultaba aún si cabe más despreciable. El aumento de este nuevo tipo de prostitución, era consecuencia, tanto de la proliferación de los lugares de ocio nocturno en los núcleos urbanos españoles, como de las «deficiencias en la transmisión de los valores éticos» en el ámbito familiar, «los medios de comunicación y el clima de relajación de costumbres [...] el impacto de la publicidad que favorece el deseo de consumir y, por consiguiente, el afán de conseguir dinero por los medios que sean», el turismo, «[...] por el impacto de nuevas costumbres en zonas que hasta hace poco eran de carácter rural y la afluencia de población pasajera y flotante que busca placeres y diversiones», la falta de cultura y por último, una deficiente formación religiosa.

Las medidas propuestas para solucionar el problema de la prostitución consistieron en el cierre de los centros de diversión, pubs, salas de fiesta y similares, una mayor vigilancia de la policía y la aplicación de la Ley de peligrosidad y rehabilitación social, que para el ejercicio de la prostitución establecía las mismas directrices que en el caso de la persecución a homosexuales y lesbianas.

Entre tanto, el papel de la mujer en el plano laboral no sería exagerado calificarlo como de residual, atendida su plena dependencia a los designios y decisiones de su familia —o mejor dicho, del *pater familia*— o de su esposo, con lo que los sectores en que podía emplearse solían estar vinculados con la prestación de servicios (empleada del hogar, establecimientos comerciales, de belleza y peluquería, empresas manufactureras y establecimientos docentes).

El hombre dominaba la escena laboral al estar extendida la idea, propiciada desde el propio Estado paternalista, de que era el que debía sostener la familia por medio de sus ingresos, quedando relevada la mujer al plano del hogar y del cuidado y educación de la prole. Muchos de los lectores recordarán los mensajes sexistas que protagonizaban las marcas comerciales en los spots publicitarios, tanto en radio como en televisión.

La paulatina relajación de las costumbres, la entrada masiva de turistas provenientes de países democráticos y liberales, la tímida pero inaplazable apertura hacia el exterior, la irrupción en el gobierno de los denominados tecnócratas y las ansias por integrarse en estructuras políticas democráticas fueron el punto de arranque que culminaría con el fallecimiento del dictador y el advenimiento de un Estado democrático y social de Derecho.

V. De la Constitución de 1978 a la Ley Orgánica 3/2007, de 22 de marzo, para la igualdad efectiva de mujeres y hombres

Fue, sin duda, a partir de la aprobación de la vigente constitución de 1978, gracias al consenso entre las diversas fuerzas políticas con representación parlamentaria, que puede afirmarse que existe un antes y un después en la construcción de un verdadero Estado de derecho que vela por la protección de los derechos tanto individuales como colectivos de los trabajadores en el marco de la proclamación, reconocimiento y tutela de los derechos fundamentales.

Como exponente de lo anterior, la CE tras proclamar solemnemente en su artículo 14 que «los españoles son iguales ante la ley, sin que pueda prevalecer discriminación alguna por razón de nacimiento, raza, sexo, religión, opinión o cualquier otra condición o circunstancia personal o social», incluye como uno de sus principios programáticos el que «todos los españoles tienen el deber de trabajar y el derecho al trabajo, a la libre elección de profesión u oficio, a la promoción a través del trabajo y a una remuneración suficiente para satisfacer sus necesidades y las de su familia, sin que en ningún caso pueda hacerse discriminación por razón de sexo», contemplando que «la ley regulará un estatuto de los trabajadores».

Se abría así el camino definitivo al reconocimiento explícito de la igualdad entre hombre y mujeres en el plano social y laboral, aunque para ello debían franquearse aún muchas dificultades y prejuicios sociales que, aun en la actualidad perviven sin explicación alguna. Dicho de otro modo, la mujer, por lo menos en el plano teórico, de pura legalidad, volvía, si es que en alguna ocasión lo estuvo, a protagonizar el papel que en justicia le correspondía. En palabras del gran filósofo Julián Marías «Lo que una mujer como tal ve, no lo puede ver un hombre, y por eso es capaz de enriquecer y completar la intelección de lo real. He hablado de "la fascinadora impresión de inteligencia que nos hace siempre la mujer bien dotada y bien instalada en su condición de mujer. Fascinadora porque nos descubre algo nuevo, una manera distinta de ver las cosas, una perspectiva desconocida, un relieve inesperado de las mismas cosas. Nos parece que descubrimos un nuevo continente, y así es; o, si se prefiere, la otra cara de la Luna"» (*Una vida presente. Memoria*, Julián Marías. Ed. Páginas de Espuma, diciembre de 2017, pág. 718).

Una lucha, la de igualdad de sexos, que ha recorrido un largo y sinuoso trayecto lleno de situaciones adversas, de ignorancia social e institucional, de lucha de clases y de ignominia, donde la discriminación por razón de sexo era la norma generalmente aceptada, de ahí que, al menos en el plano judicial, el Tribunal Constitucional hubiera de tomar cartas al respecto resolviendo que cuando ante un órgano judicial se invoque una diferencia de trato basado en el sexo y tal invocación se realice precisamente por una persona perteneciente al colectivo tradicionalmente castigado por esa discriminación, el órgano judicial no puede limitarse a valorar si la diferencia de trato tiene, en abstracto, una justificación objetiva y razonable, sino que debe entrar a analizar, en concreto, si lo que aparece como una diferenciación formalmente razonable no encubre o permite encubrir una discriminación contraria al art. 14 CE (STC 286/1994, de 27 de octubre, FJ n.º 3, Ponente Sr. De la Vega Benayas). Y lo anterior de modo y manera que sólo acreditándose una semejanza sustancial por quienes están sometidos a un mismo régimen jurídico podría entenderse que el trato diferencial carente de una justificación objetiva y razonable sería discriminatorio (STC 148/1990, de 1 de octubre, FJ n.º 2, Ponente Sr. Rodríguez Bereijo).

Desde entonces, España se ha convertido en un país pionero en el reconocimiento de derechos tales como el aborto, el matrimonio entre personas del mismo sexo, la regulación de las parejas de hecho o la eutanasia. Evolución normativa que, ciertamente, vino de la mano de la adhesión de España a la Unión Europea (UE), lo que ha comportado la asunción del derecho comunitario y su prevalencia interpretativa y aplicativa respecto del derecho nacional (en aplicación de los arts. 93 a 96 de la Constitución española, la Ley 25/2014, de 27 de noviembre, de Tratados y otros Acuerdos Internacionales y las SSTC 41/2002, de 25 de febrero, FJ núm. 2, 45/1996, de 25 de marzo, FJ núm. 5, 95/2002, de 25 de abril, FJ núm. 18 y 232/2015, de 5 de noviembre).

En tal sentido, la igualdad de trato y oportunidades entre mujeres y hombres también constituye un valor fundamental de la UE, recogido en los artículos 2 y 3 del Tratado de la Unión Europea, en los artículos 8, 153 y 157 del Tratado de Funcionamiento de la UE y en los artículos 21 y 23 de la Carta de los Derechos Fundamentales. Igualmente, el art. 1.2 de la Carta Social Europea contempla que «Con el fin de garantizar la efectividad del derecho al trabajo, las Partes se comprometen a proteger de manera efectiva el derecho del trabajador a ganarse la vida a través del trabajo realizado libremente», declaración que abarca la prohibición de cualquier forma de discriminación en el empleo, entendida como la diferencia de trato entre personas en situaciones comparables cuando no persigue un objetivo legítimo, no se basa en motivos objetivos y razonables o no es proporcional al objetivo perseguido, de modo que la discriminación indirecta existe cuando una medida o práctica aplicada a todos en idéntica forma es particularmente perjudicial para personas con una religión o creencia particular, una discapacidad particular, una edad particular, una orientación sexual particular, opiniones políticas particulares, o una etnia particular, etc. Aunque la discriminación también puede resultar de la ausencia de medidas apropiadas para tener en cuenta todas las diferencias relevantes o la falta de medidas apropiadas para garantizar que los diversos beneficios colectivos abiertos a todos sean efectivamente accesibles para todos.

En otro plano y sin movernos del ámbito del acervo comunitario, deben destacarse:

a) La Directiva 2006/54/CE del Parlamento Europeo y del Consejo, de 5 de julio de 2006, relativa a la aplicación del principio de igualdad de oportunidades e igualdad de trato entre hombres y mujeres en asuntos de empleo y ocupación (refundición).

b) La Directiva 2010/41/UE, de 7 de julio de 2010, sobre aplicación del principio de igualdad de trato entre hombres y mujeres que ejercen una actividad autónoma.

c) La Directiva 2004/113/CE, sobre aplicación del principio de igualdad de trato entre hombres y mujeres en el acceso a bienes y servicios y su suministro; la Directiva 92/85/CEE del Consejo, de 19 de octubre de 1992, relativa a la aplicación de medidas para promover la mejora de la seguridad y de la salud en el trabajo de la trabajadora embarazada, que haya dado a luz o en período de lactancia.

d) La Directiva 2010/18/UE del Consejo, de 8 de marzo de 2010, por la que se aplica el Acuerdo marco revisado sobre el permiso parental, celebrado por BUSINESSEUROPE, la UEAPME, el CEEP y las CES, y se deroga la Directiva 96/34/CE.

e) La Directiva 2011/36/UE, de 5 de abril de 2011, relativa a la prevención y lucha contra la trata de seres humanos.

f) La Directiva 2019/1158/UE del Parlamento Europeo y del Consejo, relativa a la conciliación de la vida familiar y la vida profesional de los progenitores y los cuidadores, por la que se deroga la Directiva 2010/18/UE.

Y a pesar de todo lo que llevamos expuesto, la evolución legislativa en esta materia, la de igualdad entre mujeres y hombres, tiene aún un largo camino por recorrer, porque en más ocasiones de las deseadas se olvida que la vida, la experiencia vital, lo que acontece en nuestro día a día, es mucho más pluridimensional y casuístico que lo propiamente legislado. No basta con que el legislador cumpla su cometido de aprobar leyes, el ejecutivo de hacerlas cumplir y el judicial de restituir en su derecho a quien se lo ha negado, sino que es preciso que exista una concienciación social que abarque a todos los ámbitos de actuación, educativo, cultural, económico, de promoción, laboral, por citar los más importantes. Una política de Estado dirigida a proporcionar los recursos necesarios para implantar una sociedad más justa e igualitaria, a orillar cualquier atisbo de discriminación, sea directa o indirecta, a que todos y cada uno de nosotros se implique en lo que verdaderamente importa, hacer realidad lo que ya contempla la ley.

Quizás de entre todas las normas aprobadas hasta la actualidad sea la vigente Ley Orgánica 3/2007, de 22 de marzo, para la igualdad efectiva de mujeres y hombres, la más significativa en esa conquista por la igualdad. Norma basada en el antiguo artículo 111 del Tratado de Roma, por medio del cual se ha tejido un acervo comunitario sobre igualdad de sexos de gran amplitud e importante calado, a cuya adecuada transposición se dirige, en buena medida, la expresada Ley, incorporando al ordenamiento español dos directivas: la 2002/73/CE, de reforma de la Directiva 76/207/CEE, relativa a la aplicación del principio de igualdad de trato entre hombres y mujeres en lo que se refiere al acceso al empleo, a la formación y a la promoción profesionales, y a las condiciones de trabajo; y la Directiva 2004/113/CE, sobre aplicación del principio de igualdad de trato entre hombres y mujeres en el acceso a bienes y servicios y su suministro.

Su exposición de motivos no duda en afirmar que la igualdad entre mujeres y hombres es un principio jurídico universal reconocido en diversos textos internacionales sobre derechos humanos, entre los que destaca la Convención sobre la eliminación de todas las formas de discriminación contra la mujer, aprobada por la Asamblea General de Naciones Unidas en diciembre de 1979 y ratificada por España en 1983. En este mismo ámbito procede evocar los avances introducidos por conferencias mundiales monográficas, como la de Nairobi de 1985 y Beijing de 1995.

La igualdad es, asimismo, como ya se ha manifestado anteriormente, un principio fundamental en la Unión Europea. Desde la entrada en vigor del Tratado de Ámsterdam, el 1 de mayo de 1999, la igualdad entre mujeres y hombres y la eliminación de las desigualdades entre unas y otros son un objetivo que debe integrarse en todas las políticas y acciones de la Unión y de sus miembros.

Asimismo, la norma se refiere a que el pleno reconocimiento de la igualdad formal ante la ley, aun habiendo comportado, sin duda, un paso decisivo, ha resultado ser insuficiente. La violencia de género, la discriminación salarial, la discriminación en las pensiones de viudedad, el mayor desempleo femenino, la todavía escasa presencia de las mujeres en puestos de responsabilidad política, social, cultural y económica, o los problemas de conciliación entre la vida personal, laboral y familiar muestran cómo la igualdad plena, efectiva, entre mujeres y hombres, aquella «perfecta igualdad que no admitiera poder ni privilegio para unos ni incapacidad para otros», en palabras escritas por John Stuart Mill hace casi 140 años, es todavía hoy una tarea pendiente que precisa de nuevos instrumentos jurídicos.

Para el legislador, resulta necesaria una acción normativa dirigida a combatir todas las manifestaciones aún subsistentes de discriminación, directa o indirecta, por razón de sexo y a promover la igualdad real entre mujeres y hombres, con remoción de los obstáculos y estereotipos sociales que impiden alcanzarla. Esta exigencia se deriva de nuestro ordenamiento constitucional e integra un genuino derecho de las mujeres, pero es a la vez un elemento de enriquecimiento de la propia sociedad española, que debe contribuir al desarrollo económico y al aumento del empleo, con especial consideración a los supuestos de doble discriminación y las singulares dificultades en que se encuentran las mujeres que presentan especial vulnerabilidad, como son las que pertenecen a minorías, las mujeres migrantes y las mujeres con discapacidad.

A la igualdad de trato desde una perspectiva de género se refiere la Sentencia del Tribunal Constitucional núm. 108/2019, de 30 de septiembre, concretamente desde la vertiente quizás más sensible referida al estado de maternidad de la mujer trabajadora, al remitirse a su doctrina sentada en su Sentencia núm. 233/2007, de 5 de noviembre, recordando que, «para ponderar las exigencias que el art. 14 CE despliega en orden a hacer efectiva la igualdad de la mujer en el mercado de trabajo, es preciso atender a circunstancias tales como "la peculiar incidencia que respecto de la situación laboral de aquella tiene el hecho de la maternidad y la lactancia, en cuanto se trata de compensar las desventajas reales que para la conservación de su empleo soporta la mujer a diferencia del hombre y que incluso se comprueba por datos revelados por la estadística (tal como el número de mujeres que se ven obligadas a dejar el trabajo por esta circunstancia a diferencia de los varones) " (SSTC 109/1993, de 25 de marzo, FJ 6; 203/2000, de 24 de julio, FJ 6; 324/2006, de 20 de noviembre, FJ 4, y 3/2007, de 15 de enero, FJ 2), y a que existe una innegable y mayor dificultad para la mujer con hijos de corta edad para incorporarse al trabajo o permanecer en él, dificultad que tiene orígenes muy diversos, pero que coloca a esta categoría social en una situación de hecho claramente desventajosa respecto a los hombres en la misma situación (SSTC 128/1987, de 16 de julio, FJ 10, o 214/2006, de 3 de julio, FJ 6, por añadir otros pronunciamientos a los ya citados)» (FJ 6).

En esta misma línea interpretativa, la STC 233/2007, FJ 6, declara que «de esa necesidad de compensación de las desventajas reales que para la conservación de su empleo soporta la mujer a diferencia del hombre se deduce la afectación del derecho a la no discriminación por razón de sexo cuando se produzcan decisiones empresariales contrarias al ejercicio de un derecho de maternidad en sentido estricto, así como también cuando se den otras que resulten contrarias al ejercicio por parte de la mujer de derechos asociados a su maternidad. En efecto, el ordenamiento jurídico, además de los derechos que atribuye a las mujeres por su maternidad, reconoce otros que, si bien se conceden a ambos padres, inciden por razones sociales de modo singular en las mujeres, como demuestran los datos estadísticos» (SSTC 240/1999, de 20 de diciembre, FJ 7; 203/2000, de 24 de julio, FJ 6, o 3/2007, de 15 de enero, FJ 5).

Por ello, para hacer efectiva la cláusula de no discriminación por razón de sexo del art. 14 CE, el TC ha establecido un canon mucho más estricto y riguroso que el de la mera razonabilidad y proporcionalidad que, desde la perspectiva genérica del principio de igualdad, se exige para la justificación de la diferencia normativa de trato, que no puede confundirse, aunque sea tan común tantas veces ver que se incurre en ello.

En efecto, como ha tenido ocasión de declarar nuestro máximo tribunal de garantías (por citar una de tantas, la STC 182/2005, de 4 de julio, FJ 3), «a diferencia del principio genérico de igualdad, que no postula ni como fin ni como medio la paridad y solo exige la razonabilidad de la diferencia normativa de trato, las prohibiciones de discriminación contenidas en el art. 14 CE implican un juicio de irrazonabilidad de la diferenciación establecida ex constitutione, que imponen como fin y generalmente como medio la parificación, de manera que solo pueden ser utilizadas excepcionalmente por el legislador como criterio de diferenciación jurídica, lo que implica la necesidad de usar en el juicio de legitimidad constitucional un canon mucho más estricto, así como un mayor rigor respecto a las exigencias materiales de proporcionalidad».

VI. La violencia y la brecha de géneros. Dos nuevos e importantes retos por salvar

Tanto la CE como la Ley Orgánica 3/2007, de 22 de marzo, para la igualdad efectiva de mujeres y hombres, como singularmente el acervo comunitario por medio de las directivas y reglamentos de la Unión Europea, han supuesto un considerable avance en la lucha para la igualdad y la no discriminación por razón de sexo. Sin embargo nuevas y diferentes situaciones, acordes con una sociedad más tolerante pero también más abierta, diversa, tecnológicamente avanzada e intercomunicada, han dado paso a otros frentes a los que debe la mujer enfrentarse actualmente.

De un lado, la violencia de género, en forma de diferentes comportamientos, la gran mayoría de signo sexista, machista y autoritario, que atentan grave y sostenidamente en el tiempo a la integridad física, moral y psicológica de la mujer, con extensión a los hijos. Ejemplo de lo anterior son los casos de *mobbing*, acoso sexual y acoso moral.

Para paliar tales situaciones se aprobó la Ley 27/2003, de 31 de julio, reguladora de la Orden de protección de las víctimas de la violencia doméstica, destinada a protegerlas por medio de la denominada orden de protección a las víctimas de la violencia doméstica, unificando los distintos instrumentos de amparo y tutela a las víctimas de estos delitos y faltas a través de un rápido y sencillo procedimiento judicial, sustanciado ante el juzgado de instrucción, con el que poder obtener la víctima un estatuto integral de protección que concentre de forma coordinada una acción cautelar de naturaleza civil y penal. Esto es, que una misma resolución judicial incorpore conjuntamente tanto las medidas restrictivas de la libertad de movimientos del agresor para impedir su nueva aproximación a la víctima, como las orientadas a proporcionar seguridad, estabilidad y protección jurídica a la persona agredida y a su familia, sin necesidad de esperar a la formalización del correspondiente proceso matrimonial civil. Orden judicial de protección aquella que comporta, a su vez, que las distintas Administraciones públicas, estatal, autonómica y local, activen inmediatamente los instrumentos de protección social establecidos en sus respectivos sistemas jurídicos.

Por su parte, el Real Decreto-ley 9/2018, de 3 de agosto, de medidas urgentes para el desarrollo del Pacto de Estado contra la violencia de género, tras afirmar que la violencia contra las mujeres es la manifestación más cruel de la desigualdad y las relaciones de poder de los hombres sobre las mujeres. Se trata de una violencia de naturaleza estructural que se dirige contra la mujer por el mismo hecho de serlo. Esta violencia menoscaba el disfrute de sus derechos humanos y libertades fundamentales y es un obstáculo para la plena realización de la igualdad entre mujeres y hombres, como así lo reconocen los organismos internacionales como la Organización de las Naciones Unidas, el Consejo de Europa y la Unión Europea, en distintos instrumentos jurídicos ratificados por España. La Declaración sobre la eliminación de la violencia contra la mujer (Resolución 48/104, de 20 de diciembre de 1993) adoptada por la Asamblea General de Naciones Unidas define la violencia contra la mujer como todo acto de violencia basado en la pertenencia al sexo femenino que tenga o pueda tener como resultado un daño o sufrimiento físico, sexual o psicológico para la mujer, así como las amenazas de tales actos, la coacción o la privación arbitraria de la libertad, tanto si se producen en la vida pública como en la vida privada, procede a modificar el alcance de diversas normas, en el marco del Pacto de Estado contra la violencia de género, referidas a la Ley Orgánica 1/2004, de 28 de diciembre, de Medidas de Protección integral contra la Violencia de Género, la Ley 7/1985, de 2 de abril, Reguladora de las Bases del Régimen Local y al artículo 156 del Código Civil, modificación ésta última que tiene como objetivo que la atención y asistencia psicológica quede fuera del catálogo de actos que requieren una decisión común en el ejercicio de la patria potestad, cuando cualquiera de los progenitores esté incurso en un proceso penal iniciado por atentar contra la vida, la integridad física, la libertad, la integridad moral o la libertad e indemnidad sexual del otro progenitor o de los hijos e hijas de ambos.

En este mismo marco de actuación, se aprobó el Real Decreto 1023/2020, de 17 de noviembre, por el que se actualizan las cuantías, los criterios y el procedimiento de distribución de las transferencias para el desarrollo de nuevas o ampliadas competencias reservadas a las entidades locales en el Pacto de Estado en materia de violencia de género. Con dicha norma se procede a actualizar los criterios de reparto de los fondos y las cuantías a distribuir fijados en el Real Decreto-ley 9/2018, de 3 de agosto, con la finalidad de establecerlos con carácter general y estable, de modo que se garanticen por las administraciones públicas competentes la prestación y puesta en marcha de todos los proyectos o programas preventivos y asistenciales por las comunidades autónomas y las entidades locales en cumplimiento de los compromisos del Pacto de Estado contra la violencia de género, incluida la protección de las víctimas a través de su adhesión por primera vez al Sistema de Seguimiento Integral en los casos de Violencia de Género (Sistema Viogen) del Ministerio del Interior, promovida por el propio Real Decreto-ley 9/2018, de 3 de agosto, y el servicio relativo a los municipios en los que estén empadronadas víctimas usuarias del Servicio Telefónico de Atención y Protección para víctimas de la violencia de género (ATENPRO).

En el ámbito social, laboral y de la Seguridad Social se emprenden, asimismo, importantes reformas en favor del colectivo de mujeres trabajadores que, dada su extensión, tan solo me permito enumerar:

a) Real Decreto Legislativo 2/2015, de 23 de octubre, por el que se aprueba el texto refundido de la Ley del Estatuto de los Trabajadores.

b) Ley 20/2007, de 11 de julio, del Estatuto del trabajo autónomo.

c) Real Decreto Legislativo 5/2015, de 30 de octubre, por el que se aprueba el texto refundido de la Ley del Estatuto Básico del Empleado Público. 512

d) Real Decreto 364/1995, de 10 de marzo, por el que se aprueba el Reglamento General de Ingreso del Personal al servicio de la Administración general del Estado y de Provisión de Puestos de Trabajo y Promoción Profesional de los Funcionarios Civiles de la Administración general del Estado.

e) Resolución de 25 de noviembre de 2015, de la Secretaría de Estado de Administraciones Públicas, por la que se establece el procedimiento de movilidad de las empleadas públicas víctimas de violencia de género

f) Resolución de 16 de noviembre de 2018, de la Secretaría de Estado de Función Pública, por la que se publica el Acuerdo de la Conferencia Sectorial de Administración Pública, por la que se aprueba el Acuerdo para favorecer la movilidad interadministrativa de las empleadas públicas víctimas de violencia de género.

g) Real Decreto 1917/2008, de 21 de noviembre, por el que se aprueba el programa de inserción sociolaboral para mujeres víctimas de violencia de género.

h) Real Decreto 1369/2006, de 24 de noviembre, por el que se regula el programa de renta activa de inserción para desempleados con especiales necesidades económicas y dificultad para encontrar empleo

i) Ley 43/2006, de 29 de diciembre, para la mejora del crecimiento y del empleo.

j) Real Decreto Legislativo 8/2015, de 30 de octubre, por el que se aprueba el texto refundido de la Ley General de la Seguridad Social.

VII. A modo de conclusión provisional

El presente artículo doctrinal tan solo pretende esbozar las líneas maestras de la evolución social y normativa que a través de la más reciente historia ha tenido como protagonista a la mujer. Normativa que ha venido acompasada e interpretada por las numerosas sentencias tanto del Tribunal Constitucional, como del Tribunal Supremo y del TJUE que las han moldeado y adaptado a la cada vez más constante y veloz realidad social.

Evocando las palabras de María Zambrano, «cada época y dentro de ella cada generación, tiene su marcha, su ritmo que arrastra, y uno va donde sea, porque el caso es marchar juntos, marchar con, hasta la muerte» (**Zambrano**, María —1989—: *Delirio y destino (los veinte años de una española)*, Mandadori, Madrid, pág. 123).

Y sin embargo, en pleno siglo XXI aún persiste la lacra de la discriminación, si se quiere encubierta, propiciada por ocultos intereses y caducos pensamientos y opiniones que mantiene en alerta al colectivo feminista.

Prueba de lo anterior es la reciente aprobación del Acuerdo de 16 de septiembre de 2021, de la Comisión de Igualdad del Consejo General del Poder Judicial, por el que se publica el II Plan de Igualdad de la Carrera Judicial, aprobado por el Pleno el 30 de enero de 2020 (BOE núm. 273, de 15 de noviembre de 2021), cuyos objetivos generales, extrapolables sin duda a otros ámbitos de actuación, se sintetizan en los siguientes:

1. Garantizar la plena igualdad de oportunidades entre mujeres y hombres en las distintas formas de acceso a la Carrera Judicial y sus distintas especialidades, y asegurar que quienes accedan a la Judicatura tengan una formación adecuada y suficiente en materia de igualdad entre mujeres y hombres, enjuiciamiento con perspectiva de género y violencia sobre la mujer.

2. Garantizar una representación equilibrada de mujeres y hombres en los distintos niveles de la Carrera Judicial, incluidos los cargos de nombramiento discrecional, y su adecuación a la Ley Orgánica 3/2007.

3. Establecer las bases para que las mujeres y los hombres que integran la Carrera Judicial tengan oportunidad de participar de manera igualitaria y equilibrada en el desempeño de los puestos colaborativos del CGPJ, y en las actividades internacionales en cuya organización y/o difusión participe el Servicio de Relaciones Internacionales del CGPJ.

4. Garantizar la formación continua de las personas integrantes de la Carrera Judicial en materia de igualdad, implantar la transversalidad de género y la aplicación de la perspectiva de género en toda la actividad formativa del CGPJ, y promover la participación igualitaria de todos los miembros de la Carrera Judicial, mujeres y hombres, en las actividades de formación promovidos u organizados por el CGPJ, tanto en las labores de coordinación, dirección y docencia, como en la simple asistencia como participantes.

5. Facilitar la conciliación de la vida personal, familiar y profesional de las personas que integran la Carrera Judicial, promoviendo el uso de medidas que favorezcan la corresponsabilidad y el reparto igualitario de las tareas de cuidado y atención a familiares dependientes, la utilización de las Tecnologías de la Información y la Comunicación (TICs), y la aplicación de instrumentos que faciliten la estabilidad territorial.

6. Integrar la perspectiva de género en toda la política de prevención de riesgos laborales del CGPJ, velando por el establecimiento y cumplimiento adecuado de medidas efectivas de protección frente a todas las formas de acoso y violencia en la Carrera Judicial, y abordando las medidas necesarias para la adaptación del ejercicio de la actividad jurisdiccional a la edad de las personas llamadas a ejercerla.

7. Fomentar la utilización de un lenguaje no sexista tanto a nivel administrativo, en los documentos de toda clase emanados del

CGPJ y demás órganos de gobierno del Poder Judicial, como a nivel judicial, en toda clase de resoluciones dictadas por los órganos judiciales.

8. Evaluar y examinar las eventuales diferencias retributivas que pudieren existir entre las mujeres y los hombres que integran la Carrera Judicial, y adoptar y proponer medidas correctoras de las diferencias retributivas que pudieran detectarse.

9. Integrar la perspectiva de género tanto la actuación inspectora como la actividad disciplinaria del CGPJ y asegurar que en tales actuaciones se toman en consideración las circunstancias personales y familiares de las personas sujetas a ellas.

10. Dar una adecuada visibilidad a la participación de las mujeres en la Judicatura y en el ejercicio de la jurisdicción, transmitiendo una imagen de la justicia acorde con la composición real del Poder Judicial.

11. Impulsar la integración de la perspectiva de género en la interpretación y aplicación del Derecho, en los términos que exige el artículo 4 LOIEMH, y proporcionar a las personas que integran la Carrera Judicial la capacitación y formación adecuadas al efecto.

12. Analizar anualmente los resultados de la actividad desarrollada por el CGPJ en ejecución de este Plan y su evolución temporal en los diversos ejes de actuación que lo integran.

Y, aun con todo, falta un extenso y difícil trecho por recorrer, como recientemente se ha puesto de manifiesto en el curso de la IX Cumbre de Mujeres Juristas, organizada por el ICAM y celebrada en Madrid los días 25 y 26 de noviembre de 2021, bajo el título *Las mujeres en la recuperación económica y social tras la Pandemia*, algunas de cuyas conclusiones pone en evidencia la plena igualdad de género al poner de relieve, y, entre otras, las siguientes:

a) A pesar de los avances en la legislación sobre igualdad de trato, de la transversalización de género, y de la integración de la perspectiva de género en todas las demás políticas adoptando medidas específicas para el adelanto de la mujer, aún persisten las brechas de género y en el mercado laboral las mujeres siguen estando sobrerrepresentadas en los sectores peor remunerados y subrepresentadas en los puestos de toma de decisiones.

b) La consecución de una igualdad efectiva exige aumentar la participación femenina en el mercado laboral y la independencia económica de mujeres y hombres; reducir las brechas salariales y de pensiones de género y, por lo tanto, luchar contra la pobreza entre las mujeres; promover la igualdad entre mujeres y hombres en la toma de decisiones; combatir la violencia de género, proteger y apoyar a las víctimas; y promover la igualdad de género y los derechos de las mujeres en todo el mundo.

c) La conciliación de la vida personal, familiar y laboral es un derecho y una condición fundamental para garantizar la igualdad entre mujeres y hombres, y es un requisito *sine qua non* para que cualquier persona pueda mantener al mismo tiempo una carrera profesional plena y ejercer su derecho al cuidado de su familia, y al desarrollo de su personalidad. No hay una regulación legal plena que garantice ese derecho a los y las profesionales de la abogacía en su ejercicio ante los tribunales, resultando imprescindible consensuar los motivos y circunstancias en que ha de producirse la suspensión de vistas, actos o plazos procesales, ante la imposibilidad de las abogadas y abogados de concurrir a los mismos por motivos debidamente acreditados prestando una especial atención al principio de igualdad.

   La dimensión constitucional de las medidas normativas tendentes a facilitar la conciliación de la vida familiar y laboral de las personas trabajadoras, tanto desde la perspectiva del derecho a la no discriminación por razón de sexo del artículo 14 CE, como desde la perspectiva del mandato de protección a la familia y a la infancia del artículo 39 CE, debe prevalecer y servir de orientación para la solución de cualquier duda interpretativa que pueda suscitarse ante la aplicación a un supuesto concreto de una disposición que afecte a la conciliación profesional y familiar.

d) Juzgar con perspectiva de género, es un método de análisis jurídico de análisis jurídico holístico contextualizado que obliga a los tribunales a adoptar interpretaciones conforme al principio *pro persona*, mediante soluciones equitativas ante situaciones desiguales de género. La perspectiva de género ayuda a descubrir la invisibilización de las asimetrías de género que siguen existiendo en nuestro derecho, que, travestido de igualdad jurídica, tiene su propio género, y desde luego no es el femenino. La visión de género tiene que ser algo continuo, y es necesario aplicarla en todas las fases del proceso, tanto en la valoración de las pruebas como en la interpretación de la norma.

   Por ello, es imprescindible la formación de todos los actores jurídicos en igualdad y perspectiva de género, y la sensibilización sobre la necesidad de tener siempre en cuenta esta vertiente en la defensa de los derechos de las personas.

De interés, en este contexto de pervivencia de estados de discriminación, resulta el Resumen de las Conclusiones de la encuesta realizada a nivel de la Unión Europea sobre la Violencia de género contra las mujeres, promovida por la European Union Agency for Fundamental Rights, basada en entrevistas realizadas a 42 000 mujeres en los 28 Estados miembros de la Unión

Europea. En él se refleja que la violencia contra las mujeres, y en especial la violencia de género que afecta de un modo desproporcionado a las mujeres, constituye una gran vulneración de los derechos humanos que la UE no se puede permitir pasar por alto.

En la encuesta se preguntó a las mujeres sobre sus experiencias en relación con la violencia física, sexual y psicológica, incluidos los incidentes de violencia por parte del compañero íntimo («violencia doméstica»), así como sobre el acoso, el acoso sexual y la función que desempeñan las nuevas tecnologías en las experiencias de abuso. Además, se les preguntó sobre sus experiencias de violencia durante la infancia. De las respuestas resulta una imagen de graves abusos que afectan a la vida de muchas mujeres, aunque la proporción de casos que se denuncian a las autoridades es sistemáticamente escasa. Por ejemplo, una de cada 10 mujeres ha sido víctima de algún tipo de violencia sexual desde los 15 años de edad, y una de cada 20 ha sido violada. Poco más de una de cada cinco mujeres ha sido víctima de violencia física y/o sexual por parte de su pareja actual o de las previas, y algo más de una de cada 10 mujeres indica que ha experimentado algún tipo de violencia sexual por parte de un adulto antes de los 15 años de edad. En todo caso, a modo de ilustración, sólo un 14 % de mujeres comunicaron el incidente más grave de violencia por parte de la pareja a la policía, y un 13 % cuando el autor no era su pareja.

No debemos olvidar que, con respecto a la mujer, están en juego la dignidad y el respeto a sus condiciones laborales. La dignidad, en cuanto que significa el respeto que se merece, es un valor jurídico fundamental que consagra el artículo 10.1 de la Constitución, atribuyéndole la calidad de «cimiento del orden político y de la paz social» (STC 116/1999 y 91/2000), hasta el punto de que la doctrina constitucional lo califica como base de nuestro sistema de derechos fundamentales (STC 212/2005). Por lo tanto, hemos de entender como dignidad personal el derecho que tenemos a un trato que no contradiga su condición de ser racional igual y libre, capaz de determinar su conducta en relación consigo mismo y su entorno, esto es, la capacidad de autodeterminación consciente y responsable de la propia vida, así como el libre desarrollo de su personalidad (arte. 10.1 CE). Así, «la regla del art. 10.1 CE, proyectada sobre los derechos individuales, implica que la dignidad tiene que permanecer inalterada cualquiera que sea la situación en que la persona se encuentre, constituyendo, en consecuencia, un *"mínimum "* invulnerable que todo estatuto jurídico debe asegurar, de modo que las limitaciones que se impongan en el disfrute de derechos individuales no conlleven un menosprecio para el aprecio que, en cuanto ser humano, merece la persona» (Sentencias TC 120/90, F.4, y 57/94, F. 3 A).

El concepto de dignidad, según ha declarado la doctrina jurisprudencial, equivale, pues, «al respeto que es debido a quien presta su actividad laboral para otro, que tiene derecho a mantenerse en su puesto cono la honorabilidad que se debida a toda persona y especialmente a quien trabaja, debiendo medirse la expresión cono un criterio social objetivo», lo cual no significa que un trabajador sea más o menos digno que otro, sino, en el de «resultar un agravio para el trabajador que llevando a cabo determinadas actividades sea relevado de ellas sin razón alguna convincente y encargado de otras menos cualificadas» (STS 03.06.83, Ar. 2962); por eso el menoscabo de la dignidad exige la existencia de una actitud empresarial que sea claramente vejatoria o, al menos, atente abiertamente sobre este derecho que todo trabajador tiene reconocido en el apartado 1.e) del art. 4 del Estatuto de los Trabajadores.

Para finalizar estas apretadas y resumidas reflexiones, y, *last but not least*, el siglo XXI fue declarado por la ONU como el siglo de la mujer, con el propósito de que consolide su participación en la fuerza productiva, así como en los espacios de decisión en todos los ámbitos. Sumar los recursos que la mujer generará supondrán, sin duda, un mejor desarrollo, tanto nacional como internacional, derribando de manera definitiva los muros de la intolerancia, consolidando y reforzando los logros ya obtenidos, sin los cuales no habrá progreso social si no están sustentado en la igualdad y en la participación plena y en pie de igualdad de la mujer.

En palabras del Secretario General de la ONU, António Guterres, con ocasión del Día Internacional de la Mujer 2021:

> «(...) destaca el poder transformador de la participación igualitaria de las mujeres. Ese poder lo vemos nosotros mismos en las Naciones Unidas, donde estoy orgulloso de haber logrado la paridad de género en los puestos directivos por primera vez en la historia. Las pruebas son claras.
>
> - Cuando las mujeres lideran los gobiernos, vemos mayor inversión en protección social y mayores avances en la lucha contra la pobreza.
>
> - Cuando hay mujeres en los parlamentos, los países adoptan políticas más rigurosas en la esfera del cambio climático.
>
> - Cuando las mujeres están presentes en las negociaciones de paz, los acuerdos son más duraderos.
>
> Y ahora que las mujeres prestan servicio en números iguales en los puestos directivos máximos de las Naciones Unidas, vemos aún más acciones concertadas para lograr la paz, el desarrollo sostenible y los derechos humanos.
>
> En un mundo dominado por los hombres con una cultura dominada por ellos, la igualdad de género es esencialmente una cuestión de poder. Los hombres son parte esencial de la solución.
>
> Para acabar exhortando "... a los países, las empresas y las instituciones a que adopten medidas y cuotas especiales para promover la participación igualitaria de las mujeres y lograr un cambio rápido "».

20.
El Tribunal Supremo resuelve sobre la determinación de la fecha de efectos del reconocimiento a un varón del complemento de pensión por maternidad. Comentario a la Sentencia de 16 de febrero de 2022[1]

Sumario

I. Regulación legal del complemento por maternidad.

II. La importante Sentencia del Tribunal de Justicia de la Unión Europea, de 12 de diciembre de 2019, resolviendo con la discriminación directa por razón de sexo en el no reconocimiento del complemento de maternidad a favor de los hombres.

III. La Sentencia del Tribunal Constitucional, de 13 de septiembre de 2021, y la primacía en la aplicación del Derecho de la Unión Europea.

IV. La Sentencia del Tribunal Supremo, de 16 de febrero de 2022, y la concreción de la fecha de efectos en el pago del complemento de maternidad a favor del padre.

I. Regulación legal del complemento por maternidad

Antes de entrar a comentar los razonamientos empleados por el Tribunal Supremo para resolver la cuestión que es objeto del presente comentario, resulta preciso centrar el debate, la normativa y doctrina existentes.

Como es conocido, el art. 1 del Real Decreto-ley 3/2021, de 2 de febrero, por el que se adoptan medidas para la reducción de la brecha de género y otras materias en los ámbitos de la Seguridad Social y económico, procedió a modificar el art. 60 del texto refundido de la Ley General de la Seguridad Social, aprobado por el Real Decreto legislativo 8/2015, de 30 de octubre (LGSS), cuya entrada en vigor tuvo lugar el 4 de febrero de 2021 (en aplicación de su Disposición Final

1 Publicado en Economist & Jurist, el 1.3.2022 y en la Revista de la Comisión de lo Social de Juezas y Jueces para la Democracia, núm. 231, de marzo de 2022, págs. 10 a 20.

Tercera), precepto que, hasta la citada modificación, tan solo contemplaba que fueran las mujeres que hubieran tenido uno o más hijos o hijas y fueran beneficiarias de una pensión contributiva de jubilación, incapacidad permanente o viudedad, las que tuvieran derecho a un complemento por cada hijo o hija, sin que, por omisión, los padres pudieran acceder a idéntico derecho.

Sin embargo, la modificación operada reconoce el acceso al pago del complemento de la correspondiente pensión contributiva a favor de los padres al establecer que:

> «1. Las mujeres que hayan tenido uno o más hijos o hijas y que sean beneficiarias de una pensión contributiva de jubilación, de incapacidad permanente o de viudedad, tendrán derecho a un complemento por cada hijo o hija, debido a la incidencia que, con carácter general, tiene la brecha de género en el importe de las pensiones contributivas de la Seguridad Social de las mujeres. El derecho al complemento por cada hijo o hija se reconocerá o mantendrá a la mujer siempre que no medie solicitud y reconocimiento del complemento en favor del otro progenitor y si este otro es también mujer, se reconocerá a aquella que perciba pensiones públicas cuya suma sea de menor cuantía.
>
> Para que los hombres puedan tener derecho al reconocimiento del complemento deberá concurrir alguno de los siguientes requisitos:
>
> a) Causar una pensión de viudedad por fallecimiento del otro progenitor por los hijos o hijas en común, siempre que alguno de ellos tenga derecho a percibir una pensión de orfandad.
>
> b) Causar una pensión contributiva de jubilación o incapacidad permanente y haber interrumpido o haber visto afectada su carrera profesional con ocasión del nacimiento o adopción, con arreglo a las condiciones que seguidamente se establecen».

Por su parte, la nueva Disposición adicional trigésima séptima de la LGSS, intitulada «Alcance temporal del complemento de pensiones contributivas para la reducción de la brecha de género» contempla un régimen temporal en el reconocimiento del complemento al indicar que:

> «1. El derecho al reconocimiento del complemento de pensiones contributivas, para la reducción de la brecha de género, previsto en el artículo 60 se mantendrá en tanto la brecha de género de las pensiones de jubilación, causadas en el año anterior, sea superior al 5 por ciento.
>
> 2. A los efectos de esta ley, se entiende por brecha de género de las pensiones de jubilación el porcentaje que representa la diferencia entre el importe medio de las pensiones de jubilación contributiva causadas en un año por los hombres y por las mujeres».

El propio Real Decreto-ley 3/2021, de 2 de febrero justifica dicho cambio normativo sobre la base que:

> «La nueva regulación del artículo 60 del texto refundido de la Ley General de la Seguridad Social, y de su réplica en el texto refundido de la Ley de Clases Pasivas del Estado, aprobado por el Real Decreto Legislativo 670/1987, de 30 de abril

(disposición adicional decimoctava), sustituye el complemento de maternidad por aportación demográfica por un complemento dirigido a la reducción de la brecha de género en el que el que el número de hijos es el criterio objetivo que se utiliza para articular la medida por cuanto su nacimiento y cuidado es la principal causa de la brecha de género.

Y lo hace de una forma equilibrada y efectiva —y al mismo tiempo respetuosa con la jurisprudencia del Tribunal de Justicia de la Unión Europea—, a través de un diseño en el que se persigue configurar el "complemento " como una palanca para la reducción de la brecha de género, que es el reflejo de esa situación de subordinación de las mujeres en el mercado de trabajo al haber asumido históricamente un papel principal en la tarea de los cuidados de los hijos. Pero se hace dejando la puerta abierta a que aquellos padres que acrediten un perjuicio en su carrera de cotización con ocasión del nacimiento o adopción de un hijo por la asunción de esas tareas de cuidados tengan acceso al "complemento ". Es decir, que se combina una acción positiva en favor de las mujeres (si ninguno de los progenitores acredita el perjuicio en su carrera de cotización, el "complemento " lo percibe la mujer) con la previsión de una "puerta abierta " para aquellos hombres que puedan encontrarse en una situación comparable.

En definitiva, puede concluirse que la nueva regulación del artículo 60 del texto refundido de la Ley General de la Seguridad Social persigue lo que el Tribunal de Justicia de la Unión Europea identifica como un objetivo legítimo de política social: corregir una situación de injusticia estructural (la asunción por las mujeres de las tareas de cuidados de los hijos) que se proyecta en el ámbito de las pensiones, dando visibilidad a la carencia histórica de políticas de igualdad y a la asignación del rol de cuidadora. En el bien entendido que se trata de reparar un perjuicio que han sufrido a lo largo de su carrera profesional las mujeres que hoy acceden a la pensión, es decir, un perjuicio generado en el pasado. Y que, por tanto, resulta perfectamente compatible y coherente con el desarrollo de políticas de igualdad ambiciosas que corrijan las desigualdades actualmente existentes en el mercado de trabajo y la asignación de los roles relacionados con los cuidados.

En coherencia con este planteamiento, el alcance temporal del nuevo complemento económico se vincula a la consecución del objetivo de reducir la brecha de género en las pensiones contributivas de jubilación por debajo del 5 por ciento».

II. La importante Sentencia del Tribunal de Justicia de la Unión Europea, de 12 de diciembre de 2019, resolviendo con la discriminación directa por razón de sexo en el no reconocimiento del complemento de maternidad a favor de los hombres

La sentencia a la que hace mención el Real Decreto-ley 3/2021, no es otra que la de 12 de diciembre de 2019, publicada en el DOUE de 17 de febrero de 2020, del Tribunal de Justicia de la Unión Europea (Sala Primera, asunto

C-450/2018), dictada en cuestión prejudicial planteada por el Juzgado de lo Social n.º 3 de Girona, mediante auto de 21 de junio de 2018, recibido en el TJUE el 9 de julio de 2018, y que resuelve con lo siguiente:

«La Directiva 79/7/CEE del Consejo, de 19 de diciembre de 1978, relativa a la aplicación progresiva del principio de igualdad de trato entre hombres y mujeres en materia de seguridad social, debe interpretarse en el sentido de que se opone a una norma nacional, como la controvertida en el litigio principal, que establece el derecho a un complemento de pensión para las mujeres que hayan tenido al menos dos hijos biológicos o adoptados y sean beneficiarias de pensiones contributivas de incapacidad permanente en cualquier régimen del sistema de Seguridad Social nacional, mientras que los hombres que se encuentren en una situación idéntica no tienen derecho a tal complemento de pensión».

Para alcanzar dicha conclusión el tribunal considera que (apartados 64 a 66):

«64 ... el artículo 157 TFUE, apartado 4, establece que, con objeto de garantizar en la práctica la plena igualdad entre hombres y mujeres en la vida laboral, el principio de igualdad de trato no impedirá a ningún Estado miembro mantener o adoptar medidas que ofrezcan ventajas concretas destinadas a facilitar al sexo menos representado el ejercicio de actividades profesionales o a evitar o compensar desventajas en sus carreras profesionales.

65. Sin embargo, esta disposición no puede aplicarse a una norma nacional como el artículo 60, apartado 1, de la LGSS, dado que el complemento de pensión controvertido se limita a conceder a las mujeres un plus en el momento del reconocimiento del derecho a una pensión, entre otras de invalidez permanente, sin aportar remedio alguno a los problemas que pueden encontrar durante su carrera profesional y no parece que dicho complemento pueda compensar las desventajas a las que estén expuestas las mujeres ayudándolas en su carrera y garantizando en la práctica, de este modo, una plena igualdad entre hombres y mujeres en la vida profesional (véanse, en este sentido, las sentencias de 29 de noviembre de 2001, Griesmar, C-366/99, EU:C:2001:648, apartado 65, y de 17 de julio de 2014, Leone, C-173/13, EU:C:2014:2090, apartado 101).

66. Por consiguiente, debe señalarse que una normativa nacional como la controvertida en el litigio principal constituye una discriminación directa por razón de sexo y, por lo tanto, está prohibida por la Directiva 79/7».

III. La Sentencia del Tribunal Constitucional, de 13 de septiembre de 2021, y la primacía en la aplicación del Derecho de la Unión Europea

Al hilo de estas consideraciones, la posterior Sentencia del Tribunal Constitucional núm. 152/2021, de 13 de septiembre de 2021, recurso de amparo 1047-2020 (BOE núm. 251, de 20 de octubre de 2021, páginas 127943 a

127959), tuvo que resolver sobre el derecho al complemento de maternidad por parte de un padre, tras la previa desestimación de su pretensión por parte del Juzgado de lo Social núm. 2 de Murcia, en su sentencia de 31 de enero de 2017 (autos núm. 559-2016, sobre Seguridad Social) y, en posterior recurso de suplicación, por la sentencia de la Sala de lo Social del Tribunal Superior de Justicia de Murcia, de 7 de noviembre de 2018.

Pues bien la STC, con particular cita de la ya expresada STJUE de 12 de diciembre de 2019 y remitiéndose a su STC 232/2015, de 5 de noviembre, resolvió con declarar que se había vulnerado el derecho fundamental del demandante de amparo a la tutela judicial efectiva sin indefensión (art. 24.1 CE), afirmando lo siguiente:

> «(i) a este tribunal "corresponde [...] velar por el respeto del principio de primacía del Derecho de la Unión cuando [...] exista una interpretación auténtica efectuada por el propio Tribunal de Justicia de la Unión Europea " [FJ 5 c)];
>
> (ii) el desconocimiento y preterición de una norma de Derecho de la Unión, tal y como ha sido interpretada por el Tribunal de Justicia, "puede suponer una 'selección irrazonable y arbitraria de una norma aplicable al proceso', lo cual puede dar lugar a una vulneración del derecho a la tutela judicial efectiva (STC 145/2012, de 2 de julio, FFJJ 5 y 6) " [FJ 5 c)];
>
> (iii) los jueces y tribunales ordinarios de los Estados miembros, al enfrentarse con una norma nacional incompatible con el Derecho de la Unión, tienen la obligación de inaplicar la disposición nacional, ya sea posterior o anterior a la norma de Derecho de la Unión; esta obligación, cuya existencia es inherente al principio de primacía antes enunciado, recae sobre los jueces y tribunales de los Estados miembros con independencia del rango de la norma nacional, permitiendo así un control desconcentrado, en sede judicial ordinaria, de la conformidad del Derecho interno con el Derecho de la Unión Europea [FJ 5 c)].
>
> Partiendo de las anteriores premisas, en aquel caso resolvimos el recurso ponderando dos circunstancias de capital importancia (fundamento jurídico 6), que también, en este caso, habremos de tener en cuenta, a saber: de un lado, que el Tribunal de Justicia de la Unión Europea se había pronunciado ya sobre cuál era la interpretación correcta del principio de no discriminación contenido en la Directiva alegada, y lo había hecho no solo con ocasión de cuestiones prejudiciales en asuntos análogos, sino en un caso materialmente idéntico; de otro lado, que esa jurisprudencia del Tribunal de Justicia de la Unión Europea había sido introducida y formaba parte del objeto del debate. A pesar de ello, el órgano judicial ni citó ni valoró tal jurisprudencia, ni el concreto precedente dictado en un supuesto idéntico, lo que condujo a la estimación del recurso de amparo planteado por infracción del art. 24.1 CE, al haberse llevado a cabo una "selección irrazonable y arbitraria de la norma aplicada al proceso ", pues se prescindió de la interpretación de la norma comunitaria impuesta por el órgano competente para hacerlo con carácter vinculante, vulnerando con ello el "principio de primacía del Derecho de la Unión Europea ". En suma, consideramos en aquel caso que el órgano judicial

debió aplicar directamente la Directiva alegada, en la interpretación realizada por el Tribunal de Justicia de la Unión Europea, al tener preferencia sobre el Derecho interno incompatible. Una aplicación directa que no precisaba, además, de una cuestión prejudicial, ya que se trataba de un "acto aclarado " por el propio tribunal al haber resuelto con anterioridad una cuestión prejudicial materialmente idéntica a la planteada en un asunto análogo [FJ 6 b)].

...Ciertamente, hay que subrayar que antes de que la Sala de lo Social del Tribunal Superior de Justicia de Murcia resolviera el recurso de suplicación que le fue planteado, el Tribunal de Justicia de la Unión Europea se había pronunciado en repetidas ocasiones sobre la interpretación correcta de la Directiva 79/7/CEE del Consejo, de 19 de diciembre de 1978, en relación con el principio de igualdad de trato entre hombres y mujeres en materia de seguridad social, considerando contrarias al mencionado principio determinados beneficios con relación a las pensiones que se atribuían solo a las mujeres por el hecho de haber tenido hijos, sin vincularlos a la maternidad y a las desventajas que esta pudiera acarrear en su carrera profesional. Como sostuvo la parte recurrente ante la Sala, resultaba relevante a este respecto, lo declarado en la STJUE de 29 de noviembre de 2001, C-366/99, asunto Griesmar, que había resuelto una cuestión prejudicial en la que se planteaba un caso análogo al discutido en el de autos, concretamente sobre si el régimen francés de pensiones de jubilación contravenía el derecho a la igualdad de trato entre hombre y mujeres en materia de Seguridad Social, al prever una bonificación por hijos en el cálculo de la pensión de jubilación reservada solo a las mujeres.

La norma controvertida (como ocurría con el art. 60 LGSS/2015) no vinculaba la concesión del beneficio al disfrute de un permiso por maternidad o a las desventajas que hubiera podido sufrir la mujer en su carrera profesional por ser madre (lo que hubiera permitido apreciar, en su caso, que se trataba de una disposición de "protección de la maternidad " permitida en la Directiva alegada), sino al hecho mismo de ser madre, presumiendo que es la mujer la que asume el cuidado de los hijos. A la vista de ello, el Tribunal de Justicia sostuvo que aunque fueran las mujeres las más afectadas por las desventajas profesionales del cuidado de los hijos (dado que son las que generalmente asumen tal tarea), tal circunstancia "no puede excluir la posibilidad de comparación de su situación con la de un funcionario que asuma el cuidado de sus hijos y que, por esa razón, haya podido sufrir las mismas desventajas en su carrera ". Al no permitirse al funcionario que se encontrase en dicha situación solicitar la bonificación controvertida en el procedimiento, aun cuando pudiera probar que había asumido efectivamente el cuidado de sus hijos, se declaró que esa norma había instaurado una discriminación directa por razón de sexo contraria al art. 141 TCE.

... A pesar de que tales pronunciamientos del Tribunal de Justicia de la Unión Europea interpretando la normativa comunitaria permitían apreciar la discriminación denunciada por el recurrente y eran conocidos por la Sala sentenciadora al formar parte del objeto del debate, no fueron tomados en consideración. Y ese desconocimiento y preterición de una norma del Derecho de la Unión, tal y como ha sido interpretada por aquel Tribunal de Justicia, supuso la infracción del "principio de primacía del Derecho de la Unión ", incurriendo la Sala en una interpretación irrazonable y arbitraria de la norma aplicada al proceso que vulneró el derecho a la tutela judicial efectiva (art. 24.1 CE) de la parte recurrente en amparo (por todas, SSTC 232/2015, de 5 de noviembre, FJ 6; 31/2019, FJ 9, y 101/2021, de 10 de mayo, FJ 4)».

IV. La Sentencia del Tribunal Supremo, de 16 de febrero de 2022, y la concreción de la fecha de efectos en el pago del complemento de maternidad a favor del padre

Tras este breve pero intenso recorrido histórico en el reconocimiento del derecho por parte de los padres al complemento de maternidad en las pensiones de jubilación, incapacidad permanente o viudedad, se alzó una segunda cuestión interpretativa referida a la fecha de efectos en el reconocimiento, en vía administrativa o judicial, de la correspondiente prestación.

Como cuestión previa el art. 53.1 LGSS establece que:

> «1. El derecho al reconocimiento de las prestaciones prescribirá a los cinco años, contados desde el día siguiente a aquel en que tenga lugar el hecho causante de la prestación de que se trate, sin perjuicio de las excepciones que se determinen en la presente ley y de que los efectos de tal reconocimiento se produzcan a partir de los tres meses anteriores a la fecha en que se presente la correspondiente solicitud.
>
> Si el contenido económico de las prestaciones ya reconocidas resultara afectado con ocasión de solicitudes de revisión de las mismas, los efectos económicos de la nueva cuantía tendrán una retroactividad máxima de tres meses desde la fecha de presentación de dicha solicitud. Esta regla de retroactividad máxima no operará en los supuestos de rectificación de errores materiales, de hecho o aritméticos ni cuando de la revisión derive la obligación de reintegro de prestaciones indebidas a la que se refiere el artículo 55».

La norma, pues, ofrece tres posibles alternativas:

La primera, viene referida al reconocimiento de la fecha de efectos económicos del complemento de maternidad a favor del padre desde el principio de la percepción de la pensión que se trate.

La segunda, es la medida mayoritaria tanto en los Juzgados de lo Social como en los Tribunales Superiores de Justicia, consistente fijar los efectos económicos del citado complemento, una vez reconocido el mismo, con una retroactividad máxima de tres meses desde que se solicita ante el Instituto Nacional de la Seguridad Social.

A las anteriores se añadía otra tercera posible solución, que es la aplicada por la Sentencia del Tribunal de Justicia del País Vasco de fecha 2 de marzo de 2021, mediante la cual establece como fecha de retroactividad máxima para los efectos económicos tras el reconocimiento del complemento de paternidad la fecha de publicación de la Sentencia del Tribunal de Justicia de la Unión Europea tantas veces mencionada —el 17 de febrero de 2020—, estableciendo una analogía en la aplicación del artículo 32.6 de la Ley 40/2015, de 1 de octubre, de Régimen Jurídico del Sector Público (de aplicación supletoria a la Ley General de la Seguridad Social), conforme al cual:

> « "La sentencia que declare la inconstitucionalidad de la norma con rango de ley o declare el carácter de norma contraria al Derecho de la Unión Europea producirá efectos desde la fecha de su publicación en el "Boletín Oficial del Estado " o en el "Diario Oficial de la Unión Europea ", según el caso, salvo que en ella se establezca otra cosa ". Es decir, unos efectos económicos retroactivos máximos para el complemento de paternidad desde el 17 de febrero de 2020 o desde la fecha de efectos económicos de la pensión de la que deriva el complemento, es decir, desde el principio de la pensión, si ésta es posterior al día en el que se publicó en el B.O.E. la sentencia europea».

Para dar efectiva solución al debate planteado, la Sentencia de 16 de febrero de 2022, dictada en unificación de doctrina por el Pleno de la Sala Social del Tribunal Supremo, procedimiento número 3379/2021, con relación al complemento de pensión por maternidad del artículo 60 LGSS, en la redacción examinada por la STJUE 12 de diciembre de 2019 (C-450/18), entra a resolver sobre cuál sea la fecha de efectos de reconocimiento al progenitor (hombre) que la solicitó con posterioridad a ese pronunciamiento y que no recurrió la retroacción de tres meses del artículo 53.1 LGSS.

Los hechos son los siguientes:

1. Al litigante se le reconoció una pensión de jubilación desde el 9 de febrero de 2016 por el Régimen General de la Seguridad Social. El pensionista tiene cuatro hijos.
2. El 14 de enero de 2020, el pensionista solicitó el reconocimiento del derecho al complemento por maternidad previsto en el artículo 60 LGSS (en la redacción entonces vigente), lo que le fue denegado por resolución del INSS de 24 de febrero de 2020, por ser el complemento aplicable solamente a las mujeres.
3. Tras serle desestimada la reclamación previa, el pensionista interpuso demanda frente al INSS, demanda que fue estimada por sentencia del Juzgado de lo Social núm. 6 de Oviedo de 15 de marzo de 2021 (autos 428/2020), condenando al INSS a hacer efectivo el complemento del artículo 60 LGSS con efectos de 14 de octubre de 2019.
4. El INSS interpuso recurso de suplicación contra la sentencia del juzgado de lo social, denunciando la infracción del artículo 32.6 de la Ley

42/2015, de 1 de octubre, de Régimen Jurídico del Sector Público (en adelante, Ley 40/2015), citando en su apoyo la sentencia de la Sala de lo Social del TSJ del País Vasco de 2 de marzo de 2021 (rec. 177/2021).

El recurso de suplicación fue desestimado por la sentencia de la Sala de lo Social del TSJ de Asturias 1363/2021, de 22 de junio de 2021 (rec. 1099/2021), que confirmó la sentencia de instancia.

Por remisión y reproduciendo anteriores sentencias de la Sala de Asturias, la citada sentencia entiende que debe aplicarse la retroactividad de tres meses del artículo 53.1 LGSS, fecha que en, el caso debatido, es la de 14 de octubre de 2019 y no cualquier otra fecha.

La Sala Social del TS, ante dichos antecedentes, resuelve, finalmente, con la desestimación del recurso formulado por el INSS en base a las siguientes consideraciones:

1. Antes de nada, centre el debate que plantea el recurso de casación para la unificación de doctrina del Instituto Nacional de Seguridad Social (INSS), consistente en determinar la fecha de efectos del reconocimiento a un varón del complemento de pensión por maternidad regulado en el artículo 60 LGSS (en la redacción entonces vigente); concretamente, si debe aplicarse el artículo 53.1 LGSS, que establece una retroacción de tres meses desde la fecha de la solicitud, o si, por el contrario, el *dies a quo* debe fijarse en la fecha de publicación de la sentencia del Tribunal de Justicia de la Unión Europea (TJUE) de 12 de diciembre de 2019 (asunto C-450/18, WA contra INSS), que se publicó en el DOUE el 17 de febrero de 2020.

2. Seguidamente, hace particular mención al artículo 32.6 de la Ley 40/2015, que dispone que la sentencia que declare, en lo que aquí interesa, el carácter de norma contraria al Derecho de la Unión Europea producirá efectos desde la fecha de suplicación en el DOUE, indicando que dicho precepto, sobre «principios de la responsabilidad», se inserta sistemáticamente en la sección 1ª, sobre «Responsabilidad patrimonial de las Administraciones Públicas», del capítulo IV («De la responsabilidad patrimonial de las Administraciones Públicas») de la Ley 40/2015, ley que se destina a regular el «Régimen Jurídico del Sector Público». Y advierte, la sentencia, que las previsiones del artículo 32.6 de la Ley 40/2015 se han establecido a los efectos de determinar la responsabilidad patrimonial de las Administraciones Públicas y no pueden proyectarse, sin más, sobre otros ámbitos, como el que ahora nos ocupa de complementos de prestaciones contributivas de la Seguridad Social.

   Y, añade, en todo caso, el artículo 32.6 de la Ley 40/2015 no puede aplicarse en sentido contrario al Derecho de la Unión Europea, tal como es interpretado por el Tribunal de Justicia de la Unión (TJUE).

3. El artículo 264 TFUE dispone que «Si el recurso fuere fundado, el Tribunal de Justicia de la Unión Europea declarará nulo y sin valor ni

efecto alguno el acto impugnado. Sin embargo, el Tribunal indicará, si lo estima necesario, aquellos efectos del acto declarado nulo que deban ser considerados como definitivos.» Por su parte, el artículo 280 del mismo texto establece que «las sentencias del Tribunal de Justicia de la Unión Europea tendrán fuerza ejecutiva en las condiciones que establece el artículo 299».

4. El Reglamento de Procedimiento del Tribunal de Justicia de 25 de septiembre de 2012 (publicado originariamente en el DOUE de 29 de septiembre de 2012), destina el capítulo noveno de su título segundo a las «sentencias y autos» del TJUE, estableciendo, en el primero de sus preceptos (artículo 86), que se informará a las partes o a los interesados mencionados en el artículo 23 del Protocolo sobre el Estatuto del TJUE de la fecha de pronunciamiento de la sentencia; en el artículo 87 que, en el propio contenido de la sentencia, ha de figurar la fecha del pronunciamiento y, en el artículo 88, que la sentencia será pronunciada en audiencia pública.

   Resulta relevante la previsión de su artículo 91, cuando contempla que la sentencia será obligatoria desde el día de su pronunciamiento, y, finalmente, el artículo 92 (Publicación en el DOUE), alude al anuncio de aquella: «En el Diario Oficial de la Unión Europea se publicará un anuncio que contendrá la fecha y el fallo de las sentencias y de los autos del Tribunal que pongan fin al proceso».

5. La STJUE 12 de diciembre de 2019 (C-450/18) hace constar con nitidez que fue pronunciada en audiencia pública en Luxemburgo, en fecha 12 de diciembre de 2019, siendo, por ende, obligatoria desde ese mismo día por disposición expresa del Reglamento de Procedimiento al que se ha hecho referencia en el apartado anterior.

   El posterior anuncio —circunscrito a la fecha y fallo de la sentencia— que lleva a cabo el DOUE no puede interpretarse como una suspensión o prórroga de la obligatoriedad de un pronunciamiento ya emitido en audiencia pública por el TJUE.

   No podrá en consecuencia atenderse a la fecha en la que tuvo lugar tal publicación en el DOUE (en el caso de autos el día 17 de febrero de 2020) como, contrariamente, argumenta el recurso de casación unificadora.

6. Esas consideraciones permiten ya avanzar que la exégesis que ha de efectuarse respecto del momento de producción de los efectos económicos del complemento de maternidad solicitado debe tener su inicio, al menos, en la fecha del pronunciamiento del TJUE (el 12 de diciembre de 2019).

7. Ahora bien, incide la jurisprudencia del TJUE en la inviabilidad de aplicar una disposición del derecho nacional que faculte la limitación en el tiempo de los efectos de una declaración de ilegalidad con relación

a la normativa nacional controvertida. En tal sentido, las sentencias del TJUE 22 de diciembre de 2010 (asuntos C-449/09 y C-456/09) declaran que la exclusión de la aplicación retroactiva del derecho no es compatible con el Derecho de la Unión y con una disposición de este Derecho dotada de efecto directo.

8. De manera consecuente, la exégesis de los órganos judiciales nacionales hade ser compatible con los objetivos perseguidos por la Directiva. La norma interpretada del Derecho de la Unión podrá y deberá ser aplicada en consecuencia a las relaciones jurídicas nacidas y constituidas antes de que se haya pronunciado la sentencia que resuelva sobre la petición de interpretación si se cumplen los requisitos que permiten someter a los órganos jurisdiccionales competentes un litigio relativo a la aplicación de dicha norma.

   La referida interpretación conforme conduce, correlativamente, a situar el momento de producción de las consecuencias jurídicas anudadas a la prestación debatida en un tiempo anterior al arriba señalado, a una retroacción al nacimiento mismo de la norma y consecuente acaecimiento del hecho causante —efectos *ex tunc*—, dado que debía ser entendida y aplicada en el sentido desarrollado por el TJUE, que ninguna limitación temporal dispuso en su pronunciamiento. Y ello siempre, naturalmente, que, como hemos señalado, se cumplieran los restantes requisitos exigidos por la redacción original del artículo 60 LGSS, pues, en definitiva, también a los hombres que reunieran dichos requisitos se les tendría que haber reconocido el complemento que solo se reconoció a las mujeres.

No obstante lo anterior, y sin perjuicio, insisto, de que los efectos económicos del complemento de maternidad deben serlo en la misma fecha del hecho causante, la ST se ve en la necesidad de confirmar la sentencia recurrida que declaró que los efectos retroactivos debían limitarse a los tres meses anteriores a la fecha de la presentación de la solicitud, atendido de que el actor no recurrió tal extremo.

21. Contraer matrimonio con una compañera destinada en otro centro de trabajo de la misma empresa no es suficiente para lograr el traslado[1]

Una interesante sentencia de la Sala Social del Tribunal Superior de Justicia de Madrid[2] entra a debatir una cuestión que, como podrá comprobarse, decide resolverla aplicando en su literalidad el precepto legal en aplicación.

Analicemos primero los hechos probados.

El demandante presta sus servicios para la empresa demandada en su centro de trabajo de Madrid, con antigüedad de 05/02/1996 y categoría profesional de Operario Nivel 3, habiéndole solicitado la empresa, por carta de 21 de noviembre de 2019 y notificada ese mismo día, el traslado del centro de trabajo de Madrid al de Vigo, en la primera vacante que esté libre, alegando que en fecha 28/09/19 había contraído matrimonio con Dña. Carmen, trabajadora también de la empresa en el centro de trabajo de Vigo.

No habiendo recibido contestación a su petición, reiteró la misma por carta, de 8 de septiembre de 2020, notificada a la empresa el día siguiente, alegando que su petición se basa en el derecho que aparece reflejado, con carácter general en el art. 40.3 E.T. y en la necesidad probada que tiene, también su cónyuge, de hacer compatible su vida familiar y laboral, manifestando que se le está produciendo además de un daño moral, el perjuicio económico de atender los gastos de 2 viviendas al tener que residir en domicilio distinto al de su cónyuge.

La empresa contestó al actor por carta fechada, el 9 de junio de 2020, manifestando que el escrito a través del cual solicita el traslado al Centro de Vigo había sido contestado verbalmente con anterioridad, pero no obstante, «atendiendo a que nuevamente ha solicitado una respuesta a su peti-

---

1 Publicado en Linkedin, el 16.5.2022.

2 Sentencia núm. 58/2021, de fecha 5 de febrero de 2021, dictada por la Saña Social del Tribunal Superior de Justicia de Madrid (rec. núm. 9/2021, Ponente Francisco Javier Piñonosa Ros).

ción, le indicamos esta vez por escrito, que en la actualidad no podemos atender a su petición, debido a las circunstancias exógenas en la que nos encontramos».

El actor, con estado civil divorciado y domiciliado en Fuenlabrada (Madrid), contrajo matrimonio civil, el 28/09/2019, con Dña. Carmen, soltera, con domicilio en Vigo (Pontevedra), domicilio en el que se empadronó, el 31/10/2019, prestando servicios para la empresa demandada, en su Centro de Trabajo de Vigo, desde el 2 de enero de 2002, a tiempo completo, con la categoría profesional de Especialista.

El demandante tuvo un hijo, Amadeo, nacido en Fuenlabrada, en 2001.

Sobre el inalterado relato fáctico anterior, la Sala entra a resolver si en el supuesto enjuiciado resulta de aplicación el invocado art. 40.3 del Real Decreto Legislativo 2/2015, de 23 de octubre, por el que se aprueba el texto refundido de la Ley del Estatuto de los Trabajadores[3] que, recordemos, reza literalmente lo siguiente:

> «Si por traslado uno de los cónyuges cambia de residencia, el otro, si fuera trabajador de la misma empresa, tendrá derecho al traslado a la misma localidad, si hubiera puesto de trabajo».

Para el tribunal no resulta admisible la pretensión de que al prestar servicios el trabajador en Madrid y al haber contraído matrimonio con otra trabajadora destinada en el centro de trabajo de Vigo, resulte de aplicación analógica lo previsto en el art .40.3 del Estatuto de los Trabajadores, y lo basa en los siguientes razonamientos:

1. En el presente supuesto no nos encontramos ante una decisión de traslado adoptada por la empresa (lo que justificaría la aplicación del citado art. 40.3 ET) sino ante una decisión de contraer matrimonio adoptada libremente por el trabajador y su pareja, estando ambos destinados en distintos centros de trabajo (situados en diferentes localidades) antes y después de tal matrimonio.
2. El art. 40.3 ET requiere expresamente la existencia de un traslado adoptado por la empresa, sin que proceda afirmar su aplicación, aun analógica, a un supuesto como el presente en el que la norma no prevé como derecho del trabajador la posibilidad de solicitar un traslado a otra localidad por la decisión de contraer matrimonio con una trabajadora de distinto puesto de trabajo.

   Lo que indica que contempla el traslado como una decisión unilateral del empresario, y así se desprende del propio artículo 40.1 del E.T. al decir que «la decisión de traslado deberá ser notificada por el empresario al trabajador».

3 Inserto en el Capítulo III (Modificación, suspensión y extinción del contrato de trabajo), Sección 1.ª, sobre Movilidad funcional y geográfica).

3. Desde el momento en que no estamos entre un traslado de la esposa del actor en los términos contenidos en el artículo 40.1 y 3 del E.T., no podemos aplicar este artículo al supuesto del hecho analizado en este caso concreto. Y si no ha habido infracción de normas ordinarias no puede derivarse de esta ausencia que haya habido infracción de normas constitucionales; ni, por ende, infracción de la doctrina constitucional en materia de discriminación indicada en el recurso pues, recuerda, no se interesa modificación fáctica alguna que permita, vía suplicación, apreciar la existencia de una situación discriminatoria que afecte al trabajador demandante.
4. Y lo anterior con mayor motivo por cuanto, tal y como se señala en la sentencia de instancia, el derecho reclamado no se contiene en el Convenio Colectivo de la empresa ni en el Plan de Igualdad, Acuerdo Marco de Grupo o Código Ético de la recurrida.

Finalmente, la desestimación de la pretensión del actor/recurrente comporta, además, la de la petición del actor de que fuera condenada la empresa al pago de una indemnización de 25.000 euros en concepto de daños materiales morales generados, al entender que la empresa había vulnerado el derecho del recurrente al reagrupamiento familiar, impidiendo la conciliación del trabajo y de la vida familiar.

Se trata de una resolución polémica al aplicar de manera estrictamente literal el mandato de la ley, pudiendo generar un serio conflicto de intereses y de derechos, ya que del modo en que se resuelve, el derecho a contraer matrimonio, incluso a tener descendencia, queda seriamente limitado si no se interpreta de una manera abierta y finalística.

22. La regulación de la temperatura ambiental como medida energética y su incidencia en los centros de trabajo, conforme al Real Decreto-ley 14/2022, de 1 de agosto[1]

1. El Real Decreto-ley 14/2022, de 1 de agosto, de medidas de ahorro, eficiencia energética y de reducción de la dependencia energética del gas natural

El BOE del pasado día 2 de agosto de 2022 publicaba el Real Decreto-ley 14/2022, de 1 de agosto, de medidas de sostenibilidad económica en el ámbito del transporte, en materia de becas y ayudas al estudio, así como de medidas de ahorro, eficiencia energética y de reducción de la dependencia energética del gas natural.

Dentro de su amplia y variada regulación quizás el aspecto que más polémica ha suscitado entre la población es el referido a su art. 29, referido al Plan de choque de ahorro y gestión energética en climatización, inserto en el Capítulo I, sobre Fomento del ahorro y la eficiencia energético, dentro del Título V, referido a Medidas de ahorro, eficiencia energética y de reducción de la dependencia energética del gas natural.

2. Temperatura en recintos calefactados y en recintos refrigerados

El expresado precepto establece que la temperatura del aire en los recintos habitables acondicionados que se indican en el apartado 2 de la I.T. 3.8.1 del Reglamento de Instalaciones Térmicas en los Edificios (RITE), aprobado por Real Decreto 1027/2007, de 20 de julio, se limitará a los siguientes valores:

a) La temperatura del aire en los recintos calefactados no será superior a 19º C.

---

1 Publicado en Economist & Jurist, el 10.8.2022.

b) La temperatura del aire en los recintos refrigerados no será inferior a 27° C.

c) Las anteriores condiciones de temperatura estarán referidas al mantenimiento de una humedad relativa comprendida entre el 30 % y el 70 %.

Conforme el citado art. 2 del RD 1027/2007, se considerarán instalaciones térmicas las instalaciones fijas de climatización (calefacción, refrigeración y ventilación) y de producción de agua caliente sanitaria, destinadas a atender la demanda de bienestar térmico e higiene de las personas, aplicándose a las instalaciones térmicas en los edificios de nueva construcción y a las instalaciones térmicas en los edificios construidos, en lo relativo a su reforma, mantenimiento, uso e inspección, con las limitaciones que en el mismo se determinan.

3. Los umbrales de temperatura en los centros de trabajo

Se establece, igualmente, que los umbrales de temperatura indicados anteriormente deberán ajustarse, en su caso, para cumplir con lo previsto en el Real Decreto 486/1997, de 14 de abril, por el que se establecen las disposiciones mínimas de seguridad y salud en los lugares de trabajo, no teniendo que cumplir dichas limitaciones de temperatura aquellos recintos que justifiquen la necesidad de mantener condiciones ambientales especiales o dispongan de una normativa específica que así lo establezca, en cuyo caso debe existir una separación física entre el recinto con los locales contiguos que vengan obligados a mantener las condiciones indicadas anteriormente.

4. Obligación de instalar carteles informativos o el uso de pantallas

La norma establece que los recintos habitables acondicionados citados deberán informar, mediante carteles informativos o el uso de pantallas, las medidas de aplicación que contribuyen al ahorro energético relativas a los valores límites de las temperaturas del aire, información sobre temperatura y humedad, apertura de puertas y regímenes de revisión y mantenimiento y reguladas en el RITE y en el apartado anterior.

Dichos carteles o pantallas deberán ser claramente visibles desde la entrada o acceso a los edificios, así como en cada una de las ubicaciones en las que existan los dispositivos de visualización a los que hace referencia la citada I.T., pudiendo indicar, adicionalmente, otras medidas que se estén adoptando para el ahorro y la eficiencia energética.

5. Implantación de un sistema de cierre de puertas

Asimismo, los edificios y locales con acceso desde la calle dispondrán de un sistema de cierre de puertas adecuado, el cual podrá consistir en un sencillo brazo de cierre automático de las puertas, con el fin de impedir que éstas permanezcan abiertas permanentemente, con el consiguiente despilfarro energético por las pérdidas de energía al exterior, independientemente del origen renovable o no de la energía utilizada para la generación de calor y frío por parte de los sistemas de calefacción y refrigeración.

6. Justificación de la medida

El Real Decreto viene a justificar la implantación de las temperaturas ambientales en los recintos habitables a que el ahorro de energía es la forma más rápida y económica de hacer frente a la actual crisis energética y de reducir las facturas, razón por la que las medidas de eficiencia energética ayudarán a contar con edificios más confortables, con un consumo energético menor, y a disponer de un sector productivo más competitivo y mejor preparado para el próximo invierno. En este sentido, la climatización de espacios, se añade, es uno de los ámbitos con mayor potencial de ahorro, con la posibilidad de actuar de forma inminente en medidas de gestión y conservación de energía que generen ahorros inmediatos.

Se pone de manifiesto, no obstante, que España ya cuenta con un marco normativo exigente para el consumo racional de energía. Así, el Reglamento de Instalaciones Térmicas en los Edificios (RITE), aprobado por Real Decreto 1027/2007, de 20 de julio, ya prevé obligaciones para una adecuada gestión y un consumo eficiente de energía en los sistemas de climatización o producción de agua caliente sanitaria.

En particular, para edificios y locales de uso administrativo incluidas las administraciones públicas, establecimientos comerciales como grandes almacenes o centros comerciales, espacios culturales como cines o centros de congresos, o infraestructuras destinadas al transporte de personas como estaciones y aeropuertos, prevé que no pueda utilizarse energía convencional para calefactar por encima de los 21° C ni refrigerar por debajo de los 26° C. Asimismo, establece que estos edificios deben disponer de dispositivos que midan las condiciones de temperatura, y la obligación a disponer de sistemas de cierre de puertas que eviten el despilfarro energético que supondría que éstas se mantuvieran abiertas. Por último, establece unos regímenes de inspección de las instalaciones de climatización y agua caliente sanitaria, que incluyen, para instalaciones de más de 70 kW, inspecciones específicas de eficiencia energética una vez cada cuatro años.

A este respecto, se introduce la obligación de adelantar la siguiente inspección de eficiencia energética en aquellos edificios obligados a ello cuya última inspección sea anterior al 1 de enero de 2021. De este modo, llegado el final del año 2022, todos los edificios con un consumo relevante de climatización habrán pasado por una inspección de este tipo en los últimos dos años.

Estas medidas, que son de aplicación tanto al conjunto de edificios y locales de las administraciones públicas como en el ámbito del sector terciario, podrán complementarse con medidas adicionales. En este sentido, el Gobierno impulsará medidas de coordinación con las Comunidades Autónomas y las Entidades locales para hacer un seguimiento de las medidas adoptadas y la identificación de medidas adicionales a implantar en los edificios e infraestructuras públicas.

7. Entrada en vigor y duración de la medida

La Disposición final decimoséptima advierte que el decreto-ley entrará en vigor el mismo día de su publicación en el Boletín Oficial del Estado, si bien las obligaciones de los apartados uno y cuatro del artículo 29 entrarán en vigor a los siete días naturales desde el día siguiente al de su publicación (el día 10 de agosto de 2022) y tendrán vigencia hasta el 1 de noviembre de 2023.

8. ¿Cómo se aplican estas medidas en los centros de trabajo?

Como se ha podido comprobar, el Real Decreto-ley 14/2022, de 1 de agosto se refiere, en lo que respecta a los centros de trabajo, a lo regulado en el Real Decreto 486/1997, de 14 de abril, por el que se establecen las disposiciones mínimas de seguridad y salud en los lugares de trabajo, norma que, a su vez, se remite a la Ley 31/1995, de 8 de noviembre, de Prevención de Riesgos Laborales, por la que se determina el cuerpo básico de garantías y responsabilidades preciso para establecer un adecuado nivel de protección de la salud de los trabajadores frente a los riesgos derivados de las condiciones de trabajo, en el marco de una política coherente, coordinada y eficaz.

De acuerdo con el artículo 6 de dicha Ley, serán las normas reglamentarias las que fijarán y concretarán los aspectos más técnicos de las medidas preventivas, a través de normas mínimas que garanticen la adecuada protección de los trabajadores. Entre éstas se encuentran necesariamente las destinadas a garantizar la seguridad y la salud en los lugares de trabajo, de manera que de su utilización no se deriven riesgos para los trabajadores.

Pues bien, del Real Decreto 486/1997, de 14 de abril destacaré los siguientes preceptos que deberán vincularse a la temperatura ambiente en los centros de trabajo a raíz de la aprobación de la norma objeto de comentario:

1. **¿Qué debe entenderse por centro de trabajo?**
   - Se entenderá por lugares de trabajo las áreas del centro de trabajo, edificadas o no, en las que los trabajadores deban permanecer o a las que puedan acceder en razón de su trabajo.
   - Se consideran incluidos en esta definición los servicios higiénicos y locales de descanso, los locales de primeros auxilios y los comedores.
   - De igual manera, las instalaciones de servicio o protección anejas a los lugares de trabajo se considerarán como parte integrante de los mismos.
2. **¿Qué lugares de trabajo quedan excluidos?**
   - Los medios de transporte utilizados fuera de la empresa o centro de trabajo, así como a los lugares de trabajo situados dentro de los medios de transporte.
   - Las obras de construcción temporales o móviles.

- Las industrias de extracción.
- Los buques de pesca.
- Los campos de cultivo, bosques y otros terrenos que formen parte de una empresa o centro de trabajo agrícola o forestal pero que estén situados fuera de la zona edificada de los mismos.

3. ¿Cuál es la obligación concreta del empresario?

El empresario deberá adoptar las medidas necesarias para que la utilización de los lugares de trabajo no origine riesgos para la seguridad y salud de los trabajadores o, si ello no fuera posible, para que tales riesgos se reduzcan al mínimo, incluyendo las condiciones ambientales.

En concreto, el art. 7 del RD 486/1997 dispone que:

> «La exposición a las condiciones ambientales de los lugares de trabajo no deberá suponer un riesgo para la seguridad y salud de los trabajadores. A tal fin, dichas condiciones ambientales y, en particular, las condiciones termohigrométricas de los lugares de trabajo deberán ajustarse a lo establecido en el anexo III».

Dicho Anexo, intitulado «Condiciones ambientales de los lugares de trabajo», recoge los siguientes aspectos a tener en cuenta por los empresarios:

1.° La exposición a las condiciones ambientales de los lugares de trabajo no debe suponer un riesgo para la seguridad y la salud de los trabajadores.

2.°. Asimismo, y en la medida de lo posible, las condiciones ambientales de los lugares de trabajo no deben constituir una fuente de incomodidad o molestia para los trabajadores.

A tal efecto, deberán evitarse las temperaturas y las humedades extremas, los cambios bruscos de temperatura, las corrientes de aire molestas, los olores desagradables, la irradiación excesiva y, en particular, la radiación solar a través de ventanas, luces o tabiques acristalados.

3.°. En los locales de trabajo cerrados deberán cumplirse, en particular, las siguientes condiciones:

1. La temperatura de los locales donde se realicen trabajos sedentarios propios de oficinas o similares estará comprendida entre 17 y 27° C. La temperatura de los locales donde se realicen trabajos ligeros estará comprendida entre 14 y 25° C.

   No obstante, con la nueva norma la temperatura no deberá superar los 19.° C o los 27.° C, según se trate de invierno o de verano, respectivamente.

2. La humedad relativa estará comprendida entre el 30 y el 70 por 100, excepto en los locales donde existan riesgos por electricidad estática en los que el límite inferior será el 50 por 100.

3. Los trabajadores no deberán estar expuestos de forma frecuente o continuada a corrientes de aire cuya velocidad exceda los siguientes límites:

a) Trabajos en ambientes no calurosos: 0,25 m/s.

b) Trabajos sedentarios en ambientes calurosos: 0,5 m/s.

c) Trabajos no sedentarios en ambientes calurosos: 0,75 m/s.

Estos límites no se aplicarán a las corrientes de aire expresamente utilizadas para evitar el estrés en exposiciones intensas al calor, ni a las corrientes de aire acondicionado, para las que el límite será de 0,25 m/s en el caso de trabajos sedentarios y 0,35 m/s en los demás casos.

4. Sin perjuicio de lo dispuesto en relación a la ventilación de determinados locales en el Real Decreto 1618/1980, de 4 de julio, por el que se aprueba el Reglamento de calefacción, climatización y agua caliente sanitaria, la renovación mínima del aire de los locales de trabajo, será de 30 metros cúbicos de aire limpio por hora y trabajador, en el caso de trabajos sedentarios en ambientes no calurosos ni contaminados por humo de tabaco y de 50 metros cúbicos, en los casos restantes, a fin de evitar el ambiente viciado y los olores desagradables.

El sistema de ventilación empleado y, en particular, la distribución de las entradas de aire limpio y salidas de aire viciado, deberán asegurar una efectiva renovación del aire del local de trabajo.

4.°. A efectos de la aplicación de lo establecido en el apartado anterior deberán tenerse en cuenta las limitaciones o condicionantes que puedan imponer, en cada caso, las características particulares del propio lugar de trabajo, de los procesos u operaciones que se desarrollen en él y del clima de la zona en la que esté ubicado. En cualquier caso, el aislamiento térmico de los locales cerrados debe adecuarse a las condiciones climáticas propias del lugar.

5.°. En los lugares de trabajo al aire libre y en los locales de trabajo que, por la actividad desarrollada, no puedan quedar cerrados, deberán tomarse medidas para que los trabajadores puedan protegerse, en la medida de lo posible, de las inclemencias del tiempo.

6.°. Las condiciones ambientales de los locales de descanso, de los locales para el personal de guardia, de los servicios higiénicos, de los comedores y de los locales de primeros auxilios deberán responder al uso específico de estos locales y ajustarse, en todo caso, a lo dispuesto en el apartado 3.°.

Por su parte, la **Guía Técnica para la evaluación y prevención de los riesgos relativos la utilización de los lugares de trabajo, del Instituto Nacional de Seguridad e Higiene en el Trabajo**, contempla las siguientes particularidades:

a) Deberán tenerse en cuenta las limitaciones o condicionantes que puedan imponer, en cada caso, las características particulares del propio lugar de trabajo, de los procesos u operaciones que se desarrollen en él y del clima de la zona en la que esté ubicado. En cualquier caso, el aislamiento térmico de los locales cerrados debe adecuarse a las condiciones climáticas propias del lugar.

b) En el caso concreto de los trabajos realizados en cámaras frigoríficas existe normativa específica que regula el tiempo máximo de permanencia en las mismas en función de la temperatura (véase el Real Decreto 1561/1995 sobre Jornadas especiales de trabajo).

Cuando las condiciones termohigrométricas de la zona geográfica en la que se ubica el lugar de trabajo se alejan de las consideradas confortables, el aislamiento térmico de los locales (derivado de la capacidad del aislamiento térmico de los distintos materiales que lo componen) es de gran importancia ya que limita el intercambio de calor con el exterior. Si el clima de la zona es extremo, el aislamiento es una condición necesaria, pero puede no ser suficiente para garantizar el cumplimiento de los valores establecidos en el apartado 3.° anteriormente indicado, por lo que se deben tomar las medidas preventivas razonablemente posibles para reducir los riesgos por calor o frío excesivos.

En los trabajos al aire libre, las medidas que se tomen para proteger a los trabajadores de las inclemencias del tiempo deben incluir, además de las destinadas a hacer frente al frío o al calor excesivos, otras dirigidas a proteger a los trabajadores de la radiación solar directa, especialmente la ultravioleta. Tales medidas pueden ser, en el caso de trabajos al aire libre en época estival: la habilitación de zonas cubiertas o sombreadas, el uso de prendas de protección que protejan todo el cuerpo, incluida la cabeza, de la radiación solar excesiva, el uso de gafas, cremas protectoras, etc. En el caso de trabajos al aire libre en zonas frías se recomienda emplear ropa de protección adecuada frente al frío, facilitar la realización de pausas en lugares cálidos y administrar bebidas calientes no alcohólicas a los trabajadores.

Las condiciones relativas a la temperatura, humedad relativa y velocidad del aire serán aplicables de igual modo a los locales de descanso, los locales para el personal de guardia, los locales para servicios higiénicos, los comedores y los locales de primeros auxilios, ya que estos locales son considerados lugar de trabajo.

9. Régimen de sanciones

La vulneración empresarial de las medidas térmicas en centros de trabajo se sujetará al régimen sancionador contenido en el Real Decreto Legislativo 5/2000, de 4 de agosto, por el que se aprueba el texto refundido de la Ley sobre Infracciones y Sanciones en el Orden Social.

En consecuencia, las infracciones podrían calificarse como graves, conforme a su art. 7.10 de «Establecer condiciones de trabajo inferiores a las establecidas legalmente o por convenio colectivo, así como los actos u omisiones que fueren contrarios a los derechos de los trabajadores reconocidos en el artículo 4 de la Ley del Estatuto de los Trabajadores, salvo que proceda su calificación como muy graves, de acuerdo con el artículo siguiente».

Para el caso de calificarse la infracción de grave, la multa, en su grado mínimo, será de 751 a 1.500 euros, en su grado medio de 1.501 a 3.750 euros, y en su grado máximo de 3.751 a 7.500 euros; en tanto que de tratarse de una infracción muy grave la multa, en su grado mínimo, es de 7.501 a 30.000 euros, en su grado medio de 30.001 a 120.005 euros, y en su grado máximo de 120.006 euros a 225.018 euros (art. 40.1, letras a y b).

10. A modo de conclusión

No obstante los umbrales de temperatura indicados en el Real Decreto-ley 14/2022, de 1 de agosto, de medidas de ahorro, eficiencia energética y de reducción de la dependencia energética del gas natural a ministra para la Transición Ecológica y el Reto Demográfico, en declaraciones realizadas el pasado día 5 de agosto, la ministra para la Transición Ecológica y el Reto Demográfico, Teresa Ribera, ha precisado que bares y restaurantes pueden limitar el uso del aire acondicionado «entorno de los 25 grados», teniendo en cuenta las recomendaciones de la legislación laboral, frente a los 27 grados que contempla el real decreto.

En este sentido, ha aclarado que los 27 grados se aplicarán «con flexibilidad» y ha puesto como ejemplo que discotecas, cocinas y gimnasios necesitan una temperatura distinta a otros espacios como una librería. Para la ministra, «no se puede pedir a trabajadores que están en condiciones de ejercicio físico importante que no tengan las condiciones que el derecho laboral garantiza con respecto a los máximos y mínimos de temperatura». Por ello, los comercios y establecimientos deberán justificar cuándo no aplican el límite de temperatura en el termostato, en aras de proteger los derechos de la salud laboral de sus trabajadores.

Estaremos, en todo caso, a la realidad en la aplicación de la ley y de la suerte que corra en la práctica las limitaciones térmicas impuestas por la norma.

23.
A partir del día 2 de septiembre de 2022 los conductores de vehículos de transporte de mercancías de más de 7,5 toneladas de masa máxima autorizada no podrán participar en las operaciones de carga o descarga de las mercancías[1]

El BOE núm. 52, del día 2 de marzo de 2022, publicó *el Real Decreto-ley 3/2022, de 1 de marzo, de medidas para la mejora de la sostenibilidad del transporte de mercancías por carretera y del funcionamiento de la cadena logística, y por el que se transpone la Directiva (UE) 2020/1057, de 15 de julio de 2020, por la que se fijan normas específicas con respecto a la Directiva 96/71/CE y la Directiva 2014/67/UE para el desplazamiento de los conductores en el sector del transporte por carretera, y de medidas excepcionales en materia de revisión de precios en los contratos públicos de obras*.

Dicha norma se refiere expresamente a que:

«...en el Título I, se modifican algunos preceptos de la Ley 16/1987, de 30 de julio, de Ordenación de los Transportes Terrestres (LOTT). La principal novedad es la introducción de la limitación de la participación activa de los conductores profesionales en las operaciones de carga y descarga de las mercancías y de sus soportes y envases, salvo en aquellos supuestos en los que, por razones de eficiencia de la operación, pero fundamentalmente de la seguridad del conductor, como consecuencia del específico tipo de transporte o las condiciones concretas en que dicha actividad se desempeña, está justificado que sea él el que lleve a cabo dichas tareas.

Este planteamiento respeta íntegramente los pactos entre las partes del contrato sobre a quién corresponde asumir la responsabilidad de llevar a cabo las operaciones de carga y descarga, ya sea el cargador y destinatario o el porteador. Pretende proteger, sin embargo, a la parte más vulnerable del proceso y que sufre los eventuales efectos de la imposibilidad de las empresas transportistas de negociar

---

1 Publicado en Economist & Jurist, el 22.8.2022.

en otro sentido, así como de una prevención de la seguridad del conductor más formal que material derivada de la dinámica específica del mercado de transporte.

La restricción planteada se ciñe exclusivamente a aquellos casos en los que es necesaria la intervención de los poderes públicos en la medida en que se generan riesgos importantes que deben evitarse, a saber, los servicios de transporte en entornos que implican peligros potenciales para la seguridad del conductor. Por ello, considerando la razón de ser de esta medida, es necesaria su configuración como una regla de aplicación en todos los supuestos de carga y descarga que se lleven a cabo en territorio español».

Y añade que:

«En consonancia con la gravedad de su incumplimiento, se introduce una nueva infracción en la Ley 16/1987, de 30 de julio, en la que también se incluye una modificación destinada al refuerzo de los medios de Inspección con objeto de hacer viable el necesario papel que han de desempeñar para garantizar el cumplimiento de la nueva normativa destinada a corregir algunos de los problemas urgentes de las empresas, así como una actualización del régimen de infracciones y sanciones para hacer posible sancionar el incumplimiento de algunas nuevas obligaciones del Reglamento (CE) 561/2006 del Parlamento Europeo y del Consejo, de 15 de marzo de 2006, relativo a la armonización de determinadas disposiciones en materia social en el sector de los transportes por carretera que entraron en vigor en agosto de 2020».

En correspondencia con lo anterior, el artículo 1 del RD-ley 3/2022 procede a la modificación de la Ley 16/1987, de 30 de julio, de Ordenación de los Transportes Terrestres, introduciendo una nueva disposición adicional decimotercera, con la siguiente redacción:

«1. Los conductores de vehículos de transporte de mercancías de más de 7,5 toneladas de masa máxima autorizada **no podrán participar en las operaciones de carga o descarga de las mercancías ni de sus soportes, envases, contenedores o jaulas, salvo en los siguientes supuestos**:

a) Transporte de mudanzas y guardamuebles.

b) Transporte en vehículos cisterna.

c) Transporte de áridos o el efectuado en vehículos basculantes o provistos de grúa u otros dispositivos inherentes al vehículo destinados a realizar las operaciones de carga y descarga.

d) Transporte en portavehículos y grúas de auxilio en carretera.

e) Transporte de carga fraccionada entre el centro de distribución y el punto de venta según lo que se determine reglamentariamente, servicios de paquetería y cualesquiera otros similares que impliquen la recogida o reparto de envíos de mercancías consistentes en un reducido número de bultos que puedan ser fácilmente manipulados por una persona.

A efectos de esta letra, se entenderá por transporte de carga fraccionada aquél en el que resulten necesarias operaciones previas de manipulación, grupaje, clasificación, u otras similares.

f) Transporte de animales vivos, en los puestos de control aprobados de conformidad con la normativa comunitaria, sin perjuicio de las responsabilidades establecidas en la normativa sobre la protección de los animales durante su transporte.

g) Supuestos en los que la normativa reguladora de determinados tipos de transporte establezca específicamente otra cosa en relación con la participación del conductor.

h) Los supuestos que reglamentariamente se establezcan, siempre que se garantice la seguridad del conductor.

2. Las previsiones del apartado anterior serán de aplicación a todas las operaciones de carga y descarga que se efectúen en territorio español».

La anterior previsión se contempla que entre en vigor a los a los seis meses de la publicación en el Boletín Oficial del Estado, en aplicación de lo dispuesto en la Disposición Final Octava, apartado 2, esto es el día **2 de septiembre de 2022**.

Asimismo y en coherencia con lo dispuesto en la expresada Disposición Adicional Tercera y concretando la división física entre las funciones de conductor y de carga y descarga de mercancías, se procede, asimismo, a modificar el **apartado 1 del artículo 20 de la Ley 15/2009, de 11 de noviembre, del contrato de transporte terrestre de mercancías**, en los siguientes términos:

«1. Las operaciones de carga de las mercancías a bordo de los vehículos, así como las de descarga de éstos, serán por cuenta, respectivamente, del cargador y del destinatario, salvo que antes de la efectiva presentación del vehículo para su carga se haya pactado por escrito que corresponden al porteador contra el pago de un suplemento respecto del precio del transporte. En ausencia de formalización por escrito de dicho pacto, se presumirá no acordado.

Cuando se realicen por el porteador las operaciones de carga y descarga, la contraprestación pactada deberá reflejarse en la factura de manera diferenciada respecto del precio del transporte.

Las operaciones de estiba y desestiba de las mercancías a bordo de los vehículos serán por cuenta, respectivamente del cargador y del destinatario, salvo que expresamente se asuman por el porteador».

Sentado lo anterior y con independencia de las especificaciones que los convenios colectivos de ámbito inferior puedan establecer, por lo que respecta a las funciones específicas de conductor y de cargador/descargador debe estarse a lo regulado en la **Resolución de 13 de marzo de 2012, de la Dirección General de Empleo, por la que se registra y publica el II Acuerdo general para las empresas de transporte de mercancías por carretera**, publicada en el BOE núm. 76, de 29.3.2022, de aplicación en todo el territorio español a las empresas que, al amparo de los correspondientes títulos habilitantes de Transportista o de Operador de Transporte regulados por la Ley 16/1987, de Ordenación de los Transportes Terrestres, realicen actividades de transporte público de mercancías por carretera en vehículos automóviles que circulen sin camino de rodadura fijo y sin medios fijos de captación de energía y/o las denominadas auxiliares y complementarias del transporte de mercancías, incluidas las actividades de mensajería y de logística, entendiendo por esta última la que cubre la planificación, la organización, la gestión, la supervisión y la realización de las actividades de transporte de mercancías en la cadena de suministro; es decir, todas las actividades empresariales que requieran los citados títulos habilitantes, independientemente de si las mismas se realizan o no a temperatura controlada.

Conforme la expresada resolución, habrá que estar a los distintos servicios que configuran el Grupo profesional III, de Personal de Movimiento (art. 16), distinguiéndose, esencialmente, entre Conductor y funciones de carga y descarga, conforme el siguiente nomenclátor:

A) Funciones de conductor

- **Conductor mecánico** (art. 16.4):

Es el empleado que, estando en posesión del permiso de conducción de la clase «C + E», se contrata con la obligación de conducir cualquier vehículo de la empresa, con remolque, semirremolque o sin ellos, a tenor de las necesidades de ésta, ayudando si se le indica a las reparaciones del mismo, siendo el responsable del vehículo y de la carga durante el servicio, estando obligado a cumplimentar, cuando proceda, la documentación del vehículo y la del transporte realizado y a dirigir, si se le exigiere, la carga de la mercancía. Le corresponde realizar las labores necesarias para el correcto funcionamiento, conservación y acondicionamiento del vehículo, así como las que resulten precisas para la protección y manipulación de la mercancía. Habrá de comunicar de inmediato al responsable del taller, o persona que al efecto la empresa señale, cualquier anomalía que detecte en el vehículo. Deberá cubrir los recorridos por los itinerarios que se fijen o, de no estar fijados, por los que sean más favorables para la correcta cumplimentación del servicio. Quedarán automáticamente clasificados en esta categoría profesional, aunque carezcan de permiso de conducir de la clase «C + E», los conductores que conduzcan para una misma empresa durante más de 6 meses, continuos o alternos, alguno de los vehículos a los que se refiere el apartado 16.6. 16.5.

- **Conductor** (art. 16.5):

Es el empleado que, aun estando en posesión del carné de conducir de la clase «C + E», se contrata únicamente para conducir vehículos que requieran carné de clase inferior, sin necesidad de conocimientos mecánicos y con la obligación de dirigir, si así se le ordena, el acondicionamiento de la carga, participando activamente en ésta y en la descarga, sin exceder con ello de la jornada ordinaria; es el responsable del vehículo y de la mercancía durante el viaje, debiendo cumplimentar, cuando proceda, la documentación del vehículo y la del transporte realizado; le corresponde realizar las labores complementarias necesarias para el correcto funcionamiento, conservación y acondicionamiento del vehículo, así como las que resulten precisas para la protección y manipulación de la mercancía. Habrá de comunicar de inmediato al responsable del taller, o persona que al efecto la empresa señale, cualquier anomalía que detecte en el vehículo. Deberá cubrir los recorridos por los itinerarios que se le fijen o, de no estar fijados, por los que sean más favorables para la correcta cumplimentación del servicio.

- **Obligaciones específicas de los conductores, comunes a las categorías profesionales 16.4 y 16.5** (art. 16.6):

Además de las generales de conductor, anteriormente enunciadas, que constituyen el trabajo corriente, les corresponden las que resulten de los usos y costumbres y de la naturaleza del servicio que realicen, debiendo tener la formación requerida cuando se trate de mercancías peligrosas. A título meramente indicativo se relacionan a continuación las siguientes:

- **Conductor de vehículos-cisterna** (art. 16.6.A):

Deberá realizar respecto de su propio vehículo los siguientes cometidos:

a) Inspeccionar el estado, limpieza y conservación de las cisternas y sus accesorios, como tuberías, bocas de carga y descarga, válvulas, manómetros de presión, elevadores, calefactores, bombas de descarga y similares.

b) Empalmar y desempalmar mangueras de carga y descarga, abrir y cerrar válvulas, controlar el llenado y vaciado, incluso subiendo a lo alto de las cisternas si ello fuese necesario; y realizar la purga de los depósitos de las cisternas antes de proceder a su descarga, con el fin de evitar la contaminación de los productos en los tanques de los clientes.

c) Controlar las presiones y despresionar utilizando las caretas y demás elementos de seguridad que se le faciliten.

d) Si las cisternas son de gases habrá de controlar presiones y comprobar, una vez efectuada la operación de carga y/o descarga, la estanqueidad de la valvulería de la cisterna, así como si la cantidad cargada se corresponde con los pesos máximos autorizados.

- **Conductor de vehículos frigoríficos**, en cuyo caso deberá (art. 16.6.B):

a) Inspeccionar y vigilar el correcto funcionamiento del equipo de producción de frío durante el transcurso del transporte.

b) Dirigir la estiba de la carga de forma que se asegure convenientemente la circulación de aire interior, cuando proceda.

c) Efectuar el pre enfriamiento de la caja del vehículo antes de iniciarse la carga, de acuerdo con las instrucciones que se le indiquen. 16.6.C Cuando conduzca camiones porta vehículos deberá cargar y sujetar los vehículos en el camión, así como descargarlos.

– **Conductor de vehículos para transporte de áridos o provistos de grúa** (art. 16.6.D):

Tiene la obligación de realizar las operaciones necesarias para la carga y descarga de los áridos y el manejo de la grúa.

– **Conductor de vehículos de empresas de mudanzas y guardamuebles** (art. 16.6.E):

Colaborará activamente en los trabajos propios de la mudanza o servicio que realice el vehículo que conduzca.

– **Conductor-Repartidor de vehículos ligeros** (art. 16.7):

Es el empleado que, aun estando en posesión de carné de conducir de clase superior, se contrata para conducir vehículos ligeros. Ha de actuar con la diligencia exigible para la seguridad del vehículo y de la mercancía, correspondiéndole la realización de las labores complementarias necesarias para el correcto funcionamiento, mantenimiento, conservación y acondicionamiento del vehículo y protección de éste y de la carga, teniendo obligación de cargar y descargar su vehículo y de recoger y repartir o entregar la mercancía. Habrá de comunicar de inmediato al responsable del taller, o persona que al efecto la empresa señale, cualquier anomalía que detecte en el vehículo. Deberá realizar sus recorridos por los itinerarios que se le fijen o, de no estar fijados, por los que sean más favorables para la correcta cumplimentación del servicio.

B) Funciones de carga/descarga

– **Capitonista** (art. 16.8):

Es el empleado capaz de realizar una mudanza, embalar y preparar, armar y desarmar, subir y bajar muebles, cuadros, ropas, pianos, cajas de caudales, maquinaria y toda clase de objetos análogos; cargar capitonés, contenedores, etc., en domicilio, estación, puerto, almacén; instalar adecuadamente los aparatos necesarios para estas cargas y descargas, pudiendo asimismo sustituir al Jefe de Equipo cuando el caso lo requiera.

– **Mozo especializado-carretillero** (art. 16.9):

Es el trabajador que, además de las funciones asignadas a la categoría de Ayudante y/o Mozo Especializado, realiza el manejo de carretillas elevadoras frontales, trilaterales y retráctiles. El acceso a dicha categoría requerirá acreditar, por el trabajador, estar en posesión del carné de operador de carretillas expedido por entidad acreditada, una formación adecuada y suficiente, previa a la utilización de dichas carretillas elevadoras, así como el manejo de éstas como elemento cotidiano de su jornada de trabajo por un período superior a seis meses durante un año o a ocho durante dos años. Mientras no exista carné homologado se estará a lo dispuesto en la Disposición Transitoria Tercera. Manejará los terminales de radiofrecuencia o cualquier otro medio técnico que, con la misma finalidad, se utilicen en las empresas para la clasificación y manipulación de la mercancía y demás operaciones. Aquellos convenios colectivos que ya establecieran regulación específica respecto a la función o categoría de carretillero, mantendrán dicha regulación hasta su acomodo a lo aquí establecido, considerando que el trabajador que pase a la categoría de Mozo especializado-carretillero dejará de percibir los complementos de «carretillero» o similares que, en su caso, viniera cobrando en su anterior categoría profesional por la realización de funciones que corresponden a la nueva categoría, en virtud de convenio o pacto colectivo o individual, o por simple concesión de la empresa. Si el importe de los citados complementos fuese superior a la diferencia retributiva entre una y otra categoría, el trabajador continuará percibiendo a título personal la diferencia, hasta su compensación y absorción por el salario de la nueva categoría o en la forma que en cada ámbito se establezca.

– **Ayudante o Mozo Especializado** (art. 16.10):

Es el que tiene adquirida una larga práctica en la carga y la descarga de vehículos y movimiento y clasificación de mercancías, realizándolos con rapidez y aprovechamiento de espacio y seguridad. Manejará los terminales de radiofrecuencia o cualquier otro medio técnico que, con la misma finalidad, se utilicen en las empresas para la clasificación y manipulación de la mercancía y demás operaciones. Cuando forme parte de la dotación de un vehículo ayudará al Conductor en todas las incidencias que puedan originarse durante el servicio y llevará la documentación de las mercancías, encargándose de la carga y descarga de éstas y de su recogida o entrega a los clientes, debiendo entregar a su jefe inmediato, al término del servicio, la documentación debidamente cumplimentada. Deberá efectuar los trabajos necesarios, ayudando al Conductor, para el correcto acondicionamiento del vehículo y protección de las mercancías. Le corresponde, previa la preparación necesaria, el manejo de los aparatos elevadores, grúas y demás maquinaria para carga y descarga de vehículos en almacén o agencia y movimiento de mercancías en éstos, salvo la descrita para el Mozo especializado-carretillero, excepto de forma esporádica y no cotidiana; es decir, siempre que no se excedan los límites establecidos en el Estatuto de los Trabajadores para la reclamación de la categoría superior, seis meses en un año u ocho meses en dos años, con la formación adecuada, en aplicación de la movilidad funcional de superior categoría. Podrá encomendársele que asuma la responsabilidad y el control de las cargas y/o descargas de vehículos. En las empresas de Mudanzas estarán a las órdenes de los Capitonistas, realizando funciones auxiliares de las de éstos.

– **Auxiliar de Almacén-Basculero** (art. 16.11):

Se clasifica en esta categoría al que, a las órdenes del Encargado de almacén, recibe la mercancía; efectúa el pesaje de la misma, la etiqueta y precinta o introduce en contenedores o la ordena como se le indique. Hará el removido de las mercancías situándolas debidamente una vez clasificadas, encargándose asimismo de mantener limpio el local y de la vigilancia de las mercancías que se almacenan o guardan en él. Manejará los terminales de radiofrecuencia o cualquier otro medio técnico que, con la misma finalidad, se utilicen en las empresas para la clasificación y manipulación de la mercancía y demás operaciones.

– **Mozo** (art. 16.12):

Es el operario cuya tarea, a realizar tanto en vehículos como en instalaciones fijas, requiere fundamentalmente la aportación de esfuerzo físico y atención, sin que exija destacada práctica o conocimiento previo, habiendo de efectuar, si se le encomienda, la recogida o entrega de mercancías, cuya documentación acreditativa entregará al término del servicio a quien corresponda. Manejará los terminales de radiofrecuencia o cualquier otro medio técnico que, con la misma finalidad, se utilicen en las empresas para la clasificación y manipulación de la mercancía y demás operaciones.

Con posterioridad a la publicación del Real Decreto-ley 3/2022, de 1 de marzo, se aprobó el Real Decreto-ley 14/2022, de 1 de agosto, de medidas de sostenibilidad económica en el ámbito del transporte, en materia de becas y ayudas al estudio, así como de medidas de ahorro, eficiencia energética y de reducción de la dependencia energética del gas natural, que a través de su art. 1, aptdo. 7 procede a modificar la letra e) del aptdo. 1 de la Disposición adicional 13.ª de la Ley 16/1987, de 30 de julio, de Ordenación de los Transportes Terrestres, que reza textualmente lo siguiente:

> «e) Transporte de carga fraccionada entre el centro de distribución y el punto de venta, servicios de paquetería y cualesquiera otros similares que impliquen la recogida o reparto de envíos de mercancías consistentes en un reducido número de bultos que puedan ser fácilmente manipulados por una persona.
>
> A efectos de esta letra, se entenderá por transporte de carga fraccionada aquél en el que resulten necesarias operaciones previas de manipulación, grupaje, clasificación, u otras similares.
>
> Un conductor podrá participar en la descarga de los transportes de carga fraccionada entre un centro de distribución y el punto de venta siempre que dicha actividad no afecte a su periodo de descanso diario o, en su caso, siempre que se lleve a cabo dentro de su jornada laboral diaria y siempre que ello le permita regresar al centro operativo habitual de trabajo o a su lugar de residencia.
>
> No obstante, podrá participar en la carga y descarga de los transportes de carga fraccionada entre un centro de distribución y el punto de venta, o entre el punto de venta y un centro de distribución siempre que, además de la condición anterior, dicha actividad se efectúe en el marco de un contrato de duración igual o superior a un año entre el cargador y el porteador».

24.
Compendio de las disposiciones sobre vigencia, régimen derogatorio y transitorio contenidas en el Real Decreto-ley 32/2021, de 30 de diciembre, de reforma laboral[1]

La reciente aprobación en el BOE núm. 3131, de 30 de diciembre de 2021 del Real Decreto-ley 32/2021, de 28 de diciembre, de medidas urgentes para la reforma laboral, la garantía de la estabilidad en el empleo y la transformación del mercado de trabajo comporta la modificación y derogación de diversas normas legales pero también incluye un importante régimen transitorio que es preciso tener en cuenta a la hora de establecer la vigencia y duración de los contratos de trabajo y temporales, tanto vigentes con la anterior normativa como con los actuales en aplicación de nueva reforma.

Para ello, procedo a sintetizar los diferentes términos y plazos establecidos en las disposiciones del Real Decreto-ley 32/2021:

A) Entrada en vigor de la reforma

- **Disposición final octava. Entrada en vigor**
  1. Este real decreto-ley **entrará en vigor el día siguiente al de su publicación** en el «Boletín Oficial del Estado» (o sea, **el 31.12.2021**), a excepción de los preceptos a los que se refiere el apartado 2.
  2. **Entrarán en vigor a los tres meses de su publicación** en el «Boletín Oficial del Estado» los siguientes preceptos:
     a) apartado uno del artículo primero, de modificación del artículo 11 del texto refundido de la Ley del Estatuto de los Trabajadores, referido al contrato formativo en su doble vertiente de **contrato de formación para la alternancia** y **contrato formativo para la obtención de la práctica profesional adecuada al nivel de estudios**, sin perjuicio de lo establecido en la disposición transitoria tercera (referida al Régimen transitorio aplicable a los contratos de duración determinada celebrados antes del 31 de diciembre de 2021).

1 Publicado en Linkedin, el 17-1-2022.

b) El apartado cuatro del artículo primero, de modificación del artículo 16 del texto refundido de la Ley del Estatuto de los Trabajadores (relativo a la modificación del artículo 16 ET en relación con el **Contrato fijo-discontinuo**).

c) El apartado siete del artículo tercero, por el que se introduce, en el texto refundido de la Ley General de la Seguridad Social, una nueva disposición adicional cuadragésima primera, de **medidas de protección de las personas trabajadoras afectadas por la aplicación del Mecanismo RED** regulado en el artículo 47 bis del texto refundido de la Ley del Estatuto de los Trabajadores.

d) El apartado nueve del artículo tercero, por el que se introduce, en el texto refundido de la Ley General de la Seguridad Social, una nueva disposición adicional cuadragésima tercera, sobre **cotización a la Seguridad Social de los contratos formativos en alternancia**.

e) Los apartados 2 y 3 de la disposición derogatoria única, por los cuales quedan derogados expresamente:

» El artículo 12.3 ET, relativo al **contrato a tiempo parcial celebrado por tiempo indefinido cuando se concierte para realizar trabajos fijos y periódicos dentro del volumen normal de la empresa**.

» El apartado 1 de la disposición adicional decimoquinta ET, relativo a lo dispuesto en el anterior art. 15.1.a) ET en materia de **duración máxima del contrato para obra o servicios determinados y en el art. 15.5 ET sobre límites al encadenamiento de contratos en el ámbito de las Administraciones Públicas y sus organismos públicos vinculados o dependientes**.

» El apartado 2 de la disposición adicional decimoquinta del texto refundido de la Ley del Estatuto de los Trabajadores, relativo a **la excepción en cuanto a la duración máxima del contrato para obra o servicios determinados en el ámbito de las Administraciones Públicas y sus organismos públicos vinculados o dependientes, ni a las modalidades particulares de contrato de trabajo contempladas en la Ley Orgánica 6/2001, de 21 de diciembre, de Universidades** o en cualesquiera otras normas con rango de ley cuando estén vinculados a un proyecto específico de investigación o de inversión de duración superior a tres años.

» La disposición adicional decimosexta del texto refundido de la Ley del Estatuto de los Trabajadores, sobre aplicación del **despido por causas económicas, técnicas, organizativas o de producción del personal laboral al servicios de los entes, organismos y entidades que forman parte del sector público,** de acuerdo con el art. 3.1 del texto refundido de la Ley de Contaros del Sector Público, aprobado por Real Decreto Legislativo 3/2011, de 14 de noviembre y conforme a lo dispuesto en el art. 51 y 52.c) del ET y sus normas de desarrollo.

» La disposición adicional vigesimoprimera del texto refundido de la Ley del Estatuto de los Trabajadores (relativo a la **sustitución de trabajadores excedentes por cuidado de familiares**).

B) Derogación de normas

– **Disposición derogatoria única**

Quedan derogadas cuantas normas de igual o inferior rango contradigan o se opongan a lo dispuesto en este real decreto-ley y de manera expresa:

1. El artículo 12.3 ET, relativo al **contrato a tiempo parcial celebrado por tiempo indefinido cuando se concierte para realizar trabajos fijos y periódicos dentro del volumen normal de la empresa**.
2. Las disposiciones referidas a los contratos temporales previstos en el artículo 15.1.a) del texto refundido de la Ley del Estatuto de los Trabajadores, según la redacción del precepto previa a la entrada en vigor del apartado tres del artículo primero, contenidas en cualquier norma del ordenamiento jurídico (es decir, el **contrato para obra o servicios determinado, el contrato por circunstancias del mercado, acumulación de tareas o exceso de pedidos y los contratos de trabajo cuando se trate de sustituir a trabajadores con derecho a reserva del puesto de trabajo** y, por extensión, su desarrollo normativo contenido en el Real Decreto 2720/1998, de 18 de diciembre) y, en particular, en la Ley Orgánica 6/2001, de 21 de diciembre, de Universidades y en la Ley 14/2011, de 1 de junio, de la Ciencia, la Tecnología y la Innovación.
3. El apartado 1 de la disposición adicional decimoquinta ET, relativo a lo dispuesto en el anterior art. 15.1.a) ET en materia de **duración máxima del contrato para obra o servicios determinados y en el art. 15.5 ET sobre límites al encadenamiento de contratos en el ámbito de las Administraciones Públicas y sus organismos públicos vinculados o dependientes**.
4. El apartado 2 de la disposición adicional decimoquinta del texto refundido de la Ley del Estatuto de los Trabajadores, relativo a la **excepción en cuanto a la duración máxima del contrato para obra o servicios determinados en el ámbito de las Administraciones Públicas y sus organismos públicos vinculados o dependientes, ni a las modalidades particulares de contrato de trabajo contempladas en la Ley Orgánica 6/2001, de 21 de diciembre, de Universidades** o en cualesquiera otras normas con rango de ley cuando estén vinculados a un proyecto específico de investigación o de inversión de duración superior a tres años.

5. La disposición adicional decimosexta del texto refundido de la Ley del Estatuto de los Trabajadores, sobre aplicación del **despido por causas económicas, técnicas, organizativas o de producción del personal laboral al servicios de los entes, organismos y entidades que forman parte del sector público**, de acuerdo con el art. 3.1 del texto refundido de la Ley de Contaros del Sector Público, aprobado por Real Decreto Legislativo 3/2011, de 14 de noviembre y conforme a lo dispuesto en el art. 51 y 52.c) del ET y sus normas de desarrollo.
6. La disposición adicional vigesimoprimera del texto refundido de la Ley del Estatuto de los Trabajadores (relativo a la **sustitución de trabajadores excedentes por cuidado de familiares**).
7. Queda derogada la disposición adicional cuarta del Real Decreto-ley 16/2014, de 19 de diciembre, por el que se regula el Programa de Activación para el Empleo.

C) Régimen transitorio aplicable a los contratos formativos vigentes

- **Disposición transitoria primera. Régimen transitorio aplicable a los contratos formativos vigentes**

Los **contratos en prácticas y para la formación y el aprendizaje** basados en lo previsto en el artículo 11 del Estatuto de los Trabajadores, según la redacción vigente antes de la entrada en vigor del apartado uno del artículo primero, resultarán aplicables hasta su duración máxima, en los términos recogidos en el citado precepto (en los supuestos de contratos en prácticas, no debe ser inferior a seis meses ni exceder de dos años, salvo determinación concreta prevista en los convenios colectivos sectoriales; en los casos de contratos para la formación y el aprendizaje, la duración mínima es de un año y la máxima de tres, salvo las distintas duraciones establecidas en convenio colectivo).

D) Régimen transitorio aplicable a los contratos de duración determinada celebrados antes del 31 de diciembre de 2021

- **Disposición transitoria tercera**

  1. Los **contratos para obra y servicio determinado** basados en lo previsto en el artículo 15.1.a) del Estatuto de los Trabajadores, según la redacción vigente antes de la entrada en vigor del apartado tres del artículo primero, celebrados antes del 31 de diciembre de 2021, así como los **contratos fijos de obra** suscritos en virtud de lo dispuesto en el artículo 24 del VI Convenio Estatal de la Construcción, que estén vigentes en la citada fecha, resultarán aplicables hasta su duración máxima, en los términos recogidos en los citados preceptos.

     Asimismo, los **contratos por obra o servicio determinados celebrados por las Administraciones Públicas y sus organismos públicos vinculados o dependientes**, previstos en normas con rango de ley, vinculados a un proyecto específico de investigación o de inversión de duración superior a tres años y que estén vigentes en la fecha señalada en el párrafo anterior, mantendrán su vigencia hasta el cumplimiento de la duración fijada de acuerdo a su normativa de aplicación, con el límite máximo de tres años contados a partir de la citada fecha.

8. Los **contratos eventuales por circunstancias del mercado, acumulación de tareas o exceso de pedidos y los contratos de interinidad** basados en lo previsto en el artículo 15.1.b) y c) del Estatuto de los Trabajadores, respectivamente, celebrados según la redacción vigente antes de la entrada en vigor del apartado tres del artículo primero, se regirán hasta su duración máxima por lo establecido en dicha redacción.
9. Se encontrarán en situación legal de desempleo los trabajadores cuando se extingan, los contratos a los que se refieren los apartados anteriores, por la expiración del tiempo convenido o realización de la obra o servicio objeto del contrato, siempre que dichas causas no hayan actuado por su denuncia.

E) Régimen transitorio aplicable a los contratos de duración determinada celebrados desde el 31 de diciembre de 2021 hasta el 30 de marzo de 2022

– **Disposición transitoria cuarta**

Los **contratos para obra y servicio determinado y los contratos eventuales por circunstancias del mercado, acumulación de tareas o exceso de pedidos**, celebrados desde el 31 de diciembre de 2021 hasta el 30 de marzo de 2022, se regirán por la normativa legal o convencional vigente en la fecha en que se han concertado y su duración no podrá ser superior a seis meses.

F) Régimen transitorio sobre límites al encadenamiento de contratos

– **Disposición transitoria quinta**

Lo previsto en la redacción dada por el presente Real Decreto-ley al artículo 15.5 del Estatuto de los Trabajadores será de aplicación a los contratos de trabajo suscritos a partir de la entrada en vigor del mismo. Respecto a los contratos suscritos con anterioridad, a los efectos del cómputo del número de contratos, del período y del plazo previsto en el citado artículo 15.5, se tomará en consideración sólo el contrato vigente a la entrada en vigor de este Real Decreto-ley.

25.
Las bajas médicas por regla incapacitantes[1]

Me parece simplemente surrealista que en pleno siglo XXI se haya abierto la caja de Pandora con el asunto de las bajas médicas por regla incapacitantes que se recogen en el borrador de reforma de la Ley de Aborto y que será sometido a la aprobación del gobierno[2].

Recordemos que se contempla que las mujeres que padezcan molestias por la regla tendrán derecho a que desde el primer día se les extienda la baja médica por incapacidad temporal, cuyo pago será exclusivamente a cargo de la Seguridad Social, sin límite de tiempo salvo lo que prescriba el médico y, muy importante, sin que se exija ningún período previo de cotización[3].

Concretamente, su art. 5 ter, sobre Medidas en el ámbito laboral sobre salud menstrual, contempla que «A fin de conciliar el derecho a la salud con el empleo, se reconoce a las mujeres con menstruaciones incapacitantes secundarias el derecho a una situación especial de incapacidad temporal en los términos establecidos por el Texto Refundido de la Ley General de la Seguridad Social, aprobado por Real Decreto Legislativo 8/2015 de 30 de octubre», de modo que conforme la previsión de modificación del art. 169.1.a) de la vigente LGSS: «Tendrán la consideración de situaciones especiales de incapacidad temporal por contingencias comunes aquella en que pueda encontrarse la mujer en caso de menstruación incapacitante secundaria... mientras reciba asistencia sanitaria por el Servicio Público de Salud

---

1 Publicado en Linkedin, el 14.5.2022.

2 El Consejo de Ministros aprobó el pasado 30.8.2022 el Anteproyecto de Ley Orgánica por la que se modifica la Ley Orgánica 2/2010, de 3 de marzo, de salud sexual y reproductiva y de la interrupción voluntaria del embarazo.

3 Su art. 2.3 define la salud menstrual como aquel «estado integral de bienestar físico, mental y social, y no meramente la ausencia de enfermedad o dolencia, en relación con el ciclo menstrual. Por gestión menstrual se entenderá la manera en que las mujeres deciden abordar su ciclo menstrual, pudiendo servirse para tal gestión de diversos productos menstruales, tales como compresas, tampones, copas menstruales y artículos similares».

y esté impedida para el trabajo»[4], sin perjuicio de que «La obligación de cotizar continuará en la situación de incapacidad temporal, cualquiera que sea su causa, incluidas las situaciones especiales de incapacidad temporal por menstruación incapacitante secundaria»[5], sin perjuicio de que «...el subsidio se abonará a cargo de la Seguridad Social desde el día de la baja en el trabajo... mientras el beneficiario se encuentre en situación de incapacidad temporal...» y sin que se exijan períodos mínimos de cotización[6].

Medidas protectoras de la mujer tendente a preservar su salud y evitar que acudan a trabajar en condiciones poco aptas, recibiendo el apoyo médico, asistencial y económico del Estado. Un modelo que, se señala, será pionero en Europa.

Así, pues, ¿por qué esta polémica absurda en torno a un tema que no admite más postura que el pleno apoyo y comprensión?

Como siempre, creo que son los intereses políticos y los remilgos patronales los principales promotores de esta falsa discusión. Discusión estéril, interesada, falsa, hipócrita, porque está en juego el derecho a la salud, al trabajo y a la dignidad de la mujer.

Desde aquí mi más sincero apoyo a esta iniciativa legislativa que abre una nueva brecha en la lucha en por la igualdad.

4 El apartado 6 del art. 2 define la Menstruación incapacitante secundaria como aquella «situación de incapacidad derivada de una dismenorrea generada por una patología previamente diagnosticada».

5 Según se prevé con la modificación del art. 144.4 de la LGSS.

6 Modificación contemplada en los arts. 172.a) y 173, apartados 1 y 2 de la LGSS.

26.
El gigante chino impone a sus trabajadores la jornada laboral «996»[1]

Cuando en nuestro país, pero también en otros de nuestro entorno, se debate ante la opinión pública, patronal y sindicatos la conveniencia de implantar la jornada de 4 días, inmersos como estamos en los últimos coletazos de una pandemia que en los últimos dieciocho meses ha obligado a miles de empresas a presentar expedientes temporales de regulación de empleo, bien en forma de suspensión de los contratos de trabajo o de reducción de la jornada salarial, unido a la contención de las inversiones privadas a la espera de una situación económicamente más propicia para ampliar sus negocios y contratar más personal, con miles de trabajadores autónomos que se han visto abocados a cerrar las persianas de los locales de sus negocios, inmersos en la inseguridad ciudadana de un futuro laboral incierto, me sorprende noticias como la que protagonizan las empresas chinas.

Tal como informa la página oficial de Cecogrup, como en la mayoría de países, en China, una relación laboral queda establecida mediante un contrato de trabajo, en el que quedan establecidos tanto los derechos (salario, descansos, vacaciones, etc.) como las obligaciones del contratado y del empleador.

El Ministerio de Recursos Humanos y Seguridad Social de la República Popular China, dependiente del Consejo de Estado, es el responsable de la gestión de la fuerza de trabajo, las relaciones laborales, la gestión de seguros sociales y la construcción legal de mano de obra.

Conforme a la legislación de dicho país, existen tres tipos de sistemas de horarios laborales aplicable a los empleados a tiempo completo:

- Sistema de horas de trabajo estándar.
- Sistema de horas de trabajo calculado de forma exhaustiva.
- Sistema flexible de horas de trabajo.

---

1 Publicado en Linkedin, el 27.9.2021.

Hay derecho a una hora de almuerzo y en cuanto a las vacaciones, cada empleado que ha trabajado continuamente más de 12 meses tiene derecho a vacaciones anuales pagadas por ley. La cantidad de vacaciones anuales pagadas por ley es determinada por los años de trabajo acumulados del empleado:

- Un año o más pero menos de diez años de tiempo de trabajo: cinco días hábiles de vacaciones anuales pagadas.
- Diez años o más pero menos de 20 años de tiempo de trabajo: diez días laborables de vacaciones anuales pagadas.
- 20 años o más de tiempo de trabajo: 15 días hábiles de vacaciones anuales pagadas.

A lo anterior se añade las fiestas retribuidas que suelen ser 11.

Hasta aquí la teoría, porque en la práctica, muchas empresas chinas, sobre todo del sector tecnológico como Alibaba, Pinduoduo o Jd.com, de las más importantes del país, defienden el sistema que las ha hecho triunfar: trabajar de 9 de la mañana a 9 del anochecer, 12 horas en el día, seis días en la semana, en lo que se conoce como la cultura del 996, un sistema laboral que en China ha topado con la justicia, después de años de práctica, y que ahora recuerda a las empresas que esta forma de proceder resulta ilegal.

Empresas de diferentes sectores, entre otros el tecnológico, el de la comunicación o el de la construcción, que han hecho bandera de su éxito, se encuentran cada vez más con denuncias de trabajadores por exceso de trabajo y horarios laborales desorbitados, encontrándose con que los tribunales les dan la razón.

Así es, una resolución del Tribunal Supremo chino, del 27 de agosto pasado, recogía 10 sentencias de casos en los cuales se habían sometido trabajadores a horarios laborales excesivos o no se los había compensado, y recordaba a los empresarios que la aplicación del sistema 996 es ilegal, manifestando que «Legalmente, los trabajadores tienen derecho a la correspondiente indemnización y tiempo de descanso o vacaciones. El cumplimiento de las horas laborales nacionales es obligación de los empresarios».

La ley laboral china establece que no se puede trabajar más de 8 horas al día ni más de 44 horas semanales, con el derecho a tener un día libre en la semana. Tan solo la ley permite alargar el horario laboral una hora al día o un máximo de 3 si se garantiza la salud física del trabajador y siempre que exista acuerdo previo. En ningún caso las horas extras pueden superar las 36 al mes, sin perjuicio de su retribución salarial.

Recuérdese que conforme al art. 2 del Convenio núm. 1 de la OIT sobre las horas de trabajo (industria), de 1919: «En todas las empresas industriales públicas o privadas, o en sus dependencias, cualquiera que sea su naturaleza, con excepción de aquellas en que sólo estén empleados los miembros de una misma familia, la duración del trabajo del personal no podrá exceder de ocho horas por día y de cuarenta y ocho por semana».

No obstante, la realidad es que este sistema de trabajo 996 está muy extendido e incluso tiene variantes como el 995, con horarios de 12 horas 5 días en la semana, o peores, como el 9106, que añadía una hora más, o sea 13 horas en el día 6 días en la semana.

Lo cierto es que esta práctica laboral está muy arraiga entre las empresas chinas —se calcula al menos unas 150— hasta el punto de que origina conflictos con el gobierno, que debe esquivar la ilegalidad de este tipo de jornadas draconianas y hacer valer su interés de invadir comercialmente con sus productos a los países occidentales y de su inmediato entorno.

Pero la jornada del 996 parece haberse instalado en la mente patronal como un estigma para los trabajadores, como parece desprenderse de lo manifestado por el que magnate Jack Mi, fundador de la empresa de comercio en línea Alibaba, y que ha llegado a ser el hombre más rico de China. En 2019 escribió abiertamente a WeChat (el Twitter chino) que era «una bendición trabajar con el 996» asegurando que si alguien quería trabajar tenía que prepararse para hacer jornadas de 12 horas, porque «Si no lo haces cuando eres joven, ¿cuándo piensas hacerlo?».

El resultado de no adaptarse a estas jornadas es calificar de «holgazanes» a los trabajadores y de apartarlos del mundo laboral, como siempre tan cerrado y enigmático en China.

Sin embargo, la sentencia del Tribunal Supremo chino está despertando conciencias y esperanzas a los movimientos que durante estos últimos años han empezado a criticar abiertamente estas prácticas abusivas, causando incluso la muerte a 600.000 personas al año, animando a los trabajadores a denunciarlas. Movimientos como la plataforma GitHub que cuenta con una página con el nombre de 996.ICU, afirman a que de trabajar con el sistema 996 es probable acabar ingresado en la UCI.

Pero el problema no acaba aquí, la misma sentencia del Tribunal Supremo chino considera también ilegal, entre otros abusos del 996, no pagar las horas extras, como el caso de unos trabajadores que se los obligó a renunciar a la remuneración.

También recoge el caso de una persona que en un medio de comunicación se desmayó y después murió de un infarto, para el cual la justicia obligó la empresa a pagar 400.000 yuanes, unos 52.000 euros.

Como se comprueba, un sistema económico basado en la explotación de la mano de obra, en condiciones de jornadas laborales inhumanas, escasa o nula remuneración y falta de los más esenciales condiciones de salud puede que enriquezca a unos cuantos y haga de la economía nacional un puntal inexpugnable, pero se aleja de cualquier estándar de respeto a la dignidad de los trabajadores.

Todo lo contrario de lo que sucedió en EE.UU, la otra potencia económica mundial, cuando en 1926, en que lo habitual era trabajar seis días a la semana, Henry Ford los rebajó a cinco días y 40 horas, sin tocar los sueldos de sus empleados tras comprobar que la productividad no se veía por ello perjudicada.

DERECHOS FUNDAMENTALES

27.
¿Puede declararse la nulidad de un despido sobre la base de la vulneración de las convicciones o ideología animalista del trabajador? Comentario a la Sentencia del Tribunal Superior de Justicia de Cataluña de 12 de noviembre de 2021[1]

Sumario

I. La nueva Ley 17/2021, de 15 de diciembre, sobre el régimen jurídico de los animales.

II. El cuidado y atención a los animales de compañía y su interferencia en el marco de la relación laboral. Razonamientos de la sentencia dictada en instancia desestimando la pretensión de nulidad del despido.

III. Razonamientos esgrimidos por la Sala Social del Tribunal Superior de Justicia de Cataluña.

I. La nueva Ley 17/2021, de 15 de diciembre, sobre el régimen jurídico de los animales

Como es conocido, la reciente Ley 17/2021, de 15 de diciembre, de modificación del Código Civil, la Ley Hipotecaria y la Ley de Enjuiciamiento Civil, sobre el régimen jurídico de los animales[2] ha supuesto un antes y un después por lo que se refiere a la consideración y protección de los conocidos como animales de compañía, regulando de manera expresa sus legítimos derechos y pasando de un estatus quo a nivel judicial a otro en el marco estrictamente legal y tuitivo, a cuyo efecto procede a modificar determinados artículos del

---

1 Publicado en Diario La Ley, el 24.2.2022.

2 Publicado en el BOE núm. 300, de 16 de diciembre de 2021, páginas 154134 a 154143.

Código Civil[3], de la Ley Hipotecaria, aprobada por Decreto de 8 de febrero de 1846[4] y de la Ley 1/2000, de 7 de enero, de Enjuiciamiento Civil[5].

La nueva ley se dirige, esencialmente, a dejar de considerar los animales de compañía, sin perjuicio de las excepciones que se presenten en la medida en que no existan normas destinadas especialmente a regular las relaciones jurídicas en las que puedan estar implicados, como simple objetos considerados como bienes muebles o inmuebles, estableciendo que son seres vivos dotados de sensibilidad.

El legislador, consciente de la importancia del alcance de la norma, no duda en afirmar que en nuestra sociedad los animales son, en general, apropiables y objeto de comercio. Sin perjuicio de ello, la relación de la persona y el animal (sea éste de compañía, doméstico, silvestre o salvaje) debe ser modulada por la cualidad de ser dotado de sensibilidad, de modo que los derechos y facultades sobre los animales han de ser ejercitados atendiendo al bienestar y la protección del animal, evitando el maltrato, el abandono y la provocación de una muerte cruel o innecesaria.

De este modo, se reconoce y ampara la verdadera naturaleza de los animales haciéndola compatible con la naturaleza de las relaciones, particularmente las de convivencia, que se establecen entre estos y los seres humanos. Es, en base a lo anterior, que la nueva ley se dirige a regular básicamente cuatro escenarios diferentes:

a) Con respecto a las normas relativas a las crisis matrimoniales, se establecen preceptos destinados a concretar el régimen de convivencia y cuidado de los animales de compañía, cuestión que ya ha sido objeto de controversia en nuestros tribunales. Para ello se contempla el pacto sobre los animales domésticos y se sientan los criterios sobre los que los tribunales deben tomar la decisión de a quién entregar el cuidado del animal, atendiendo a su bienestar.

b) Asimismo, se incorporan disposiciones en materia de sucesiones, relativas al destino de los animales en caso de fallecimiento de su propietario, que, en ausencia de voluntad expresa del causahabiente, también deberán articular previsiones en base al criterio de bienestar de los animales.

c) Por otro lado, atendiendo al vínculo existente y la concurrencia entre los malos tratos a animales y la violencia doméstica y de género y el maltrato y abuso sexual infantil, se contemplan limitaciones a la guarda y custodia en casos de antecedentes por maltrato animal ejercido como forma de violencia o maltrato psicológico contra aquellos.

3 Arts. 90, letra bis b) y apartados 2 y 3, 91, 94 bis, 333, 333 bis, 348, 357, 430, 431, 432, 437, 438, 465, 499, 610, 611, 914 bis, 1485, 1492, 1493 y 1864.

4 Art. 111, apartado primero.

5 Arts. 605.1.°, 771, apartado segundo y 774, apartado 4.

d) Se impide que se extienda la hipoteca a los animales colocados o destinados en una finca dedicada a la explotación ganadera, industrial o de recreo y se prohíbe el pacto de extensión de la hipoteca a los animales de compañía.

e) Por último, se declaran absolutamente inembargables a los animales de compañía en atención al especial vínculo de afecto que les liga con la familia con la que conviven, sin perjuicio de la posibilidad de embargar las rentas que dichos animales puedan generar.

De esta forma, como pone de manifiesto su preámbulo, nuestro país se sitúa en la órbita de otros ordenamientos jurídicos próximos, que han modificado sus Códigos Civiles para adaptarlos a la mayor sensibilidad social hacia los animales existente en nuestros días, y también para reconocer su cualidad de seres vivos dotados de sensibilidad, ajustándose a las previsiones del artículo 13 del Tratado de Funcionamiento de la Unión Europea cuando exige a los Estados miembros que respeten las exigencias en materia de bienestar de los animales como «seres sensibles». Criterio este que encontramos igualmente en numerosas normas del Derecho español, entre las que debe destacarse la Ley 32/2007, de 7 de noviembre, para el cuidado de los animales, en su explotación, transporte, experimentación y sacrificio o la ratificación por el Reino de España, mediante instrumento publicado en el BOE de 11 de octubre de 2017, del Convenio Europeo sobre protección de animales de compañía, hecho en Estrasburgo el 13 de noviembre de 1987.

La nueva Ley, tras distinguir entre los animales salvajes o silvestres, que sólo se poseen mientras se hallan en nuestro poder, y los domesticados, que se asimilan a los domésticos o de compañía si conservan la costumbre de volver a la casa del poseedor o si han sido identificados como tales[6], establece una serie derechos/obligaciones en la relación propietario y animal[7]

a) El propietario, poseedor o titular de cualquier otro derecho sobre un animal debe ejercer sus derechos sobre él y sus deberes de cuidado respetando su cualidad de ser sintiente, asegurando su bienestar conforme a las características de cada especie y respetando las limitaciones establecidas en ésta y las demás normas vigentes.

b) Los gastos destinados a la curación y al cuidado de un animal herido o abandonado son recuperables por quien los haya pagado mediante el ejercicio de acción de repetición contra el propietario del animal o, en su caso, contra la persona a la que se le hubiera atribuido su cuidado en la medida en que hayan sido proporcionados y aun cuando hayan sido superiores al valor económico de éste.

6 Art. 465 del Código Civil.

7 Art. 33 bis del Código Civil.

c) En el caso de que la lesión a un animal de compañía haya provocado su muerte o un menoscabo grave de su salud física o psíquica, tanto su propietario como quienes convivan con el animal tienen derecho a que la indemnización comprenda la reparación del daño moral causado.

II. El cuidado y atención a los animales de compañía y su interferencia en el marco de la relación laboral. Razonamientos de la sentencia dictada en instancia desestimando la pretensión de nulidad del despido

Comentado el vigente y modificado régimen protector de los animales, con especial mención a los de compañía, cabe plantearse la cuestión de si los trabajadores poseedores de mascotas, empleando el término más usual de aquéllos, detentan algún derecho que puedan hacer valer ante el empresario en la ejecución de su actividad profesional.

Sobre el particular se ha pronunciado recientemente la Sala Social del Tribunal Superior de Justicia de Cataluña, en su sentencia de 12 de noviembre de 2021[8], confirmando la declaración de improcedencia de la sentencia dictada por el Juzgado de lo Social núm. 11 de Barcelona[9], resolviendo acerca de la existencia, como pretendía el trabajador despedido, de una posible vulneración de sus derechos fundamentales dada su condición de «animalista».

Veamos seguidamente cuáles son los antecedentes fácticos:

1. El trabajador venía prestando sus servicios en la empresa como auxiliar de control, siéndole de aplicación el Convenio colectivo de trabajo de Locales de Espectáculos de Cataluña.
2. Con fecha del 16 de agosto de 2019, la empresa notificó al trabajador una carta de despido disciplinario con efectos desde el día 10 del mismo mes y año, alegándose que no se había presentado a su puesto de trabajo el día 10 de agosto de 2019, procediéndose, a continuación, a reconocer la improcedencia del despido.
3. El trabajador expresó en la fecha de la recepción de la carta, el 16 de agosto de 2019, la disconformidad con su despido.
4. El actor acudió, el día 10 de agosto de 2019 a las 23.48 horas, a un centro veterinario para que fuera atendido su perro de la raza Bretón y macho, siendo diagnosticado de «Síncope, ingestión de plantas tóxicas, epilepsia, etc.», abonando por la consulta 73,50 euros.

---

8 Sentencia núm. 5822/2021, recurso de suplicación núm. 516/2021, ponente Sr. Miguel Ángel Falguera Baró.

9 Sentencia de 9 de marzo de 2021, dictada en las actuaciones núm. 841/2019.

El trabajador en su demanda reclamó la nulidad y, subsidiariamente, la improcedencia de su despido haciendo valer sus convicciones ideológicas y filosóficas animalistas para atender a su perro, gravemente enfermo y bajo atención veterinaria, al formar parte de su familia, entendiendo que la comunicación de su despido constituía en toda regla una discriminación vedada por el Convenio de la OIT 158[10].

A la vista de las pruebas documentales aportadas y sin que compareciera la empresa demandada al acto de juicio, el juzgador de instancia resolvió con la improcedencia del despido, atendido el expreso reconocimiento patronal, descartando la declaración de nulidad en atención a los siguientes motivos, recogidos en el Fundamento de Derecho Quinto de su sentencia, advirtiéndose que tanto los efectos del despido como la sentencia de instancia acontecieron con anterioridad a la vigente Ley 17/2021, de 15 de diciembre, sobre el régimen jurídico de los animales.

El trabajador reclama la nulidad de su despido haciendo valer sus convicciones ideológicas y filosóficas animalistas para atender a su perro, gravemente enfermo y bajo atención veterinaria, que forma parte de su familia, por lo cual la comunicación de su despido, a pesar de que la empresa reconoció su improcedencia en la misma carta extintiva, constituye una discriminación que encuentra su fundamento en el art. 7 del Convenio de la OIT 158.

Como cuestión previa, a criterio de este magistrado no puede negarse que determinadas conductas o pautas sociales han evolucionado en nuestra sociedad generando toda una serie de derechos, impensables años atrás y que exigen, incluso legalmente, su regulación y protección legales, como por ejemplo el veganismo o el animalismo, por tan solo citar dos ejemplos.

En relación a la protección de los animales y el reconocimiento de sus derechos, procede hacer mención a la siguiente normativa:

1. Desde un punto de vista estrictamente penal, el delito de maltrato animal regulado en el art. 337 del Código Penal es un delito común, que puede ser cometido por cualquiera, (no es necesario que el autor sea el propietario o poseedor del animal), de resultado material (muerte o lesión que cause en el animal un grave menoscabo a la salud), en el cual se admite la comisión por omisión: como grave falta de atención y cuidado, desnutrición, y absoluta falta de salud e higiene (sentencia n.º 338/2014, de 28 de octubre, del Juzgado Penal n.º 1 de Santander

10 Instrumento de Ratificación del Convenio número 158 de la Organización Internaciona del Trabajo sobre la terminación de la relación de trabajo por iniciativa del empleador, adoptado en Ginebra el 22 de junio de 1982, publicado en el BOE núm. 155, de 29 de junio de 1985, páginas 20352 a 20354.
Su art. 7 establece que «No deberá darse por terminada la relación de trabajo de un trabajador por motivos relacionados con su conducta o su rendimiento antes de que se le haya ofrecido posibilidad de defenderse de los cargos formulados contra él, a menos que no pueda pedirse razonablemente al empleador que le conceda esta posibilidad».

y Circular 7/2011 de 16 de Noviembre, sobre criterios para la unidad de actuación especializada del Ministerio Fiscal en materia de Medio Ambiente y Urbanismo).

Es un delito de resultado lesivo: muerte o producción de lesiones físicas, pero también psíquicas, que menoscaban la salud del animal de manera grave. Y aunque existe una amplia discusión doctrinal sobre el bien jurídico protegido, hay que entender que es la vida y la salud del animal, o de otro modo, la integridad física y psíquica del animal.

Importancia tiene igualmente el vigente art. 337 bis del CP cuando establece que «El que abandone a un animal de los mencionados en el apartado 1 del artículo anterior en condiciones en que pueda peligrar su vida o integridad será castigado con una pena de multa de uno a seis meses. Asimismo, el juez podrá imponer la pena de inhabilitación especial de tres meses a un año para el ejercicio de profesión, oficio o comercio que tenga relación con los animales y para la tenencia de animales».

2. En otro aspecto y referido al ámbito territorial de Cataluña, hay que destacar el Decreto Legislativo 2/2008, de 15 de abril, por el que se aprueba el Texto refundido de la Ley de protección de los animales, publicado en el DOGC nº 5113, de 17/04/2008, cuyo art. 4 prevé que:

> «1. Las personas propietarias y las poseedoras de animales deben mantenerlos en buenas condicionas higiénico-sanitarias, de bienestar y de seguridad, de acuerdo con las características de cada especie.
>
> 2. La persona poseedora de un animal debe prestarle la atención veterinaria básica para garantizar su salud».

Concretándose en su art. 5 las actuaciones que resultan prohibidas.

3. Igualmente, hay que referirse, de lege ferenda, a la Proposición de Ley de modificación del Código Civil, la Ley Hipotecaría y la Ley de Enjuiciamiento Civil, sobre el régimen jurídico de los animales (BOCG n.º 167-5, de 1-3-2019) que contemplaba determinadas propuestas de modificación del Código Civil en que los animales dejaban de ser considerados objetos de propiedad para pasar a ser considerados sujetos de derecho, lo que incluía la reforma de su art. 333 en los siguientes términos:

> «Artículo 333.
>
> 1. Los animales son seres vivos dotados de sensibilidad. Solo les será aplicable el régimen jurídico de los bienes en la medida en que sea compatible con su naturaleza y con las disposiciones destinadas a su protección.
>
> 2. El propietario de un animal puede disfrutar y disponer de él respetando su cualidad de ser dotado de sensibilidad, asegurando su bienestar conforme a las características de cada especie. El derecho de uso no ampara el mal-

trato. El derecho de disponer del animal no incluye el de abandonarlo o sacrificarlo salvo en los casos establecidos en las normas legales o reglamentarias.

3. Los gastos destinados a la curación de un animal herido por un tercero son recuperables por su propietario en la medida en que hayan sido proporcionados y aun cuando hayan sido superiores al valor del animal.

4. Sin perjuicio de la indemnización debida según las normas generales de responsabilidad civil, en caso de que la lesión de un animal de compañía, causada por un tercero, haya provocado su muerte, la privación de un miembro o un órgano importante, o una afectación grave o permanente de su capacidad de locomoción, su propietario y quienes convivan con el animal tienen derecho a una indemnización, que será fijada equitativamente miedo el tribunal, por el sufrimiento moral sufrido».

4. Dicho lo anterior, en el ámbito laboral, el legislador no ha aprobado ninguna reforma legislativa dirigida a reconocer a los trabajadores su derecho de atender al cuidado de sus animales de compañía haciéndolo compatible con la ejecución de su trabajo, en nuestro caso de un perro gravemente enfermo que requiere del necesario cuidado y atención, salvo que se conceda, dentro del vigente marco legal y/o convencional la concesión de un permiso, retribuido o no, recuperable o no, o, en casos extremos, la suspensión pactada del contrato de trabajo.

En el caso ahora debatido, la empresa despide al actor por faltar el día 10-8-2019 al no haberse presentado en su puesto de trabajo, constatándose que fue con motivo de poder atender a su perro.

Para este magistrado, el reconocimiento de la improcedencia del despido manifestado expresamente por la empresa es válido en derecho, sin que pueda prosperar la petición de nulidad por discriminación porque no se ha constatado ni que el actor pertenezca formalmente a ninguna asociación o entidad animalista, ni que conste el conocimiento patronal de la causa alegada por el trabajador para faltar a su puesto de trabajo, ni que el actor lo pusiera en previo conocimiento del coordinador del servicio, por lo cual falta el elemento volitivo y culpabilístico necesarios para considerar que la conducta extintiva patronal descansó en un acto premeditado dirigido a discriminar al trabajador ni a vulnerar un derecho que, por muy respetable y sentimental que pueda ser considerado, no tiene la naturaleza de fundamental.

III. Razonamientos esgrimidos por la Sala Social del Tribunal Superior de Justicia de Cataluña

Recurrida en plazo y forma, la STSJ de Cataluña de 12 de noviembre de 2021 procedió a desestimar el recurso de suplicación interpuesto por el trabajador, confirmando la sentencia del juez *a quo*. Veamos los razonamientos que condujeron a la Sala rechazar la nulidad del despido.

La sentencia, en primer lugar, aborda los criterios a tener en cuenta en la distribución de la carga de la prueba cuando nos encontramos en el ámbito de aplicación de la modalidad procesal de tutela de derechos fundamentales, poniendo de manifiesto que la jurisprudencia constitucional y el propio marco legal han venido a fijar una serie de singularidades sobre la carga probatoria que se apartan de las expresadas en el artículo 217 LEC, atendida la obvia dificultad de probar en muchos casos que concurre una discriminación o una conducta que vulnere los derechos fundamentales. Es por eso, añade, que el artículo 181.2 LRJS reclama a la parte demandada que acredite en forma suficiente la existencia de una justificación objetiva y razonable de las medidas adoptadas y su proporcionalidad, mientras que impone a la parte actora la justificación de indicios de violación de derechos fundamentales. A todo lo cual hay que añadir lo previsto al art. 96.1 LRJS, conforme al cual en los procesos en los que de las alegaciones de la parte demandante se derive la existencia de indicios fundamentados de discriminación corresponde al demandante la aportación de una justificación objetiva y razonable suficientemente probada de las medidas adoptadas y su proporcionalidad.

Seguidamente, la sentencia se refiere a que no solo es necesaria la aportación de indicios de concurrencia de discriminación por la actora, sino acreditar que profesa determinadas convicciones y, además, el conocimiento empresarial de las mismas, para inferir de éste la vulneración alegada del derecho.

A la vista de los hechos probados, la Sala concluye que el actor no ha acreditado ni que tenga convicciones o ideología «animalista» ni que fuera conocido por el empresario[11], afirmando que:

> «Es cierto que el motivo de la ausencia fue la necesidad de hacerse cargo de su perro y llevarlo al veterinario. Ahora bien, habrá que observar que aunque hubiera puesto en conocimiento de la empresa el motivo de la inasistencia al trabajo —cosa que podemos aceptar como plausible— esto no pondría en evidencia la existencia de ninguna ideología o convicción, sino únicamente el cumplimiento de las obligaciones de los tenedores de mascotas domésticas que se derivan del Convenio Europeo sobre Protección de Animales de Compañía de 13 de noviembre de 1987 (ratificado por España por Instrumento publicado en el BOE de 11 de octubre de 2017) y del Texto Refundido de la Ley de Protección de los animales de Cataluña. Pudiéndose incurrir, incluso, y en determinados casos, en ilícito penal en caso de omisión (arts. 337 y 337 bis CP), como acertadamente señala el juzgador del primer grado.
>
> Es por eso que la sala no puede compartir que en el presente caso concurran elementos significativos que nos pueda llevar a la conclusión que el despido se produjera por causa discriminatoria por razón de convicciones o con vulneración del derecho a la libertad de pensamiento o ideológica».

11 Arts. 177.1 y 178.2 de la Ley 36/2011, de 10 de octubre, reguladora de la jurisdicción social.

Lo anterior no es óbice para que:

> «... nos encontremos ante un despido ilícito, dado que la ausencia de un día al trabajo —sin que concurra ningún otro elemento suficiente—, no es causa de despido. Es más, habrá que observar que aceptamos que nos encontramos ante un despido sin causa y, por lo tanto, antijurídico (en relación a la alegación de vulneración del Convenio 158 OIT), dado que en el actual marco normativo no es posible —después del RDL 3/2012— que la empresa ejerza una autotutela declarativa de la improcedencia, que en el actual marco normativo es competencia exclusiva de jueces y tribunales.
>
> Pero ocurre que la antijuridicidad en los despidos improcedentes, como ha declarado con reiteración la sala, no es en el actual marco jurídico causa de declaración de nulidad, sino de improcedencia, dado que aquella primera calificación queda limitada únicamente a la vulneración de derechos fundamentales[12] y sin que sea posible acudir en el presente caso a la posibilidad de incrementar la indemnización que en determinados casos hemos aceptado como hipótesis razonable[13], al no existir ninguna cuantificación específica en la demanda, ni apreciarse una notoria e inadecuada insuficiencia de la indemnización».

De esta manera, el tribunal no solo no aprecia intencionalidad alguna en el empresario de despedir al trabajador por razón de su pretendido derecho animalista, lo que deriva de la falta de acreditación del elemento cognoscitivo, sino que tampoco se constata vulneración de ningún pretendido derecho fundamental vinculado al cuidado de animales de compañía, salvo la obligación legal de su cuidado y atención.

12 Sentencia del Pleno, de 21 de julio de 2020, recurso núm. 4708/2019.

13 Sentencias de 11.03.2021, recurso núm. 4487/2020, y de 23.04.2021, recurso núm. 5233/2020).

28.
El despido de una trabajadora en baja médica es nulo por vulneración del derecho a la integridad física al acreditarse que la política de la empresa ha sido la de segregar al colectivo de quienes a menudo ha estado en situación de incapacidad temporal. Notas a la Sentencia del TSJ de Cataluña, de 14 de septiembre de 2021[1]

Sumario

I. Los conceptos de enfermedad y discapacidad. Particularidades en torno a los trabajadores con discapacidad reconocida.

II. El factor de la segregación como causa de la nulidad de despido.

III. Voto particular y razonamientos del mismo.

---

1 Publicado en Linkedin el 2.11.2021.
El presente comentario se publicó con anterioridad la aprobación de La Ley 15/2022, de 12 de julio, integral para la igualdad de trato y la no discriminación, en cuyo art. 2.1 «Se reconoce el derecho de toda persona a la igualdad de trato y no discriminación con independencia de su nacionalidad, de si son menores o mayores de edad o de si disfrutan o no de residencia legal. Nadie podrá ser discriminado por razón de nacimiento, origen racial o étnico, sexo, religión, convicción u opinión, edad, discapacidad, orientación o identidad sexual, expresión de género, **enfermedad o condición de salud, estado serológico y/o predisposición genética a sufrir patologías y trastornos**, lengua, situación socioeconómica, o cualquier otra condición o circunstancia personal o social», que afecte, entre otros ámbitos, al «empleo, por cuenta ajena y por cuenta propia, que comprende el acceso, las condiciones de trabajo, incluidas las retributivas y las de despido, la promoción profesional y la formación para el empleo, así como el acceso, promoción, condiciones de trabajo y formación en el empleo público» (arts. 3.1, letras a y b, y 9), y tanto se refiera a una discriminación directa como indirecta (art. 6).

I. Los conceptos de enfermedad y discapacidad. Particularidades en torno a los trabajadores con discapacidad reconocida

Parece ya recurrente y hasta cansino tratar nuevamente de los despidos de trabajadores incursos en situaciones de baja médica por Incapacidad Temporal (IT) y las consecuencias que en orden a su declaración de nulidad o improcedencia han venido resolviendo nuestros tribunales, aunque lo cierto es que, por lo general, los pronunciamientos habidos se inclinan por considerar que la enfermedad por sí misma, en el ordenamiento jurídico español vigente en la actualidad, tan solo es causa de improcedencia del despido y no de nulidad, en la medida en que dicha situación no está incluida entre los elementos de discriminación establecidos por la ley. La excepción, sin embargo, viene dada cuando para que la enfermedad pueda ser causa suficiente y justificada para sustentar la nulidad debe constituir un elemento de estigmatización o segregación de quienes la padecen respecto al resto de quienes prestan servicios en el mismo centro o empresa.

También existe otra línea divisoria para concluir con la nulidad del despido en tales circunstancias y es la referida a la consideración del trabajador despedido como persona con discapacidad o, al menos, especialmente vulnerable atendidos sus antecedentes patológicos y procesos continuados en el tiempo de sucesivas bajas médicas.

En un reciente comentario hice referencia al Fundamento de Derecho Tercero, apartado 3, de la Sentencia núm. 764/2020, de la Sala Social del Tribunal Supremo, dictada en UD, de 15.9.2020 (recurso núm. 3387/2017, ponente Sebastián Moralo Gallego), en la que se abordaba la cuestión de cómo debe declararse el despido notificado con posterioridad a que el trabajador haya causado baja médica por incapacidad temporal, reiterando la ya consolidada doctrina sobre este particular, resaltando lo siguiente:

> « "Esta Sala IV del Tribunal Supremo asumió la doctrina de la STJUE 'Ring' en la STS/4.ª de 3 mayo 2016 (rcud. 3348/2014) y ha acudido a la que se desarrolla en la STJUE Daouidi en ocasiones posteriores (STS/4.ª de 22 febrero 2018 —rcud. 160/2016—, 15 marzo 2018 —rcud. 2766/2016— y 29 marzo 2019 —rcud. 1784/2017—) ".
>
> Tras lo que definitivamente concluimos que "para analizar si existe o no la discriminación que en este caso se achaca a la empresa, se hace necesario afirmar la condición de discapacitado del trabajador demandante.
>
> Y llegados a este punto los únicos datos de que se dispone son los de la existencia de dos periodos de incapacidad temporal en los que incurrió en los tres meses anteriores al despido, sin que consten las circunstancias o causas de las bajas. Se hace extremamente difícil deducir de ello que en, efecto, nos encontremos ante una situación de 'dolencias físicas, mentales o psíquicas que, al interactuar con diversas barreras, puede impedir la participación plena y efectiva de la persona de que se trate en la vida profesional en igualdad de condiciones con los demás traba-

jadores', por más que conste una ulterior declaración de incapacidad permanente total del actor. Las garantías antidiscriminatorias no están condicionadas a la calificación legal de la capacidad laboral en los términos específicos de la legislación en materia de pensiones de Seguridad Social.

No cabe sostener que, con carácter genérico, toda decisión ilícita de la empresa, como lo es el despido no justificado, constituye una lesión de derechos fundamentales cuando se dé la circunstancia de que afecta a un trabajador que hubiere estado en situación de IT previamente. Para que el despido pueda ser calificado de nulo, por discriminatorio, es preciso que dicho trabajador sufra algún tipo de discapacidad en los términos expresados en la definición antes transcrita "».

La anterior doctrina se suma a los criterios ya conocidos sobre esta materia y que seguidamente sintetizo.

Debe señalarse que, como de manera reiterada y pacífica han venido sosteniendo nuestros tribunales, a pesar de que la protección de la salud y de los efectos derivados de su alteración se encuentran recogidos, respectivamente, en los arts. 43 y 41 de la CE, carecen de la posibilidad de ser invocados directamente ante los Tribunales si no interviene su previo desarrollo normativo (arte. 53.1 CE) y, evidentemente, no pertenecen al catálogo de derechos fundamentales especialmente protegidos por la CE. La función constitucional de estos principios se limita, por lo tanto, a informar la legislación positiva, la actuación de los poderes públicos y, en menor medida, la práctica judicial puesto que esta se encontrará vinculada a lo que dispongan las leyes que los desarrollan.

Siendo esto así, es más que evidente que, en términos generales, la protección de la salud carece de una tutela constitucional directa no siendo posible traducir sus vulneraciones y términos de violación de derechos fundamentales. Esta es y ha sido la doctrina mayoritaria emanada de nuestros tribunales cuando ha enjuiciado posibles transgresiones del derecho a la salud entre las cuales tenemos que destacar, particularmente, el despido en situación prolongada de IT.

Así, frecuentemente, los despidos realizados por o durante la situación de IT han sido recurridos ante nuestros tribunales alegando vicio de nulidad para entender que existía un trato peyorativo — y, por lo tanto, contrario a principios de igualdad — del trabajador que, por razones de salud, se ve obligado a acogerse a la protección social, dejando en suspenso su contrato de trabajo. Junto con esta argumentación se ha añadido la vulneración del art. 4.2 c) del Real Decreto Legislativo 2/2015 por el que se aprueba el texto refundido de la Ley del Estatuto de los Trabajadores (ET), que reconoce el derecho de los trabajadores a no ser discriminados por razón de discapacidad.

Estas pretensiones de nulidad han sido generalmente desestimadas, existiendo una jurisprudencia consolidada del Tribunal Supremo en unificación de doctrina que descarta la nulidad de dichos despidos, por entender que no existe vulneración de derechos fundamentales ni violación del referido arte. 4.2 c) del ET. El razonamiento básico que inspira estos pronunciamientos consiste en que, aun siendo la salud un factor evidentemente ligado con la persona, el despido que se realice por tal motivo no necesariamente vulnera un derecho fundamental, salvo que vaya asociado a la coexistencia de algún factor discriminatorio como pueda ser el sexo, religión, convicciones, condición social, etc.

Son criterios de conveniencia o de rentabilidad de las empresas las causas que justifican tales decisiones, sin que necesariamente tengamos que situarnos en un plano constitucional para valorar la adecuación a derecho de tales decisiones.

Una síntesis de esta consolidada posición jurisprudencial se encuentra, entre otras, en las SSTS (Sala de lo Social), de 29 de enero y de 12 de junio de 2004, pero también de varias sentencias de nuestros Tribunales Superiores de Justicia (Castilla y León, sentencias de 16.3.98 [AS 1998, 1979], de Canarias, sentencias de 6.6.97 [AS 1997, 2572], de Madrid, sentencias de 27.4.99 [AS 1999, 5296] o el de la Comunidad Valenciana de 26.10.05. —JUR 2006\136633—).

Esta última resolución, en particular, descarta la declaración de nulidad del despido acudiendo, como razón última de la extinción del contrato de trabajo y encontrándose el trabajador previamente de baja médica, a criterios objetivos de rentabilidad:

> «...tras las reformas iniciadas con las Leyes 10 y 11 de 1994, las actuales Leyes sustantivas y procesales en materia laboral (ET y LPL), el despido de los trabajadores cuyo contrato se encuentra suspendido ya no constituye un despido nulo, sino en su caso improcedente sí resulta injustificado o ilegal, por lo que el despido nulo se centra en aquellos supuestos en que el despido tenga por móvil alguna de las causas de discriminación prohibidas en la Constitución o en la Ley, o bien se produzca cono violación de los derechos fundamentales y libertades públicas del trabajador (art. 55.5 ET y art. 108 2 LPL), con lo cual esa declaración debe reservarse para cuando se vulnere alguno de los derechos contenidos en la Sección 1ª del capítulo 2° del Título I de la CE y en su artículo 14, que es el que aquí se menciona, en relación con la salud del trabajador. Cierto es que el derecho a la salud constituye un derecho fundamental (art. 15 C.E), cuya vulneración se produce cuando se atenta contra esta, pero en ningún modo puede deducirse del texto constitucional que esa protección haya de extenderse al ámbito laboral y que una situación de enfermedad implica el mantenimiento a ultranza de la relación laboral, ello con independencia de la protección y cobertura que a dichas situaciones dispensa el sistema de Seguridad Social, tanto en el ámbito económico como en el ámbito sanitario.
>
> En este supuesto, la actuación de la empresa de no mantener la relación laboral con el trabajador, seguramente respondió a criterios objetivos de rentabilidad, lo cual no convierte al despido en discriminatorio, sino en improcedente, opción que ya eligió la empresa al reconocerle tal calificación y proceder a consignar la indem-

nización que le correspondía. Por todo lo cual, la sentencia, al haberlo apreciado también así no infringió ninguno de los preceptos citados, lo que lleva en esta Sala a la desestimación del recurso e integra confirmación de lo ya resuelto».

Esta tendencia ha sido igualmente confirmada por la Sentencia del TSJCE de 11 de julio de 2006 (Asunto -13/05, «Chacón Navas-Eurest Colectividades»), que, valorando un despido realizado en situación de IT, excluye la posible asimilación entre discapacidad y enfermedad, no siendo por lo tanto de aplicación las disposiciones antidiscriminatorias que se contienen en la Directiva 2000/78/CE, confirmada por la posterior Sentencia del TSJCE (Sala Segunda) de 11 de abril de 2013 en los asuntos acumulados C 335/11 y C 337/11.

Finalmente, el anterior criterio ha sido seguido por la Sala General de la Sala de lo Social del TSJ de Cataluña, en su Sentencia n.º 4753/2014, d´1-7-2014 (Recurso de Suplicación n.º 956/2014), que resuelve, entre otros interesantes extremos, lo siguiente:

«... la conclusión se considerar que la mera decisión de despedir a la actora en situación de incapacitado temporal, no comporta una actuación dirigida al atacar su salud o recuperación. Por tal motivo, de acuerdo con la doctrina jurisprudencial citada, no puede considerarse incluida en el supuesto de protección del artículo 55-5 del ET, ya que no se puede valorar que la conducta de la empresa haya supuesto directamente la lesión del derecho fundamental protegido en el artículo 15 de la CE, ni el derecho a la dignidad incluido en el artículo 10 CE, sino el derecho al trabajo, o sea, a gozar de la suspensión del contrato durante la situación de baja miedo enfermedad o accidento, regulada en el artículo 45-1-c) del ET. Así pues y reiterando lo señalado, la cuestión que examina esta sentencia no puede extrapolarse a las otras sentencias dictadas antecedentemente por el mismo Alto Tribunal y en las que se examinan cuestiones distintas, tal como acontece con el caso de autos en el que ninguna amenaza se ha producido para que la trabajadora abandone la baja que le han prescrito, por lo que la doctrina debe ser la misma recogida en las antecedentes sentencias señaladas y que esta no modifica.

Que tras la sentencia de 31-1-2011 el Tribunal Supremo ha reiterado el criterio general en la posterior de 12-7-2012, al examinar el supuesto de un trabajador en período de prueba y que el empleador resuelve por haber sufrido un accidente de trabajo. Conviene igualmente señalar que esta Sala ha venido siguiendo el criterio jurisprudencial en sus sentencias de 16-1-13 y 30-4-13 como más recientes».

Por lo que respecta a la posibilidad de poder aplicar el criterio sostenido por la Sentencia del TJUE de 1.12.2016 (asunto C-395/15), la Sentencia de la Sala de lo Social del TSJ de Cataluña, de fecha 12-6-2017 (rec. núm. 3767/2017, ponente Sr. Amador García Ros) resuelve en los siguientes términos:

«Debemos señalar, que de los considerandos 42 al 55, que también reproduce la sentencia de instancia, si alguna cosa ponen en evidencia, por la importancia que tienen en la resolución de este recurso, es que en principio el estado físico del trabajador accidentado es reversible (considerando 46); que el concepto delimitación "duradera" de la capacidad de la persona, con arreglo al concepto de "discapacidad" al que se refiere la Directiva 2000/78, debe ser objeto de una interpretación autónoma y uniforme (considerando 51); el régimen jurídico de la incapacidad "temporal", con arreglo al Derecho español, no puede excluir la calificación de la limitación de su capacidad como "duradera", en el sentido de la Directiva 2000/78, interpretada a la luz de la Convención de la ONU (considerando 52); que el "carácter "duradero " de la limitación debe analizarse con respeto al estado de incapacidad del interesado en la fecha en la que se adopta contra él lo acto presuntamente discriminatorio (considerando 53); y por último, "Corresponde al juzgado remitente comprobar si la limitación de la capacidad del interesado tiene carácter 'duradero', ya que tal apreciación es, ante todo, de carácter fáctico (considerando 55)".

Si comparamos los asuntos Navas, y Ring, con el actual, y los ponemos en relación con el supuesto enjuiciado, en aplicación de los términos estrictos a los que éste se contrae, la situación del actor en el momento en que fue despedido, único momento que se puede tener en cuenta, y no el estado que presentaba en el momento en que se celebró lo juicio, ni, en el momento anterior a dictarse la sentencia, a la única conclusión a que podemos legar es que, al margen de la valoración que hace lo Juzgado, y de la parte actora a través de su escrito de impugnación, es que se encontraba en una situación de incapacidad reversible que no se puede calificar de duradera, pues, entre el accidente de trabajo y el despido, apenas había pasado 1 mes y 23 días, y además, fue dado de alta médica sin secuelas el 20.7.2015. Es cierto, como se hace constar en el hecho noveno que el actor solicitó la incapacidad permanente el 14.9.2016, pero, ello no se suficiente para considerar que las limitaciones funcionales, a la luz de la doctrina de la sentencia que examinamos, puedan calificarse de duraderas, lo que significa, que en el supuesto enjuiciado, la situación del actor no puede calificarse de incapacidad en los términos que dispone dicha resolución ni tiene cabida a efectos de tutela, en la Directiva 2000/78, ni por consiguiente, la empresa hedo cometer cono el despido miedo esta causa ningún tipo de discriminación.

Por lo que, la falta de causa discriminatoria acreditada, siguiendo lo dictado, la doctrina jurisprudencial que nos precede, conlleva que solo podamos calificar improcedente el despido».

Criterio al que se suma la STSJ País Vasco de 9 de mayo 2017 (rec. 906/2017), al afirmar que:

«...la discapacidad tiene que analizarse respeto al estado de incapacidad del interesado en la fecha del despido y que ningún dato consta acerca del carácter duradero de la limitación de la capacidad del demandante, ni siquiera de manera meramente previsible. Lo que le permite concluir que ello impide considerar una situación de discapacidad, en el sentido antedicho, que podría dar lugar a una consideración de discriminación, por lo que el despido ha sido correctamente calificado como improcedente».

Como se comprenderá, para que la enfermedad implique discapacidad y, en consecuencia, nulidad del despido, es preciso que sea de larga duración, que sea conocida por la empresa y que se sitúe como causa de la extinción del contrato; el conocimiento debe alcanzar la duración, pasada o previsible de la enfermedad, y la gravedad de la misma, es decir su diagnóstico. Todo ello exige un análisis pormenorizado y casuístico que no permite generalizar más que en lo imprescindible y necesario.

Sin embargo, la situación es totalmente diferente cuando el despido se relaciona con un trabajador con discapacidad declarada y, aún más, cuando presta sus servicios en el marco del trabajo protegido que proporciona un Centro Especial de Empleo, la finalidad del cual es velar por su plena integración social y laboral y adecuar, si procede, su lugar y condiciones de trabajo a las particularidades de su discapacidad (art. 1 del Real Decreto 2273/1985, de 4 de diciembre), todo ello en el marco del Real Decreto 1368/1985, de 17 de julio, por el que se regula la relación laboral de carácter especial de los minusválidos que trabajen en los Centros Especiales de Empleo y cuyo 6.1 es bien claro cuando pone de manifiesto que:

> «Con el fin de garantizar que el trabajo se adecúe en todo momento a las características personales y profesionales del trabajador minusválido y valorar el grado de adaptación profesional alcanzado, los Equipos Multiprofesionales les someterán a revisión, al menos con una periodicidad de dos años. Si como consecuencia de la revisión los Equipos Multiprofesionales observaran que el trabajo que realiza el trabajador supone un grave riesgo para su salud, deberán declarar la inadecuación del mismo, debiendo pasar en ese caso el trabajador a ocupar otro puesto adecuado a sus características dentro del propio Centro y de no ser ello posible cesarán en la prestación de servicios, en las condiciones previstas en el artículo 16
>
> En el supuesto de que el riesgo quedase constatado con anterioridad a la revisión periódica del Equipo Multiprofesional, se procederá de la misma forma, dando cuenta de ello inmediatamente al Equipo Multiprofesional».

Por otra parte, hay que recordar que el art. 10, regulador del derecho a la protección de la salud, en sus apartados 1 y 2 del Real Decreto Legislativo 1/2013, de 29 de noviembre, por el que se aprueba el Texto Refundido de la Ley General de derechos de las personas con discapacidad y de su inclusión social, establece que:

> «1. Las personas con discapacidad tienen derecho a la protección de la salud, incluyendo la prevención de la enfermedad y la protección, promoción y recuperación de la salud, sin discriminación miedo motivo o miedo razón de discapacidad, prestando especial atención a la salud mental y a la salud sexual y reproductiva.
>
> 2. Las actuaciones de las administraciones públicas y de los sujetos privados prestarán atención específica a las necesidades de las personas con discapacidad, conforme a la legislación sanitaria general y sectorial vigente».

Y no menos importante resulta el art. 25 de la Ley 31/1995, de 8 de noviembre, de prevención de Riesgos Laborales, referido a la protección de trabajadores especialmente sensibles a determinados riesgos y que reza del siguiente tenor:

> «1. El empresario garantizará de manera específica la protección de los trabajadores que, por sus propias características personales o estado biológico conocido, incluidos aquellos que tengan reconocida la situación de discapacidad física, psíquica o sensorial, sean especialmente sensibles a los riesgos derivados del trabajo. A tal fin, deberá tener en cuenta dichos aspectos en las evaluaciones de los riesgos y, en función de éstas, adoptará las medidas preventivas y de protección necesarias.
>
> Los trabajadores no serán empleados en aquellos puestos de trabajo en los que, a causa de sus características personales, estado biológico o por su discapacidad física, psíquica o sensorial debidamente reconocida, puedan ellos, los demás trabajadores u otras personas relacionadas con la empresa ponerse en situación de peligro o, en general, cuando se encuentren manifiestamente en estados o situaciones transitorias que no respondan a las exigencias psicofísicas de los respectivos puestos de trabajo.
>
> 2. Igualmente, el empresario deberá tener en cuenta en las evaluaciones los factores de riesgo que puedan incidir en la función de procreación de los trabajadores y trabajadoras, en particular por la exposición a agentes físicos, químicos y biológicos que puedan ejercer efectos mutagénicos o de toxicidad para la procreación, tanto en los aspectos de la fertilidad, como del desarrollo de la descendencia, con objeto de adoptar las medidas preventivas necesarias».

Se colige de lo anterior que de incumplirse tales obligaciones comportaría la vulneración de los arts. 4.2, letras b) y c) y 17.1 del Estatuto de los Trabajadores (ET), pero también determinados preceptos de la Convención Internacional sobre los Derechos de las Personas con Discapacidad, adoptada por la Asamblea General de la ONU el 13 de diciembre de 2006, y que se proyecta en varios ámbitos, como por ejemplo el de Igualdad y no Discriminación (art. 5).

Si tenemos en cuenta que el principal propósito de la Convención es el de promover, proteger y asegurar el goce lleno y en condiciones de igualdad de todos los derechos humanos y libertades fundamentales por todas las personas con discapacidad, y promover el respecto de su dignidad inherente, entonces es lógico que este derecho constituya un pilar básico de su estructura, y tenga, por lo tanto, una aplicación transversal en todos los artículos de la Convención.

La principal disposición sobre igualdad y no discriminación la encontramos en su artículo 5, cuyo primer inciso reconoce el que se suele denominar como igualdad formal o igualdad ante la ley:

> «1. Los Estados Partes reconocen que todas las personas son iguales ante la ley y en virtud de ella, y que tienen derecha igual protección legal y a beneficiarse de la ley en igual medida sin ninguna discriminación».

Pero inmediatamente, la Convención va más allá del reconocimiento formal y establece la garantía de no discriminación real que inspira todo el texto legal al afirmar que:

> «2. Los Estados Partes prohibirán toda discriminación por motivos de discapacidad y garantizarán a todas las personas con discapacitado protección legal igual y efectiva contra la discriminación por cualquier motivo».

Y lo anterior de forma que los Estados tienen que impulsar la adopción de ajustes razonables:

> «3. A fin de promover la igualdad y eliminar la discriminación, los Estados Partes adoptarán todas las medidas pertinentes para asegurar la realización de ajustes razonables».

Consecuentemente, la extinción del contrato de trabajo existiendo una discapacidad declarada y en tales condiciones, sin que se acredite ninguna adaptación del puesto de trabajo a consecuencia del estado patológico y limitaciones funcionales del trabajador, comporta una vulneración del art. 1.a) del ya citado Real Decreto Legislativo 1/2013, de 29 de noviembre, por el que se aprueba el Texto Refundido de la Ley General de derechos de las personas con discapacidad y de su inclusión social, conforme el cual procede:

> «Garantizar el derecho a la igualdad de oportunidades y de trato, así como lo ejercicio real y efectivo de derechos por parte de las personas conoj discapacidad en igualdad de condicionas respeto del resto de ciudadanos y ciudadanas, a través de la promoción de la autonomía personal, de la accesibilidad universal, del acceso a empleo, de la inclusión en la comunidad y la vida independiente y de la erradicación de toda forma de discriminación, conforme a los artículos 9.2, 10, 14 y 49 de la Constitución Española y a la Convención Internacional sobre los Derechos de las Personas con Discapacidad y los tratados y acuerdos internacionales ratificados miedo España».

Y lo anterior representa además una discriminación, ni que sea indirecta, del art. 2.d) de la precitada norma, al no adoptar el empresario los ajustes razonables que recoge su letra m):

> «Ajustes razonables: son las modificaciones y adaptaciones necesarias y adecuadas del ambiente físico, social y actitudinal a las necesidades específicas de las personas con discapacidad que no impongan una carga desproporcionada o indebida cuando se requieran en un caso particular de manera eficaz y práctica, para facilitar la accesibilidad y la participación y para garantizar a las personas con discapacidad el goce o ejercicio, en igualdad de condicionas cono las demás, de todos los derechos»

En línea con el manifestado, la STJUE de 11 de julio de 2006, asunto Chacón Navas, C-13/05 (y en similar sentido la Sentencia del mismo Tribunal — Sala Tercera — de 1 de diciembre de 2016), afirma que:

> «1) Una persona que haya sido despedida por su empresario exclusivamente a causa de una enfermedad no está incluida en el marco general establecido miedo

la Directiva 2000/78/CE del Consejo, de 27 de noviembre de 2000, relativa al establecimiento de un marco general para la igualdad de trato en el empleo y la ocupación para luchar contra la discriminación miedo motivos de discapacidad.

2) La prohibición, en materia de despido, de la discriminación por motivos de discapacidad, recogida en los artículos 2, apartado 1 y 3, apartado 1, letra c), de la Directiva 2000/78, se opone a un despido por motivos de discapacidad que, habida cuenta de la obligación de realizar los ajustas razonables para las personas con discapacidad, no se justifique miedo el hecho de que la persona en cuestión no sea competente o no esté capacitada o disponible para desempeñar las tareas fundamentales del puesto de que se trate.

3) La enfermedad canto tal no puede considerarse un motivo que venga a añadirse a aquellos otros motivos en relación con los cuales la Directiva 2000/78 prohíbe toda discriminación».

Discriminación indirecta a la que hace mención la STJUE de 11 de septiembre de 2019 (C-397/18) Asunto Nobel Plastiques Ibérica S.A., aseverando que aquella existirá cuando la empresa no cumplió con la obligación de realizar ajustes razonables ni observó la adaptación del puesto de trabajo, siempre que tales medidas no supusieran una carga desproporcionada al empresario teniendo en cuenta los recursos financieros, el tamaño de la empresa, volumen de negocio y la disponibilidad de fondos públicos o ayudas a tal adaptación.

En similar línea interpretativa, debe mencionarse la STSJ de Cataluña n.º 1128/2015, de 17 de febrero de 2015 (recurso 7053/2014), al recordar que:

> «...lo dispuesto por la Ley de Prevención de Riesgos Laborales cuando tras establecer que el empresario y las personas u órganos con responsabilidades en materia de prevención serán informados de las conclusiones que se derivan de los reconocimientos efectuados en relación con la aptitud del trabajador para el desempeño del puesto de trabajo o con la necesidad de introducir o mejorar las medidas de protección y prevención, a fin de que puedan desarrollar correctamente sus funciones en materia preventiva (artículo 22.4.3), impone a aquél la obligación de garantizar de manera específica la protección de los trabajadores que, por sus propias características personales o estado biológico conocido, incluidos aquellos que tengan reconocida la situación de discapacidad física, psíquica o sensorial, sean especialmente sensibles a los riesgos derivados del trabajo (art. 25.1)».

II. El factor de la segregación como causa de la nulidad de despido

Hechas las anteriores apreciaciones, la situación es distinta si se trata de trabajadores sin una discapacidad declarada o reconocida pero que frecuentan bajas médicas por IT en el tiempo y, sin embargo —o precisamente por ello—, el empresario procede a su despido, aun reconociendo en muchas ocasiones su improcedencia, debido a un factor de falta de productividad y de rendimiento. ¿Cómo calificar entonces dichas extinciones?

Pues bien, la Sentencia del TSJ de Cataluña de 14 de septiembre de 2021, núm. 4380/2021 (recurso núm. 2943/2021, ponente Sr. Félix V. Azón Vilas) se propone aclarar esta situación introduciendo como otro factor a considerar el de la segregación colectiva derivada de situaciones de baja médica por IT.

Centrándome en los aspectos más esenciales de la sentencia, destacaré los siguientes particulares sin perjuicio de que el lector efectúe una detenida lectura de la resolución objeto de comentario.

Tras repasar en su Fundamento de Derecho Quinto la extensa doctrina del Tribunal Supremo sobre enfermedad y discapacidad y la del TJUE, con especial mención al asunto C-395/15, de 12-1-2016, Daouidi v. España y a la doctrina Ring, con cita de las SSTJUE de 18 marzo 2014, Z, C-363/12; 18 diciembre 2014, FOA, C-354/13; 1 diciembre 2016, Daouidi, C-395/15; 9 marzo 2017, Milkova, C-406/15; 18 enero 2018, Ruiz Conejero,C-270/16; y 11 septiembre 2019, DW, C-397/18, concluye que en el caso debatido:

> «No hay el menor elemento de juicio que permita considerar que pudiere tratarse de una limitación de larga duración que impidiere la participación plena y efectiva del trabajador en la vida profesional en igualdad de condiciones con los demás trabajadores, por lo que la calificación del despido no puede ser otra que su improcedencia».

Para añadir seguidamente que:

> «Las sentencias citadas excluyen la nulidad porque la enfermedad no puede considerarse con carácter general como una causa o motivo de discriminación en el sentido del inciso final del art. 14 CE, pues no opera, salvo excepciones, como un factor de segregación o de opresión de un grupo.Se trata normalmente, según estas sentencias, de una contingencia inherente a la condición humana y no específica de un grupo o colectivo de personas o de trabajadores; se advierte también que en los despidos enjuiciados no opera un móvil de segregación, sino un interés empresarial que excluye el mantenimiento del contrato de trabajo en razón a que las bajas afectan al rendimiento del trabajo contratado. En algunas resoluciones se excluye la identificación de la enfermedad con la discapacidad a efectos de lo dispuesto en los arts. 4.2.c.2° y 17.1 del ET y de la Directiva 2000/78 en línea con lo establecido por la sentencia del Tribunal de Justicia de la Comunidad Europea de 11 de junio de 2006. En otras sentencias se precisa que el derecho a la salud. en cuanto principio rector de la política social y económica "no está comprendido en la categoría de los 'derechos fundamentales y libertades públicas' (Sección 1ª del Capítulo II del Título primero) a la que se refieren los preceptos legales" del ET que establecen la nulidad del despido (sentencias de 11 de diciembre de 2007, 22 de septiembre de 2008 y 27 de enero de 2009, entre otras). Sólo en las sentencias de 22 de noviembre de 2007 y 22 de septiembre de 2008 abordó la Sala la denuncia de la infracción del art. 15 CE, vinculando el despido por enfermedad

con la lesión del derecho a la integridad física. Se dijo en estas sentencias que el despido por enfermedad no afectaba, en principio, "al derecho a la integridad física que protege ante todo la incolumidad corporal, esto es, el derecho de la persona 'a no sufrir lesión o menoscabo en su cuerpo o en su apariencia externa sin su consentimiento ......, lo que únicamente guarda relación incidental con el supuesto decidido', 'en el que está en juego no el derecho a que no se dañe o perjudique la salud personal [intocados por el despido, ciertamente], sino más bien el derecho al trabajo —incluso en situaciones de infortunio físico—'". Pero en esas sentencias el despido continuaba siendo una reacción de la empresa ante los efectos en el trabajo de la morbilidad del trabajador, pues en ninguna de ellas actúa el despido como una coacción o amenaza que se orienta directamente a que el trabajador abandone el tratamiento médico que se le ha impuesto con preceptiva baja en el trabajo, que es lo que ha llevado a la sentencia recurrida a justificar la nulidad del despido en la medida en que esa coacción sí que resulta relevante. Y lo es porque enlaza con la doctrina del Tribunal Constitucional que en sus SSTC 62 y 160/2007 ha señalado que "el derecho a que no se dañe o perjudique la salud personal queda comprendido en el derecho a la integridad personal " y "si bien no todo supuesto de riesgo o daño para la salud implica una vulneración del derecho fundamental, sino tan sólo aquel que genere un peligro grave y cierto para la misma", se precisa que "una determinada actuación u omisión de la empleadora" en aplicación de su facultades de dirección y control de la actividad laboral "podría comportar, en ciertas circunstancias, un riesgo o daño para la salud de la persona trabajadora cuya desatención conllevará la vulneración del derecho fundamental citado"».

Llega a sí la sentencia la conclusión de que la nulidad de despido tan solo podría predicarse de actos con certeza discriminatorios contra el trabajador, de modo que:

«La enfermedad por sí misma, en el ordenamiento jurídico español vigente en la actualidad, tan solo es causa de improcedencia del despido y no de nulidad, en la medida en que dicha situación no está incluida entre los elementos de discriminación establecidos por la ley; para que la enfermedad pueda ser base para sustentar la nulidad debe constituir un elemento de estigmatización o segregación de quienes la padecen respecto al resto de quienes prestan servicios en el mismo centro empresa.

2. En los supuestos en los que la actuación de la empresa, por medio de amenazas o puesta en práctica de decisiones de praxis empresarial constante que estigmatice o segregue a quienes estén en situación de enfermedad o de incapacidad temporal, dicha actuación puede ser vulneradora del derecho a la integridad física de las personas que para ella presten servicios —artículo 15 CE— y, consecuentemente un despido que afecte a alguna de aquellas, con fundamento real o formal en la enfermedad, merecerá la calificación de nulidad».

Llegados a este punto, y tras concluir la sentencia que comparte el criterio de la sentencia recurrida en el sentido de que no nos hallamos ante un supuesto de discriminación por discapacidad en tanto que la enfermedad analizada en el presente caso no «comprende una condición causada por una enfermedad diagnosticada médicamente como curable o incurable, cuando esta enfermedad acarrea una limitación, derivada en particular de dolencias físicas, mentales o psíquicas que, al interactuar con diversas barreras, puede impedir la participación plena y efectiva de la persona de que se trate en la vida profesional en igualdad de condiciones con los demás trabajadores, y si esta limitación es de larga duración» (TJUE, C-13/2005, Chacón Navas) ni tampoco «una limitación de la capacidad derivada, en particular, de dolencias físicas, mentales o psíquicas a largo plazo que, al interactuar con diversas barreras, pueden impedir la participación plena y efectiva de la persona de que se trate en la vida profesional en igualdad de condiciones con los demás trabajadores» (TJUE, C-397/18, DW contra Nobel Plàstiques Ibérica, parágrafo 41), centra su *ratio decidendi* en la existencia de una nulidad por vulneración del artículo 15 CE que, como es sabido, protege la integridad física, en este caso de la trabajadora[2].

Y lo hace sobre la base de que, acreditado mediante prueba testifical, que «La representante de la empresa, en las reuniones de trabajo que tenían lugar con la mercantil ABB, manifestó a un empleado de ésta que a la actora la habían despedido porque tenía muchas bajas, y que era política de empresa», se ha producido la vulneración del derecho a la integridad física de la demandante, en tanto que se le despide porque la empresa no acepta mantener el contrato de trabajo a personas que estén, hayan estado o puedan estar enfermas; y al no tener en cuenta este aspecto la sentencia recurrida —que había declarado la improcedencia del despido— la Sala se ve obligada a rectificar la misma y declarar la nulidad del despido de acuerdo con las previsiones del articulo 55.5 ET.

Actuación de la empresa que constituye:

> «(...) una vulneración del derecho a la integridad física, artículo 15 CE, puesto que una "política de empresa" ... tendente a despedir a quien ha estado a menudo en situación de incapacidad temporal es un factor de segregación de quienes se vean en la necesidad de situarse en tal estado, en la medida en que es una amenaza genérica y —a la vez— directa, claramente disuasoria para las personas trabajadoras de hacer uso del derecho fundamental a proteger su propia integridad física, y concurre una afectación negativa a la salud de los trabajadores, en la medida en que siendo ello público las personas que están enfermas difícilmente cogerán una baja por incapacidad temporal, porque corren el riesgo de ser despedidas; en definitiva, pensamos que una actuación empresarial que de responder a un hecho aislado (se despide a alguien que está

---

2 La sentencia de instancia recoge como hecho probado que la trabajadora presenta diversas patologías en su columna y que desde el comienzo de la prestación de servicios para la empresa ha estado en situación de IT durante diferentes periodos de tiempo entre el 25.04.2017 al 20.12.2018 (fecha despido).

de baja por enfermedad, por tal razón sin mayor extensión ni explicación) no implica vulneración de derecho fundamental, cuando se convierte en "política de empresa " y se práctica con carácter general se convierte obviamente en un ataque directo al derecho de las personas trabajadoras reconocido por la citada previsión constitucional, que —además— tiene su expresión directa para el mundo del trabajo en al artículo 4.2.d) del Real Decreto Legislativo 2/2015 por el que se aprueba el texto refundido de la Ley del Estatuto de los Trabajadores (en adelante, ET).

Queremos poner de manifiesto que no consta en el proceso si se ha hecho uso de tal decisión en otras ocasiones, pero la afirmación del representante legal de la empresa es contundente y ha quedado probado sin discusión alguna, hecho probado que para nosotros es determinante de nuestra decisión; también consideramos significativo el hecho de que la empresa no haga uso de la posibilidad que le otorga el articulo 197.1 LRJS».

III. Voto particular y razonamientos del mismo

La sentencia cuenta con un voto particular en la que sus autores, tras compartir plenamente y con total convencimiento la declaración de nulidad del despido por vulneración del artículo 15 CE, en relación a las circunstancias concurrentes, discrepan con relación a la inexistencia de discriminación por discapacidad, en base a los criterios sostenidos tradicionalmente por el TJUE, al sostener que:

«(...) no consta que la empresa adoptada ninguna de las medidas previstas en el artículo 25 LRPL (evaluación individual, adaptación del puesto, cambio de puesto, etc.) En este sentido cobra significación en mi opinión la STJUE 11.09.2019, C-397/18. En ella se afirma que los TES no son, en principio, personas con discapacidad pero que pueden serlo en función de las circunstancias concurrentes, indicándose que "la Directiva 2000/78 debe interpretarse en el sentido de que el estado de salud de un trabajador reconocido como especialmente sensible a los riesgos derivados del trabajo, en el sentido del Derecho nacional, que no permite al trabajador desempeñar determinados puestos de trabajo al suponer un riesgo para su propia salud o para otras personas, solo está comprendido en el concepto de 'discapacidad', en el sentido de dicha Directiva, en caso de que ese estado de salud implique una limitación de la capacidad derivada, en particular, de dolencias físicas, mentales o psíquicas a largo plazo que, al interactuar con diversas barreras, pueden impedir la participación plena y efectiva de la persona de que se trate en la vida profesional en igualdad de condiciones con los demás trabajadores. Corresponde al órgano jurisdiccional nacional comprobar si en el asunto principal concurren tales requisitos"».

Recoge el expresado voto particular, partiendo de la doctrina contenida en el asunto Daouidi, la necesidad de valorar entre los indicios que permiten considerar que una limitación de la capacidad es duradera el que, de manera particular, en la fecha del hecho supuestamente discriminatorio, la incapacidad del interesado no presente una perspectiva bien delimitada en cuanto a su finalización a corto plazo o el que dicha incapacidad pueda prolongarse significativamente antes del restablecimiento de dicha persona, por cuyo motivo:

> «(...) se antoja evidente que una lumbalgia en el descrito puesto de trabajo, sin que la empresa —pese a conocer la situación diagnóstica— no adoptara medidas preventivas legales, incurre en dicho escenario, por lo que el recurso también debería haber sido estimado por esta vía».

Quizás se haya considerado el novedoso concepto de «discriminación por apariencia de discapacidad» introducido por el TSJ de Galicia apreciando que[3]:

> «Hemos de precisar que, a diferencia del defectuoso concepto de discriminación directa por razón de discapacidad contemplado en nuestro derecho interno (artículo 2.c del Real Decreto Legislativo 1/2013, de 29 de noviembre, por el que se aprueba el Texto Refundido de la Ley General de derechos de las personas con discapacidad y de su inclusión social), no se exige en la definición comunitaria (que prevalece) que el sujeto discriminado tenga discapacidad, sino que el sujeto sea discriminado por razón de discapacidad (este matiz ya ha sido destacado en la jurisprudencia comunitaria para admitir la discriminación por asociación: STJUE de 17.7.2008, Caso Coleman, C-303/06). En el caso de la discriminación por apariencia, el sujeto es discriminado por la discapacidad que, en base a una apariencia, el sujeto discriminador cree que tiene, y ello con independencia de que aquel tenga o no tenga una discapacidad.
>
> Por consiguiente, lo determinante para apreciar la discriminación directa —como novedosamente razona la sentencia— no es necesariamente que se constate la realidad de la situación de discapacidad, sino que infiera que la causa de la discriminación sea dicha situación (aunque la misma sea "aparente" y no real)».

En todo caso, como pone de relieve la doctrina[4], hay que romper el mito de que un trabajador de baja médica pueda ser despedido, puesto que la realidad demuestra que dichos despidos acontecen, y además que es muy difícil que se pueda demostrar que el mismo supone «discriminación por discapacidad» que permitiría el mantenimiento del empleo. Y si la realidad es dura, ya que la determinación de que la IT deriva de una «discapacidad» es difícil y depende de circunstancias casuísticas ajenas al individuo (su estado de salud, la duración previsible conforme al criterio de un facultativo médico, o nivel socio-económico, cultural y personal), la jurisprudencia es tozuda; la IT se concede por padecer un trabajador una enfermedad que impide trabajar,

3 Sentencia del Tribunal Superior de Justicia de Galicia, de 13 de abril de 2020 (ponente Sr. **Fernando Lousada Arochena**).

4 Cano Galán, Yolanda. «El despido del trabajador en incapacidad temporal: descifrando el enigma». *Revista Aranzadi Doctrinal*, número 9 (octubre de 2021).

mientras que la «discapacidad» es algo más que eso, pudiendo ser impeditiva del trabajo; y el despido por «enfermedad» del trabajador no conlleva la nulidad del despido, salvo las excepciones que como la comentada sentencia del TSJ de Cataluña se aventura en resolver o la contemplada por la mencionada STS de Galicia, de 13 de abril de 2020.

Estaremos atentos, pues, al recorrido que la sentencia del TSJ de Cataluña pueda tener en el más que probable recurso de casación para la unificación de doctrina que se formule y al parecer de la Sala Social del Tribunal Supremo.

29.
La discriminación por razón de sexo, de identidad de género y la vinculada a la expresión de género con ocasión de la vestimenta laboral. A propósito de la Sentencia del Tribunal Constitucional núm. 67/2022, de 2 de junio[1]

Sumario

I. Introducción.

II. El supuesto de hecho analizado por la STC núm. 67/2022, de 2 de junio.

III. La sentencia dictada en instancia y su posterior anulación.

IV. Razonamientos de la sentencia dictada en recurso de suplicación.

V. La *ratio decidendi* de la sentencia dictada en recurso de constitucionalidad.

VI. La Ley 15/2022, de 12 de julio, integral para la igualdad de trato y la no discriminación.

I. Introducción

Como si de una mera causalidad se tratarse o fruto de un capricho del destino, a pocos días de que el ejecutivo publicase la Ley 15/2022, de 12 de julio, integral para la igualdad de trato y la no discriminación, el Tribunal Constitucional ha resuelto la posible discriminación derivada del despido de una persona por razón de la identidad de género y su conexión con el art. 14 CE y, esto es lo más destacable de la sentencia dictada, para definir adecuadamente en presencia de qué causa de discriminación estamos al analizar el supuesto que se presenta a su análisis, partiendo de la necesaria distinción entre las nociones de sexo y género, sin olvidar las condiciones personales como puedan serlo la orientación sexual y la identidad de género.

La sentencia objeto del presente comentario parte de la vestimenta del trabajador, que acudió a su centro de trabajo vistiendo unos días pantalón y otros días falda e, incluso, con un pantalón corto o una falda corta.

---

1 Publicado en Economist & Jurist, el 12.8.2022 y en Diario La Ley, el 12.9.2022.

Sin embargo, no es la primera vez que nuestros tribunales resuelven sobre los límites al poder de dirección del empresario en la elección de la indumentaria o uniformidad del trabajador.

Así es, en determinadas actividades laborales el empresario se encuentra facultado para exigir de sus trabajadores que acudan a trabajar con la vestimenta o uniformidad adecuada, bien porque así lo exige la imagen corporativa de los servicios o productos de la empresa (es el caso del personal sanitario y médico, azafatas de congresos, compañías ferroviarias, marítimas, terrestres o aeronáuticas, camareros, personal de cocina, manipuladores y vendedores de productos comestibles, comerciales, directivos, personal de grandes almacenes y superficies comerciales, personal de seguridad...) o porque lo imponga razones de seguridad y prevención laboral (mineros, buzos, personal contra incendios, personal de limpieza...).

A pesar de que la cuestión resulta compleja y casuística, no obstante centraré mi atención en tres sentencias, de las que las dos primeras fueron en su momento sumamente polémicas[2]:

1. La primera de ellas fue dictada por la Sala Social del Tribunal Supremo, en fecha de 23 de enero de 2001, y hacía referencia a que la Dirección Comercial del AVE —Unidad departamental perteneciente a RENFE— publicó, en fecha 30 de septiembre de 1992, el denominado Manual de Uniformidad del Personal de Atención al cliente del AVE (Alta Velocidad Española); Manual que, entre otras, contiene una disposición expresiva de que, en los actos de prestación de servicios laborales, el personal masculino debe usar pantalón y calcetines y el femenino falda de 2 centímetros por encima de la rótula y medias.

   Pues bien, la expresada sentencia advierte que:

2 Tras la publicación del presente artículo se dictó la Sentencia del Tribunal de Justicia Europeo (Sala Segunda), de 13 de octubre de 2022, en el asunto C-344/20, por la cual se declara que «El artículo 2, apartado 2, letra a), de la Directiva 2000/78 debe interpretarse en el sentido de que una disposición de un reglamento laboral de una empresa que prohíbe a los trabajadores manifestar, verbalmente, a través de la forma de vestir o de cualquier otra forma, sus convicciones religiosas o filosóficas, del tipo que sean, no constituye, respecto de los trabajadores que pretendan ejercer su libertad de religión y de conciencia mediante el uso visible de un signo o de una prenda de vestir con connotaciones religiosas, una discriminación directa "por motivos de religión o convicciones" en el sentido de dicha Directiva, siempre que esa disposición se aplique de forma general e indiferenciada».
«Procedimiento prejudicial —Política social— Directiva 2000/78/CE —Establecimiento de un marco general para la igualdad de trato en el empleo y la ocupación— Prohibición de discriminación por motivos de religión o convicciones —Norma interna de una empresa privada que prohíbe cualquier manifestación de convicciones religiosas, filosóficas o políticas en el lugar de trabajo— Prohibición que abarca la manifestación de esas convicciones verbalmente, a través de la forma de vestir o de cualquier otra forma —Uso de una prenda de vestir con connotaciones religiosas»—.

a) La práctica empresarial de exigir falda en los uniformes de cierto personal del AVE se produce en el seno de una empresa pública que se ha distinguido por la suscripción de Convenios y Protocolos relativos a la igualdad de oportunidades entre hombres y mujeres y por la creación de organismos internos —cual fue la Comisión Mixta instaurada en el año 1.996— para la plena integración de la mujer; siendo de resaltar que las actas de la actuación de esta Comisión Mixta, integrada por representantes de trabajadores y empresarios, no reflejan que la vestimenta litigiosa haya sido objeto de denuncia como constitutiva de un acto discriminatorio por razón de sexo.

b) El uso de la repetida vestimenta obedece no a un problema sexista o de aprovechamiento singular del sexo en beneficio de la empresa y detrimento de la mujer, sino a consideraciones organizativas empresariales, ajenas a aquellos motivos, adoptados también, como ocurre en otros sectores laborales, con la finalidad de dar a la clientela una buena imagen de la empresa, a través de una adecuada uniformidad en el vestir.

   En consecuencia, la uniformidad litigiosa impuesta a las mujeres empleadas de RENFE en la actividad desarrollada, que exige contacto con la clientela, ni vulnera el principio de igualdad con carácter general o colectivo, ni tampoco son expresivas de un trato discriminatorio por razón de sexo, sino que tiene relación directa con la clientela, pues no obedece a un motivo sexista, siendo razonable en una empresa pública, que, con la instauración de un novedoso y moderno medio de comunicación, como es el AVE, trata de «uniformar» a quienes de manera constante y habitual proyectan sobre los clientes la imagen de la Compañía, en condiciones de igualdad con otras empresas dedicadas a idéntica o semejante actividad, por lo que existe una justificación objetiva y razonable que priva a la «uniformidad» de la empleada de carácter discriminatorio.

2. En similar sentido, otra Sentencia de la misma sala y tribunal, pero de 19 de abril de 2011, debatió sobre la obligación del personal de enfermería de un centro de salud andaluz de usar falda, delantal, cofia y medias, sin posibilidad de optar por el pijama sanitario, que sí era utilizado no sólo por el personal masculino sino también por el femenino de otros departamentos.

   En este supuesto, el tribunal señala que la decisión adoptada por la empresa se fundamenta en consideraciones organizativas empresariales, de manera que, se señala, al igual que ocurre en otros sectores laborales, el centro sanitario pretende ofrecer a la clientela una buena imagen de la empresa mediante una adecuada uniformidad en el vestir. Una decisión que tiene su base en el convenio colectivo de referencia y que se venía aplicando desde hacía años en todos los centros sanitarios de la empresa sin que hubiera generado ningún tipo de conflictividad hasta ese momento.

Además, afirma que no se ha vulnerado el derecho a la intimidad y dignidad ya que la utilización de la falda en dimensiones normales no solo está considerado socialmente como algo corriente, sino que incluso se vincula en ocasiones con tradicionales o históricas ideas de elegancia femenina, además de no suponer una exhibición física inadecuada o excesiva que no sea total y absolutamente normal desde el punto de vista de nuestros usos sociales.

3. La tercera de las sentencias que merece mi atención es la dictada por la Sala Social del Tribunal Superior de Justicia de Madrid, de fecha 3 de junio de 2015, declarando la nulidad del despido de una empleada, que fue contratada con carácter eventual como ayudante de dependienta, y que había sido requerida en varias ocasiones por la empresa a cumplir la «normativa imagen personal», según documento que se les entregaba al tiempo de la contratación.

   En dicho documento se reflejaban 14 recomendaciones, y entre ellas, la de que el maquillaje debía ser «lo más discreto posible, consiguiendo dar una imagen de limpieza y cuidada». Tras diversas sanciones con amonestación escrita por negarse a ir maquillada, la trabajadora fue despedida con carácter disciplinario.

   Pues bien, la citada sentencia, que se aparta de las otras dos anteriores, no duda en afirmar que la imposición de tal exigencia constituye una clara lesión del derecho fundamental de la trabajadora a su propia imagen y una intromisión en su libertad para mostrar su imagen física personal, por lo que, no acreditado que la trabajadora acudiese a su puesto de trabajo de forma inadecuada en cuanto a su apariencia física, exigir que fuera maquillada incide en un aspecto relacionado claramente con la imagen más básica de la persona.

Debe señalarse que, a pesar de la casuística que dificulta fijar unos criterios generales en cuanto al modo de vestir y de acomodar la presencia física a la naturaleza de la actividad laboral concreta a desempeñar, sí puede afirmarse que, en todo caso, deberá atenderse a los usos sociales, a la normativa interna de cada empresa, a las normas de seguridad e higiene y al respeto de los derechos fundamentales del trabajador, en especial el derecho a su intimidad y a su dignidad, ponderándolos, en todo caso, con el derecho de libertad de empresa del empresario, empleando para ello un juicio de razonabilidad alejado de cualquier decisión discriminatoria por razón de sexo, en el marco de una decisión justificada en cuanto objetiva y razonable. Tal sería el supuesto de alguna resolución judicial que ha declarado que no es objeto de sanción disciplinaria alguna el que el trabajador acuda a trabajar en camiseta y pantalón corto cuando no existe contacto visual con los clientes de la empresa ni la actividad desarrollada exige una forma de vestir determinada.

Ahora bien, la obligación impuesta por la empresa en el uso de una concreta vestimenta, en especial a las trabajadoras, sin opción alguna de poder vestir otros uniformes más neutros, iguales o similares a las de sus compañeros de trabajo, puede vulnerar el derecho a su dignidad, tanto personal como profesional, pudiendo ser objeto de sanción administrativa cuando no del ejercicio de acciones en sede judicial.

Tal es el supuesto de la decisión adoptada por la Inspección de Trabajo de Barcelona proponiendo una sanción por infracción muy grave a una famosa cadena de restaurantes, que obligaba a las trabajadoras a usar camisetas ajustadas, con tirantes y escote, y mini short que muestra parte de los glúteos, en lo que se califica como un «reclamo sexualizado» y no únicamente como una persona que está ejecutando una relación laboral, mientras los hombres usaban camiseta naranja con el logo de la marca y pantalón largo.

También ha sido polémico el uso de vestimenta o símbolos religiosos, asunto abordado por el Tribunal de Justicia de la Unión Europea (TJUE), que ha tenido ocasión de resolver dos cuestiones muy parecidas a iniciativa de los Tribunales de Casación de Bélgica y de Francia (Sentencias de 14 de marzo de 2017, asuntos C188-15 y C157-15), referidas a la posible existencia de discriminación, sea directa o indirecta, en la decisión de la empresa de prohibir que una trabajadora lleve un pañuelo islámico y si tal limitación puede comportar una discriminación vetada por la Directiva de la Unión 2000/78/CE, relativa a la igualdad de trato en el empleo y la ocupación:

a) En el primer supuesto, el 12 de febrero de 2003, Samira Achbita, de confesión musulmana, fue contratada como recepcionista por la empresa G4S, empresa privada que presta servicios de recepción y acogida a clientes tanto del sector público como del sector privado, en la que regía una norma no escrita de «neutralidad» que prohibía a los trabajadores llevar signos visibles de sus convicciones políticas, filosóficas o religiosas en el lugar de trabajo.

En abril de 2006, la Sra. Achbita comunicó a su empleador que tenía la intención de llevar un pañuelo islámico durante las horas de trabajo, siéndole prohibido por la empresa en razón de dicha norma. El 29 de mayo de 2006, el comité de empresa incorpora tal prohibición en el reglamento interno, que entró en vigor el 13 de junio de 2006, con el siguiente tenor: «Se prohíbe a los trabajadores llevar signos visibles de sus convicciones políticas, filosóficas o religiosas u observar cualquier rito derivado de éstas en el lugar de trabajo». El 12 de junio de 2006, con motivo de la persistente voluntad de la Sra. Achbita de llevar el pañuelo islámico en su lugar de trabajo, fue despedida, impugnando el despido ante los órganos jurisdiccionales belgas.

Para el TJUE, estando en juego el derecho de culto o de libertad religiosa en su vertiente laboral, debe interpretarse que el concepto de religión cubre tanto el hecho de tener convicciones religiosas como la libertad de las personas de manifestar públicamente dichas convicciones. Seguidamente, advierte que la norma interna de la empresa tiene por objeto el uso de signos visibles de convicciones políticas, filosóficas o religiosas y, por ende, atañe indistintamente a cualquier manifestación de tales convicciones, al imponer, de forma general e indiferenciada, una neutralidad indumentaria. De lo anterior no se desprende que esta norma interna se haya aplicado a la Sra. Achbita de forma diferente a los demás trabajadores de la empresa, por cuyo motivo tal norma interna no establece una diferencia de trato basada directamente en la religión o las convicciones religiosas.

El TJUE añade, sin embargo, que no puede descartarse que el juez nacional llegue a la conclusión de que la norma interna establece una diferencia de trato basada indirectamente en la religión o las convicciones si se acredita que la obligación aparentemente neutra que contiene dicha norma ocasiona, de hecho, una desventaja particular a aquellas personas que profesan una religión o tienen unas convicciones determinadas, salvo que pueda justificarse objetivamente con una finalidad legítima y si los medios para la consecución de esta finalidad resultan adecuados y necesarios. Y subraya que el juez nacional que conoce del litigio es el único competente para determinar si, y en qué medida, la norma interna es conforme con estos requisitos, contemplando el Tribunal de Justicia indicaciones al respecto.

En cualquier caso, el TJUE concluye que la prohibición de llevar un pañuelo islámico dimanante de una norma interna de una empresa privada que prohíbe el uso visible de cualquier signo político, filosófico o religioso en el lugar de trabajo no constituye una discriminación directa por motivos de religión o convicciones en el sentido de la Directiva.

b) La segunda de las sentencias dictadas por el TJUE, en la misma fecha que la anterior, se refiere a la Sra. Bougnaoui, que se presentó, el 4 de febrero de 2008, en la empresa Micropole para realizar un período de prácticas de fin de carrera en la misma, llevando anudado un simple pañuelo bandana. Posteriormente, usó un pañuelo islámico en su lugar de trabajo.

Al final del período de prácticas, la empresa la contrató por tiempo indefinido como ingeniero de proyectos, a partir del 15 de julio de 2008. Tras la queja de un cliente a cuyo centro de trabajo la empresa había enviado a la Sra. Bougnaoui, la patronal reiteró el principio de necesaria neutralidad ante los clientes y pidió a la Sra. Bougnaoui que dejara de llevar el velo. Ésta se negó y fue despedida posteriormente, impugnando el despido ante los órganos jurisdiccionales franceses.

En esta ocasión, el TJUE debe resolver acerca de si la voluntad de un empresario de tener en cuenta los deseos de un cliente de que los servicios de dicho empresario no sigan siendo prestados por una trabajadora que lleva un pañuelo islámico puede considerarse un «requisito profesional esencial y determinante» en el sentido de la Directiva.

A este respecto, el TJUE recuerda que sólo en muy contadas circunstancias una característica vinculada en particular a la religión puede constituir un requisito profesional esencial y determinante, ya que este concepto implica un requisito objetivamente dictado por la naturaleza de una actividad profesional o por el contexto en que ésta se lleve a cabo y no cubre consideraciones subjetivas, como la voluntad del empresario de tener en cuenta los deseos particulares del cliente.

Por consiguiente, el Tribunal de Justicia responde que la voluntad de un empresario de tener en cuenta los deseos de un cliente de que los servicios de dicho empresario no sigan siendo prestados por una trabajadora que lleva un pañuelo islámico no puede considerarse un requisito profesional esencial y determinante en el sentido de la Directiva. Dicho de otro modo, resultará preciso comprobar si esa diferencia de trato prohibida por la Directiva no tenga carácter discriminatorio cuando, debido a la naturaleza de una actividad profesional o al contexto en que ésta se lleve a cabo, la característica de que se trate constituya un requisito profesional esencial y determinante, siempre y cuando el objetivo sea legítimo y el requisito proporcionado.

Como se comprueba, el TJUE deja un margen discrecional a la resolución por cada juez nacional, que deberá valorar, en función de la normativa aplicable en su país y conforme a las circunstancias concretas de cada caso, cuál haya de ser la respuesta adecuada en cuanto a la posible existencia de una discriminación directa o indirecta en la exigibilidad del velo o de cualquier otro signo visible que se identifique con una determinada orientación religiosa, personal, política o de cualquier otro alcance o significado.

En el caso de nuestro país, como regla general, el Tribunal Constitucional ha puesto de relieve la necesidad de que las resoluciones judiciales preserven el necesario equilibrio entre las obligaciones dimanantes del contrato para el trabajador y el ámbito de su libertad constitucional, pues, dada la posición preeminente de los derechos fundamentales en nuestro ordenamiento, esa modulación sólo deberá producirse en la medida estrictamente imprescindible para el correcto y ordenado respeto de los derechos fundamentales del trabajador y, muy especialmente, del derecho a la intimidad personal que protege el art. 18.1 de la Constitución española, teniendo siempre presente el principio de proporcionalidad.

Principio de proporcionalidad que sirve para comprobar la constitucionalidad de cualquier medida restrictiva de derechos fundamentales, a cuyo efecto es preciso constatar si cumple los tres requisitos o condiciones siguientes: si tal medida es susceptible de conseguir el objetivo propuesto (juicio de idoneidad); si, además, es necesaria, en el sentido de que no exista otra medida más moderada para la consecución de tal propósito con igual eficacia (juicio de necesidad); y, finalmente, si la misma es ponderada o equilibrada, por derivarse de ella más beneficios o ventajas para el interés general que perjuicios sobre otros bienes o valores en conflicto (juicio de proporcionalidad en sentido estricto).

La solución, pues, es siempre casuística y resulta aventurado realizar juicios de valor sin analizar cada supuesto concreto, si bien por lo que se refiere al uso del velo las dos sentencias comentadas del TJUE suponen un claro avance en la interpretación de aquellas conductas empresariales que, aun cuando impliquen limitaciones o prohibiciones proporcionadas o neutras de carácter generalizado, puedan comportar una discriminación de tipo religioso.

El asunto ahora resuelto por el Tribunal Constitucional, en su sentencia 67/2022, de 2 de junio de 2022, enlaza con una denuncia de discriminación laboral por razón de la identidad de género del trabajador que recurre en amparo, lo que le obliga a definir si este elemento característico de las personas se integra o no dentro de las categorías sospechosas de ser discriminatorias que recoge el art. 14 CE, con cuál de ellas se identifica adecuadamente, en caso de hacerlo con alguna, y cómo esa identificación puede, eventualmente, tener impacto en la prueba de la discriminación, con especial atención a esa prueba en el marco de las relaciones laborales.

En suma, cuando el Pleno del Tribunal Constitucional acordó admitir a trámite y recabar para sí el conocimiento de este recurso, apreció que éste planteaba un problema sobre el que no hay doctrina del tribunal, aunque sí sobre el derecho fundamental afectado en la situación fáctica que da origen al recurso de amparo, esto es, sobre el derecho a no padecer discriminación alguna que se derive de las previsiones del art. 14 CE.

II. El supuesto de hecho analizado por la STC 67/2022, de 2 de junio

1. La persona recurrente en amparo, Serge Christian M. Scevenels, titulada en ingeniería aéreo-espacial, y la empresa belga Rhea System, S.A., suscribieron un contrato de trabajo en España, para prestación de servicios por cuenta de la empresa a partir del 7 de enero de 2013. El contrato de trabajo establecía que este se regiría por la legislación laboral española y que estaría sujeto a un período de prueba de seis meses. También se acordó que la empresa podría requerir, dentro de los límites razonables, que los servicios objeto de contratación se prestasen en diferentes localizaciones, según las necesidades de la empresa. Inicialmente el domicilio del centro de trabajo se fijó en las oficinas de la empresa situadas en Wavre (Bélgica), durante el período de prueba de seis meses (del 7 de enero de 2013 hasta el 30 de junio de 2013), y fue en esta sede en la que se prestaron enteramente los servicios profesionales el tiempo en que se mantuvo el contrato. El salario pactado fue de 60.000 euros brutos al año, se atribuyó un presupuesto de hasta 5.000 euros para la mudanza a Wavre, llevándose a cabo el alta en la Seguridad Social española por parte de la empleadora.
2. A lo largo de los algo más de cuatro meses en que se mantuvo la relación laboral, Serge C. M. Scevenels acudía a su centro de trabajo

vistiendo unos días pantalón y otros días falda. En una determinada ocasión, a principios de 2013, había acudido a trabajar con una ropa (un pantalón corto o una falda corta) que la directora de recursos humanos consideró inapropiada, razón por la que le pidió que regresara a su casa y se vistiera correctamente. A raíz de ello, se ausentó y no regresó al lugar de trabajo ese día.

3. En el mes de febrero de 2013, Serge C. M. Scevenels mantuvo una entrevista con el director general de la empresa y con la directora de recursos humanos. En dicha reunión se trataron cuestiones de corrección en las relaciones con los clientes y, en el curso de la misma, el director general le pidió al trabajador que vistiera de forma más correcta, pero sin exigirle que llevase falda o pantalón, sin que fuera probado que en ninguna ocasión se le prohibiese vestir con falda.
4. El 16 de mayo de 2013, y con efectos a partir de ese mismo día, la empresa contratante dio por finalizada la relación laboral, alegando la «no superación del período de prueba pactado en el punto tercero del contrato de trabajo suscrito en fecha 7 enero 2013, de conformidad con lo establecido en el artículo 14.1 del Estatuto de los trabajadores». Se añadía que la empresa había decidido como medida graciable abonarle, dentro de su liquidación, una gratificación correspondiente a siete días de salario bruto.

En el tiempo transcurrido entre la reunión acaecida en febrero de 2013 y el cese de Serge C. M. Scevenels no consta se produjese incidencia ni reproche alguno por su forma de vestir, a pesar de que continuó yendo a trabajar vistiendo falda ocasionalmente.

III. La sentencia dictada en instancia y su posterior anulación

En la previa demanda de despido, se interesó que se dictase sentencia declarando la nulidad del despido y procediendo a la readmisión de Serge C. M. Scevenels en su puesto de trabajo, con abono de los salarios de tramitación, y la cantidad de 10.000 euros por daños materiales (gastos de viaje, pérdida de la fianza del alquiler de la vivienda y mudanzas efectuadas) y otros 50.000 euros por la reparación de los daños morales.

En la demanda inicial, que dio lugar a la incoación de los autos núm. 893-2013 en el Juzgado de lo Social núm. 2 de Madrid, se describe una situación concreta en la que, debido a una visita del director general de la empresa se le pidió que regresara a su casa y se pusiera un pantalón en lugar de la falda que vestía, episodio al que habría seguido una conversación con el director general en el que se habría discutido sobre los derechos de las personas transgénero.

En el mismo escrito de demanda se asegura que el despido fue una orden directa del director general de la compañía y que el demandante entiende que es nulo al obedecer exclusivamente a su condición de transgénero.

El 3 de febrero de 2014, tras la aportación de la documental pertinente y la realización de vista oral, en que solo se tomó declaración como testigo a Magdalena Mathilda Jennes, directora de recursos humanos al momento del cese, se dicta por el juzgado sentencia desestimatoria de las pretensiones contenidas en la demanda (sentencia núm. 72/2014), al entender el órgano judicial que las quejas del demandante no habrían sido acreditadas ni siquiera de modo indiciario.

La sentencia fue recurrida en suplicación (recurso núm. 530-2014) y, en sentencia de 20 de enero de 2015, la Sala de lo Social del Tribunal Superior de Justicia de Madrid resolvió anular la resolución de instancia, para que se practicase como diligencia final la prueba testifical de Nicola Mann, directora de recursos humanos en la fase de contratación. Esta prueba había sido solicitada por la parte demandante y no se había realizado en el acto del juicio oral. El Tribunal Superior de Justicia consideraba esta prueba testifical imprescindible, en tanto habría sido la testigo quien diese la orden de cambio de indumentaria a la parte demandante en el momento del incidente al que se vincula el cese, y además habría participado en la reunión con el director general de la empresa en que se trató este tema.

En la sentencia, el juzgado de instancia:

1. Descarta que la causa del cese de Serge C. M. Scevenels tuviera que ver con su forma de vestir, ya que el episodio relacionado con su indumentaria tuvo lugar en febrero y el cese en mayo, no constando en ese tiempo ningún reproche relacionado con esta cuestión, a pesar de que continuara vistiendo falda ocasionalmente.
2. Entiende el órgano judicial que si la causa del cese hubiera sido la alegada por la parte actora «tal cese se habría producido de manera inmediata, sin dejar transcurrir varios meses de prestación de servicios (durante los cuales el actor siguió acudiendo al trabajo ocasionalmente con falda, sin recibir por ello reproche alguno)». Además, sostiene la sentencia que «no se ha puesto de manifiesto de ningún modo la existencia, en el seno de la empresa, de un escenario o panorama general discriminatorio por razones de género, ni de identidad sexual, ni otras análogas».
3. Afirma que, aunque se hubiera apreciado, a los efectos del art. 181.2 de la Ley 36/2011, de 10 de octubre, reguladora de la jurisdicción social (LJS) «la concurrencia de indicios de discriminación del actor por razones atinentes a su derecho a vestir de una determinada forma o por rechazo a una particular identidad sexual (indicios estos que, como decimos, no son de apreciar), la empresa ha puesto de manifiesto la existencia de motivos de cese ajenos a la lesión de derecho fundamental, como es la falta de satisfacción (subjetiva, como es lo

propio del período de prueba) con la prestación de la actividad laboral del actor. Esta insatisfacción fue puesta de manifiesto por la trabajadora superior del demandante en el organigrama empresarial».

Y continúa señalando que: «Conforme al artículo 14 del Estatuto de los trabajadores, la resolución de la relación laboral podrá producirse a instancia de cualquiera de las partes durante el transcurso del período de prueba, y sobre esta base la jurisprudencia viene entendiendo que dentro del período de prueba ambas partes pueden rescindir el contrato de trabajo sin tener que justificar y ni siquiera explicitar los motivos de insatisfacción, pues precisamente el período de prueba está para constatar si el puesto de trabajo y su desempeño son satisfactorios y conformes con las expectativas de las partes contratantes (por todas, sentencias del Tribunal Supremo de 6 abril 1984, 6 julio 1990 y 27 marzo 1991). En este sentido, el hecho de que en la comunicación de cese no se explicitasen por la empresa las concretas razones de insatisfacción motivadoras de la rescisión contractual, no puede operar como indicio a favor de que la causa real de cese sea la sostenida por el actor, pues es la propia norma legal la que establece que en la comunicación de no superación del período de prueba no es preciso explicitar las razones que lleven a la empresa a no considerar superado aquel».

4. El órgano judicial reconoce que la amplia libertad de rescisión del contrato en periodo de prueba, no admite la vulneración de derechos fundamentales, pero también que es preciso que esa vulneración se ponga de manifiesto siquiera indiciariamente, lo que no sucede en el supuesto de hecho.

5. A mayor abundamiento, y para despejar la existencia de esos posibles indicios, la sentencia sostiene que: i) no consta que se le prohibiese acudir a reuniones, actos u otros eventos empresariales, aun cuando la empresa conocía que ocasionalmente vestía con falda; ii) si la empresa hubiera deseado evitar que usara esa prenda (falda), habría impartido órdenes o instrucciones sobre forma de vestir dentro de la empresa (por ejemplo, obligación de llevar traje de chaqueta, etc.), o habría especificado criterios de vestir para hombres y mujeres, o implantado criterios de uniformidad (lo que en principio es lícito, por todas, sentencia del Tribunal Supremo de 23 de enero de 2001, recurso 1851-2000). Pero no consta en absoluto y ni siquiera se ha alegado que por la empresa se impartiesen órdenes o instrucciones de esa naturaleza.

IV. Razonamientos de la sentencia dictada en recurso de suplicación

La nueva sentencia del juez *a quo* fue recurrida en suplicación bajo el recurso núm. 169-2018, del que conoció la Sección Tercera de la Sala de lo Social del Tribunal Superior de Justicia de Madrid.

Además de otras alegaciones, en el recurso se denuncia por el cauce del art. 193 c) LJS la interpretación errónea del art. 14 de la Ley del estatuto de los trabajadores (LET), en relación con el art. 14 de la Constitución alegándose que, ante una situación indiciaria de discriminación, se invierte la carga de la prueba, siendo la empresa quien ha de acreditar la inexistencia de la misma. Entiende la parte recurrente que, al haber impuesto la empresa un determinado tipo de vestimenta, se apunta el indicio de trato discriminatorio y, sin embargo, la empresa no ha acreditado que el despido sea por causas ajenas a la discriminación por razón de sexo y asegura que se han de tener por vulnerados sus derechos fundamentales a no sufrir trato discriminatorio y a la libertad sexual.

La suplicación fue desestimada por sentencia núm. 568/2018 de la Sección Tercera de la Sala de lo Social del Tribunal Superior de Justicia de Madrid de 24 de julio de 2018, confirmatoria de la de instancia y ello bajo los siguientes criterios interpretativos:

a) La resolución invoca la Directiva 2000/78/CE del Consejo, de 27 de noviembre de 2000, relativa al establecimiento de un marco general para la igualdad de trato en el empleo y la ocupación, que protege, junto a otros colectivos susceptibles de ser marginados o discriminados, a las personas gais, lesbianas, bisexuales y transexuales, y en cuyo artículo 10 regula la inversión de la carga de la prueba cuando de las alegaciones de la parte actora se deduzca la existencia de indicios fundados de discriminación. En la sentencia se sostiene que «no es necesaria para la inversión que tales alegaciones se prueben, ni por tanto que se practique si quiera prueba al respecto, sino, simplemente que lo alegado por la presunta víctima sea plausible y razonable, correspondiendo al empresario aportar una justificación objetiva y real que las desvirtúe y, en su caso sí, probar suficientemente la existencia de tal justificación y su proporcionalidad». En el mismo sentido se citan el art. 96 LJS y la STC 166/1988, de 14 de octubre, y se recuerda como en el supuesto que resuelve esta última sentencia, se consideró suficiente la afirmación de la trabajadora de que fue su embarazo, que no se cuestiona, lo que determinó la extinción de su contrato en período de prueba, siendo su propia alegación, sin que fuera necesaria prueba alguna por su parte, lo que dio lugar a la inversión de la carga de la prueba y a la declaración de nulidad del despido al no haber justificado el organismo empleador su decisión extintiva en periodo de prueba, y en sentido idéntico se cita la STJUE de 19 de abril de 2012, C-415/10.

b) Se tiene en cuenta lo dispuesto en el art. 17 LET, en el art. 21 de la Carta de los derechos fundamentales de la Unión Europea, en el art. 13 del Tratado constitutivo de la Comunidad Europea, que faculta a la Unión Europea para aprobar leyes de lucha contra la discriminación por motivos de orientación sexual, en la Directiva 2000/78/CE, y en el Convenio núm. 111 de la Organización Internacional del Trabajo sobre discriminación (empleo y ocupación) de 1958, sosteniéndose que «incluso a partir de estadísticas que evidencian la discriminación de los colectivos protegidos por la directiva, existe la presunción de haberse producido una discriminación directa o indirecta, cuando quien la alega acredita que pertenece a uno de ellos, entre los que se encuentra el colectivo LGTBI, que tal y como se reconoce en el preámbulo de la Ley 3/2016, de 22 de julio, de protección integral contra la LGTBIfobia y la discriminación por razón de orientación e identidad sexual en la Comunidad de Madrid, ha sido hostigado, criminalizado y marginado durante décadas, teniendo mayores dificultades para acceder y mantener el empleo...».

c) En relación con el hecho de que el cese se ha producido al terminar el período de prueba, la Sala invoca el art. 14.2 LET interpretado a la luz de la sentencia del Tribunal Supremo de 12 de julio de 2012 (recurso núm. 2789-2011), que invoca a su vez la doctrina de las SSTC 94/1984, de 16 de octubre; 166/1988, de 26 de septiembre, y 17/2007, de 12 de febrero, estableciendo que se exceptúan de la regla general de libre resolución del contrato, los supuestos de cese durante el período de prueba que puedan producir resultados inconstitucionales, como lo sería la discriminación en el empleo de una mujer embarazada tratada en dichas sentencias.

d) Por último, el Tribunal Superior de Justicia se somete a los hechos que constan acreditados en el relato fáctico y la fundamentación jurídica a partir de la testifical practicada, para llegar a la conclusión de que la empresa ha justificado su decisión extintiva sobre la base de motivos ajenos a cualquier discriminación, cuales son la reorganización y la falta de satisfacción con su trabajo y su impuntualidad, resaltando el juzgador que la empresa consintió que usara falda, por lo que debe descartarse que esta práctica y su condición de transgénero hayan sido la causa de su cese en periodo de prueba, desestimándose el recurso.

V. La *ratio decidendi* de la sentencia dictada en recurso de constitucionalidad

La anterior sentencia fue recurrida ante el Tribunal Constitucional (TC), entendiendo la parte recurrente en amparo que el incidente relativo a su indumentaria supone la imposición de un límite a la propia imagen que debe relacionarse con el cese sin causa posterior. El hecho de que quien recurre sea una persona transgénero y, por tanto, parte del colectivo LGTBI+, supone que se incluye en una minoría discriminada por su condición sexual, cuya forma de visibilizarse es una extensión propia del derecho al libre desarrollo de la personalidad y a no sufrir discriminación por el hecho de ser diferente a la mayoría, entendiendo que la imagen de una persona se basa en su propia condición como parte de un determinado colectivo y, por tanto, cualquier lesión del derecho a la propia imagen es, por extensión, una lesión indirecta a su propia condición personal.

Alegó la recurrente, asimismo, que se da discriminación indirecta en este caso porque la finalidad de la actuación empresarial está oculta, ya que si el ánimo vulnerador de derechos fundamentales fuera palmario o expreso, estaríamos ante una discriminación directa que ni siquiera debería requerir estudio profundo.

Resulta importante advertir que el Pleno del TC, en fecha 17 de noviembre de 2020, dictó providencia en la que acordó recabar para sí el conocimiento de este recurso [art. 10.1 n) de la Ley Orgánica del Tribunal Constitucional (LOTC)] y admitirlo a trámite, apreciando que concurre en el mismo una especial trascendencia constitucional (art. 50.1 LOTC), porque «el recurso plantea un problema o afecta a una faceta de un derecho fundamental sobre el que no hay doctrina de este tribunal [STC 155/2009, de 25 de junio, FJ 2 a)]» y lo fundamenta en dos criterios básicos:

a) Para profundizar en el cumplimiento de las exigencias de seguridad jurídica que se desprende de lo previsto en la sentencia de la Sección Tercera del Tribunal Europeo de Derechos Humanos, de 20 de enero de 2015, asunto Arribas Antón c. España, § 37, «con el fin de garantizar una buena administración de justicia» y hacer «recognoscibles los criterios de aplicación empleados al respecto» (STC 9/2015, de 2 de febrero, FJ 3).

b) Y para centrar de forma más adecuada el objeto del recurso de amparo y explicar las razones que llevan al Tribunal Constitucional a dotar de contenido jurisprudencial, en esta sentencia, determinados conceptos que, hasta el momento, no habían sido tratados adecuadamente.

Una vez efectuadas las alegaciones por parte de la empresa y del Ministerio Fiscal, el TC entra a resolver el fondo de la cuestión y lo efectúa exponiendo los siguientes particulares:

1. Hasta el momento, la jurisprudencia constitucional no ha realizado una construcción jurídica específica sobre las nociones de sexo y de género, sino que se refiere indistintamente a uno y otro concepto sin dotarlos de un contenido específico, teniéndolos por sinónimos, como por otro lado, ha venido haciendo tanto el legislador estatal, como el legislador autonómico, en la normativa sobre igualdad entre hombres y mujeres desarrollada con amplitud, desde mediados de la primera década del siglo XXI, tras la aprobación de la Ley Orgánica 1/2004, de 28 de diciembre, de medidas de protección integral contra la violencia de género. La STC 159/2016, de 22 de septiembre, da cuenta de esta tradicional intercambiabilidad de los términos.

2. La evolución de la teoría sobre la igualdad entre hombres y mujeres y sobre las discriminaciones interseccionales, y el reconocimiento de los derechos al desarrollo de la propia orientación sexual y de la iden-

tidad de género como dimensión del pleno desarrollo de la personalidad, han puesto de manifiesto la necesidad de precisar la definición de los conceptos de sexo y de género, para distinguirlos.

3. Resulta obligado identificar, en primer término, qué situación o condición personal está en la base del denunciado como trato discriminatorio, y para formular esta identificación es necesario partir de una aclaración conceptual previa que distinga entre discriminación por razón de sexo, discriminación por razón de identidad de género y discriminación vinculada a la expresión de género.

   A partir de esa identificación es preciso definir si queda cubierta o no la realidad en cuestión por la cláusula antidiscriminatoria del art. 14 CE, para proceder, sucesivamente, a examinar si alcanzan a esta categoría las garantías asociadas a la preservación del principio de igualdad en el seno de las relaciones privadas, siendo clave en este punto de la reflexión la aplicación del principio de inversión de la carga probatoria.

4. Conforme lo anterior, para definir adecuadamente en presencia de qué causa de discriminación estamos, es necesario partir de la distinción clara entre las nociones de sexo y género, entrando a definirlos de la siguiente manera:

   a) El *sexo*, que permite identificar a las personas como seres vivos femeninos, masculinos o intersexuales, viene dado por una serie compleja de características morfológicas, hormonales y genéticas, a las que se asocian determinadas características y potencialidades físicas que nos definen. Características como, por ejemplo y sin ánimo de formular una descripción exhaustiva, los genitales internos y externos, la estructura hormonal y la estructura cromosómica (características primarias) o la masa muscular, la distribución del vello y la estatura (características secundarias). Estos caracteres biológicos, que pueden no ser mutuamente excluyentes en situaciones estadísticamente excepcionales, como las que se dan en las personas intersexuales, tienden a formular una clasificación binaria, y solo excepcionalmente terciaria, de los seres vivos de la especie humana.

   b) Por su parte, aunque el género se conecta a las realidades o características biológicas, no se identifica plenamente con estas, sino que define la identidad social de una persona basada en las construcciones sociales, educativas y culturales de los roles, los rasgos de la personalidad, las actitudes, los comportamientos y los valores que se asocian o atribuyen, de forma diferencial, a hombres y mujeres, y que incluyen normas, comportamientos, roles, apariencia externa, imagen y expectativas sociales asociadas a uno u otro género. Mientras que el sexo se vincula a la concurrencia de una serie de caracteres físicos objetivamente identificables o medibles, los *caracteres asociados al género* son relativos y coyunturales y pueden variar de una sociedad a otra y de uno a otro tiempo histórico.

Viene a constatar la distinción entre ambas nociones, desde el punto de vista jurídico, la mención diferenciada al sexo y al género, como características diversas del ser humano, contenida en el art. 4.3 del Convenio del Consejo de Europa sobre prevención y lucha contra la violencia contra las mujeres y la violencia doméstica (Convenio de Estambul, de 2011), cuando establece que la «aplicación por las partes de las disposiciones del presente convenio, en particular las medidas para proteger los derechos de las víctimas, deberá asegurarse sin discriminación alguna, basada en particular en el sexo, el género [...] la orientación sexual, la identidad de género, [...] o cualquier otra situación».

5. Ni sexo ni género pueden ser definidos en sentido estricto como derechos, sino como condiciones o estados que tienen incidencia en el ejercicio de los derechos fundamentales y que conforman uno de los muchos elementos identitarios que pueden llegar a definir el derecho a la autodeterminación personal o a desarrollar, con pleno respeto a la dignidad humana (art. 10 CE), la propia identidad personal.

   Aunque también son condiciones personales la *orientación sexual y la identidad de género*, refiriéndose la primera a la preferencia por establecer relaciones afectivas con personas de uno u otro sexo, y la segunda a la identificación de una persona con caracteres definitorios del género que pueden coincidir o no hacerlo con el sexo que se le atribuye, en virtud de los caracteres biológicos predominantes que presenta desde su nacimiento.

   Pero además de ser condiciones personales, son elementos vinculados fundamentalmente con el derecho a desarrollar una determinada vida privada y familiar (art. 8 CEDH), tal y como se deriva de una consolidada jurisprudencia del Tribunal Europeo de Derechos Humanos que atribuye al concepto de «vida privada una definición amplia, que abarca el derecho a la integridad física y psicológica de una persona, incluyendo en esa noción de integridad su vida sexual y su orientación sexual».

6. Tras exponer la sentencia las definiciones de sexo y de género, se adentra en la conceptuación de persona trans y lo hace de la siguiente manera:

   a) Dentro de la diversidad de identificaciones personales que engloba la noción de identidad de género, se acude, en esta resolución, a la expresión trans como denominación omnicomprensiva de todas aquellas identidades de género que ponen de manifiesto una discrepancia entre esta y el sexo de la persona.

Esta denominación genérica engloba las situaciones en que se produce una modificación del aspecto del cuerpo o de funciones fisiológicas por medios médicos o quirúrgicos; las situaciones en que se produce una modificación registral o un reconocimiento público de esa identidad; e incluso las situaciones en que, sin que exista transición física o jurídica en sentido estricto, se manifiesten otras expresiones de género como una adopción de vestimenta, habla, gestos o comportamiento propios del género con el que se identifica la persona, independientemente del sexo biológico identificado en esa persona.

b) Acudir al término trans asume un cierto riesgo de imprecisión técnica, porque puede incluir una amplia diversidad de situaciones *(transexuales hombres y mujeres, personas no binarias, travestis, queer, personas de género fluido, asexuales, polisexuales, quienes definen su género como «otro»)*.

Pero dado el estado de indefinición actual de muchos de los conceptos asociado al estudio de la identidad de género, a la falta de consenso técnico y jurídico se ha considerado pertinente seleccionar y definir los conceptos que van a servir para dar solución al problema jurídico planteado, sabiendo que esa conceptualización no coincide plenamente con la contenida en las SSTC 176/2008, de 22 de diciembre, y 99/2019, de 18 de julio, que abordaron en su momento diversas cuestiones relacionadas con personas trans.

c) Por tanto, la persona recurrente en amparo, según su propia identificación, es una persona trans, de modo que la discriminación que denuncia es una discriminación por razón de su identidad de género, circunstancia personal alegada para invocar la interdicción de discriminación y la demanda de trato igual. Más concretamente se trataría de una hipotética discriminación basada en su expresión de género, entendida esta, según se define en la Directiva 2012/29/UE del Parlamento Europeo y del Consejo de 25 de octubre de 2012, como el modo en que una persona expresa su género, en el contexto de las expectativas sociales, por ejemplo, en relación con el modo de vestir, el uso de uno u otro nombre o pronombre, el comportamiento, la voz o la estética.

d) La expresión de género, en los términos descritos, se vincula estrechamente al derecho a la propia imagen (art. 18.1 CE), como lo hacen la imagen física en términos generales, la voz o el nombre de las personas, definidos en la STC 117/1994, de 25 de abril, FJ 3, como atributos característicos, propios e inmediatos de una persona, y como cualidades definitorias del ser propio y atribuidas como posesión inherente e irreductible a toda persona».

7. Llegados a este punto de la cuestión, el TC entra a resolver la identidad de género como causa de discriminación prohibida por el art. 14 CE y si el cese contractual supone o no un trato discriminatorio por alguna de las circunstancias prohibidas en el art. 14 CE, precepto ampliamente interpretado por la jurisprudencia constitucional, que distingue dos dimensiones básicas del derecho de igualdad:

   a) Por un lado, se identifica «la cláusula general de igualdad del primer inciso del art. 14 CE, por la que se confiere un derecho subjetivo a todos los ciudadanos a obtener un trato igualitario de los poderes públicos, siempre que concurran supuestos idénticos y no existan razones que objetivamente justifiquen la diferenciación» (STC 176/2008, de 22 de diciembre, FJ 4). Esta cláusula reconoce «un derecho subjetivo de los ciudadanos a obtener un trato igual, que obliga y limita a los poderes públicos a respetarlo y que exige que los supuestos de hecho iguales sean tratados idénticamente en sus consecuencias jurídicas y que, para introducir diferencias entre ellos, tenga que existir una suficiente justificación de tal diferencia, que aparezca al mismo tiempo como fundada y razonable, de acuerdo con criterios y juicios de valor generalmente aceptados, y cuyas consecuencias no resulten, en todo caso, desproporcionadas» (STC 63/2011, de 16 de mayo, FJ 3).

   b) Por otro, se identifica en el inciso segundo del mismo art. 14 CE la interdicción de «comportamientos discriminatorios basados en alguno de los factores que allí se mencionan a modo de listado enunciativo y no cerrado» (STC 176/2008, de 22 de diciembre, FJ 4). Es decir, la referencia a los motivos o razones de discriminación que contiene el art. 14 CE «no implica el establecimiento de una lista cerrada de supuestos de discriminación (STC 75/1983, de 3 de agosto, FJ 6), pero sí representa una explícita interdicción de determinadas diferencias históricamente muy arraigadas y que han situado, tanto por la acción de los poderes públicos como por la práctica social, a sectores de la población en posiciones, no solo desventajosas, sino contrarias a la dignidad de la persona que reconoce el art. 10.1 CE (SSTC 128/1987, de 16 de julio, FJ 5; 166/1988, de 26 de septiembre, FJ 2; 145/1991, de 1 de julio, FJ 2)» [STC 63/2011, de 16 de mayo, FJ 3 b)].

8. La sentencia comentada llega a la conclusión, con invocación del art. 19 del Tratado de funcionamiento de la Unión Europea, y el art. 21 de la Carta de derechos fundamentales de la Unión Europea y de distintas Directivas de igualdad de sexo aprobadas hasta la fecha (con mención de las SSTJUE de 27 de abril de 2006, *Sarah Margaret Richards c. Secretary of State for Work and Pensions*, asunto C-423/04, respecto de la Directiva 79/7; y de 7 de enero de 2004, K.*B. c. National Health Service Pensions Agency y Secretary of State for Health*, asunto

C-117/01, en relación con la Directiva 75/117/CEE del Consejo), que también debe declararse la ilegitimidad constitucional de los tratamientos discriminatorios cuyo factor determinante aparece fundado en la identidad de género.

Y continúa afirmando que en el marco normativo del Derecho de la Unión, que sirve de referencia obligada cuando se examinan cuestiones de igualdad de trato en el ámbito laboral (en este sentido, STC 108/2009, de 30 de septiembre, FJ 2), se considera que la Directiva 2006/54/CE, del Parlamento Europeo y del Consejo, de 5 de julio de 2006, relativa a la aplicación del principio de igualdad de oportunidades e igualdad de trato entre hombres y mujeres en asuntos de empleo y ocupación, se aplica también la discriminación por motivos de identidad de género. Sin embargo, la transposición parcial de esta norma, que se concreta en la Ley Orgánica 3/2007, de 22 de marzo, para la igualdad efectiva de mujeres y hombres, no proyecta expresamente el derecho a no sufrir discriminación por razón de identidad de género en el ámbito laboral, ni lo hacen las normas nacionales que transponen la normativa europea, a la identidad de género, en concreto, la Directiva 2000/78/CE del Consejo, de 27 de noviembre de 2000, relativa al establecimiento de un marco general para la igualdad de trato en el empleo y la ocupación, transpuesta por la Ley 62/2003, de 30 de diciembre, de medidas fiscales, administrativas y del orden social (que modifica varios preceptos del texto refundido de la Ley del estatuto de los trabajadores, aprobado por el Real Decreto Legislativo 1/1995, de 24 de marzo).

9. Entrando de lleno en la forma y causa de la extinción del contrato de trabajo de la recurrente, el TC recuerda que para que opere la inversión de la carga de la prueba, cuando se trata de invocar la vulneración de derecho fundamentales y aun cuando se refiera al cese en periodo de prueba, «incumbe al empresario acreditar que su decisión obedece a motivos razonables y ajenos a todo propósito atentatorio del derecho de que se trate. Para ello, es preciso que el trabajador aporte un indicio razonable de que el acto empresarial lesiona su derecho fundamental, principio de prueba o prueba verosímil dirigido a poner de manifiesto el motivo oculto que se denuncia y que debe permitir deducir la posibilidad de que ha podido producirse...».

10. Partiendo de la anterior consideración, la sentencia comentada se refiere a que el cese de la persona recurrente no puede calificarse de nulo por discriminatorio dado que, habiendo aportado indicios racionales de discriminación por motivo de identidad de género, la empresa demandada los ha rebatido adecuadamente, y el acervo probatorio del que se han servido los juzgadores de instancia, y que este tribunal no debe revisar para modificarlos, a riesgo de exceder los márgenes de actuación determinados por el art. 44.1 b) LOTC (véase

el fundamento jurídico 2 de la STC 17/2003, de 30 de enero, y la síntesis jurisprudencial allí formulada), pone de manifiesto que la causa del despido no fue la identidad de género de la persona recurrente en amparo, ni la expresión externa de esa identidad de género.

Para reforzar su criterio, el TC se remite a la sentencia del Juzgado de lo Social núm. 2 de Madrid, cuando se refiere a que «no se ha puesto de manifiesto de ningún modo la existencia, en el seno de la empresa, de un escenario o panorama general discriminatorio por razones de género, ni de identidad sexual, ni otras análogas», y ello en la medida en que no se ha constatado la existencia de prohibiciones expresas en relación con la indumentaria, ni la adopción de un código de vestimenta a resultas del conflicto surgido con la parte demandante, o con carácter previo. Y, tras las pruebas testificales de Magdalena Mathilda Jennes, directora de recursos humanos al momento del cese, y de Nicola Mann, directora de recursos humanos en fase de contratación y durante buena parte de la duración del contrato de Serge C. M. Scevenels, se declara probado igualmente que se ha admitido la existencia de otras causas que podrían haber justificado el cese del contrato en periodo de prueba: de un lado se evocan razones de reorganización interna que, según la instancia, no son incompatibles con las razones, que también se evocan, de falta de satisfacción de la contratante con la prestación de actividad laboral de Serge C. M. Scevenels.

Por lo que, en definitiva, se rechaza de plano que hayan concurrido en este caso la lesión tanto del art. 14 CE, en su vertiente de la interdicción de discriminación de las personas por razón de su identidad de género, como del derecho a la propia imagen del art. 18.1 CE, en su vertiente del derecho a la expresión de género en condiciones de igualdad y sin posibilidad de sufrir discriminación por las causas contenidas en el art. 14 CE.

VI. La Ley 15/2022, de 12 de julio, integral para la igualdad de trato y la no discriminación

Como advertía al inicio del presente comentario, a las casi cinco semanas del dictado de la STC 67/2022, el BOE núm. 167, de 13 de julio publicaba la Ley 15/2022, de 12 de julio, integral para la igualdad de trato y la no discriminación (complementada por la Ley Orgánica 6/2022, de 12 de julio, de modificación de la Ley Orgánica 10/1995, de 123 de noviembre, del Código Penal) cuya conexión con los derechos de no discriminación por razón de sexo, por razón de identidad de género y la expresión de género resulta evidente a la luz de su cuerpo normativo, reforzando el criterio del Tribunal Constitucional en aquella sentencia, por lo que pasaré a poner de relieve y someramente los aspectos más destacados de la norma.

Así es, la nueva ley expone en su preámbulo, de manera clara y firme, que por lo que se refiere al ámbito comunitario, la igualdad de trato y no discriminación constituye, ya desde el proyecto fundacional, uno de los principios básicos y esenciales de la Unión Europea que ha dado lugar a un importante acervo en esta materia, de modo que el Tratado de la Unión Europea establece en su artículo 2 la no discriminación como uno de los valores comunes de la Unión y la lucha contra la discriminación como uno de los objetivos de la misma.

También la Carta de los Derechos Fundamentales de la Unión Europea, que goza de la misma validez jurídica que los tratados de la UE, en su artículo 1 proclama que la dignidad humana es inviolable y en su artículo 21 prohíbe toda discriminación, y en particular la ejercida por razón de sexo, raza, color, orígenes étnicos o sociales, características genéticas, lengua, religión o convicciones, opiniones políticas o de cualquier otro tipo, pertenencia a una minoría nacional, patrimonio, nacimiento, discapacidad, edad u orientación sexual, así como el respeto a la diversidad cultural, religiosa y lingüística (artículo 22), la igualdad entre hombres y mujeres (artículo 23) y el derecho a la integración de las personas con discapacidad (artículo 26).

Por su parte, el artículo 19 (antiguo artículo 13) del Tratado de Funcionamiento de la Unión Europea, habilita al Consejo para «adoptar acciones adecuadas para luchar contra la discriminación por motivos de sexo, de origen racial o étnico, religión o convicciones, discapacidad, edad u orientación sexual».

En tal sentido, se refiere a la Directiva 2006/54 relativa a la aplicación del principio de igualdad de oportunidades e igualdad de trato entre hombres y mujeres en asuntos de empleo y ocupación, que venía a refundir el amplio corpus normativo desarrollado en el ámbito de la igualdad entre mujeres y hombres en el ámbito del empleo, la Directiva 2010/41/UE, sobre la aplicación del principio de igualdad de trato entre hombres y mujeres que ejercen una actividad autónoma, y por la que se deroga la Directiva 86/613/CEE del Consejo y la Directiva 2004/113/CE.

Es por tal razón que la norma se inspira en el establecimiento de un marco legal adecuado para la prevención, atención y eliminación de todas las formas de discriminación, el impulso de la aplicación transversal de la igualdad de trato en la formulación, ejecución y evaluación de las políticas públicas, la coordinación entre las diferentes administraciones públicas y la colaboración entre las mismas, los agentes sociales y la sociedad civil organizada, todo ello para favorecer la corresponsabilidad social ante la discriminación.

Para lograrlo, se persigue un doble objetivo: prevenir y erradicar cualquier forma de discriminación y proteger a las víctimas, intentando combinar el enfoque preventivo con el enfoque reparador, el cual tiene también un sentido formativo y de prevención general, por cuyo motivo el texto articulado se caracteriza por tres notas: es una ley de garantías, una ley general y una ley integral, ofreciendo como pretensiones posibles de la acción, la declaración de nulidad, cese, reparación, prevención, indemnización de daños materiales y morales, en este último caso, en línea con la jurisprudencia más reciente del Tribunal Supremo y Constitucional, así como disposiciones relativas a la tutela judicial y actuación administrativa contra la discriminación y regulándose las reglas de la carga de la prueba, de especial importancia en este campo, por la dificultad de su obtención.

De este modo, su art. 1.1 tras proclamar que «La presente ley tiene por objeto garantizar y promover el derecho a la igualdad de trato y no discriminación, respetar la igual dignidad de las personas en desarrollo de los artículos 9.2, 10 y 14 de la Constitución», indica en su art. 2.1 que «Se reconoce el derecho de toda persona a la igualdad de trato y no discriminación con independencia de su nacionalidad, de si son menores o mayores de edad o de si disfrutan o no de residencia legal. Nadie podrá ser discriminado por razón de nacimiento, origen racial o étnico, sexo, religión, convicción u opinión, edad, discapacidad, orientación o **identidad sexual, expresión de género**, enfermedad o condición de salud, estado serológico y/o predisposición genética a sufrir patologías y trastornos, lengua, situación socioeconómica, **o cualquier otra condición o circunstancia personal o social**», que afecte, entre otros ámbitos, al «empleo, por cuenta ajena y por cuenta propia, que comprende el acceso, las condiciones de trabajo, incluidas las retributivas y las de despido, la promoción profesional y la formación para el empleo, así como el acceso, promoción, condiciones de trabajo y formación en el empleo público» (arts. 3.1, letras a y b, y 9), y tanto se refiera a una discriminación directa como indirecta (art. 6).

La ley tan solo establece una excepción en su art. 2.2 al advertir que, no obstante «... podrán establecerse diferencias de trato cuando los criterios para tal diferenciación sean razonables y objetivos y lo que se persiga es lograr un propósito legítimo o así venga autorizado por norma con rango de ley, o cuando resulten de disposiciones normativas o decisiones generales de las administraciones públicas destinadas a proteger a las personas, o a grupos de población necesitados de acciones específicas para mejorar sus condiciones de vida o favorecer su incorporación al trabajo o a distintos bienes y servicios esenciales y garantizar el ejercicio de sus derechos y libertades en condiciones de igualdad».

30.
El Poder Judicial dice que hacer apología del franquismo es libertad de expresión[1]

El Consejo General del Poder Judicial considera que hacer exaltación del franquismo se incluye en la libertad de expresión si no hay «humillación a las víctimas».

El Consejo General del Poder Judicial ha avalado el informe que sostiene que la apología del franquismo está incluida dentro de la libertad de expresión y que no es motivo suficiente para ilegalizar asociaciones que hagan exaltación del dictador, como la Fundación Francisco Franco.

El pleno del máximo órgano del Poder Judicial ha aprobado, con 15 votos a favor y 6 en contra, el dictamen sobre la nueva ley de memoria democrática, que prevé ilegalizar fundaciones y prohibir actos públicos que hagan apología del franquismo.

El documento, que no es vinculante, señala que defender valores contrarios a la Constitución está amparado por la libertad de expresión y la libertad ideológica, siempre que no se humille las víctimas:

> «La apología del franquismo, siempre que no haya el requisito adicional de desprecio o humillación a las víctimas, constituye la expresión de ideas que a pesar de que sean contrarias a los valores de la Constitución, están amparadas por la libertad de expresión».

En cuanto a los actos públicos a favor del franquismo, el CGPJ apunta que el Tribunal Constitucional señaló que el derecho de manifestación «no puede someterse a controles de oportunidad política ni a juicios en que se utilice como canon el sistema de valores que fundamentan y cohesionan la orden social en un momento histórico determinado».

El informe, elaborado por los vocales Roser Bach y Wenceslao Olea, apunta que los procesos penales no pueden servir para investigar hechos vinculados a la Guerra Civil, aduciendo que se aprobó la ley de amnistía de 1977.

---

1 Publicado en Linkedin, el 10.6.2021.

También apuesta porque la definición de la figura de la «víctima de la Guerra Civil y la dictadura» quede restringida a «casos centrales de violación de los derechos humanos». El documento también se queja que la ley puede generar «asimetría» entre las víctimas del franquismo y las «otros hechos constitutivos de violaciones de derechos humanos que tuvieron lugar en el mismo periodo histórico».

La ley, aprobada el septiembre pasado por el Consejo de Ministros, se tiene que votar en el pleno del Congreso de los Diputados.

DOCTRINA COMUNITARIA

31.
El Tribunal Constitucional polaco torpedea la línea de flotación del Derecho Comunitario[1]

Sumario

I. Génesis del conflicto.

II. Una sentencia que hace temblar los cimientos de la Unión Europea.

III. La prevalencia del derecho de la Unión Europea.

11. El Tratado de la Unión Europea y del Tratado de Funcionamiento de la Unión Europea.

12. El principio de primacía a luz de la normativa española y de la doctrina judicial.

IV. ¿Y ahora qué? ¿Ante un probable Polexit?

I. Génesis del conflicto

El pasado día 7 de octubre de 2021 el Tribunal Constitucional de Polonia (TC), con el apoyo de 3 de sus 5 miembros, hizo pública una sentencia sin duda cargada de polémica e incertidumbre al declarar parcialmente inconstitucional diversos artículos del Tratado de Adhesión del país a la Unión Europea.

El trasfondo de la sentencia no es otro que el de las reformas del sistema judicial que aquél país inició en el año 2015, el año que volvió al poder el partido conservador y católico Ley y Justicia, que gobierna con mayoría absoluta desde entonces, reforma legislativa que se centra en el denominado Tribunal Disciplinario, que debe responder directamente ante el Ejecutivo, y

1 Publicado en Diario La Ley, n.º 9943, Sección Tribuna, el 2 de Noviembre de 2021, Wolters Kluwer.

al que el Ministerio de Justicia le otorga la facultad exclusiva para nombrar y destituir jueces, decidir el adelanto de la edad de jubilación para los miembros del Tribunal Supremo **e introducir nuevos tipos de sanciones contra los jueces, quienes de cuestionar la constitucionalidad de acciones llevadas a cabo por las autoridades centrales pueden ser sancionados** con la expulsión de la profesión.

Además, la expresada ley priva a los órganos judiciales de autonomía o relevancia al perder el derecho a emitir recomendaciones sobre candidatos, cargos judiciales o cambios en el sistema administrativo interno, obligando a los jueces a revelar su afiliación a organizaciones judiciales para determinar si son críticos con el Gobierno.

Desde un buen inicio, la UE se inclinó a pensar que esta reforma pudo ser utilizada para controlar el contenido de las decisiones judiciales, según sostuvo la comisaria europea para los Valores y la Transparencia, Vera Jourová. Es más, la Comisión Europea pidió al Tribunal de Justicia de la UE, el TJUE, que impusiera multas diarias a Polonia hasta que suspenda las reformas judiciales, al considerar que han politizado el sistema judicial.

Esta reacción comunitaria obligó al primer ministro del país, Mateusz Morawiecki, a elevar una consulta al TC para dirimir en el conflicto que lo enfrenta con la Unión Europea. El TC empezó a estudiar el caso y ha aplazado hasta en cuatro ocasiones la publicación de la sentencia, lo que se ha venido a interpretar como un método de presión a la Unión Europea.

Pues bien, la sentencia del Tribunal Constitucional polaco afirma que «la UE no es competente para evaluar la justicia polaca ni su funcionamiento», y lo acusa de actuar «fuera del ámbito de su competencia» cuando lo hace, rechazando la exigencia de la UE de deshacer las reformas judiciales que el gobierno polaco ha aprobado en los últimos años.

El propio portavoz del gobierno polaco, Piotr Mujer, aseguró, respaldando plenamente la sentencia del TC de su país, que la Unión Europea solo es competente en Polonia en aquello que admite la Constitución del país, afirmando que «La supremacía del derecho constitucional sobre otras fuentes de derecho emana literalmente de la Constitución de la República de Polonia. Hoy, una vez más, esto ha sido claramente confirmado por el Tribunal Constitucional», añadiendo que «Hay que destacar claramente que Polonia respeta las normas aplicables del derecho de la UE en la medida que se han establecido en las áreas señaladas explícitamente en los tratados de la UE».

Por su parte, no menos rotundo ha sido el comisario de Justicia, Didier Reynders, al poner de relieve que «El derecho de la Unión Europea está por encima de las leyes nacionales», aseverando seguidamente que las instituciones de la UE usarán «todas las herramientas disponibles» para proteger «sus principios fundamentales», entre los cuales se encuentra la primacía del derecho comunitario.

II. Una sentencia que hace temblar los cimientos de la Unión Europea

La decisión del TC polaco abre, sin duda una brecha no solo en su relación bilateral con la UE, o lo que es lo mismo, con todos los países que la integran, sino que supone un reto a la prevalencia interpretativa y aplicativa del Derecho Comunitario y una afrenta a la división de poderes de cualquier estado democrático.

La posibilidad de que el gobierno haga y deshaga a su antojo e interés en las decisiones de los jueces, integrantes del Poder Judicial, no solo resulta inadmisible sino que es una muestra de autoritarismo y de afrenta a la dignidad de los jueces y de su labor enjuiciadora.

Y ello porque ¿qué credibilidad pueden tener ante los justiciables unos jueces que en vez de estar sometidos al imperio de la ley, como garante de su imparcialidad, están bajo la lupa del gobierno de turno controlando sus decisiones y amedrentándoles de adoptar decisiones disciplinarias, como pudiera ser adelantando su jubilación o destituyéndolos del cargo?

De este modo, el ejecutivo traspasaría los límites de su poder, invadiendo con total y plena impunidad las competencias del poder judicial, y sometiéndolo a su arbitrio y voluntad. Y es que como pusiera de manifiesto el que fuera presidente del Tribunal Constitucional entre 1986 y 1992, Francisco Tomás y Valiente «Cada juez es independiente frente a todos los poderes del Estado. Las manipulaciones que de los jueces se pueden hacer desde el poder más claramente político están vedadas por la Constitución y por la Ley Orgánica del Poder Judicial, y además las prohibiciones se cumplen. La inamovilidad y las demás garantías legales de la independencia externa de los jueces son efectivas. Los jueces no pueden ser separados, ni suspendidos, ni trasladados, ni jubilados, y de hecho no lo son, sino por las causas y con las garantías previstas en la ley»[2].

Quizás desconozca el gobierno polaco los intereses que movieron no sólo al Estado liberal sino a los fundadores y pioneros de la UE (entre ellos y a destacar, Jean Monnet, Winston Churchill, Konrad Adenauer, Alcide De Gasperi o Joseph Bech) a poner los cimientos de una Europa pacífica, próspera y unida, que salía de una cruenta II Guerra Mundial, con una sociedad herida en sus propias carnes y un economía maltrecha y destruida.

El proyecto de Europa, de la Unión Europea, no se entiende sino desde el esfuerzo colectivo de quienes querían aparcar sus diferencias de todo tipo y hacer comunión de sus intereses en pro de un futuro mejor y estable.

---

2 Puede consultarse en: https://eur-lex.europa.eu/legal-content/es/TXT/?uri=CELEX%3A12012E%2FTXT

De este modo se firmaba en 1957 el Tratado de Roma, por el que se constituía la Comunidad Económica Europea (CEE) o «mercado común», compuesta por sus seis miembros fundadores: Alemania, Bélgica, Francia, Italia, Luxemburgo y los Países Bajos, ampliada en 1973 a Dinamarca, Irlanda y el Reino Unido.

A partir de entonces y siguiendo el rumbo de los acontecimientos sociales y políticos, Grecia pasó a ser el 1981 el décimo miembro de la UE y, cinco años más tarde, se sumaron España y Portugal. En 1986 se firmó el Acta Única Europea, tratado que constituyó la base de un amplio programa de seis años, destinado a eliminar las trabas a la libre circulación de mercancías a través de las fronteras de la UE, dando origen al «mercado único».

La década de 1990 es también la de dos tratados de suma importancia: el de Maastricht (Tratado de la Unión Europea) en 1993 y el de Ámsterdam en 1999, en los que se hizo patente la preocupación de los ciudadanos por la protección del medio ambiente y por la actuación conjunta en asuntos de seguridad y defensa. En 1995 ingresaron en la UE tres países más: Austria, Finlandia y Suecia, mientras que se firmaron los acuerdos de Schengen, que permiten gradualmente al ciudadano viajar sin tener que presentar el pasaporte en las fronteras.

En el año 2004, diez nuevos países ingresaron en la UE, seguidos por Bulgaria y Rumanía en 2007, dándose por zanjadas definitivamente las divisiones políticas entre la Europa del este y del oeste. Entre tanto, el Tratado de Lisboa, que aportó unas instituciones modernas y unos métodos de trabajo más eficientes a la UE, fue ratificado por todos los Estados miembros de la UE antes de su entrada en vigor en 2009.

En 2013 Croacia se convirtió en el 28.º miembro de la UE, precedido en 2012 de la entrega del Premio Nobel de la Paz a la Unión Europea.

Durante todo este largo pero fructuoso trayecto histórico, la UE ha debido sortear diversos y enconados escollos. Por solo citar algunos de los más destacados, la revuelta estudiantil en París, de 1968 y su repercusión en los países del telón de acero; la crisis energética mundial de 1973; la pervivencia de estados autoritarios en Europa occidental (la Grecia de los coroneles hasta 1973, la Portugal salazarista y la España de Franco hasta 1975); el derribo del muro de Berlín en 1989 y la consiguiente caída del comunismo en Europa central y oriental, unido a la nueva configuración geopolítica de la antigua URSS y la independencia política y militar de los países del este, entre ellos Polonia; la salida del Reino Unido de la UE con su política del Brexit; y finalmente, la pandemia protagonizada por el Covid-19.

Por no decir de las discrepancias internas entre los países comunitarios, muy especialmente por lo que se refiere a la distribución de ayudas y subvenciones a los países con rentas y economías más bajas, lo que ha conducido a una tensión entre los países del centro y norte de Europa con los del sur. Tensión que hábilmente ha sido reconducida evitando una Europa de dos velocidades.

Ciertamente, por muchos que hayan sido los palos a las ruedas con que se ha tropezado la UE, su firme y decidida voluntad de ser fiel a los principios que inspiraron su fundación ha sido clave para seguir en el camino de la unidad, de la que la introducción del euro como moneda única en 2002, y de la consecución de una estructura política formal, ha sido un paso decisivo, aunque no el único, para lograr la tan ansiada consolidación del proyecto europeo, proclamándose una Europa unida, plena y libre, capaz de ajustar sus diferencias mediante mecanismos pacíficos, en un grado de unidad que no se veía en Europa desde el sacro Imperio Romano.

De ahí que tengamos que ser optimistas ante este nuevo reto que supone la sentencia del TC polaco de no acatar el Derecho Comunitario, a través tanto de las Directivas y Reglamentos como de las decisiones del TJUE. Cuestión diferente será la repercusión que pueda tener una eventual rebeldía del gobierno polaco a acatarlas y que pudiera llegar hasta su expulsión.

Es momento de rememorar el discurso pronunciado por el Abogado General, Maurice Lagrange, en la solemne audiencia del Tribunal de Justicia Europeo, el 8 de octubre de 1964, cuando refiriéndose a la función judicial del Tribunal —entonces de las Comunidades Europeas— destacó en uno de sus pasajes lo siguiente:

> «... permítaseme intentar simplemente poner de relieve lo que me parece son sus rasgos principales. Pienso que no se puede comprender verdaderamente los que es el Tribunal de Justicia de las Comunidades Europeas si no tenemos primero en mente que es una institución comunitaria, una institución de cada una de las tres Comunidades, encargada como tal, mediante el ejercicio de su competencia propia (es decir, de la función judicial), de participar en la realización de los objetivos definidos por cada uno de los tratados europeos: estos Tratados así lo expresan, por cierto, de manera bien clara. Tal misión (pues consiste en una, en el sentido más noble del término), se ejerce en cierto modo "desde dentro " y se distingue por ello, fundamentalmente, no sólo de aquella que incumbe a las jurisdicciones internacionales, encargadas de resolver episódicamente los litigios entre Estados, sino también de la propia de los jueces internos de derecho común, cuyo papel normal consiste en decidir en el ámbito de los intereses privados».

Y es que el TJUE consagra una parte cada vez más amplia de sus actividades al examen de los distintos problemas de interpretación que a título prejudicial le trasladan los tribunales nacionales, lo que ilustra bien claramente acerca del reforzamiento de la cooperación internacional entre el Tribunal de Justicia europeo y los tribunales de cada estado miembro, permitiendo asegurar una aplicación uniforme del derecho comunitario y el establecimiento de una jurisprudencia europea coherente.

Todas estas reflexiones deben servir como punto de arranque para que se produzca la tan ansiada contra reforma del gobierno polaco y retome el pulso de sus instituciones con respeto a las funciones que le son propias sin injerencia alguna.

Y, *last but not least*, la prosperidad de Europa, su cohesión, su credibilidad y su potencial internacional dependen en gran medida del convencimiento de sus Estados miembros de acatar los principios que definen su fundación. O en palabras del entonces presidente francés Valéry Giscard d´Estaing, hemos de lograr una comunidad de hombres libres y responsables, de comunicación y de participación, con respeto al pluralismo, la libertad, el orden y la seguridad.

III. La prevalencia del derecho de la Unión Europea

1. El Tratado de la Unión Europea y del Tratado de Funcionamiento de la Unión Europea

La decisión del TC polaco de declarar parcialmente inconstitucional diversos artículos del Tratado de Adhesión del país a la Unión Europea y, en consecuencia, hacer prevaler el derecho nacional al supranacional comunitario, va en contra del Tratado de la Unión Europea y del Tratado de Funcionamiento de la Unión Europea (Versión consolidada, 2012/C 326/01)[3].

En concreto, tras establecer su art. 4.2.j) que existe una competencia compartida entre la Unión y los Estados miembros en el ámbito de la justicia, su Declaración 17 relativa a la primacía es bien explícita al recordar que con arreglo a una jurisprudencia reiterada del Tribunal de Justicia de la Unión Europea, los Tratados y el Derecho adoptado por la Unión sobre la base de los mismos priman sobre el Derecho de los Estados miembros, en las condiciones establecidas por la citada jurisprudencia, razón por la cual se ha decidido incorporar al Acta Final del Tratado de la Unión Europea el dictamen del Servicio Jurídico del Consejo sobre la primacía, tal como figura en el documento 11197/07 (JUR 260) y que reza del siguiente tenor:

> «Dictamen del Servicio Jurídico del Consejo de 22 de junio de 2007
>
> Resulta de la jurisprudencia del Tribunal de Justicia que la primacía del Derecho comunitario es un principio fundamental del Derecho comunitario. Según el Tribunal de Justicia, este principio es inherente a la naturaleza específica de la Comunidad Europea. En el momento de la primera sentencia de esta jurisprudencia constante (Costa/ENEL, 15 de julio de 1964, asunto 6/64 [1]) el Tratado no contenía mención alguna a la primacía, y todavía hoy sigue sin contenerla. El hecho de que el principio de primacía no esté incluido en el futuro Tratado no cambiará en modo alguno la existencia de este principio ni la jurisprudencia existente del Tribunal de Justicia».

3 Arts. 29 y 30 de la Ley 25/2014, de 27 de noviembre.

2. El principio de primacía a luz de la normativa española y de la doctrina judicial

En el caso de España, como elemento de comparación con la situación de Polonia, debe tenerse en cuenta, independientemente de los preceptos antes indicados del Tratado de la Unión Europea y del Tratado de Funcionamiento de la Unión Europea, las siguientes disposiciones de rango legal:

a) Los arts. 93 a 96 de la Constitución española (CE), inserto en el Capítulo III, intitulado «De los tratados Internacionales», del Título III «De las Cortes Generales», conforme a lo cuales mediante ley orgánica se podrá autorizar la celebración de tratados por los que se atribuya a una organización o institución internacional el ejercicio de competencias derivadas de la Constitución, correspondiendo a las Cortes Generales o al Gobierno, según los casos, la garantía del cumplimiento de estos tratados y de las resoluciones emanadas de los organismos internacionales o supranacionales titulares de la cesión, de modo que los tratados internacionales válidamente celebrados, una vez publicados oficialmente en España, formarán parte del ordenamiento interno. Sus disposiciones sólo podrán ser derogadas, modificadas o suspendidas en la forma prevista en los propios tratados o de acuerdo con las normas generales del Derecho internacional.

b) Ley 25/2014, de 27 de noviembre, de Tratados y otros Acuerdos Internacionales, en base a la cual todos los poderes públicos, órganos y organismos del Estado deberán respetar las obligaciones de los tratados internacionales en vigor en los que España sea parte y velar por el adecuado cumplimiento de dichos tratados, los cuales serán de aplicación directa, a menos que de su texto se desprenda que dicha aplicación queda condicionada a la aprobación de las leyes o disposiciones reglamentarias pertinentes[4].

   Y lo que es más importante, las normas jurídicas contenidas en los tratados internacionales válidamente celebrados y publicados oficialmente prevalecerán sobre cualquier otra norma del ordenamiento interno en caso de conflicto con ellas, salvo las normas de rango constitucional.

c) Nuestros tribunales también se han ocupado de la jerarquía normativa por lo que se refiere al Derecho comunitario europeo, cuya aplicación es una cuestión de carácter infraconstitucional y por ello excluida tanto del ámbito del proceso de amparo como de los demás procesos constitucionales[5], atendido que el Tribunal Constitucional (TC) no controla la adecuación al Derecho comunitario europeo, pues

4 Art. 31 de la Ley 25/2014, de 27 de noviembre.

5 STC 2/1983, de 25 de enero, FJ núm. 3 (ponente Sr. Escudero del Corral).

ese control compete a los órganos de la jurisdicción ordinaria, en cuanto aplicadores que son del Ordenamiento comunitario, y, en su caso, al Tribunal de Justicia de la Unión Europea a través del recurso por incumplimiento[6].

En todo caso, no puede privarse a los Tribunales nacionales de la facultad de interpretar tanto las normas internas como las comunitarias de aplicación directa, sin perjuicio de las competencias que sobre el particular ostenten las instancias jurisdiccionales de la Unión Europea[7], aunque la traslación de la normativa comunitaria al derecho interno ha de seguir los criterios constitucionales y estatutarios de reparto de competencias entre el Estado y las Comunidades Autónomas[8].

Más concretamente, el TC se ha referido a la infracción del «principio de primacía del Derecho de la Unión», cuando algún tribunal nacional se ha apartado, desconocido o preterido la aplicación de una norma del Derecho de la Unión Europea, incurriendo en una interpretación irrazonable y arbitraria de la norma aplicada al proceso que vulnera el derecho a la tutela judicial efectiva (art. 24.1 CE) de la parte recurrente en amparo.

En tal sentido, la STC 232/2015, de 5 de noviembre[9] — con respecto a la función a desempeñar por nuestro más alto tribunal— ha afirmado que: «(i) a este tribunal le corresponde [...] velar por el respeto del principio de primacía del Derecho de la Unión cuando "exista una interpretación auténtica efectuada por el propio Tribunal de Justicia de la Unión Europea" [fundamento jurídico 5 c)], (ii) el desconocimiento y preterición de una norma de Derecho de la Unión, tal y como ha sido interpretada por el Tribunal de Justicia, "puede suponer una selección irrazonable y arbitraria de una norma aplicable al proceso", lo cual puede dar lugar a una vulneración del derecho a la tutela judicial efectiva (STC 145/2012, de 2 de julio, FFJJ 5 y 6) [fundamento jurídico 5 c)], y (iii) prescindir por "propia, autónoma y exclusiva decisión" del órgano judicial, de la interpretación de un precepto de una norma europea impuesta y señalada por el órgano competente para hacerlo con carácter vinculante, es decir el Tribunal de Justicia de la Unión Europea, vulnera el principio de primacía del Derecho de la Unión Europea [fundamento jurídico 6 b)] (STC 31/2019, FJ 4)».

---

6 STC 41/2002, de 25 de febrero, FJ núm. 2 (Ponente Sr. Gay Montalvo).

7 STC 45/1996, de 25 de marzo, FJ núm. 5 (ponente Sr. Gabaldón Pérez).

8 STC 95/2002, de 25 de abril, FJ núm. 18 (ponente Sr. García Manzano).

9 SSTC 232/2015, de 5 de noviembre (recurso de amparo núm. 1709/2013, ponente Sr. Ricardo Enríquez Sancho); 31/2019, de 28 de febrero (recurso de amparo núm. 1086/2018, ponente Sra. María Luisa Balaguer Callejón; 101/2021, de 10 de mayo (recurso de amparo núm. 63/2020, ponente Sra. Encarnación Roca Trías); y 152/2021, de 13 de septiembre (recurso de amparo núm. 1047-2020, ponente Sra. María Luisa Balaguer Callejón).

Paralelamente, el Tribunal Supremo[10] se ha pronunciado sobre la prevalencia del Derecho Comunitario al poner en evidencia que:

«...la primacía del Derecho comunitario, continuamente afirmada por el TJCE y reconocida con claridad en nuestro ordenamiento jurídico [art. 93 CE (RCL 1978, 2836)], no solamente determina la prevalencia de la jurisprudencia comunitaria sobre la doctrina de los Tribunales de los países miembros en la interpretación o aplicación de los preceptos y disposiciones del Derecho Comunitario, al tener precisamente atribuida la competencia de interpretación uniforme del Derecho de la Comunidad Europea (aparte de otras muchas anteriores, SSTS 20/10/04 (RJ 2004, 7162) —rcud 4424/03—; 27/10/04 (RJ 2004, 7202) —rcud 899/02—; y dos de 22/12/08 —rcud 85/06 y 3460/06 (RJ 2009, 1828) —), sino que incluso llega a influir —hasta cierto punto— en la interpretación de la normativa nacional, puesto que «el órgano jurisdiccional que debe interpretarla está obligado a hacer todo lo posible, a la luz de la letra y de la finalidad de la directiva, para, al efectuar dicha interpretación, alcanzar el resultado a que se refiere la Directiva y de esta forma atenerse al párrafo tercero del art. 189 del Tratado 1986, 8» — actual art. 249 (RCL 1999, 1205 ter) — (STJCE 13/11/90 (TJCE 1991, 78), Asunto Marleasing, apartado 8 . Doctrina de constante reiteración: entre las recientes, sentencias de 11/09/07 (TJCE 2007, 216), Hendrix; 24/06/08 (TJCE 2008, 140), A. Commune Mesquer; y 25/07/08 (TJCE 2008, 187), Janecek).

O lo que es igual, conforme a esta constante doctrina del TJCE, los Tribunales nacionales han de interpretar al límite el Derecho interno, al objeto de alcanzar una interpretación que sea acorde con las Directivas y los principios del Derecho Comunitario. Interpretación *pro communitate* que incluso se llega a predicar respecto de la propia Constitución, puesto que "las normas constitucionales que reconocen los derechos y libertades han de interpretarse de conformidad con la Declaración Universal de Derechos Humanos y los Tratados y acuerdos internacionales sobre las mismas materias ratificados por España» [art. 10.2 de la Constitución]" (STC 28/1991, de 14/Febrero (RTC 1991, 28), FJ 5. Valor interpretativo que expresamente reitera la sentencia 64/1991, de 22/Marzo (RTC 1991, 64), FJ 4, y que implícitamente admite la de 13/1998, de 22/Enero (RTC 1998, 13), FJ 3). De lo que se deriva —se ha dicho— la consideración del Derecho Comunitario como canon hermenéutico del bloque de constitucionalidad, muy particularmente cuando el nivel de protección dispensado al ciudadano es superior al proporcionado por la Constitución, a virtud del juego combinado de los arts. 10.2 y 93 CE. Siquiera también se mantenga la conveniencia, todo hay que decirlo, de la interpretación pro constitutione del Tratado».

---

10 FD Cuarto de la Sentencia de 24 de junio de 2009. RJ 2009\4286 del Tribunal Supremo (Sala de lo Social, Sección 1.ª).

El mismo Tribunal Supremo ha advertido que no debe olvidarse que las afirmaciones del Tribunal de Justicia de la Unión Europea trascienden del supuesto concreto en cuyo marco se plantea la cuestión prejudicial, puesto que el mismo no resuelve litigio alguno. En otros términos, la competencia del Tribunal de Justicia tiene por objeto garantizar la interpretación uniforme, en todos los Estados miembros, de las disposiciones de Derecho comunitario, por lo que el Tribunal de Justicia[11] se limita a declarar el significado de las normas comunitarias de que se trata (sentencia de 8 de noviembre de 1990 (TJCE 1991, 75), Asunto Gmurzynska-Bscher).

En este marco, el procedimiento previsto en el artículo 234 del Tratado de la Unión Europea es un instrumento de cooperación entre el Tribunal de Justicia y los órganos jurisdiccionales nacionales, a través del cual el primero aporta a los segundos los elementos de interpretación del Derecho comunitario que precisan para resolver los litigios de que conocen. De ahí que sus sentencias recaídas en procedimientos prejudiciales complementen las normas comunitarias objeto de interpretación con pronunciamientos interpretativos de las mismas que adquieren validez general para quienes en los Estados miembros o en las instituciones comunitarias han de aplicar las mismas y, por tanto, tales pronunciamientos no pueden ser desconocidos como meros criterios aplicados a la solución de un concreto caso, sino que presentan rasgos de generalidad en su aplicación que les confieren un valor normativo[12].

IV. ¿Y ahora qué? ¿Ante un probable Polexit?

Sin duda, la relación entre Polonia y la Unión Europea está pasando por momentos delicados, máxime cuando el primer ministro polaco, Mateusz Morawiecki, ha manifestado que la decisión judicial que pone en cuestión la arquitectura legal de la Unión Europea es comparable a la de los tribunales de otros países que también han concluido que las instituciones comunitarias a veces se exceden en las facultades que les confieren los tratados y chocan con las legislaciones estatales, citando los supuestos de Dinamarca, Francia, Italia, la República Checa, Rumanía y España (con relación a las

11 Según cita de la Sentencia de 9 de mayo de 2012. AS 2012\1842 del Tribunal Superior de Justicia de Castilla y León, Valladolid (Sala de lo Social, Sección 1.ª).

12 Sentencias de 12 de marzo de 1998 (TJCE 1998, 48), Asunto Djabali; 18 de noviembre de 1999, Asunto Teckal; 21 de enero de 2003 (TJCE 2003, 25), Asunto Bacardi- Martini y Cellier des Dauphins; 23 de enero de 2003, Asunto Makedoniko Metro y Michaniki; 04 de marzo de 2004, Asunto Barsotti y otros; 20 de enero de 2005, Asunto Salgado Alonso; 20 de enero de 2005, Asunto García Blanco; 1 de marzo de 2005 (TJCE 2005, 48), Asunto Owusu; 15 de junio de 2006, Asunto Acereda Herrera; y 6 de julio de 2006 (TJCE 2006, 189), Asunto Salus.

discrepancias entre el Tribunal de Justicia de la Unión Europea y el Tribunal Supremo español sobre la inmunidad del presidente de Esquerra Republicana de Catalunya, Oriol Junqueras).

Por si fuera poco, la vicepresidenta de la Comisión Europea responsable de Justicia, Vera Jourova, ha alertado que Europa corre el riesgo de hundirse si no hay una respuesta contundente en defensa de la preeminencia del derecho europeo.

Ante este sombrío panorama, ¿qué respuestas puede adoptar la Unión Europea? Aunque sin anunciarlo con carácter oficial, parece que para los servicios legales comunitarios sólo existen tres opciones:

a) Proceder a bloquear los millones que corresponden a Polonia a cargo del Fondo Europeo de Recuperación aprobado para dar aire a los estados miembros después de la crisis post pandemia.

b) La segunda opción consistiría en recurrir a los artículos 258 y 260 del Tratado de Funcionamiento de la UE, que permiten abrir procedimientos de infracción a los estados miembros que incumplan las leyes europeas[13].

---

13 Los expresados preceptos establecen lo siguiente:
«Artículo 258 (antiguo artículo 226 TCE):
Si la Comisión estimare que un Estado miembro ha incumplido una de las obligaciones que le incumben en virtud de los Tratados, emitirá un dictamen motivado al respecto, después de haber ofrecido a dicho Estado la posibilidad de presentar sus observaciones.
Si el Estado de que se trate no se atuviere a este dictamen en el plazo determinado por la Comisión, ésta podrá recurrir al Tribunal de Justicia de la Unión Europea.
Artículo 260 (antiguo artículo 228 TCE)
1. Si el Tribunal de Justicia de la Unión Europea declarare que un Estado miembro ha incumplido una de las obligaciones que le incumben en virtud de los Tratados, dicho Estado estará obligado a adoptar las medidas necesarias para la ejecución de la sentencia del Tribunal.
2. Si la Comisión estimare que el Estado miembro afectado no ha adoptado las medidas necesarias para la ejecución de la sentencia del Tribunal, podrá someter el asunto al Tribunal de Justicia de la Unión Europea, después de haber ofrecido a dicho Estado la posibilidad de presentar sus observaciones. La Comisión indicará el importe de la suma a tanto alzado o de la multa coercitiva que deba ser pagada por el Estado miembro afectado y que considere adaptado a las circunstancias.
Si el Tribunal declarare que el Estado miembro afectado ha incumplido su sentencia, podrá imponerle el pago de una suma a tanto alzado o de una multa coercitiva.
Este procedimiento se entenderá sin perjuicio de lo dispuesto en el artículo 259.
3. Cuando la Comisión presente un recurso ante el Tribunal de Justicia de la Unión Europea en virtud del artículo 258 por considerar que el Estado miembro afectado ha incumplido la obligación de informar sobre las medidas de transposición de una directiva adoptada con arreglo a un procedimiento legislativo, podrá, si lo considera oportuno, indicar el importe de la suma a tanto alzado o de la multa coercitiva que deba ser pagada por dicho Estado y que considere adaptado a las circunstancias.
Si el Tribunal comprueba la existencia del incumplimiento, podrá imponer al Estado miembro afectado el pago de una suma a tanto alzado o de una multa coercitiva dentro del límite del importe indicado por la Comisión. La obligación de pago surtirá efecto en la fecha fijada por el Tribunal en la sentencia».

c) La tercera opción pasaría por dejar de aplicar progresivamente los tratados europeos en Polonia, lo que supondría la desvinculación con la Unión Europea.

Bibliografía

Diario La Razón, ediciones de 21.7.2020 y 15.10.2020

«La historia de la Unión Europea» (https://europa.eu/european-union/about-eu/history_es)

Alonso García, Ricardo. *Clásicos de la Justicia Europea. En el 50 aniversario de los Tratados de Roma*. Thomson Aranzadi, 2007.

Giscard d´Estaing, Valéry. *Democracia (Démocratie Française)*. Plaza & Janés, 1976.

Kissinger, Henry. *Orden mundial*. Ed. Debate, 2016.

Sempere Navarro, Antonio V. *Prontuario de Doctrina Social del Tribunal Constitucional (1981-2005)*. Thomson Aranzadi, 2005.

Tamames, Ramón. España en la Europa de los Doce. Alianza Editorial, 1986.

Tomás y Valiente, Francisco. *A orillas del Estado*. Ed. Taurus, 1996.

32. La prevalencia del derecho de la Unión Europea. Algunas reflexiones acerca de la STJUE de 8 de marzo de 2022[1]

1. El Tratado de la Unión Europea y el Tratado de Funcionamiento de la Unión Europea

Como se recordará, el pasado día 7 de octubre de 2021 el Tribunal Constitucional de Polonia (TC), con el apoyo de 3 de sus 5 miembros, hizo pública una sentencia, sin duda cargada de polémica e incertidumbre, declarando parcialmente inconstitucional diversos artículos del Tratado de Adhesión del país a la Unión Europea.

El trasfondo de la sentencia no fue otro que el de las reformas del sistema judicial emprendidas por aquél país en el año 2015, el año que volvió al poder el partido conservador y católico Ley y Justicia, que gobierna con mayoría absoluta desde entonces, centradas en el denominado Tribunal Disciplinario, que debe responder directamente ante el Ejecutivo **y al que el Ministerio de Justicia le otorga la facultad exclusiva para nombrar y destituir jueces,** decidir el adelanto de la edad de jubilación para los miembros del Tribunal Supremo **e introducir nuevos tipos de sanciones contra los jueces, quienes de cuestionar la constitucionalidad de acciones llevadas a cabo por las autoridades centrales pueden ser sancionados** con la expulsión de la profesión.

La decisión del Tribunal Constitucional polaco declarando parcialmente inconstitucional diversos artículos del Tratado de Adhesión del país a la Unión Europea y, en consecuencia, haciendo prevaler su derecho nacional al supranacional comunitario, creó una importante polémica que, sin duda alguna, va en contra del Tratado de la Unión Europea y del Tratado de Funcionamiento de la Unión Europea (Versión consolidada, 2012/C 326/01)[2].

---

1 Publicado en Economist & Jurist el 28 de marzo de 2022.

2 Puede consultarse en: https://eur-lex.europa.eu/legal-content/es/TXT/?uri=CELEX%3A12012E%2FTXT.

Al respecto, su art. 4.2.j) se refiere a la competencia compartida entre la Unión y los Estados miembros en el ámbito de la justicia, en tanto que su Declaración 17 relativa a la primacía es bien explícita al recordar que con arreglo a una jurisprudencia reiterada del Tribunal de Justicia de la Unión Europea, los Tratados y el Derecho adoptado por la Unión sobre la base de los mismos priman sobre el Derecho de los Estados miembros, en las condiciones establecidas por la citada jurisprudencia, razón por la cual se ha decidido incorporar al Acta Final del Tratado de la Unión Europea el dictamen del Servicio Jurídico del Consejo sobre la primacía, tal como figura en el documento 11197/07 (JUR 260) y que reza del siguiente tenor:

> «Dictamen del Servicio Jurídico del Consejo de 22 de junio de 2007
>
> Resulta de la jurisprudencia del Tribunal de Justicia que la primacía del Derecho comunitario es un principio fundamental del Derecho comunitario. Según el Tribunal de Justicia, este principio es inherente a la naturaleza específica de la Comunidad Europea. En el momento de la primera sentencia de esta jurisprudencia constante (Costa/ENEL, 15 de julio de 1964, asunto 6/64 [1]) el Tratado no contenía mención alguna a la primacía, y todavía hoy sigue sin contenerla. El hecho de que el principio de primacía no esté incluido en el futuro Tratado no cambiará en modo alguno la existencia de este principio ni la jurisprudencia existente del Tribunal de Justicia».

2. La prevalencia del derecho de la Unión Europea conforme a la normativa española y su doctrina judicial

En el caso de España, debe tenerse en cuenta, independientemente de los preceptos antes indicados del Tratado de la Unión Europea y del Tratado de Funcionamiento de la Unión Europea, las siguientes disposiciones de rango legal:

a) Los arts. 93 a 96 de la Constitución española (CE), inserto en el Capítulo III, intitulado «De los tratados Internacionales», del Título III «De las Cortes Generales», conforme a lo cuales mediante ley orgánica se podrá autorizar la celebración de tratados por los que se atribuya a una organización o institución internacional el ejercicio de competencias derivadas de la Constitución, correspondiendo a las Cortes Generales o al Gobierno, según los casos, la garantía del cumplimiento de estos tratados y de las resoluciones emanadas de los organismos internacionales o supranacionales titulares de la cesión, de modo que los tratados internacionales válidamente celebrados, una vez publicados oficialmente en España, formarán parte del ordenamiento interno. Sus disposiciones sólo podrán ser derogadas, modificadas o suspendidas en la forma prevista en los propios tratados o de acuerdo con las normas generales del Derecho internacional.

b) Ley 25/2014, de 27 de noviembre, de Tratados y otros Acuerdos Internacionales, en base a la cual todos los poderes públicos, órganos y organismos del Estado deberán respetar las obligaciones de los tratados internacionales en vigor en los que España sea parte y velar por el adecuado cumplimiento de dichos tratados, los cuales serán de aplicación directa, a menos que de su texto se desprenda que dicha aplicación queda condicionada a la aprobación de las leyes o disposiciones reglamentarias pertinentes[3].

Y lo que es más importante, las normas jurídicas contenidas en los tratados internacionales válidamente celebrados y publicados oficialmente prevalecerán sobre cualquier otra norma del ordenamiento interno en caso de conflicto con ellas, salvo las normas de rango constitucional[4].

c) Nuestros tribunales también se han ocupado de la jerarquía normativa en lo referente al Derecho comunitario europeo, cuya aplicación es una cuestión de carácter infraconstitucional y por ello excluida tanto del ámbito del proceso de amparo como de los demás procesos constitucionales[5], atendido que el Tribunal Constitucional (TC) no controla la adecuación al Derecho comunitario europeo, pues ese control compete a los órganos de la jurisdicción ordinaria, en cuanto aplicadores que son del Ordenamiento comunitario, y, en su caso, al Tribunal de Justicia de la Unión Europea a través del recurso por incumplimiento[6].

En todo caso, no puede privarse a los Tribunales nacionales de la facultad de interpretar tanto las normas internas como las comunitarias de aplicación directa, sin perjuicio de las competencias que sobre el particular ostenten las instancias jurisdiccionales de la Unión Europea[7], si bien la traslación de la normativa comunitaria al derecho interno ha de seguir los criterios constitucionales y estatutarios de reparto de competencias entre el Estado y las Comunidades Autónomas[8].

Más concretamente, el TC se ha referido a la infracción del «principio de primacía del Derecho de la Unión», cuando algún tribunal nacional se ha apartado, desconocido o preterido la aplicación de una norma del Derecho de la Unión Europea, incurriendo en una interpretación irrazonable y arbitraria de la norma aplicada al proceso que vulnere el derecho a la tutela judicial efectiva (art. 24.1 CE) de la parte recurrente en amparo.

---

3 Arts. 29 y 30 de la Ley 25/2014, de 27 de noviembre.

4 Art. 31 de la Ley 25/2014, de 27 de noviembre.

5 STC 2/1983, de 25 de enero, FJ núm. 3 (ponente Sr. Escudero del Corral).

6 STC 41/2002, de 25 de febrero, FJ núm. 2 (Ponente Sr. Gay Montalvo).

7 STC 45/1996, de 25 de marzo, FJ núm. 5 (ponente Sr. Gabaldón Pérez).

8 STC 95/2002, de 25 de abril, FJ núm. 18 (ponente Sr. García Manzano).

En tal sentido, la STC 232/2015, de 5 de noviembre[9] —con respecto a la función a desempeñar por nuestro más alto tribunal— ha afirmado que: «(i) a este tribunal le corresponde [...] velar por el respeto del principio de primacía del Derecho de la Unión cuando "exista una interpretación auténtica efectuada por el propio Tribunal de Justicia de la Unión Europea" [fundamento jurídico 5 c)], (ii) el desconocimiento y preterición de una norma de Derecho de la Unión, tal y como ha sido interpretada por el Tribunal de Justicia, "puede suponer una selección irrazonable y arbitraria de una norma aplicable al proceso", lo cual puede dar lugar a una vulneración del derecho a la tutela judicial efectiva (STC 145/2012, de 2 de julio, FFJJ 5 y 6) [fundamento jurídico 5 c)], y (iii) prescindir por "propia, autónoma y exclusiva decisión" del órgano judicial, de la interpretación de un precepto de una norma europea impuesta y señalada por el órgano competente para hacerlo con carácter vinculante, es decir el Tribunal de Justicia de la Unión Europea, vulnera el principio de primacía del Derecho de la Unión Europea [fundamento jurídico 6 b)] (STC 31/2019, FJ 4)».

Paralelamente, el Tribunal Supremo[10] se ha pronunciado sobre la prevalencia del Derecho Comunitario al poner en evidencia que:

> «... la primacía del Derecho comunitario, continuamente afirmada por el TJCE y reconocida con claridad en nuestro ordenamiento jurídico [art. 93 CE (RCL 1978, 2836)], no solamente determina la prevalencia de la jurisprudencia comunitaria sobre la doctrina de los Tribunales de los países miembros en la interpretación o aplicación de los preceptos y disposiciones del Derecho Comunitario, al tener precisamente atribuida la competencia de interpretación uniforme del Derecho de la Comunidad Europea (aparte de otras muchas anteriores, SSTS 20/10/04 (RJ 2004, 7162) —rcud 4424/03—; 27/10/04 (RJ 2004, 7202) —rcud 899/02—; y dos de 22/12/08 —rcud 85/06 y 3460/06 (RJ 2009, 1828)—), sino que incluso llega a influir —hasta cierto punto— en la interpretación de la normativa nacional, puesto que «el órgano jurisdiccional que debe interpretarla está obligado a hacer todo lo posible, a la luz de la letra y de la finalidad de la directiva, para, al efectuar dicha interpretación, alcanzar el resultado a que se refiere la Directiva y de esta forma atenerse al párrafo tercero del art. 189 del Tratado 1986, 8» —actual art. 249 (RCL 1999, 1205 ter)— (STJCE 13/11/90 (TJCE 1991, 78), Asunto Marleasing, apartado 8 . Doctrina de constante reiteración: entre las recientes, sentencias de 11/09/07 (TJCE 2007, 216), Hendrix; 24/06/08 (TJCE 2008, 140). A. Commune Mesquer; y 25/07/08 (TJCE 2008, 187), Janecek).

9 SSTC 232/2015, de 5 de noviembre (recurso de amparo núm. 1709/2013, ponente Sr. Ricardo Enríquez Sancho); 31/2019, de 28 de febrero (recurso de amparo núm. 1086/2018, ponente Sra. María Luisa Balaguer Callejón; 101/2021, de 10 de mayo (recurso de amparo núm. 63/2020, ponente Sra. Encarnación Roca Trías); y 152/2021, de 13 de septiembre (recurso de amparo núm. 1047-2020, ponente Sra. María Luisa Balaguer Callejón).

10 FD Cuarto de la Sentencia de 24 de junio de 2009. RJ 2009\4286 del Tribunal Supremo (Sala de lo Social, Sección 1.ª).

O lo que es igual, conforme a esta constante doctrina del TJCE, los Tribunales nacionales han de interpretar al límite el Derecho interno, al objeto de alcanzar una interpretación que sea acorde con las Directivas y los principios del Derecho Comunitario. Interpretación pro communitate que incluso se llega a predicar respecto de la propia Constitución, puesto que «las normas constitucionales que reconocen los derechos y libertades han de interpretarse de conformidad con la Declaración Universal de Derechos Humanos y los Tratados y acuerdos internacionales sobre las mismas materias ratificados por España» [art. 10.2 de la Constitución]» (STC 28/1991, de 14/Febrero (RTC 1991, 28), FJ 5. Valor interpretativo que expresamente reitera la sentencia 64/1991, de 22/Marzo (RTC 1991, 64), FJ 4, y que implícitamente admite la de 13/1998, de 22/Enero (RTC 1998, 13), FJ 3). De lo que se deriva —se ha dicho— la consideración del Derecho Comunitario como canon hermenéutico del bloque de constitucionalidad, muy particularmente cuando el nivel de protección dispensado al ciudadano es superior al proporcionado por la Constitución, a virtud del juego combinado de los arts. 10.2 y 93 CE. Siquiera también se mantenga la conveniencia, todo hay que decirlo, de la interpretación pro constitutione del Tratado».

El mismo Tribunal Supremo ha advertido que no debe olvidarse que las afirmaciones del Tribunal de Justicia de la Unión Europea trascienden del supuesto concreto en cuyo marco se plantea la cuestión prejudicial, puesto que el mismo no resuelve litigio alguno. Con otros términos, la competencia del Tribunal de Justicia tiene por objeto garantizar la interpretación uniforme, en todos los Estados miembros, de las disposiciones de Derecho comunitario, por lo que el Tribunal de Justicia se limita a declarar el significado de las normas comunitarias de que se trata (sentencia de 8 de noviembre de 1990 (TJCE 1991, 75), Asunto Gmurzynska-Bscher)[11].

En este marco, el procedimiento previsto en el artículo 234 del Tratado de la Unión Europea es un instrumento de cooperación entre el Tribunal de Justicia y los órganos jurisdiccionales nacionales, a través del cual el primero aporta a los segundos los elementos de interpretación del Derecho comunitario que precisan para resolver los litigios de que conocen. De ahí que sus sentencias recaídas en procedimientos prejudiciales complementen las normas comunitarias objeto de interpretación con pronunciamientos interpretativos de las mismas que adquieren validez general para quienes en los Estados miembros o en las instituciones comunitarias han de aplicar las mismas y, por tanto, tales pronunciamientos no pueden ser desconocidos como meros criterios aplicados a la solución de un concreto caso, sino que presentan rasgos de generalidad en su aplicación que les confieren un valor normativo[12].

---

11 Según cita de la Sentencia de 9 de mayo de 2012. AS 2012\1842 del Tribunal Superior de Justicia de Castilla y León, Valladolid (Sala de lo Social, Sección 1.ª).

12 Sentencias de 12 de marzo de 1998 (TJCE 1998, 48), Asunto Djabali; 18 de noviembre de 1999, Asunto Teckal; 21 de enero de 2003 (TJCE 2003, 25), Asunto Bacardi- Martini y Cellier des Dauphins; 23 de enero de 2003, Asunto Makedoniko Metro y Michaniki; 04 de marzo

3. La reciente Sentencia del Tribunal de Justicia de la Unión Europea, de 8 de marzo de 2022

Quizás como una muestra de autoridad o, simplemente, de recordatorio de la primacía del derecho comunitario respecto de los derechos nacionales de los estados miembros del Unión Europea, el TJUE acaba de pronunciarse una vez más al respecto por medio de su Sentencia de 8 de marzo de 2002, dictada por la Gran Sala, en el asunto C-205/20, con objeto de resolver una petición de decisión prejudicial planteada, con arreglo al artículo 267 TFUE, por el Landesverwaltungsgericht Steiermark (Tribunal Regional de lo Contencioso-Administrativo de Estiria, Austria), en el procedimiento entre NE Y Bezirkshauptmannschaft Hartberg-Fürstenfeld, con intervención de Finanzpolizei Team 91.

El tribunal nacional en cuestión conoció de la comisión de una infracción administrativa que por ley debe ser sancionada por la Administración del distrito con multa de 500 a 5 000 euros por cada trabajador y, en caso de reincidencia, con multa de 1.000 a 10.000 euros por trabajador, dirigida a «Quien, en su condición de ... empresario, no disponga de los documentos salariales exigidos ... en cuyo caso ... incurrirá en infracción administrativa y deberá ser sancionado por la Administración del distrito con multa de 1.000 a 10.000 euros por cada trabajador y, en caso de reincidencia, con multa de 2.000 a 20.000 euros por cada trabajador; en caso de ser más de tres los trabajadores afectados, con multa de 2.000 a 20.000 euros por cada trabajador y, en caso de reincidencia, con multa de 4.000 a 50.000 euros por trabajador».

Pues bien, la empresa CONVOI s. r. o., sociedad establecida en Eslovaquia, desplazó trabajadores por cuenta ajena a Niedec Global Appliance Austria GmbH, establecida en Fürstenfeld (Austria) y sobre la base de comprobaciones efectuadas en una inspección de 24 de enero de 2018, la Administración del Distrito de Hartberg-Fürstenfeld impuso, mediante resolución de 14 de junio de 2018, una multa de 54.000 euros a NE, en su condición de representante de CONVOI, por incumplimiento de diversas obligaciones establecidas en la LSD-BG en relación, en particular, con la declaración de desplazamiento ante la autoridad nacional competente y con la conservación de la documentación salarial.

NE interpuso recurso contra dicha resolución ante el órgano jurisdiccional remitente, el Landesverwaltungsgericht Steiermark (Tribunal Regional de lo Contencioso-Administrativo de Estiria, Austria), el cual, mediante resolución de 9 de octubre de 2018, remitió al Tribunal de Justicia una petición de decisión prejudicial relativa a la conformidad con el Derecho de la Unión y, en particular, con el principio de proporcionalidad de sanciones como las contempladas por la normativa nacional controvertida en el litigio principal.

---

de 2004, Asunto Barsotti y otros; 20 de enero de 2005, Asunto Salgado Alonso; 20 de enero de 2005, Asunto García Blanco; 1 de marzo de 2005 (TJCE 2005, 48), Asunto Owusu; 15 de junio de 2006, Asunto Acereda Herrera; y 6 de julio de 2006 (TJCE 2006, 189), Asunto Salus.

En su auto de 19 de diciembre de 2019, Bezirkshauptmannschaft Hartberg-Fürstenfeld (C-645/18, no publicado, EU:C:2019:1108), el Tribunal de Justicia declaró que el artículo 20 de la Directiva 2014/67 debe interpretarse en el sentido de que se opone a una normativa nacional que prescribe, para el caso de que se incumplan ciertas obligaciones en materia de Derecho laboral relativas a la declaración de trabajadores y a la conservación de documentos salariales, la imposición de multas de un importe elevado: que no pueden ser inferiores a un importe predeterminado; que se imponen acumulativamente por cada trabajador afectado y sin límite máximo, y a las que se añade una contribución a las costas procesales del 20 % de su importe en caso de desestimación del recurso interpuesto contra la resolución que las imponga.

El órgano jurisdiccional remitente señala que, tras dictarse dicho auto, el legislador nacional no ha modificado la normativa controvertida en el litigio principal y, habida cuenta, en particular, de las consideraciones expuestas en la sentencia de 4 de octubre de 2018, Link Logistik N&N (C-384/17, EU:C:2018:810), así como de la existencia de divergencias entre los órganos jurisdiccionales austriacos sobre la forma en que debe aplicarse la jurisprudencia del Tribunal de Justicia en la materia, se pregunta si dicha normativa puede desecharse y, en su caso, en qué medida. Entiende, en particular, que las consecuencias que debería extraer de dicho auto podrían llevarlo a desechar los elementos de dicha normativa que impiden la imposición de sanciones proporcionadas o a abstenerse de aplicar, en su totalidad, el régimen sancionador que la misma contempla.

En estas circunstancias, el Landesverwaltungsgericht Steiermark (Tribunal Regional de lo Contencioso-Administrativo de Estiria) decidió suspender el procedimiento y plantear al Tribunal de Justicia diversas cuestiones prejudiciales.

De entrada, el TJUE centra la cuestión efectuando tres cuestiones esenciales, a saber:

a) Conforme reiterada jurisprudencia del Tribunal de Justicia se desprende que, en todos aquellos casos en que las disposiciones de una directiva, desde el punto de vista de su contenido, no estén sujetas a condición alguna y sean suficientemente precisas, los particulares están legitimados para invocarlas ante los órganos jurisdiccionales nacionales contra el Estado, bien cuando este no haya transpuesto la directiva al Derecho nacional dentro de los plazos señalados, bien cuando haya hecho una transposición incorrecta (sentencia de 6 de noviembre de 2018, Max-Planck-Gesellschaft zur Förderung der Wissenschaften, C-684/16, EU:C:2018:874, apartado 63 y jurisprudencia citada).

b) El Tribunal de Justicia ha especificado que una disposición del Derecho de la Unión es, por un lado, incondicional cuando establece una obligación que no está sujeta a ningún requisito ni supeditada, en su ejecución o en sus efectos, a que se adopte ningún acto de las instituciones de la Unión o de los Estados miembros y, por otro lado, suficientemente precisa para ser invocada por un justiciable y aplicada por el juez cuando establece una obligación en términos inequívocos (sentencia de 14 de enero de 2021, RTS infra y Aannemingsbedrijf Norré-Behaegel, C-387/19, EU:C:2021:13, apartado 46 y jurisprudencia citada).

c) El Tribunal de Justicia ha declarado asimismo que, aun cuando una directiva deje a los Estados miembros un cierto margen de apreciación a la hora de adoptar las normas de aplicación, puede considerarse que una disposición de dicha directiva tiene carácter preciso e incondicional cuando pone a cargo de los Estados miembros, en términos inequívocos, una obligación de resultado precisa y que no está sometida a condición alguna en cuanto a la aplicación de la regla que recoge (sentencia de 14 de enero de 2021, RTS infra y Aannemingsbedrijf Norré-Behaegel, C-387/19, EU:C:2021:13, apartado 47 y jurisprudencia citada).

Siguiendo con tal argumentación, el TJUE continúa razonando que cuando un Estado miembro excede su facultad de apreciación al establecer una normativa nacional que contempla sanciones desproporcionadas para las infracciones de las disposiciones nacionales adoptadas con arreglo a la Directiva 2014/67[13], la persona afectada debe poder invocar directamente la exigencia de proporcionalidad de las sanciones contemplada en el artículo 20 de esta Directiva frente a tal normativa[14], añadiendo que el respeto del principio de proporcionalidad, que constituye un principio general del Derecho de la Unión, vincula a los Estados miembros cuando aplican este Derecho, incluido en caso de que no exista una armonización de la legislación de la Unión en el ámbito de las sanciones[15], de modo que cuando, en el marco de tal aplicación, los Estados miembros adoptan sanciones más concretamente de naturaleza penal, deben observar el artículo 49, apartado 3, de la Carta de los Derechos Fundamentales de la Unión Europea (en lo sucesivo, «Carta»), a tenor del cual la intensidad de las penas no deberá ser desproporcionada en relación con la infracción. Pues bien, este principio de proporcionalidad, del que el artículo 20 de la Directiva 2014/67 no es más que un recordatorio, tiene carácter imperativo.

---

13 Directiva 2014/67/UE del Parlamento Europeo y del Consejo, de 15 de mayo de 2014, relativa a la garantía de cumplimiento de la Directiva 96/71/CE, sobre el desplazamiento de trabajadores efectuado en el marco de una prestación de servicios, y por la que se modifica el Reglamento (UE) n° 1024/2012 relativo a la cooperación administrativa a través del Sistema de Información del Mercado Interior («Reglamento IMI»).Publicado en el DOUE núm. 159, de 28 de mayo de 2014, páginas 11 a 31.

14 Citando, por analogía, las sentencias de 28 de junio de 2007, JP Morgan Fleming Claverhouse Investment Trust y The Association of Investment Trust Companies, C-363/05, EU: C: 2007:391, apartado 61, y de 28 de noviembre de 2013, MDDP, C-319/12, EU: C: 2013:778, apartado 51.

15 En este sentido, las sentencias de 26 de abril de 2017, Farkas, C-564/15, EU: C: 2017: 302, apartado 59, y de 27 de enero de 2022, Comisión/España (Obligación de información en materia tributaria), C-788/19, EU:C:2022:55, apartado 48].

Posteriormente, en sus apartados 35 a 37, el TJUE entra ya a considerar directamente la primacía del derecho de la UE frente al nacional y lo hace de la siguiente manera:

a) Para garantizar la efectividad del conjunto de las disposiciones del Derecho de la Unión, el principio de primacía obliga, en particular, a los órganos jurisdiccionales nacionales a interpretar, en la medida de lo posible, su Derecho interno de manera conforme con el Derecho de la Unión[16].

b) No obstante, la obligación de interpretación conforme del Derecho nacional tiene determinados límites y no puede, en particular, servir de fundamento para una interpretación contra legem del Derecho nacional[17].

c) Ha de recordarse, asimismo, que el principio de primacía obliga al juez nacional encargado de aplicar, en el ámbito de su competencia, las disposiciones del Derecho de la Unión, cuando no resulte posible interpretar la normativa nacional conforme a las exigencias del Derecho de la Unión, a garantizar la plena eficacia de las exigencias de este Derecho en el litigio de que conozca, dejando inaplicada si fuera necesario, y por su propia iniciativa, cualquier normativa o práctica nacional, aun posterior, contraria a una disposición del Derecho de la Unión que tenga efecto directo, sin que deba solicitar o esperar a su previa eliminación por vía legislativa o mediante cualquier otro procedimiento constitucional[18].

Concluyendo que para garantizar la plena eficacia de la exigencia de proporcionalidad de las sanciones establecida en el artículo 20 de la Directiva 2014/67, incumbe, por tanto, al juez nacional que conoce de un recurso contra una sanción dictada con arreglo al régimen nacional aplicable a las infracciones de las disposiciones nacionales adoptadas en virtud de dicha Directiva desechar la parte de la normativa nacional de la que dimane el carácter desproporcionado de las sanciones, de modo que se impongan sanciones proporcionadas y que a la vez sean efectivas y disuasorias.

Consecuentemente, la Sentencia comentada del TJUE, de 8 de marzo de 2022, declara que «El principio de primacía del Derecho de la Unión debe interpretarse en el sentido de que impone a las autoridades nacionales la obligación de dejar inaplicada una normativa nacional que en parte contraviene la exigencia de proporcionalidad de las sanciones establecida en el artículo 20 de la Directiva 2014/67 únicamente en cuanto sea necesario para permitir la imposición de sanciones proporcionadas».

---

16 Sentencia de 24 de junio de 2019, Popławski, C-573/17, EU: C: 2019: 530, apartado 57.

17 Sentencia de 6 de octubre de 2021, Sumal, C-882/19, EU:C:2021:800, apartado 72.

18 (véanse, en este sentido, las sentencias de 24 de junio de 2019, Popławski, C-573/17, EU: C: 2019:530, apartados 58 y 61, y de 21 de diciembre de 2021, Euro Box Promotion y otros, C-357/19, C-379/19, C-547/19, C-811/19 y C-840/19, EU:C: 2021:1034, apartado 252).

Y para finalizar el presente comentario, un último apunte imprescindible. El TJUE ha declarado reiteradamente que también un acuerdo internacional celebrado por la Unión Europea forma parte integrante, a partir de su entrada en vigor, del ordenamiento jurídico de ésta[19].

19 Sentencia TJUE de 24 de febrero de 2022, Asunto C-452-2020. Agenzia delle Dogane e del Monopoli y Ministerio dell´Economia e delle Finanze).

33.
Derecho a la asistencia sanitaria pública en el marco del Derecho de la Unión Europea

Comunicado de Prensa nº 136/21 del Tribunal de Justicia de la Unión Europea. Luxemburgo, 15 de julio de 2021. Sentencia en el asunto C-535/19[1][2]

I. Asunto objeto de resolución

El Tribunal de Justicia confirma el derecho de los ciudadanos de la Unión económicamente inactivos que residen en un Estado miembro distinto de su Estado miembro de origen a afiliarse al sistema público de sistema público de seguro de enfermedad del Estado miembro de acogida.

El Derecho de la UE no impone, sin embargo, el requisito de afiliación a ese sistema de forma gratuita al nacional italiano casado con una nacional letona, que dejó Italia y se instaló en Letonia para vivir con su mujer y sus dos hijos pequeños.

Poco después de llegar a Letonia, el 22 de enero de 2016, solicitó al Servicio Nacional de Salud de Letonia poder afiliarse al sistema de Seguridad Social. Su solicitud fue denegada mediante decisión de 17 de febrero de 2016, que fue confirmada por el Ministerio de Sanidad por considerar que no estaba incluido en ninguna de las categorías de beneficiarios de asistencia médica financiada por el Estado, ya que no trabajaba ni por cuenta ajena ni por cuenta propia en Letonia.

---

1 El texto original de la Nota de Prensa está redactado en su original en inglés y ha sido traducido al castellano por el autor del presente comentario.

2 La remisión prejudicial permite a los órganos jurisdiccionales de los Estados miembros, en los litigios los tribunales de los Estados miembros, en los litigios que se les plantean, plantear cuestiones al Tribunal de Justicia sobre la interpretación del Derecho de la Unión o sobre la validez de un acto de la Unión. El Tribunal de Justicia no resuelve el litigio en sí mismo. Corresponde al órgano jurisdiccional nacional resolver el asunto de acuerdo con la decisión del Tribunal de Justicia, que también es vinculante para los Estados miembros. que es igualmente vinculante para otros órganos jurisdiccionales nacionales ante los que se plantee una cuestión similar.

Al ser desestimado su recurso contra la decisión de denegación de las autoridades letonas, el nacional italiano interpuso un recurso ante el Tribunal Administrativo Regional de Letonia, que también dictó una sentencia desfavorable de su solicitud.

En este contexto, el Tribunal Supremo de Letonia, conociendo de un recurso interpuesto por el interesado decidió preguntar al Tribunal de Justicia de la UE sobre la compatibilidad de la desestimación por las autoridades letonas de la solicitud del nacional italiano con el Derecho de la UE en materia de ciudadanía y seguridad social.

En su sentencia, dictada por la Gran Sala, el Tribunal confirma el derecho de los ciudadanos de la Unión económicamente inactivos que residen en un Estado miembro distinto de su Estado miembro de origen a afiliarse al sistema público de seguro de enfermedad del Estado miembro de acogida con el fin de obtener asistencia médica financiada por dicho Estado. Sin embargo, el Tribunal de Justicia señala que el Derecho de la Unión no impone la obligación de afiliación gratuita a dicho sistema.

II. Apreciación del Tribunal de Justicia

1. En primer lugar, el Tribunal de Justicia examina la aplicabilidad del Reglamento n° 883/2004 a la prestación de asistencia médica como la controvertida en el litigio principal.

   Concluye que las prestaciones financiadas por el Estado y concedidas sin ninguna evaluación individual y discrecional de las necesidades personales, a las personas comprendidas a las personas comprendidas en las categorías de beneficiarios definidas por la normativa nacional, constituyen «prestaciones de enfermedad» en el sentido del artículo 3, apartado 1, letra a), del Reglamento n° 883/2004[3]. Por consiguiente, estas prestaciones están comprendidas en el ámbito de aplicación de dicho Reglamento, ya que no se trata de una «asistencia social y médica» excluida de ese ámbito de aplicación[4].

2. En segundo lugar, el Tribunal de Justicia examina, en esencia, si el artículo 11, apartado 3, letra e), del Reglamento n° 883/2004 y el artículo 7, apartado 1, letra b), de la Directiva 2004/38[5] se oponen a una

---

3 Reglamento (CE) n° 883/2004 del Parlamento Europeo y del Consejo, de 29 de abril de 2004, sobre la coordinación de los sistemas de seguridad social (DO L 166, p. 1, y corrección de errores DO L 200, p. 1), en su versión modificada por el Reglamento (CE) n° 988/2009 del Parlamento Europeo y del Consejo, de 16 de septiembre de 2009 (DO L 284, p. 43).

4 De conformidad con el artículo 3, apartado 5, letra a), del Reglamento n° 883/2004.

5 Directiva 2004/38/CE del Parlamento Europeo y del Consejo, de 29 de abril de 2004, relativa al derecho de los ciudadanos de la Unión y de los miembros de sus familias a circular y residir libremente en el territorio de los Estados miembros, por la que se modifica el

normativa nacional que excluye del derecho a estar afiliado al sistema público de seguro de enfermedad del Estado miembro de acogida, para obtener asistencia médica financiada por dicho Estado, a los ciudadanos de la Unión económicamente inactivos que sean nacionales de otro Estado miembro y que, en virtud del artículo 11, apartado 3, letra e), de dicho Reglamento, estén comprendidos en el ámbito de aplicación de la legislación del Estado miembro de acogida y que ejerzan su derecho de residencia en el territorio de dicho Estado en virtud del artículo 7, apartado 1, letra b), de la misma Directiva.

A este respecto, el Tribunal de Justicia señala, en primer lugar, que, en el marco del sistema de normas de conflicto establecido por el Reglamento nº 883/2004[6], para determinar la legislación nacional aplicable a la percepción de las prestaciones de seguridad social, las personas económicamente inactivas están cubiertas, en principio, por la legislación del Estado miembro en el que residen.

3. Señala, a continuación, que, cuando se fijan los requisitos para la afiliación en un régimen de seguridad social, los Estados miembros tienen la obligación de respetar las disposiciones del Derecho de la UE en vigor. En particular, las normas de conflicto establecidas por el Reglamento nº 883/2004 son obligatorias para los Estados miembros, y éstos no pueden determinar en qué medida es aplicable su propia legislación o la de otro Estado miembro es aplicable.

4. Por consiguiente, un Estado miembro no puede, en virtud de su legislación nacional, negarse a afiliar a un ciudadano de la Unión que, en virtud del artículo 11, apartado, letra e), del Reglamento 883/2004, relativo a la determinación de la legislación aplicable, esté sometido a la legislación de ese Estado miembro.

5. Por último, el Tribunal de Justicia examina la incidencia en el régimen de seguridad social del Estado miembro de acogida de las disposiciones de la Directiva 2004/38, en particular el artículo 7, apartado 1, letra b). De esta última disposición se desprende que, durante todo el período de residencia en el territorio del Estado miembro de acogida superior a tres meses y menos de cinco años, los ciudadanos de la Unión económicamente inactivos deben, en particular, disponer de un seguro de enfermedad completo para ellos y los miembros de su familia, con el fin de no convertirse en una carga excesiva para la Hacienda pública de ese Estado miembro.

Reglamento (CEE) nº 1612/68 y por el que se derogan las Directivas 64/221/CEE, 68/360/CEE, 72/194/CEE, 73/148/CEE, 75/34/CEE 75/35/CEE, 90/364/CEE, 90/365/CEE y 93/96/CEE (DO L 158, p. 77 y corrección de errores DO L 229, p. 35).

6 Artículo 11, apartado 3, letra e), del Reglamento nº 883/2004.

6. Por lo que se refiere a la relación entre esta condición de residencia de conformidad con la Directiva 2004/38 y la obligación de afiliación en virtud del Reglamento nº 883/2004, el Tribunal de Justicia señala que el Estado miembro de acogida de un ciudadano de la Unión económicamente inactivo puede disponer que el acceso a ese sistema no sea gratuito para evitar que ese ciudadano se convierta en una carga excesiva para la Hacienda pública de ese Estado miembro.
7. El Tribunal de Justicia considera que el Estado miembro de acogida está facultado para hacer que la afiliación a su régimen público de enfermedad de un ciudadano de la Unión económicamente inactivo que reside en su territorio sobre la base del artículo 7, apartado 1, letra b), de la Directiva 2004/38, quede sujeto a condiciones tales como la celebración o el mantenimiento por ese ciudadano de un seguro de enfermedad privado completo, que permita el reembolso a dicho Estado miembro de los gastos sanitarios que haya efectuado en beneficio de ese ciudadano de dicho ciudadano, o el pago, por parte de éste, de una cotización al régimen público de ese Estado miembro. No obstante, corresponde al Estado miembro de acogida velar por el respeto del principio de proporcionalidad en este contexto y, por tanto, que no sea excesivamente difícil para ese ciudadano cumplir con tales condiciones.

III. Conclusión del Tribunal de Justicia de la Unión Europea

El Tribunal de Justicia concluye que el artículo 11, apartado 3, letra e), del Reglamento nº 883/2004, leído a la luz del artículo 7, apartado 1, letra b), de la Directiva 2004/38, se opone a una normativa nacional que excluye del derecho a estar afiliado al sistema público de seguro de enfermedad del Estado miembro de acogida, para obtener asistencia médica financiada por dicho Estado, a los ciudadanos de la Unión económicamente inactivos que sean nacionales de otro Estado miembro y que, en virtud de dicha normativa, están comprendidos en el ámbito de aplicación de la legislación del Estado miembro de acogida y que ejercen su derecho de residencia en el territorio de dicho Estado miembro en virtud de dicha Directiva.

En cambio, estas disposiciones no se oponen a que la afiliación de tales ciudadanos de la Unión a dicho régimen no sea gratuita para evitar que esos ciudadanos se conviertan en una carga excesiva para evitar que esos ciudadanos se conviertan en una carga excesiva para la hacienda pública del Estado miembro de acogida.

EXTINCIÓN DEL CONTRATO DE TRABAJO

34.
El Tribunal Constitucional inadmite a trámite una cuestión de inconstitucionalidad frente a la previsión legal de inexistencia de indemnización derivada de la extinción del contrato de interinidad[1]

I. Antecedentes

La Sección Tercera de la Sala de lo Social del Tribunal Superior de Justicia de Madrid remitió junto con las actuaciones correspondientes (procedimiento sobre despido núm. 1069-2018), testimonio del auto de 22 de diciembre de 2021 en el que acuerda plantear cuestión de inconstitucionalidad respecto del apartado c) del art. 49.1 del texto refundido de la Ley del estatuto de los trabajadores (LET), aprobado por el Real Decreto Legislativo 2/2015, de 23 de octubre.

Las expresadas actuaciones se refieren a la demanda de despido interpuesta por una trabajadora contra el Servicio Madrileño de Salud, que había celebrado un contrato de interinidad para sustituir a otro empleado «durante la situación de liberación sindical de este».

Por escrito de fecha 17 de septiembre de 2018, se comunicó a la trabajadora la extinción de su contrato «por finalización de la causa que motivó su nombramiento», solicitando la trabajadora en su demanda la declaración de improcedencia del despido, con las consecuencias inherentes a tal declaración, y subsidiariamente que se le reconociese una indemnización de veinte días de salario por año trabajado con un máximo de doce mensualidades, o subsidiariamente el derecho a percibir la indemnización de doce días de salario en las mismas condiciones.

El Juzgado de lo Social núm. 14 de Madrid que conoció del asunto dictó sentencia, de fecha 1 de marzo de 2019, estimando la demanda y declarando la improcedencia del despido, condenando a la empresa demandada a que en el plazo de cinco días optara entre la readmisión de la trabajadora o el abono de una indemnización de 61.339,38 euros.

1 Publicado en Economist & Jurist, el 13.6.2022.

La sentencia se planteó si existía un despido o bien se había extinguido válidamente el contrato de trabajo, aplicando la doctrina de la STJUE de 14 de septiembre de 2016, y concluyendo que:

> «(...) en el presente caso, la actora suscribió [un contrato] de interinidad con fecha de inicio 7/02/1996, en sustitución de [don A.R.K.] con la categoría de titulado medio (asistente social) durante la situación de liberación sindical de este [...]. Don [A.R.K.], no se ha jubilado completamente, puesto que con fecha 18/09/2018 suscribe contrato de trabajo temporal a tiempo parcial con una reducción del 75 por 100 de la jornada por situación de jubilación parcial, con duración hasta el 22/12/2021 [...], por lo tanto mantiene parte de su contrato en un porcentaje, y en su consecuencia no se da la causa de finalización, al menos en un porcentaje, puesto que don [A.R.K.], mantiene un 25 por 100 de jornada, por lo tanto, al no darse la causa de finalización del contrato, solamente puede calificarse la extinción de improcedente, lo que supone un despido improcedente».

Contra dicha sentencia el Servicio Madrileño de Salud interpuso recurso de suplicación, alegando la infracción de los arts. 12, 49, 51 y 52 del estatuto de los trabajadores e indicando que el trabajador al que sustituía la trabajadora, suscribió el 18 de septiembre de 2018 un nuevo contrato, en este caso a tiempo parcial, como consecuencia de haber accedido a la situación de jubilación parcial. Considera el Servicio Madrileño de Salud que no nos encontramos ante una novación del contrato anterior, ni de una adenda al mismo, sino ante la celebración de un nuevo contrato que, además, está sujeto a un régimen jurídico distinto previsto en el art. 12.6 y 7 LET. Afirma que la jubilación parcial de un trabajador exige que se concierte de manera simultánea un contrato de relevo, hecho que no tiene en cuenta la sentencia de instancia, lo que determina la necesidad de extinguir el contrato de interinidad de la trabajadora e insistiendo en que la causa de finalización del contrato fue la finalización de la causa que motivó su nombramiento, no la amortización de la plaza.

Por otra parte, el recurso interpuesto advierte que en relación con la invocación que realiza la sentencia de instancia de la STJUE de 14 de septiembre de 2016, recuerda que dicha doctrina ha sido superada por lo establecido en la STJUE de 21 de noviembre de 2018, destacando que la sentencia de la Sala de lo Social del Tribunal Supremo de 13 de marzo de 2019, en un supuesto análogo al aquí debatido, sobre contrato de interinidad por sustitución de un trabajador liberado sindical, declara que la extinción por la causa válidamente consignada en el contrato no es constitutiva de despido, ni tampoco genera derecho al abono de indemnización alguna.

II. Objeto de la cuestión de inconstitucionalidad

Por Auto de la Sala de lo Social del Tribunal Superior de Justicia de Madrid de 17 de diciembre de 2019, se dispuso que «habiéndose elevado al Tribunal de Justicia de la Unión Europea cuestión de prejudicialidad por auto de fecha

23/09/2019, relativa a un asunto similar al de este procedimiento [...], se suspende la tramitación del presente recurso hasta que se dicte resolución por el Tribunal de Justicia de la Unión Europea».

La cuestión fue resuelta por la STJUE de 3 de junio de 2021, C-726/19, que aborda la utilización de los contratos de interinidad por vacante y su duración máxima, cuestión diferente a la ahora planteada en el presente proceso constitucional, que se refiere a la eventual vulneración del art. 14 CE por no prever el art. 49.1 c) LET indemnización para todos los contratos temporales previstos en dicho precepto.

Concretamente, el tribunal se plantea la pertinencia de plantear cuestión de inconstitucionalidad en relación con el art. 49.1 LET y con el art. 15.1 y 2 de la misma ley, en cuanto que, al no establecer un plazo máximo de duración respecto al contrato de interinidad por sustitución y no establecer indemnización alguna por extinción del mismo, infringe el derecho al trabajo (art. 35.1 CE) en su contenido esencial de derecho a la estabilidad en el empleo y el derecho a la igualdad sin discriminación del art. 14 CE.

Con motivo de ello, alegó al respecto que se establece:

> «(...) una desigualdad ante la ley injustificada discriminando a los interinos por sustitución respecto a los demás trabajadores temporales — por obra, servicio, eventualidad o relevo— y hoy después de la publicación del Real Decreto-ley 14/2021, de 6 de julio, de medidas urgentes para la reducción de la temporalidad en el empleo público, también respecto a los interinos por vacante al no existir una razón objetiva en los términos que demanda la jurisprudencia del Tribunal Constitucional».

Tanto la letrada de la Comunidad de Madrid, en representación y defensa del Servicio Madrileño de Salud, como el Ministerio Fiscal, evacuaron sus respectivas alegaciones, elevándose las actuaciones para su resolución por el TC.

III. Causas de inadmisión de la cuestión de inconstitucionalidad. La *ratio decidendi* de la resolución del Tribunal Constitucional

El Auto del TC, objeto del presente comentario, resuelve Inadmitir a trámite la presente cuestión de inconstitucionalidad formulada por la Sala Social del TSJ de Madrid, y lo razona en base a los siguientes criterios:

1. La decisión del asunto no depende de la validez de la norma cuestionada, pues si finalmente se apreciara en sentencia que estamos ante un despido improcedente, la constitucionalidad de la norma sería irrelevante para el caso.
2. La cuestión de inconstitucionalidad planteada resulta notoriamente infundada, porque aun existiendo fundamentación y sin apreciar que esta sea arbitraria, los términos de comparación no son iguales pues, mientras en el contrato de interinidad por sustitución en el mismo

puesto de trabajo confluyen dos trabajadores, el que está siendo sustituido, que tiene derecho a la reserva del puesto de trabajo, y el trabajador temporal sustituto, esto no sucede con el resto de supuestos de trabajadores temporales, en los que el puesto de trabajo solo lo ocupa el trabajador temporal y por esta razón se fija una indemnización, aun en el caso de cese procedente.

3. Cuando el trabajador interino cesa, el puesto de trabajo no desaparece porque pasa a ser ocupado por el trabajador sustituido con derecho a la reserva del puesto de trabajo, que se reincorpora de nuevo a sus funciones, o por el trabajador que ha sido seleccionado para su cobertura definitiva. Por el contrario, en el resto de modalidades de contratación temporal, cuando se extingue el contrato el puesto de trabajo desaparece.

   Por eso, en estos casos, tiene sentido fijar una indemnización a la fecha de extinción del contrato. Con esta indemnización se trata de estimular a la empresa para que trate de prorrogar el contrato temporal, si fuera posible, o lo convierta en indefinido.

   Sin embargo, este estímulo no tiene sentido en un contrato de interinidad en el que el puesto de trabajo y, por tanto, el empleo permanece en todo caso al ser cubierto por la persona sustituida que se reincorpora de nuevo a la empresa, o por quien haya sido seleccionada para su cobertura definitiva. Se está garantizando, de este modo, en un contrato de interinidad el derecho al trabajo de la persona sustituida.

4. Como declara la Sala de lo Social del Tribunal Supremo, el contrato de interinidad es un contrato que tiene su base precisamente en la conservación del empleo del concreto trabajador sustituido con la reserva del puesto de trabajo, lo que no sucede con otros trabajadores temporales.

35.
La extinción del contrato de trabajo derivada de la jubilación forzosa. Recorrido histórico y apuntes a la Sentencia de la Sala Social del Tribunal Supremo, de 13 de junio de 2022[1]

El vigente art. 49.1.f) del Real Decreto Legislativo 2/2015, de 23 de octubre, por el que se aprueba el texto refundido de la Ley del Estatuto de los Trabajadores (ET) contempla que, entre otras causas, el contrato de trabajo se extinguirá «por jubilación del trabajador», previsión que viene desarrollada por su Disposición adicional décima[2], intitulada «Cláusulas de los convenios colectivos referidas al cumplimiento de la edad ordinaria de jubilación», posibilitando dicha causa extintiva en aras de favorecer la prolongación de la vida laboral, y siempre y cuando los convenios colectivos suscritos a partir del 1 de enero de 2022 establezcan cláusulas que posibiliten la extinción del contrato de trabajo por el cumplimiento por el trabajador de una edad igual o superior a 68 años, y que cumplan, además, los siguientes requisitos:

a) La persona trabajadora afectada por la extinción del contrato de trabajo deberá reunir los requisitos exigidos por la normativa de Seguridad Social para tener derecho al cien por ciento de la pensión ordinaria de jubilación en su modalidad contributiva[3].

---

1 Publicado en Economist & Jurist, el 13.7.2022.

2 En la redacción aprobada por la Ley 21/2021, de 28 de diciembre, de garantía del poder adquisitivo de las pensiones y de otras medidas de refuerzo de la sostenibilidad financiera y social del sistema público de pensiones, que lleva a cabo una reforma que, ante la situación del momento, acomete materias como la jubilación, en sus diversas modalidades, y en consonancia, la extiende al contenido de la Disposición Adicional décima, con las previsiones de transitoriedad respecto de los convenios colectivos recogidos en la nueva Disposición Transitoria novena, conforme a la cual «Lo establecido en la disposición adicional décima sólo se aplicará a los convenios colectivos suscritos desde el 1 de enero de 2022. En los convenios colectivos suscritos con anterioridad a esta fecha, las cláusulas de jubilación forzosa podrán ser aplicadas hasta tres años después de la finalización de la vigencia inicial pactada del convenio en cuestión».

3 Art. 205 del Real Decreto Legislativo 8/2015, de 30 de octubre, por el que se aprueba el texto refundido de la Ley General de la Seguridad Social.

b) La medida deberá vincularse, como objetivo coherente de política de empleo expresado en el convenio colectivo, al relevo generacional a través de la contratación indefinida a tiempo completo de, al menos, un nuevo trabajador o trabajadora.

La expresada disposición adicional prevé, de manera excepcional, que, con el objetivo de alcanzar la igualdad real y efectiva entre mujeres y hombres coadyuvando a superar la segregación ocupacional por género, el límite del apartado anterior podrá rebajarse hasta la edad ordinaria de jubilación fijada por la normativa de Seguridad Social cuando la tasa de ocupación de las mujeres trabajadoras por cuenta ajena afiliadas a la Seguridad Social en alguna de las actividades económicas correspondientes al ámbito funcional del convenio sea inferior al 20 por ciento de las personas ocupadas en las mismas.

Las actividades económicas que se tomarán como referencia para determinar el cumplimiento de esta condición estará definida por los códigos de la Clasificación Nacional de Actividades Económicas (CNAE) en vigor en cada momento, incluidos en el ámbito del convenio aplicable según los datos facilitados al realizar su inscripción en el Registro y depósito de convenios y acuerdos colectivos de trabajo y planes de igualdad (REGCON), de conformidad con el artículo 6.2 y el anexo 1 del Real Decreto 713/2010, de 28 de mayo, sobre registro y depósito de convenios y acuerdos colectivos de trabajo. La Administración de la Seguridad Social facilitará la tasa de ocupación de las trabajadoras respecto de la totalidad de trabajadores por cuenta ajena en cada una de las CNAE correspondientes en la fecha de constitución de la comisión negociadora del convenio.

La aplicación de esta excepción exigirá, además, el cumplimiento de los siguientes requisitos:

a) La persona afectada por la extinción del contrato de trabajo deberá reunir los requisitos exigidos por la normativa de Seguridad Social para tener derecho al cien por ciento de la pensión ordinaria de jubilación en su modalidad contributiva.

b) En el CNAE al que esté adscrita la persona afectada por la aplicación de esta cláusula concurra una tasa de ocupación de empleadas inferior al 20 por ciento sobre el total de personas trabajadoras a la fecha de efectos de la decisión extintiva. Este CNAE será el que resulte aplicable para la determinación de los tipos de cotización para la cobertura de las contingencias de accidentes de trabajo y enfermedades profesionales.

c) Cada extinción contractual en aplicación de esta previsión deberá llevar aparejada simultáneamente la contratación indefinida y a tiempo completo de, al menos, una mujer en la mencionada actividad.

Además la decisión extintiva de la relación laboral será con carácter previo comunicada por la empresa a los representantes legales de los trabajadores y a la propia persona trabajadora afectada.

Ahora bien, la extinción del contrato de trabajo por jubilación forzosa del trabajador no siempre ha tenido la misma regulación legal sino que ha habido una interesante y hasta en ocasiones contradictoria evolución legislativa que se remonta al ET 1980 que arranca del ET 1995 y que seguidamente expongo:

1. La Disposición Adicional 10.ª del ET 1995 fue introducida por Ley 14/2005, de 1 de julio, sobre las cláusulas de los Convenios Colectivos[4] referidas al cumplimiento de la edad ordinaria de jubilación, ante la doctrina constitucional y europea que validaba la no existencia de trato discriminatorio en la extinción del contrato por jubilación forzosa u obligatoria[5] siempre que se justifique, objetiva y razonablemente, por una finalidad legitima, incluido objetivos de política de empleo, del mercado de trabajo y de la formación profesional, cuando los medios para ese objetivo sean adecuados y necesarios.

   En ese contexto se dio la siguiente redacción a la citada disposición:

> «En los convenios colectivos podrán establecerse cláusulas que posibiliten la extinción del contrato de trabajo por el cumplimiento por parte del trabajador de la edad ordinaria de jubilación fijada en la normativa de Seguridad Social, siempre que se cumplan los siguientes requisitos:
>
> a) Esta medida deberá vincularse a objetivos coherentes con la política de empleo expresados en el convenio colectivo, tales como la mejora de la estabilidad en el empleo, la transformación de contratos temporales en indefinidos, el sostenimiento del empleo, la contratación de nuevos

---

4 Ley 14/2005, de 1 de julio, sobre las cláusulas de los Convenios Colectivos referidas al cumplimiento de la edad ordinaria de jubilación (BOE núm. 157, de 2.7.2005).

5 La Sentencia núm. 95/1985 del Tribunal Constitucional (STC) señaló que la jubilación forzosa (en RENFE a los 64 años) era discriminatoria por razón de la edad sin que pudiera establecerse por ley o en los convenios colectivos, salvo que se contemplara expresamente, por ley o mediante convenio colectivo, una política activa de empleo y rejuvenecimiento de la plantilla, tal como contempló la posterior STC 280/2006, sin por ello vulnerarse el art. 14 de la Constitución de 1978.
Exponente de lo anterior también lo fueron las SSTC 22/1981, de 2 de julio, y 58/1985, de 30 de abril, las prescripciones de la Directiva 2000/78/CE del Consejo, de 27 de noviembre de 2000, relativa al establecimiento de un marco general para la igualdad de trato en el empleo y la ocupación, especialmente, lo establecido en su artículo 6.1, que permite a los Estados miembros disponer que las diferencias de trato por motivos de edad no constituirán discriminación sin están justificadas objetiva y razonablemente, en el marco del derecho nacional, por una finalidad legítima, incluidos los objetivos legítimos de las políticas de empleo, del mercado de trabajo y de la formación profesional, y si los medios para lograr este objetivo son adecuados y necesarios, y las Sentencias del Tribunal de Justicia de la Unión de 16 de octubre de 2007, C-411/05, y STJUE de 12 de octubre de 2010, C-45/09, relativas a las condiciones que deben establecer los convenios colectivos para poder considerar válidas las cláusulas de jubilación forzosa, básicamente, la posibilidad de acceso a la pensión de jubilación y que la medida esté conectada con medidas coherentes de política de empleo.

trabajadores o cualesquiera otros que se dirijan a favorecer la calidad del empleo. b) El trabajador afectado por la extinción del contrato de trabajo deberá tener cubierto el período mínimo de cotización o uno mayor si así se hubiera pactado en el convenio colectivo, y cumplir los demás requisitos exigidos por la legislación de Seguridad Social para tener derecho a la pensión de jubilación en su modalidad contributiva».

2. La citada Disposición fue modificada por la Ley 27/2011, de 1 de agosto[6], introduciendo un nuevo redactado en el apartado b), manteniendo el del apartado a).

3. La Ley 3/2012, de 6 de julio[7], dando un paso atrás, dio nueva redacción a la Disposición Adicional 10ª, conforme el siguiente texto:

«Se entenderán nulas y sin efecto las cláusulas de los convenios colectivos que posibiliten la extinción del contrato de trabajo por el cumplimiento por parte del trabajador de la edad ordinaria de jubilación fijada en la normativa de Seguridad Social, cualquiera que sea la extensión y alcance de dichas cláusulas».

Junto a ello, dispuso de normas transitorias en relación con los convenios colectivos a los que les sería de aplicación.

4. Esta disposición se mantuvo en el ET 2015, hasta que su contenido se vio reformado por el RDL 28/2018, de 28 de diciembre, que le dio el siguiente redactado:

«Los convenios colectivos podrán establecer cláusulas que posibiliten la extinción del contrato de trabajo por el cumplimiento por parte del trabajador de la edad legal de jubilación fijada en la normativa de Seguridad Social, siempre que se cumplan los siguientes requisitos: a) El trabajador afectado por la extinción del contrato de trabajo deberá cumplir los requisitos exigidos por la normativa de Seguridad Social para tener derecho al cien por ciento de la pensión ordinaria de jubilación en su modalidad contributiva. b) La medida deberá vincularse a objetivos coherentes de política de empleo expresados en el convenio colectivo, tales como la mejora de la estabilidad en el empleo por la transformación de contratos temporales en indefinidos, la contratación de nuevos trabajadores, el relevo generacional o cualesquiera otras dirigidas a favorecer la calidad del empleo».

Por cierto, la Exposición de motivos de la nueva ley justifica la reforma en un entorno en el que se había aprobado el IV Acuerdo para el

---

6 Ley 27/2011, de 1 de agosto, sobre actualización, adecuación y modernización del sistema de Seguridad Social (BOE núm. 184, de 2.8.2011).

7 Ley 3/2012, de 6 de julio, de medidas urgentes para la reforma del mercado laboral (BOE núm. 162, de 7.7.2012).

Empleo y la Negociación Colectiva que firmaron a principios de julio de 2018 (BOE de 18.7.2018), en cuyo Anexo, punto V, referido a la jubilación, se instaba a la Administración a que realizara una serie de cambios legales que permita que los convenios colectivos contemplen cláusulas de extinción del contrato por edad con el fin de facilitar el relevo generacional y vinculado a objetivos de política de empleo.

Junto a ello, entre los objetivos marcados por el Plan de Choque por el Empleo Joven 2019-2021, publicado en el BOE de 8.12.2018, estaba el de incrementar la tasa de actividad de los jóvenes entre 20 y 29 años de edad así como el número de contrataciones indefinidas celebradas con personas jóvenes.

5. Nuevamente, la Ley 21/2021, de 28 de diciembre, de garantía del poder adquisitivo de las pensiones y de otras medidas de refuerzo de la sostenibilidad financiera y social del sistema público de pensiones, lleva a cabo una reforma que, ante la situación del momento, acomete materias como la jubilación, en sus diversas modalidades, y en consonancia, la extiende al contenido de la Disposición Adicional décima —con previsiones de transitoriedad respecto de los convenios colectivos en la nueva Disposición Transitoria novena—, al reflejar un concreto objetivo coherente de política de empleo, el reemplazo generacional, en los términos y con los requisitos anteriormente expuestos.

Dicho lo anterior, la reciente Sentencia de la Sala Social del Tribunal Supremo, núm. 540/2020, de 13 de junio de 2022 (recurso en unificación de doctrina 1518/2021, Ponente Sra. D.ª María Luz García Paredes) resuelve el supuesto de extinción por jubilación forzosa de un empleado, que el día 06.01.2020 había cumplido 65 años de edad, en aplicación del Convenio Colectivo de Bolsas y Mercados Españoles, cuyo último texto fue publicado en el BOE de 23 de enero de 2019, modificado luego por resolución de 5 de noviembre de 2019, de la Dirección General de Trabajo (BOE 14 de noviembre de 2019), y por el cual la empresa comunicó al trabajador que con efectos de 30.01.2020 quedaba extinguido el contrato de trabajo por cumplimiento de la edad legal de jubilación ordinaria fijada por la normativa legal, mediante escrito, con abono de una indemnización de 26.000 euros por jubilación, procediendo la empresa, con fecha de 10.02.2020 a suscribir un contrato de trabajo indefinido a tiempo completo con otro empleado, con categoría profesional C3 Jefe Funcional.

Formulada una demanda y siendo desestimada por el juzgado de instancia, en recurso de suplicación la Sala de lo Social del TSJ admite la modificación fáctica según la cual el trabajador contratado el 10 de febrero de 2020 no se encontraba en situación de desempleo con carácter previo a su contratación por la empresa demandada. En relación con las infracciones normativas, analiza las diferencias y semejanzas de las dos últimas versiones de la Disposición Adicional 10.ª ET, la de la Ley 14/2005, de 1 de julio, sobre las cláusulas de los Convenios Colectivos referidas al cumplimiento de la edad ordinaria de jubilación y la del RDL 28/2018, del que destaca igualmente su exposición de motivos. Transcribe a continuación la STS de 11 de mayo de 2016, rcud 2530/2014 y concreta las condiciones para que la jubilación forzosa sea admisible concluyendo en que el art. 59 bis del Convenio Colectivo, que exige que el trabajador que vea extinguido su contrato por jubilación forzosa tenga derecho al 100 % de la pensión y que se contrate a un nuevo trabajador indefinido a tiempo completo en un lapso no superior a tres meses, no cumple las exigencias legales y jurisprudenciales sobre la validez de la jubilación obligatoria porque la mera cobertura de la vacante dejada por el jubilado no es constitutiva de una medida de política de empleo valorable a estos efectos, a lo que añade que el RDL 28/2018 menciona, como novedad frente a la anterior regulación, el relevo generacional, de lo que deduce que en el supuesto de que el nuevo contrato pudiera justificar por sí solo la jubilación forzosa del actor, la nueva contratación debería dirigirse a un desempleado, con particular relevancia de los menores de treinta años, requisitos que no cumple el trabajador contratado el 10 de febrero. Finalmente, de acuerdo con la sentencia de esta Sala, antes mencionada, concluye que el despido es nulo por discriminatorio por razón de edad y condena a la empresa al abono de una indemnización de 3.000 euros.

Frente a dicha sentencia fue formulado un recurso de casación para la unificación de doctrina, cuyo objeto se centra en determinar si la jubilación forzosa del demandante, que se ha adoptado conforme a las condiciones impuestas por el Convenio Colectivo, cumple con las exigencias de la Disposición Adicional 10ª del Estatuto de los Trabajadores (ET) vigente en su momento y, de no ser así, si el despido debería calificarse de nulo.

Pues bien, el TS es taxativo cuando se refiere a que:

> «... la obligada interpretación de la DA 10.ª ET, "[supone] dar respuesta a tres sucesivos adverbios —'qué'; 'cómo'; y 'dónde'— relativos a los indicados objetivos de la DA Única". Sobre la primera cuestión [en "qué " consisten], la respuesta impone la aclaración —casi superflua— de que la enumeración de motivos que el precepto hace ... no es cerrada sino simplemente ejemplificativa, como demuestran los sintagmas "tales como " y "cualesquiera otros " que la misma norma emplea ... En todo caso debe ponerse de manifiesto —habida cuenta de la evolución legal y jurisprudencial producida— que la expresión utilizada por el legislador no ha de entenderse limitada a la ocupación de la vacante dejada por el cesado, sino que ha de serlo en el sentido más amplio de mantenimiento o mejora del empleo, que realmente se concreta —pese a la redundancia de la norma— en tres exclusivos apartados: a) estabilidad en el empleo [conversión de los contratos temporales en indefinidos]; b) sostenimiento del empleo [contratación de nuevos trabajadores]; y c) incremento en la calidad del empleo [fórmula que hace referencia a medidas de la más variada naturaleza, como promoción profesional, conci-

liación de la vida laboral y familiar, implantación de innovaciones tecnológicas, etc., que repercutan en bondad del empleo]. Sobre el "cómo " han de expresarse los objetivos "coherentes " con la política de empleo, la Sala considera que para legitimar la validez de las cláusulas de cese forzoso por edad no basta con la concreción de cualquier objetivo de los que la norma enumera [piénsese en que las citadas innovaciones tecnológicas —por ejemplo— llevan a "favorecer la calidad del empleo ", pero serían endeble justificación para amortizar por sí solas puestos de trabajo por la vía de la jubilación colectivamente pactada], ni tampoco es suficiente que se haga una mera reproducción de su abstracta expresión legal, sin una concreta especificación alejada de hueca retórica, sino que el obligado acatamiento a aquellos pronunciamientos del Tribunal Constitucional y la sumisión a los principios que se derivan de la propia Exposición de Motivos de la Ley 14/2005, por fuerza llevan a sostener que entre el sacrificio [individual] que comporta el cese forzoso y la explicitada contrapartida [colectiva] de una beneficiosa política de empleo, ha de mediar un razonable y proporcionado equilibrio justificativo ". El último interrogante ["dónde "] solamente puede tener una respuesta, y es la de que las medidas de política de empleo — contrapartida al cese forzoso— han de estar expresamente referidas en el propio Convenio Colectivo y que no cabe una justificación ad extra de ellas". "Todo ello en el bien entendido de que no basta la mera expresión de tales objetivos en el Convenio Colectivo, sino que para que los mismos justifiquen —con arreglo a la ya derogada DA 10ª ET — los ceses forzosos por razón de edad, es además preciso que esa contrapartida colectiva se haya materializado o esté en trance de su efectiva materialización a través de las correspondientes actuaciones empresariales. Sólo el real cumplimiento de lo colectivamente pactado — en los términos arriba indicados — puede amparar la limitación de los derechos individuales de que tratamos"».

El TS, tras referirse a que la sentencia recurrida ha entendido que las previsiones del Convenio Colectivo, en materia de extinción del contrato por jubilación obligatoria, no cumplen los requisitos legales y que la mera cobertura de la vacante dejada por el jubilado no es suficiente como medida de política de empleo y que, junto a ello y en atención a la regulación vigente al momento de la extinción, considera que de entenderse suficiente la nueva contratación ésta debería ser de un trabajador desempleado y que, en el relevo generacional que por primera vez se recoge como objetivo coherente de política de empleo, tenga menos de 30 años de edad en este caso, afirma taxativamente que:

«Es cierto que la previsión legal que aquí se aplica pretende proteger el relevo generacional como nuevo objetivo añadido que, en el entorno social y laboral que existía al momento de la reforma, se introduce en la nueva redacción dada y a observar por la regulación convencional en la extinción del contrato por jubilación forzosa. Pero no es el único sino que se integra con otros que se entienden también como coherentes de políticas de empleo pero sin que al nuevo se le dote de carácter preferente respecto del resto ni todos ellos se han configurado por orden de importancia. Tampoco se impone el relevo generacional como elemento necesario configurador o integrador del resto de los objetivos, esto es que la estabilidad o el sostenimiento del empleo o la calidad del mismo se haga respecto de los jóvenes sin que ello impida que convencionalmente puedan relacionarse entre sí. La Exposición de Motivos del RDL 28/2018 que, como elemento que puede expresar la voluntad del legislador y servir como referente para la interpretación finalista de la norma, ha inspirado a la sentencia recurrida para alcanzar su pronunciamiento, ciertamente refiere que con la reforma que introduce se recupera un instrumento como el de las jubilaciones obligatorias por edad establecidas por convenio colectivo por ser instrumento idóneo para favorecer objetivos de política de empleo y que refiere una serie de consideraciones para justificar, en definitiva, el nuevo objetivo que adiciona a los que ya venían establecidos, como es el relevo generacional. Pero de ahí no podemos obtener la conclusión que alcanza la sentencia recurrida como elemento preferente o incluso único objetivo. Precisamente si ello fuera así bastaría con que se le hubiera dado a la citada Disposición la redacción que la posterior reforma recoge, en la que se observa que se expresa tan solo un objetivo, como es el relevo generacional sin mención a los que las anteriores redacciones señalaban. En consecuencia, debemos considerar que la decisión extintiva es ajustada a derecho, tal y como resolvió la sentencia de contraste».

36.
¿Resulta exigible el pago del interés legal del dinero vinculado al importe de la indemnización en caso de declaración de improcedencia del despido?[1]

Como es sabido, el art. 1100 del Código Civil (CC) establece que incurren en mora los obligados a entregar o a hacer alguna cosa desde que el acreedor les exija judicial o extrajudicialmente el cumplimiento de su obligación, de modo que, conforme a su art. 1108, si la obligación consistiere en el pago de una cantidad de dinero, y el deudor incurriere en mora, la indemnización de daños y perjuicios, no habiendo pacto en contrario, consistirá en el pago de los intereses convenidos, y a falta de convenio, en el interés legal.

Sentado lo anterior, en los supuestos en que por sentencia se declare la improcedencia del despido y la opción realizada por el empresario fuere la del abono de la indemnización legal a que se refieren los arts. 56.1 del Estatuto de los Trabajadores y 110.1 de la Ley Reguladora de la Jurisdicción Social[2], se plantea la cuestión de si cabe reclamar, además, el interés legal antes referido, interés que es sustancialmente diferente de los denominados intereses de la mora procesal establecidos en el art. 576.1 de la LEC, según el cual desde que fuere dictada en primera instancia, toda sentencia o resolución que condene al pago de una cantidad de dinero líquida determinará,

---

1 Publicado en Linkedin el 21.10.2021.

2 Debe advertirse que conforme lo previsto en el Real decreto ley 3/2012, de 10 de febrero de medidas urgentes del mercado de trabajo, posteriormente derogada por la Ley 3/2012, de 6 de julio, se introdujeron importantes modificaciones en la regulación y cálculo de los importes indemnizatorios en los casos de despido y en aquellos referidos al pago de los llamados salarios de tramitación, de modo que cuando se declare la improcedencia del despido, el empresario, en caso de optar por la extinción del contrato de trabajo, el empresario solo vendrá obligado a abonar la indemnización legal al trabajador en el nuevo importe de 33 días por año de servicio y hasta un máximo de 24 mensualidades a partir del 12 de febrero de 2012 y, respecto de esta fecha hacia atrás, a razón de 45 días por año de servicio con un máximo de 42 mensualidades.

en favor del acreedor, el devengo de un interés anual igual al del interés legal del dinero incrementado en dos puntos o el que corresponda por pacto de las partes o por disposición especial de la ley.

Para dar respuesta al interrogante formulado, resulta suficientemente esclarecedora e ilustrativa lo resuelto por la reciente Sentencia de la Sala Social del Tribunal Superior de Justicia de Cataluña, núm. 1851/2021, de 31 de marzo de 2021, reunida en pleno, al afirmar en su FD Sexto lo siguiente:

> «La indemnización legal por despido no es deuda líquida, vencida y exigible desde el mismo momento en que el despido se produce. Es necesario para que nazca al mundo jurídico el derecho, como en el supuesto que nos ocupa, que pronunciamiento judicial firme declare el despido improcedente y que la empleadora condenada ejercite en tiempo y forma hábil la opción por la extinción. Sólo en este momento la indemnización es líquida y puede vindicarse su abono que siempre será posible porque la empleadora que opta por la extinción, para que esta sea válida, ha de proceder al abono o consignación de la misma.
>
> Para el supuesto en que la extinción no se produzca de forma ortodoxa y hubiese sido necesario el trámite de un incidente de readmisión irregular tampoco habría lugar al percibo de intereses por mora porque, en este caso, el parámetro momento final a tomar en consideración para el cálculo de la indemnización sería el de la extinción y no el del despido.
>
> El *quantum* indemnizatorio se elevaría, la indemnización sería "deuda de valor" actualizada al momento de la extinción en trámite incidental y sólo desde entonces podría postularse su abono, con lo que la deuda no sería líquida y exigible hasta este momento y antes no se devengaron intereses moratorios.
>
> Puede decirse y no sin razón que en el supuesto de que al final la empleadora opte por la extinción al momento del despido, (con la indemnización legal, por tanto, calculada a este momento), si el proceso en el que se ejecuta el pronunciamiento que declaró improcedente el despido se ha demorado en demasía, sí se han producido perjuicios que necesitan compensación a través del interés moratorio. Aceptamos que la indeseable situación de demora excesiva puede necesitar compensación pero disentimos en que lo haya de ser ex artículo 1108 del CC, sino más bien a través de las acciones previstas para la reparación de los daños derivados del anormal funcionamiento de la Administración de Justicia.
>
> Cuestión distinta, y aquí es dónde asentiremos al alegato de existencia de derecho al percibo del interés moratorio que se postula. Es precisamente el supuesto que contempla la sentencia que cita en apoyo del motivo, la sentencia del TS de 23/01/2013 (RECUD 1119/2012), que se refiere a aquél en que la empleadora en la propia carta de despido ya reconoce la improcedencia del despido y el derecho al percibo de la indemnización por despido. Aquí la deuda es de cantidad líquida, vencida y exigible y, como crédito que ya ha ingresado al acervo de derechos del trabajador, devengará intereses hasta la total efectividad del mismo.
>
> Pero este no es nuestro supuesto. El crédito no era líquido desde el momento del despido y no ha generado los intereses que se postularon con lo que es correcta, y debe confirmarse, la solución desestimatoria de la lúcida sentencia de instancia, rechazando con ello el motivo subsidiario.

Todo ello sin perjuicio, como bien apunta la sentencia recurrida, de los intereses procesales que puedan devengarse tras el dictado de la sentencia, de conformidad con el artículo 576 de la LEC».

En consecuencia, la sentencia parte de la afirmación de que tratándose de los perjuicios derivados en una demora excesiva en el dictado de la sentencia es factible reclamar la adecuada compensación, pero no por la vía del art. 1108 del CC, sino a través de las acciones previstas para la reparación de los daños derivados del anormal funcionamiento de la Administración de Justicia[3].

La misma sentencia hace hincapié que un supuesto diferente es cuando la acción ejercitada se dirige a reclamar el importe de la indemnización como

---

3 El art. 106.2 CE se refiere a que «Los particulares, en los términos establecidos por la ley, tendrán derecho a ser indemnizados por toda lesión que sufran en cualquiera de sus bienes y derechos, salvo en los casos de fuerza mayor, siempre que la lesión sea consecuencia del funcionamiento de los servicios públicos».

El Tribunal supremo, en sentencia de 4 de enero de 1991, dispone en relación a lo que debe entenderse por servicio público lo siguiente: servicio público viene a ser sinónimo de actividad administrativa y para su calificación hay que atender, más que a una tipificación especial de alguna de las formas en que suele presentarse, al conjunto que abarca todo el tráfico ordinario de la Administración;[...] de ahí que siempre que se produzca un daño en el patrimonio de un particular, sin que éste venga obligado a soportarlo en virtud de disposición legal o vínculo jurídico, hay que entender que se origina la obligación de resarcir por parte de la Administración, si se cumplen los requisitos exigibles para ello; ya que al operar el daño o el perjuicio como meros hechos jurídicos, es totalmente irrelevante para la imputación de los mismos a la Administración, que ésta haya obrado en el estricto ejercicio de una potestad administrativa, o en forma de mera actividad material o en omisión de una obligación legal. (STS de 4 de enero de 1991, FJ 2.° c)).

Por su parte, la STS de 17 de abril de 1998, Sala 3.ª, sección .6ª, FJ 1.° afirmó que:

«Es principio consagrado por la Jurisprudencia (S 11 Jul. 1997, entre otras) que a través de la institución de la responsabilidad patrimonial de la Administración, se persigue la consecución de una situación de indemnidad, o reparación integral, para aquel que ha sufrido una lesión antijurídica como consecuencia del normal o anormal funcionamiento de un servicio público [...] Aquella indemnidad debe ser apreciada en su conjunto sin abstracción de las cantidades percibidas por el perjudicado por otras vías sin perjuicio del carácter compatible o no de aquellas percepciones [...] Establecido pues el criterio de compatibilidad legal entre aquellas y estas prestaciones, ese principio de indemnidad integral ha de operar siempre, pues cada uno de los títulos indemnizatorios es independiente de los demás y debiendo de aplicarse sobre cada uno de ellos independientemente considerados ese principio de indemnidad sin ningún otro tipo de modulación o límite que el derivado de sus propios condicionamientos como título individual, pues de lo contrario no podría hablarse de títulos indemnizatorios distintos, de tal manera que si bien cuando estemos ante pensiones indemnizatorias no contributivas el quantum de éstas ha de tenerse en cuenta a la hora de fijar la indemnización derivada de la responsabilidad patrimonial de modo que entre ambos conceptos no se llegue a producir un enriquecimiento injusto. (STS de 17 de abril de 1998, FJ 1°).

La indemnización por responsabilidad patrimonial de la Administración debe cubrir todos los daños y perjuicios sufridos hasta conseguir la reparación integral de los mismos (STS 10 de abril de 2000, FJ 3°)».

resultado de que la empresa haya expresamente reconocido en su comunicación escrita la improcedencia del despido o bien, añado, cuando el trabajador está conforme con el despido objetivo y con la indemnización fijada por la empresa, siempre que en ambos casos no haya sido abonado su importe —salvo que se discuta la antigüedad, categoría profesional o salario en que deberá ser por sentencia que se concrete el importe indemnizatorio debido— debiendo entonces el trabajador formular demanda en reclamación de cantidad, los intereses sustantivos del art. 1108 del CC y, además, los moratorios del art. 29.3 del ET[4].

Debe añadirse a lo ya dicho que, tal como han puesto de manifiesto nuestros tribunales, la indemnización por despido improcedente está legalmente tasada y tiene naturaleza reparadora y no sancionadora[5]. De esta manera, el ordenamiento laboral, en su regulación sobre el despido, se aparta de lo establecido por los arts. 1106 y siguientes del CC, y consagra un régimen específico de resarcimiento, consistente en fijar el alcance del mismo de manera objetiva y tasada, sin que el juzgador pueda valorar de otro modo los daños y perjuicios causado[6].

Criterio que hay que poner en directa relación con los arts. 10 y 12.1.a) del Convenio OIT núm. 158 sobre la terminación de la relación de trabajo, de 22 de junio de 1982, que se remiten a la legislación y la práctica nacional en materia de indemnización por finalización de la relación laboral.

---

4 Interesante, a efectos de distinguir entre poder ejercitar la acción de despido o de reclamación de cantidad, la Sentencia de la Sala Social del Tribunal Supremo de 2 de diciembre de 2016 (recuso núm. 431/2014), dictada en Pleno, matizando la Sentencia 26 de abril de 2016 (recurso núm. 1360/2014), al manifestar que:

«En el supuesto sometido a nuestra consideración, a la vista de las circunstancias concurrentes, la Sala entiende que debe mantenerse la doctrina tradicional, lo que implica estimar el recurso con la declaración de que en este supuesto la controversia sobre el procedimiento a seguir debe resolverse en el sentido de que el adecuado es el proceso de despido. Las razones que avalan esta decisión son las que se exponen a continuación. En primer lugar, la decisión es la más acorde con la doctrina tradicional de la Sala reiterada en el tiempo y que, por las razones expuestas en el Fundamento de Derecho anterior, no puede considerarse modificada. En efecto, como se ha avanzado, la Sala viene sosteniendo con reiteración que el proceso ordinario es adecuado cuando la pretensión dirigida al cobro de la indemnización que deriva del acto extintivo se limita exclusivamente a la reclamación de una cantidad no discutida o que deriva de unos parámetros de cálculo sobre los que no existe discrepancia entre las partes. Ahora bien cuando en el supuesto controvertido se pongan en cuestión la propia existencia de la indemnización o los elementos básicos para la determinación de la misma o la propia naturaleza de la indemnización debida o, como ocurre en el presente caso, la validez de cláusulas contractuales que resulten determinantes para la configuración de la indemnización, el único procedimiento adecuado es el de despido».

5 STS unificación de doctrina de 31 de mayo de 2006. RJ 6557).

6 STS 23-10-1990. RJ 7709; STS 3 de abril de 1997. RJ 3047).

ORGANIZACIÓN INTERNACIONAL DEL TRABAJO

37.
Según la OIT, crece el riesgo de divergencia en la recuperación de empleo post pandemia entre los países desarrollados y en desarrollo

Según la Organización Internacional del Trabajo (OIT), la pérdida de horas de trabajo en 2021 a raíz de la pandemia superará significativamente el cálculo anterior, ya que la recuperación a dos velocidades entre las naciones desarrolladas y en desarrollo afecta peligrosamente al conjunto de la economía mundial.

Según las proyecciones actuales de la OIT, tomando como referencia los niveles anteriores a la pandemia (el cuarto trimestre de 2019), las horas trabajadas a nivel mundial en 2021 habrán mermado en un 4,3 por ciento, el equivalente a 125 millones de empleos a tiempo completo. Esto representa una drástica revisión del 3,5 por ciento, o 100 millones de empleos a tiempo completo, proyectado por la OIT en junio.

La octava edición del Observatorio de la OIT, de 27 de octubre de 2021, acerca de la COVID-19 y el mundo del trabajo, advierte que, de no mediar una ayuda concreta en términos financieros y técnicos, seguirá habiendo una «gran divergencia» en las tendencias de recuperación del empleo entre los países desarrollados y en desarrollo.

En el tercer trimestre de 2021, el total de horas trabajadas en los países de ingreso alto fue un 3,6 por ciento inferior al del cuarto trimestre de 2019. En cambio, la diferencia en los países de ingreso bajo se situó en el 5,7 por ciento y en los de ingreso mediano-bajo, en el 7,3 por ciento.

Desde una perspectiva regional, Europa y Asia Central experimentaron la menor pérdida de horas de trabajo en comparación con los niveles anteriores a la pandemia (el 2,5 por ciento). Le siguen Asia y el Pacífico, con un 4,6 por ciento. África, las Américas y los Estados Árabes registraron descensos del 5,6, 5,4 y 6,5 por ciento respectivamente.

Vacunas y estímulo fiscal

Esta gran divergencia se debe en gran medida al visible contraste en el despliegue de las vacunas y los paquetes de medidas de estímulo fiscal.

Las estimaciones indican que por cada 14 personas vacunadas con la pauta completa en el segundo trimestre de 2021, se añadió un puesto de trabajo equivalente a tiempo completo al mercado laboral mundial. Esto impulsó sustancialmente la recuperación.

Sin vacunas, la pérdida de horas de trabajo a nivel mundial se habría situado en el 6,0 por ciento en el segundo trimestre de 2021, y no en el 4,8 por ciento realmente registrado.

Sin embargo, la notable desigualdad de la distribución de las vacunas se refleja en un efecto positivo mayor en los países de ingreso alto, insignificante en los de ingreso mediano-bajo y casi nulo en los de ingreso bajo.

Estos desequilibrios podrían resolverse rápida y eficazmente si aumentara el nivel de solidaridad mundial en torno a las vacunas. La OIT calcula que si los países de ingreso bajo dispusieran de ellas en pie de igualdad, la recuperación de las horas de trabajo se equipararía a la de las economías más ricas en poco más de un trimestre.

El otro factor clave presente en las trayectorias de recuperación fueron los paquetes de medidas de estímulo fiscal. No obstante, la disparidad entre los estímulos fiscales sigue ampliamente sin resolverse, ya que alrededor del 86 por ciento de las medidas de estímulo globales se concentran en los países de ingreso alto. Las estimaciones indican que, en promedio, un aumento del estímulo fiscal del 1 por ciento del PIB anual aumentó las horas de trabajo anuales en 0,3 puntos porcentuales con respecto al último trimestre de 2019.

Brecha de productividad y empresas

La crisis de COVID ha tenido consecuencias para la productividad, los trabajadores y las empresas que han agravado las disparidades. Según las proyecciones, la brecha de productividad entre los países avanzados y en desarrollo se ensanchará, pasando de 17.5:1 a 18:1 en términos reales, la más elevada desde 2005.

«La trayectoria actual de los mercados de trabajo es de una recuperación estancada, con la aparición de importantes riesgos a la baja, y una gran divergencia entre las economías desarrolladas y en desarrollo», según manifestaciones del Director General de la OIT, Guy Ryder. «Es dramático que estas tendencias vengan determinadas por la desigualdad de la distribución de las vacunas y de la capacidad fiscal, y es acuciante solucionar ambos aspectos».

«En la OIT ya hemos empezado a actuar. El pasado mes de junio, la Conferencia Internacional del Trabajo adoptó un Llamamiento mundial a la acción para una recuperación centrada en las personas de la crisis causada por la

COVID-19, una hoja de ruta que compromete a los países a velar por que la recuperación económica y social de la crisis sea plenamente inclusiva, sostenible y resiliente. Es hora de aplicar esta hoja de ruta que está en total consonancia con el Programa Común de las Naciones Unidas y su Acelerador Mundial para el Empleo y la Protección Social, y que los complementa», añadió Ryder.

Así puestos, resulta evidente que los estragos de la pandemia Covid-19 no afectan por igual a todos los países; condicionamientos culturales, sociales, económicos, fiscales, de propagación de vacunación y ayudas económicas, tanto internas como externas, se revelan esenciales para comprobar que existe un mundo post pandemia a dos y hasta tres velocidades que supone un retroceso importantes en aquellas economías más débiles frente a aquellas zonas o países que están superando con éxito la pandemia y ven como sus economías repuntan adecuadamente.

Como siempre ocurre, tan solo la solidaridad internacional es la llave a la solución de esta desigualdades, aunque intereses espurios dificultan la empresa.

PROCEDIMIENTO SOCIAL

38.
Algunas reflexiones a vuela pluma en el ámbito de la jurisdicción social[1]

¿Para cuándo:

- La definitiva puesta en funcionamiento de los Tribunales de Instancia.
- La aprobación de un Código de Trabajo y Seguridad Social.
- El trámite de contestación escrita a la demanda.
- La articulación efectiva de la mediación previa.
- Una verdadera y concreta ley que regule las características especiales de la empresas que emplean algoritmos y plataformas digitales.
- Un sistema eficaz de vídeo conferencia en las vistas orales.
- Que se nos dote a jueces y magistrados de los medios tecnológicos adecuados para el desempeño de nuestra labor jurisdiccional.
- La reforma de la planta judicial para adecuar nuestra ratio de jueces a los estándares comunitarios.
- Limitar los servicios administrativos de conciliación previa a los acuerdos entre las partes, dando en exclusiva los supuestos de desavenencia a los órganos competentes de la jurisdicción social.
- La obligación de aportar los expedientes administrativos en plazo, debidamente ordenados cronificados y foliados para la mejor garantía de los justiciables y del juzgador.
- La condena en costas a la parte vencida mediando temeridad.
- La intervención del Ministerio Fiscal en los procedimientos sociales en que debe ser emplazado, como garantía del procedimiento y freno a abusos en la afirmación de existencia de vulneración de derechos fundamentales?
- Una regulación que delimite definitivamente los ámbitos competenciales entre los jueces de lo mercantil y de lo social.

---

1 Publicado en Linkedin, el 13.5.2022.

39.
Aprobado el Anteproyecto de Ley de Medidas de Eficiencia Digital del Servicio Público de Justicia[1]

El Anteproyecto de Ley de Medidas de Eficiencia Digital del Servicio Público de Justicia, propuesto por el Ministerio de Justicia y aprobado en Consejo de Ministros, confiere y ordena el marco jurídico necesario para que jueces y juezas, magistrados y magistradas, fiscales, letrados y letradas de la Administración de Justicia y todo el personal al servicio de la Administración de Justicia puedan desempeñar sus funciones mediante trabajo deslocalizado cuando se precise, con todas las garantías de seguridad, avanzándose en la gestión profesional eficiente.

Del anteproyecto de ley destacaré, resumidos, los siguientes diez apartados:

1.°. Uso generalizado de los medios electrónicos en la relación con la Administración de Justicia.

La ley generaliza el uso de los medios electrónicos en la relación con la Administración de Justicia, potencia el Punto de Acceso General de la Administración de Justicia y el uso de las sedes judiciales electrónicas, las cuales, creadas por la Ley 18/2011, de 5 de julio, reguladora del uso de las tecnologías de la información y la comunicación en la Administración de Justicia, ven ampliados sus servicios por la presente ley.

2.°. Incorporación de la denominada Carpeta Justicia.

Junto con estos medios de acceso a la Justicia, se incorpora un sistema de acceso único y personalizado, la Carpeta Justicia, sistema por el que cada persona puede acceder a sus asuntos, consultar los expedientes en los que sea parte o interesada y pedir cita previa para ser atendida. En esta carpeta, cada persona podrá conocer sus actos de comunicación para que, si tiene

1 Publicado en Linkedin y en Economist & Jurist el 27.7.2022.

obligación de hacerlo, o voluntariamente lo desea, pueda atender los mismos, todo ello mediante un sistema de identificación seguro. Dicho servicio podrá ofrecerse a través de un sistema común, a través de las respectivas Sedes Judiciales Electrónicas de cada uno de los territorios, o a través de ambos sistemas.

3.°. Videoconferencia y los puntos de acceso seguro.

De otro lado, se adoptan disposiciones cuidadosas para que la inmediación judicial sea preservada en todas las actuaciones mediante videoconferencia. Y a tal fin se regulan, mediante requisitos técnicos y de garantía, los llamados «puntos de acceso seguros» y los «lugares seguros» desde los que se podrán efectuar con plenos efectos procesales las intervenciones telemáticas, en los términos que disponen las modificaciones de las leyes procesales.

4.°. Potenciación del Expediente Judicial Electrónico.

Además, se potencia el Expediente Judicial Electrónico mediante un cambio de paradigma, pasando de la orientación al documento a la orientación al dato. Esto supone un gran avance respecto de la Ley 18/2011, de 5 de julio, reguladora del uso de las tecnologías de la información y la comunicación en la Administración de Justicia, que hace una década se planteaba como objetivo la transición del papel a lo digital, siendo así que se trata ahora de lograr mejoras sustanciales ya en el entorno de lo digital.

5.°. Preferencia de la práctica de las comunicaciones judiciales por vía telemática.

Se establece, igualmente, la preferencia de la práctica de las comunicaciones judiciales por vía telemática, salvo aquellas personas que, conforme a las leyes, no estén obligadas a relacionarse con la Administración de Justicia por medios electrónicos. Las comunicaciones estarán igualmente orientadas al dato, previéndose mecanismos para la práctica de comunicaciones masivas que desahoguen el canal general de comunicación, evitando interrupciones y desconexiones.

6.°. Criterios de equivalencia y de calidad de los servicios digitales en todo el Estado.

El anteproyecto de ley define los servicios digitales que las administraciones públicas con competencias en medios materiales y personales de la Administración de Justicia han de prestar de manera equivalente y de calidad en todo el territorio del Estado, servicios que se manifiestan indispensables para el funcionamiento correcto de la Justicia, adecuado al marco jurídico material y procesal del Estado.

7.°. Atención al público y a los profesionales.

En relación a la atención al público, se propone que se realice preferentemente por vía telemática. Sin embargo, la atención a los profesionales sólo será por vía telemática si estos así lo interesan. Se gestionará un sistema de cita previa por el personal al servicio de la Administración de Justicia.

8.°. Teletrabajo.

En cuanto al teletrabajo y trabajo deslocalizado, los sistemas de información contemplarán además la posibilidad de que el personal al servicio de la Administración de Justicia desempeñe las competencias propias de su puesto de trabajo y sus funciones en una ubicación geográfica diferenciada al centro de destino, mediante el uso de tecnologías de la información seguras y trazables.

9.°. Registro Electrónico de Apoderamientos Judiciales.

Se regula también el Registro Electrónico de Apoderamientos Judiciales (REAJ), que ya se preveía en la Ley 18/2011, de 5 de julio, reguladora del uso de las tecnologías de la información y la comunicación en la Administración de Justicia, y que permite poder realizar distintas clases de apoderamiento, según su ámbito y facultades. Este Registro se orienta al dato y facilita la interoperabilidad con otros registros externos y con los sistemas de gestión procesal y sedes electrónicas, para que, en los casos en que proceda, se pueda dar acceso automático a actuaciones y servicios digitales con base en los apoderamientos que estén en el Registro. Se prevé, como novedad, la posibilidad de auto inscripción del apoderamiento para representantes procesales, limitado a ciertos procedimientos que determinará el Comité técnico estatal de la Administración judicial electrónica.

10.°. Creación de un sistema de archivos para conservar y acceder a expedientes y documentos electrónicos.

En cuanto a los archivos en la Administración de Justicia, se prevé la creación por parte de las administraciones públicas competentes de un sistema de archivos para conservar y acceder a expedientes y documentos electrónicos, que será interoperable con los sistemas de gestión procesal, y el resto de los sistemas de archivo de conformidad con la normativa técnica aprobada en el Comité técnico estatal de la Administración judicial electrónica.

40.
A vueltas con el ejercicio del derecho de opción por el trabajador y el Fondo de Garantía Salarial en los supuestos de despido improcedente. Anotaciones a la Sentencia del Tribunal Supremo de 26 de octubre de 2021[1]

Como los lectores recordarán, la sentencia de la Sala Social del Tribunal Supremo núm. 294/2019, de 4 de abril de 2019, recaída en el rcud núm. 1865/2018, abordó la interesante cuestión de qué opción debe prevalecer, en aplicación del art. 110 de la Ley Reguladora de la Jurisdicción Social (LRJS), cuando concurren las ejercitadas por el Fogasa y el trabajador despedido.

Pues bien, la misma sala y tribunal ha vuelto a resolver la cuestión para confirmar, en síntesis, el criterio ya sostenido en aquella otra sentencia relativo al derecho de Fogasa de anticipar el de opción del art. 110.1 a) LRJS, cuando el titular no comparece al acto de juicio, «sin perjuicio de lo que se pueda resolver sobre la incidencia en el supuesto ahora enjuiciado de la existencia con la opción que en el propio acto del juicio se efectuó por el trabajador no titular directo ex art. 110.2 LRJS (en cuyo supuesto no cabría en modo alguno sustitución por el FOGASA respecto a al ejercicio de un derecho empresarial que no le corresponde) sino con fundamento en la facultad que le otorga el art. 110.1.b) LRJS en el supuesto de que "constare no ser realizable la readmisión", lo que le llevó a resolver en su fundamento jurídico cuarto esa cuestión "sobre la eficacia de tal opción realizada por el FOGASA con la opción que en el propio acto del juicio se efectuó por el trabajador", ex art. 110 b) de la LRJS. Al respecto se dijo: "En este caso de incomparecencia de la empresa las facultades del FOGASA no cabe interpretar que se extiendan a hacer prevaler la acción por sustitución referida a la efectuada por el trabajador ex art. 110.1.b) LRJS, al ser esta última opción preferente y prioritaria por ser personal frente a la del FOGASA que es sustitutiva de la

---

1 Publicado en la revista *on line* Iberley, de Ed. Colex, el 25.11.2021.

de la ordinaria titularidad empresarial, dado que la opción ex art. 110.1.b) LRJS atribuida al trabajador —al tratarse de una previsión especial ligada a la concurrencia de unas determinadas circunstancias—, cabe considerarla preferente respecto de la genérica opción establecida en el art. 110.1.a) LRJS atribuida al que resultare ser titular directo de la opción"».

Ahora bien, antes de adentrarnos en las particularidades de la sentencia objeto de comentario, hagamos una síntesis de cuál sea en la actualidad la normativa vigente en esta materia.

En el supuesto de declaración judicial de la improcedencia del despido, tanto el art. 56, en sus ordinales 1 y 2, del Real Decreto Legislativo 1/1995, de 24 de marzo, por el que se aprueba el texto refundido de la Ley del Estatuto de los Trabajadores (ET), como el art. 110.1 de la Ley 36/20122, de 10 de octubre, reguladora de la jurisdicción social (LRJS), permiten que el empresario demandado pueda optar entre readmitir al trabajador injustamente despedido, abonándole en tal caso los salarios de tramitación dejados de percibir desde la fecha de efectos del despido hasta la de la notificación de la sentencia, o bien, de forma alternativa, abonarle una indemnización.

En todo caso, dicha opción deberá ejercitarse mediante escrito o comparecencia ante la oficina del Juzgado de lo Social, dentro del plazo de cinco días desde la notificación de la sentencia que declare el despido improcedente, sin esperar a la firmeza de la misma, si fuera la de instancia (art. 110.3 LRJS), con la advertencia de que cuando la sentencia que declarase la improcedencia del despido se refiera a un representante legal o sindical de los trabajadores y fuese recurrida, la opción corresponderá al trabajador que acredite dicha condición (art. 56.4 del ET y art. 110.2, con las consecuencias contempladas en el art. 112, ambos de la LRJS).

De llevarse a cabo la opción por la readmisión y el pago de los salarios de tramitación su importe deberá limitarse hasta que el demandante haya encontrado otra ocupación, si esta es anterior a la sentencia y se pruebe por el empresario el importe efectivamente percibido, para proceder al descuento de aquellos salarios y, además, con las prevenciones del art. 209.5 de la vigente Ley General de la Seguridad Social, en el supuesto de percibir la prestación contributiva por desempleo, y con exclusión del período en el que el trabajador hubiera permanecido de baja médica por incapacidad temporal.

Si la opción lo fuera, no obstante, por el pago de la indemnización, la última reforma legal operada por el Real decreto ley 3/2012, de 10 de febrero de medidas urgentes del mercado de trabajo, posteriormente derogado por la Ley 3/2012, de 6 de julio, introdujo, como es de todos conocido, importantes modificaciones en la regulación y cálculo de los importes indemnizatorios en caso de despido y en el abono de los salarios de tramitación.

Concretamente, se modificó el alcance del art. 56.1 ET, de modo que cuando se declare la improcedencia del despido, el empresario, en caso de optar el empresario por la extinción del contrato de trabajo, sólo vendrá obligado a abonar la indemnización legal al trabajador (en el nuevo importe de 33 días por año de servicio a partir del 12 de febrero de 2012 y, con anterioridad a esta fecha, a razón de 45 días por año de servicio), sin que venga acompañado, como sucedía antes de la expresada reforma, del pago de los salarios de tramitación meritados desde la fecha del despido hasta la notificación de la sentencia.

Por lo demás, debe tenerse en cuenta que el legislador ha previsto que en el supuesto de no optar el empresario por la readmisión o la indemnización se entiende que procede la primera (art. 56.3 ET).

Dicho lo anterior, puede suceder que se acreditase que la readmisión del trabajador fuera imposible por cese de la actividad o cierre de la empresa obligad, o cualquier otra causa de imposibilidad material o legal, en cuyo supuesto el juez dictará auto en el que declarará extinguida la relación laboral en la fecha de dicha resolución, acordando que se abonen al trabajador las percepciones económicas previstas en los apartados 1 y 2 del artículo 56 del ET, pudiéndose fijar una indemnización adicional de hasta quince días de salario por año de servicio y un máximo de doce mensualidades en atención a las circunstancias concurrentes y a los perjuicios ocasionados por la no readmisión o por la readmisión irregular. En ambos casos, se prorratearán los periodos de tiempo inferiores a un año y se computará, como tiempo de servicio, el transcurrido hasta la fecha del auto (arts. 281.2 y 286.1 de la LRJS).

Pero dicho lo anterior, el art. 110 de la LRJS parte de dos supuestos particulares que seguidamente paso a enunciar:

1. La opción efectuada por el trabajador (art. 110.1.b) LRJS).

Conforme lo dispuesto en el art. 110.1.b) de la LRJS, a solicitud de la parte demandante y durante el acto de juicio, si constare no ser realizable la readmisión del trabajador, podrá acordarse, en caso de improcedencia del despido, tener por hecha la opción por la indemnización en la sentencia, declarándose extinguida la relación en la propia sentencia y condenando al empresario a abonar la indemnización por despido, calculada hasta la fecha de la sentencia.

Consecuentemente, se exige acreditar la imposibilidad de la empresa de proceder a la readmisión del trabajador, entendida no de manera consciente y voluntaria, sin causa que justifique tal comportamiento, como tampoco de manera irregular (incorporando al trabajador en condiciones laborales diferentes a las habituales, ya sea con respecto de su centro de trabajo, jornada, horario, categoría profesional, funciones o salario), en cuyo caso opera la previsión del incidente de no readmisión del art. 281 de la LRJS, sino por los motivos contemplados en el art. 286.1 de la misma ley procesal, esto es «cuando se acreditase la imposibilidad de readmitir al trabajador por cese o cierre de la empresa obligada o cualquier otra causa de imposibilidad material o legal».

Ahora bien, ¿cabe igualmente que la sentencia condene al empresario al pago de los salarios de tramitación, atendido que no lo contempla expresamente el art. 110.1.b) de la LRJS, al contrario de lo que sucede si se acude por la vía del art. 281.2.b de la LRJS?

En torno a esta cuestión hubo un cambio de doctrina por la Sala Social del TS, que puede resumirse de la siguiente manera:

1. En una primer estadio, se sostuvo la interpretación de que había de estarse a la literalidad del precepto en cuestión, que sólo alude al pago de la indemnización, cuyo importe debe calcularse desde la fecha de efectos del despido hasta la fecha en que se dicte la sentencia, pero excluyendo los salarios de tramitación, salvo que se acudiese posteriormente al incidente de ejecución.

   Ejemplo de lo anterior son las siguientes sentencias:

   – La sentencia núm. 3275/2015 de la sala de lo social del Tribunal Superior de Justicia de Cataluña, de 20 de mayo de 2015 (recurso n.º 7155/2014), reunida en sala general, resolvió en su FD segundo que:

> «A la vista del contenido de la norma trascrita, puesta en relación a la redacción que tenía antes de que fuere modificada por la Ley 3/2012, de 6 de julio, se puede apreciar, que el legislador, en el actual apartado b), cuando recoge la posibilidad de que se tenga por hecha la opción por la indemnización en sentencia para el caso de imposibilidad de readmisión, solo prevé que los efectos de dicha extinción judicialmente declarada, conlleve el pago de la correspondiente indemnización por despido, calculando su importe hasta la fecha de la sentencia, pero nada dice ni refiere sobre el pago de salarios que esta contenía antes de ser modificada y en el que se añadía a lo anterior la frase "... salarios de tramitación, cuando procedan, hasta dicha fecha". Además tal supresión de ese último inciso cohonesta con la redacción del artículo 56.1 del Estatuto de los Trabajadores que también fue afectado por dicha ley, en el sentido de que la opción por la extinción no lleva aparejada la obligación del pago de salarios de tramitación. No podemos negar que el precepto genera ciertas dudas interpretativas si se compara con otros preceptos de la misma norma, y en concreto con el art. 286.1, que establece, que frente a la imposibilidad de readmitir al trabajador no solo se extinguirá su contrato de trabajo sino incluso el derecho a percibir salarios de tramitación. Pero dicha contradicción ha de resolverse en el sentido que postulamos, pues no solo el precepto se refiere a la ejecución de sentencias, sino que no puede obviarse que el Legislador de 2012 ha restringido la indemnización complementaria de los salarios de tramitación a tan sólo los supuestos en los que se opte por la readmisión, conforme establece la actual redacción del artículo 56.1 del Estatuto de los Trabajadores, precisando dicha norma que la opción por la indemnización determinará la extinción del contrato de trabajo, que se entenderá producida en la fecha del cese efectivo del trabajo.
>
> Ahora bien tampoco podemos pasar por alto, que cuando el demandante solicita la extinción de su contrato por imposibilidad manifiesta de ser readmitido, si concurre causa legal que lo impida,

como ocurre en estos autos, debe permitirse al Juzgador decidir extinguir su contrato aplicando por analogía lo dispuesto en el art. 286.1 LRJS, pero con los efectos que regula el apartado 1.b del art. 110 LRJS, en relación con el cálculo de la indemnización, pues este precepto no hace otra cosa que modular el alcance de la indemnización para estos supuestos, y que en condiciones de normalidad hubiese supuesto su determinación como día final para su cálculo, el de la extinción decidida por el demandante, pero en cambio, en relación con los salarios de trámite, no habiéndose optado por la readmisión, las consecuencias de la concurrencia de una causa legal y manifiesta, no puede extenderse más allá, de los efectos que impone el art. 56.1 del TRLET, y por tanto, sus efectos se producirán en la fecha efectiva del cese en el trabajo.

Interpretación que no impide ni altera, ni afecta a los supuestos que en ejecución regula el art. 286.1 LRJS —en los que no se haya ejercitado el derecho de opción, o la solicitud del demandante en el juicio—, y que por tanto se generen salarios de trámite, toda vez que, en estos se produjo *ope legis* la readmisión, y las consecuencias no pueden ser otras que las que regula dicho precepto. Es cierto, que esta posición puede dar lugar a que el demandante nunca pida voluntariamente la extinción de su contrato y espere a la fase de ejecución para poder percibir salarios de trámite, pero eso es una posibilidad que admitió el legislador, otra cosa sería, determinar si se puede anticipar la extinción en sentencia, y quien lo puede hacer, cuando existe una imposibilidad manifiesta de readmisión, pero esta cuestión no forma parte de este proceso, aunque lo correcto sería permitir al Juzgador con referencia al art. 286 LRJS que lo hiciera, y solo, en los supuestos de pérdida del derecho de opción *ope legis*, como ha ocurrido en el caso de autos, pero, no en el resto de los supuestos, si claro está la empresa o el trabajador no lo piden».

» A similar conclusión llegó la posterior sentencia de la sala de lo social del Tribunal Supremo, de 19 de julio de 2016, ECLI:ES:TS:2016:3963 (ponente Sr. D. Antonio V. Sempere Navarro), cuando en su Fundamento de Derecho sexto, letra A, afirma lo siguiente:

«... del artículo 110.1.b) LRJS no deriva directamente obligación alguna de abonar "salarios de tramitación". Esa conclusión solo es posible mediante una interpretación analógica y sistemática de las previsiones contenidas en los preceptos sobre ejecución de sentencias de despedido, entendiendo que se está realizando una especie de adelanto de ella cuando se decide conforme al precepto en cuestión».

2. Sin embargo, y con tan solo dos días de diferencia, la misma Sala de lo Social del Tribunal Supremo varió su doctrina por medio de su sentencia de 21 de julio de 2016 (recurso núm. 879/2015, ponente Sr.

Jordi Agustí Julià), al reconocer, junto con el importe de la indemnización, el derecho al percibo de los salarios de tramitación desde la fecha del despido hasta la fecha de la extinción laboral.

Su Fundamento de Derecho segundo, apartados 3 y 4, resultan reveladores cuando afirman que:

«3. Ahora bien, si tenemos en cuenta la descrita situación —declaración de extinción de la relación laboral que, como práctica forense, viene siendo seguida por los Juzgados de lo Social— y ponemos en relación el silencio del señalado artículo 110.1 b) de la LRJS, respecto a salarios de trámite, con las previsiones de otros preceptos, tanto del artículo 56 del Estatuto de los Trabajadores, y en concreto de su apartado 3 —derecho a salarios de tramitación cuando concurre opción tácita de la empresa por la readmisión— como los artículos 278 a 286 de la propia Ley que regulan "la ejecución de las sentencias firmes de despido", y aplicados en la sentencia recurrida— y en concreto, el apartado 1 del artículo 286, en cuanto establece que, "sin perjuicio de lo dispuesto en los artículos anteriores, cuando se acreditase la imposibilidad de readmitir al trabajador por cese o cierre de la empresa obligada o cualquier otra causa de imposibilidad material o legal, el juez dictará auto en el que declarará extinguida la relación laboral en la fecha de dicha resolución y acordará se abonen al trabajador las indemnizaciones y los salarios dejados de percibir que señala el apartado 2 del artículo 281", la solución puede —y entendemos debe ser— la que ya arbitró esta Sala ante la misma situación, si bien con anterioridad al redactado actual del artículo 110.1.b) de la LRJS en la sentencia de 6 de octubre de 2009 (rcud. 2832/2008), de reconocer el derecho al percibo de los salarios de tramitación desde la fecha del despido hasta la fecha de la extinción laboral, solución seguida también en sentencias posteriores de 28 de enero de 2013 (rcud. 149/2012) y 27 de diciembre de 2013 (rcud. 3034/2012), en supuestos singulares de imposibilidad de readmisión.

Esta interpretación viene avalada por la bondad de los antecedentes ya expuestos, en cuanto a la práctica forense señalada, que aplicando criterios de economía procesal, anticipaba la ejecución prevista en el artículo 284 de la Ley de Procedimiento Laboral —actualmente el señalado artículo 286 de la LRJS—, para no perjudicar más al trabajador injustamente despedido, y que ratificamos en nuestra también mencionada sentencia de 6 de octubre de 2009. Por el contrario, la interpretación estricta, no sólo perjudicaría al trabajador injustamente despedido, que es la parte perjudicada o víctima en la situación jurídica de despido improcedente, y beneficiaría a la empresa por una decisión injusta y contraria a la Ley, es decir, beneficia a quien causa el perjuicio o victimario en la situación jurídica del despido improcedente, sino que además desincentivaría, y sería contrario a cualquier principio de economía procesal en tanto que obligaría, de hecho, a todo trabajador despedido de forma improcedente y con la empresa cerrada, a no pedir la extinción contractual al momento de la sentencia, a no anticipar la solución del conflicto y esperar a la ejecución ordinaria, previsiblemente con readmisión implícita por falta de opción empresarial, y por tanto con devengo de salarios de tramitación, a costa de una mayor dilación procesal y de un mayor esfuerzo y saturación de la administración de justicia, innecesarios para prestar la tutela efectiva».

Y continúa señalando en su ordinal 5 que:

> «"Conviene señalar, expresamente, que esta interpretación que acogemos —que también vendría respaldada no sólo por los descritos antecedentes históricos de la singular situación jurídica expuesta, sino también por principios de economía procesal, y tutela judicial efectiva en relación con el necesario resarcimiento del daño en igualdad de condiciones—, y que implica el reconocimiento del derecho del trabajador despedido de forma improcedente a percibir los salarios de tramitación desde la fecha del despido hasta la fecha de la sentencia que declare la extinción de la relación laboral, requerirá siempre y en todo caso, el cumplimiento de los dos siguientes requisitos: a) que la extinción de la relación laboral sea solicitada expresamente por el trabajador demandante; y, b) que en el acto del juicio se acredite la imposibilidad de su readmisión por cese o cierre de la empresa obligada o cualquier otra causa de imposibilidad material o legal».

Mi criterio es que esta última doctrina resulta ser la más ajustada a una interpretación integral y finalística de las normas procesales en aplicación, atendidas las siguientes circunstancias:

- Se inclina por un elemental principio de economía procesal, evitando que el trabajador deba acudir necesariamente a la vía ejecutiva, a través del incidente de no readmisión, para reclamar un importe indemnizatorio que, junto con el pago de los salarios de tramitación hasta la extinción de la relación laboral y aun cuando puedan ser de un quantum superior, en la gran mayoría de las ocasiones lo será sin efectividad alguna atendidas las limitaciones impuestas por el art. 33 del ET en los supuestos de insolvencia de la empresa ejecutada. Y lo anterior sin perjuicio del tiempo que medie entre la declaración de firmeza de la sentencia hasta la del auto dando por definitivamente extinguida la relación laboral con la condena al pago de aquellos conceptos.
- Se evita la dilación del procedimiento y una mayor carga de trabajo de nuestros tribunales.
- Interpreta de manera finalística, lógica y contextual el mandato del art. 110.1.b) de la LRJS.

Consecuentemente, procede el pago no tan solo de la indemnización legal hasta la fecha de la sentencia sino, además, el importe de los salarios de tramitación devengados desde la fecha de efectividad del despido hasta la de la sentencia que declare la improcedencia del despido.

2. La opción efectuada por el empresario (art. 110.1.a) de la LRJS).

El segundo supuesto al que me refería es el establecido en el art. 110.1.a) de la LRJS, a cuyo tenor «En el acto de juicio, la parte titular de la opción entre readmisión o indemnización podrá anticipar su opción, para el caso de declaración de improcedencia, mediante expresa manifestación en tal sentido, sobre la que se pronunciará el juez en la sentencia, sin perjuicio de lo dispuesto en los artículos 111 y 112».

En este caso, es el empresario quien manifiesta expresamente en el acto de juicio, avanzándolo a este instante procesal, su opción por cualquiera de las alternativas que la ley le permite, de modo que si lo fuera por el abono de la indemnización debe calcularse desde la fecha de efectos del despido hasta la de su incorporación en la empresa, sin abono de salarios de tramitación, siendo estos debidos únicamente cuando la opción lo fuera por la readmisión del trabajador y desde la fecha de efectos del despido hasta la notificación de la sentencia, conforme a la regla general prevista en el art. 56, apartados 1 y 2 del ET y en el art. 110.1 de la LRJS.

3. ¿Cabe el derecho de opción por el Fondo de Garantía Salarial?

La doctrina de la Sala Social del Tribunal Supremo dio un paso más en la interpretación que había de dársele al art. 110 LRJS, a raíz de su sentencia núm. 294/2019, de 4 de abril 2019, recaída en el recurso 1865/2018, confirmando la sentencia núm. 135/2018, de fecha 14 de marzo de 2018 de la Sala de lo Social del Tribunal Superior de Justicia de Castilla y León, con sede de Burgos, dictada en el recurso de suplicación 74/2018.

La cuestión sometida al criterio del TS es la relativa a si el Fondo de Garantía Salarial puede ejercitar la opción entre la readmisión o la indemnización en un supuesto de despido improcedente, cuando la empresa no comparece al acto del juicio y no es posible la readmisión, así como su repercusión en orden al abono de los salarios de tramitación, advirtiendo que la cuestión controvertida había sido ya unificada en su sentencia núm. 160/2019, de 5 de marzo de 2019, recurso 620/2018, dictada por el Pleno.

Pues bien, la expresada resolución se remite al artículo 23.3 de la LRJS cuando se refiere a que el Fogasa «dispondrá de plenas facultades de actuación en el proceso como parte, pudiendo oponer toda clase de excepciones y medios de defensa, aun los personales del demandado, y cuantos hechos obstativos, impeditivos o modificativos puedan dar lugar a la desestimación total o parcial de la demanda, así como proponer y practicar prueba e interponer toda clase de recursos contra las resoluciones interlocutorias o definitivas que se dicten».

La enumeración de tales facultades y su genérica formulación en aspectos como los subrayados, amén de lo que comporta la declaración legal de abonar «a los trabajadores el importe de los salarios pendientes de pago a causa de insolvencia o concurso del empresario» (art. 33.1 del ET), y las «indemnizaciones reconocidas como consecuencia de sentencia, auto, acto de conciliación judicial o resolución administrativa a favor de los trabajadores» (art. 33.2

del ET), determina la configuración del Fogasa como acreedor de las citadas cantidades frente a la empresa incumplidora, ya que para el reembolso de las cantidades satisfechas la citada entidad gestora se subroga «obligatoriamente en los derechos y acciones de los trabajadores» (arts. 24 de la LRJS y 33.4 del ET), y como responsable subsidiario del abono de tales cantidades en el procedimiento asume el lugar de la empresa deudora, cuando ésta no concurre al acto de juicio oral y hace imposible su propia defensa.

En consecuencia y en recta aplicación de lo dispuesto el art. 110.1.a) de la LRJS, el derecho de opción que se le otorga al empresario cuando el despido se califica como improcedente entiende la Sala de lo Social del Tribunal Supremo que puede y debe ser ejercitado por el Fogasa con efectos plenos en aquellos casos en los que concurran, simultáneamente, las siguientes circunstancias:

a) Que la empresa no haya comparecido en el acto del juicio.

b) Que estemos en presencia de alguno de los supuestos previstos en el artículo 23.2 de la LRJS, esto es, empresas incursas en procedimientos concursales, así como de las ya declaradas insolventes o desaparecidas, y en las demandas de las que pudiera derivar la responsabilidad prevista en el art. 33.8 del ET, siempre que conste que la empresa ha cerrado sus actividades, siendo, en consecuencia, imposible o de difícil realización la readmisión.

c) Que se trate de un supuesto en el que el titular de la opción fuere el empresario, pues parece claro que no se puede sustituir el derecho de opción de quien no lo tiene (como sería el caso de los legales representantes de los trabajadores o sus representantes sindicales).

d) Que el Fogasa haya comparecido en el procedimiento en el momento de efectuar la opción (pues en caso contrario decae su derecho).

En cualquier caso, la sentencia acaba advirtiendo que en el concreto supuesto sometido a su consideración hubo una concurrencia de opciones, la del trabajador quien la ejerció de conformidad con lo establecido en el art. 110.1.b) de la LRJS, y la del Fogasa, en aplicación del art. 110.1.a) de la LRJS, concurrencia en la que resulta prioritaria la del trabajador por ser personal frente a la del Fogasa, que es sustitutiva de la opción del titular inicial —la empresa—, por lo que al constar no ser realizable la readmisión, la opción allí atribuida al trabajador «es preferente respecto de la genérica opción establecida en el apartado a) de dicho precepto atribuida al que resultare ser titular de la opción».

4. La sentencia del Tribunal Supremo, de 26 de octubre de 2021. STS, núm. 1048/2021.

Llegados a este punto del debate, el TS ha vuelto a pronunciarse en torno a la concurrencia de voluntades de trabajador y Fogasa en el ejercicio de su derecho a opción en los términos recogidos en el art. 110 de la LRJS.

Vaya por delante que la sala reitera la doctrina ya expuesta, recogida en sus anteriores sentencias núm. 160/2019, de 5 de marzo de 2019 y en la núm. 294/2019, de 4 de abril de 2019, sin perjuicio de tener en cuenta los razonamientos del voto particular del Magistrado Sr. Antonio V. Sempere Navarro, sobre el que centraré mi atención.

a) **Antecedentes**.

El Juzgado de lo Social núm. 1 de Burgos, dictó sentencia cuya parte dispositiva es del siguiente tenor literal: «Que estimando la demanda presentada por DON Modesto contra SAIZ Y ASOCIADOS ARQUITECTURA Y URBANISMO S.L., debo declarar y declaro improcedente el despido del demandante operado con fecha de efectos 16 de febrero de 2018 y extinguido el contrato de trabajo que ligaba a las partes desde esa fecha, condenando a la empresa demandada a abonar a la parte actora en concepto de indemnización la cantidad de MIL CUATROCIENTOS SETENTA Y NUEVE EUROS CON VEINTIDÓS CÉNTIMOS (1.479,22 €), con los salarios de tramitación, desde la fecha del despido hasta la de la presente resolución, a razón de 53,79 euros diarios (6.347,22 €). Todo ello con intervención del Fondo de Garantía Salarial».

Interpuesto recurso de suplicación contra la anterior resolución, la Sala de lo Social del Tribunal Superior de Justicia de Castilla y León (sede en Burgos), dictó sentencia con fecha 30 de octubre de 2018, en la que consta la siguiente parte dispositiva: «Que debemos desestimar y desestimamos el recurso de Suplicación interpuesto por FONDO DE GARANTÍA SALARIAL (FOGASA), frente a la sentencia de fecha 14 de junio de 2018 dictada por el Juzgado de lo Social núm. 1 de Burgos en autos número 210/2018 seguidos a instancia de D. Modesto, contra el recurrente y SAIZ Y ASOCIADOS ARQUITECTURA Y URBANISMO S.L., en reclamación sobre Despido y, en su consecuencia, debemos confirmar y confirmamos la Sentencia recurrida. Sin costas»

Contra la sentencia dictada en suplicación, el Abogado del Estado, en representación del Fondo de Garantía Salarial, mediante escrito de 19 de diciembre de 2018, formuló recurso de casación para la unificación de doctrina, centrándose la cuestión en determinar si la opción por la indemnización que realiza el Fondo de Garantía Salarial, en el acto de juicio por despido, al que no ha comparecido la empresa que se encuentra cerrada y en paradero desconocido, debe ser atendida aunque el trabajador haya solicitado del juez que declara el despido improcedente que extinga la relación laboral a la fecha de la sentencia, con los salarios de tramitación, por no ser posible la readmisión.

El Fogasa denunció la infracción del art. 110.1.a) de la LRJS en relación con los arts. 23.2 y 3 del mismo texto legal y con el art. 33 del ET, afirmando que la entidad gestora dispone del derecho de opción cuando el empresario no comparece al acto de juicio y se evidencia la imposibilidad de readmisión, lo que significa que ante esta situación puede anticipar ese derecho y, en caso de elegir la indemnización, no tendría que abonar salarios de tramitación, ya que, de lo contrario, dicho organismo estaría asumiendo una obligación de pago más allá de la que legalmente le corresponde. Derecho de opción la de la entidad gestora que, en caso de concurrencia con la ejercitada por el trabajador, como aquí sucede, debe prevalecer.

b) **Razonamientos jurídicos de la resolución frente al recurso formulado**.

Pues bien, la sala, tras recordar que la cuestión planteada ya ha sido resuelta en las anteriormente citadas sentencias, reiteradas por las posteriores SSTS 13 de febrero de 2020 (rcuds 1806/2018 y 2009/2018), 11 de marzo de 2020 (rcud 2903/2018), 13 de marzo de 2020 (rcud 1806/2018), 17 de marzo de 2020 (rcuds 3425/2018 y 3752/2018), 6 de noviembre de 2020 (rcud 3069/2018) y 21 de julio de 2021 (rcud 3745/2018), previene que por obvias razones de seguridad jurídica e igualdad en la aplicación de la ley debe mantener su criterio al no existir elementos novedosos que pudieran permitir una alteración de la reiterada y constante doctrina que la Sala ha venido manteniendo, poniendo especial énfasis en su FD Tercero cuando, tras advertir que la doctrina del Pleno no es que el trabajador quede privado de la facultad que le otorga el art. 110.1 b) de la LRJS cuando el Fogasa coincide en reclamar el anticipo de la opción, con amparo en el art. 110.1 a) de dicha Ley, señala que:

> «El derecho a anticipar la opción del despido improcedente siempre se ha reconocido a favor del empleador o FOGASA, salvo las excepciones que puedan haberse establecido, legal o convencionalmente. El trabajador solo ostenta la facultad de solicitar al órgano judicial, ante un supuesto muy concreto, que tenga por realizada la opción de indemnización, pudiendo éste acordarla o no. Es claro que el legislador ha querido fijar una serie de particularidades en relación con los efectos del despido improcedente y una de ellas ha sido la de poder zanjar en sentencia los supuestos de imposible readmisión, mediante el otorgamiento al trabajador de esa facultad sin someterla o hacerla depender de que el empresario no anticipe un derecho de opción que, por cierto, se desvanece desde el momento en el que solo es realizable la indemnización que es lo que, en definitiva, ha querido el legislador solventar mediante esa fórmula ante una situación empresarial tan concreta, en el caso que nos ocupa, de desaparición de la empresa, siendo consciente de que en estos casos FOGASA debe ser parte en dichos procesos.
>
> Con ello no se está impidiendo al organismo recurrente que ejercite los derechos que le correspondan, sino dando a la norma el alcance que el legislador ha querido. Tampoco se está imponiendo a FOGASA ninguna obligación superior a la que legalmente tiene impuesta, al tener que hacer frente a los salarios de tramitación, ya que el art. 33 del ET, en su apartado 1 se identifica como salarios a los de tramitación en los supuestos en que legalmente procedan, pero siempre dentro de los límites que allí se recogen».

c) **Consideraciones contenidas en el voto particular**.

La sentencia comentada cuenta con el voto particular del Magistrado Antonio Vicente Sempere Navarro que tras efectuar un extenso recorrido legislativo, histórico y jurisprudencial del art. 110 de la LRJS y referirse a los arts. 23, 2 y 3 de la LRJS, y a los arts. 33 y 56 del ET, manifiesta su abierta oposición al fallo de la sentencia de la que discrepa, al afirmar que:

- Resulta claro que el organismo de garantía puede instar que se anticipe dicha opción en tal sentido (indemnización) en un caso de las características del presente, donde la empresa, de hecho, se halla de todo punto imposibilitada de readmitir por su cierre mismo y por las demás circunstancias en las que se encuentra, ya enumeradas, de modo que no le quedaría más, de poder haberse manifestado, que instar que se señalase la indemnización pertinente, que va de suyo, al haber desaparecido, en efecto, toda posibilidad real y efectiva de readmisión, la cual, de haberla propuesto, supondría un ejercicio de absoluta incongruencia con la realidad si no de un hipotético intento fraudulento con no se sabe qué objeto, por lo que si el Fogasa, como subrogado en su lugar, lo que ha hecho ha sido cumplir con una previsión a la par que requisito material y procesal, ha de concluirse que le asistía todo el derecho —e incluso el debe— en ese sentido, velando así por los intereses públicos (art 23.1 de la LRJS) cuya defensa tiene asignada.
- A modo de recapitulación, el voto particular se refiere a los siguientes extremos que justifican la solución adoptada por la sala de lo social:
    a) Una interpretación sistemática de la LRJS aboca a condenar al abono de salarios de tramitación cuando existe un despido improcedente, se constata la imposibilidad de la readmisión y la persona despedida solicita expresamente que se active la posibilidad contemplada en el artículo 110.1.b) LRJS.
    b) La interpretación del art. 23.3 LRJS en relación con el art. 33.1 ET lleva a permitir que el Fogasa active la opción (indemnizatoria) contemplada en el artículo 110.1.a) LRJS, con la consiguiente ausencia de salarios de tramitación.
    c) Desde la perspectiva de la identidad exigida por el artículo 219.1 LRJS, son distintos los casos en que solo concurre la opción del Fondo (al amparo del artículo 110.1.a LRJS) de aquellos otros en que la persona despedida también activa la posibilidad prevista en el artículo 110.1.b LRJS.
    d) El derecho que el art. 110.1 b) LRJS otorga al trabajador demandante prevalece sobre el derecho de opción del Fondo que se activa en sustitución del empleador.
    e) Esta última construcción requiere que la extinción de la relación laboral sea solicitada expresamente por la persona despedida y que en el acto del juicio se acredite la imposibilidad de su readmisión por cese o cierre de la empresa obligada o cualquier otra causa de imposibilidad material o legal.

- Como manifiesta el Ministerio Fiscal, el titular de la opción entre readmisión o indemnización es el empresario, salvo que el trabajador sea representante legal o sindical, en cuyo caso —y único caso— el trabajadores el titular de la opción. El trabajador demandante no puede constituirse nunca en el titular de la opción cuando ésta corresponda al empresario. La opción, o es del empresario o es del trabajador, pero no se sustituyen personalmente. Y si el Fogasa puede ejercitar el derecho de opción del empresario con plenos efectos y oponer todos los medios de defensa incluidos los personales de la empresa (art. 23.3 LRJS), se convierte por disposición legal, en el único titular de la opción cuando ésta hubiera correspondido al empresario.
- En suma, el demandante puede efectuar una solicitud de que se tenga por hecha la opción, es decir, se trata de una *fictio iuris*, como si el empresario hubiera optado. En modo alguno del tenor del precepto se infiere que el trabajador sea titular de una verdadera opción alguna. La norma procesal no puede anular la titularidad que el art. 56.1 ET concede al empresario. Y como no es posible entender que el trabajador despedido posea una opción personal, tampoco cabe compararla con la del empleador y calificarla de preferente sobre la que ejercita el Fondo cuando sustituye a la empresa, por lo que concluye el autor del voto particular que lo anterior comportaría acoger como doctrina correcta la recogida en la sentencia referencial y estimar el recurso de casación unificadora formalizado por la Abogacía del Estado.

5. A modo de conclusión.

Ciertamente y desde mi particular criterio, existen dos posturas enfrentadas respecto de cuál de las opciones debe prevalecer cuando concurren simultáneamente las ejercidas por el Fogasa y el trabajador.

Atendiendo a los criterios del voto particular, bien parece que el Fogasa se sitúa en la posición procesal del empresario, resultando difícil contemplar un escenario en que, acreditada su insolvencia o falta de recursos, no pueda optar por la readmisión del trabajador despedido y lo hace, en consecuencia, por la extinción indemnizada del contrato de trabajo, sin que de ello se derive el pago de los salarios de tramitación, lo que de suyo no hace más que defender los legítimos intereses del Fogasa.

Como pone de manifiesto el voto particular:

> «También conviene reparar en que el Fondo asume el abono de determinadas cuantías "a causa de insolvencia o concurso del empresario" (art. 33.1 LRJS). Sin embargo, por la vía interpretativa de que discrepo surgen responsabilidades para dicho organismo que no derivan de esas circunstancias, sino de la pasividad procesal de la empresa.
>
> Se alcanza así un resultado que, si bien puede resultar satisfactorio en términos de protección social, aparece como disfuncional. Y es que, para alcanzar una

> mayor protección en caso de despido improcedente parece que se induzca a la irresponsabilidad empresarial. Parece paradójico que acabe con mayor protección el trabajador de empresa insolvente que el de empresa operativa y cumplidora de sus obligaciones».

Como siempre sucede, sólo el tiempo dirá cuál de las dos interpretaciones se consolidará como doctrina jurisprudencial, aunque de momento el criterio del Tribunal Supremo objeto del presente comentario se ha visto respaldado por la posterior sentencia del mismo tribunal, núm. 1098/2021, de 10 de noviembre de 2021, rcud 3523/2018, ponente Sr. Ángel Blasco Pellicer.

41.
Declarada la improcedencia del despido, en acción acumulada a la de extinción del contrato por voluntad del trabajador, procede el pago de salarios de tramitación. Comentario a la STS de 23 de junio de 2021[1]

Conforme la previsión establecida en el art. 49.1.j) del Real Decreto Legislativo 2/2015, de 23 de octubre, por el que se aprueba el texto refundido de la Ley del Estatuto de los Trabajadores (ET), el contrato de trabajo se extinguirá «Por voluntad del trabajador, fundamentada en un incumplimiento contractual del empresario».

Pero es el art. 50 ET el que contempla las causas justas para que el trabajador pueda solicitar la extinción del contrato, siendo las siguientes:

> «a) Las modificaciones sustanciales en las condiciones de trabajo llevadas a cabo sin respetar lo previsto en el artículo 41 y que redunden en menoscabo de la dignidad del trabajador.
>
> b) La falta de pago o retrasos continuados en el abono del salario pactado.
>
> c) Cualquier otro incumplimiento grave de sus obligaciones por parte del empresario, salvo los supuestos de fuerza mayor, así como la negativa del mismo a reintegrar al trabajador en sus anteriores condiciones de trabajo en los supuestos previstos en los artículos 40 y 41, cuando una sentencia judicial haya declarado los mismos injustificados.
>
> La extinción deberá ser resuelta mediante resolución judicial, con efectos ex nunc, teniendo derecho el trabajador a las indemnizaciones señaladas para el despido improcedente (art. 56.1 ET)».

---

1 Publicada en Linkedin, el 24.5.2022.

Para el supuesto de que ejercitada la acción de extinción voluntaria del contrato de trabajo aconteciere posteriormente el despido del trabajador, el art. 26.3 de la Ley 36/2011, de 10 de octubre, reguladora de la jurisdicción social (LRJS) permite su acumulación estableciendo lo siguiente:

> «Podrán acumularse en una misma demanda las acciones de despido y extinción del contrato siempre que la acción de despido acumulada se ejercite dentro del plazo establecido para la modalidad procesal de despido. Cuando para la acción de extinción del contrato de trabajo del artículo 50 del Texto Refundido de la Ley del Estatuto de los Trabajadores se invoque la falta de pago del salario pactado, contemplada en la letra b) del apartado 1 de aquel precepto, la reclamación salarial podrá acumularse a la acción solicitando la extinción indemnizada del vínculo, pudiendo, en su caso, ampliarse la demanda para incluir las cantidades posteriormente adeudadas.
>
> El trabajador podrá acumular a la acción de despido la reclamación de la liquidación de las cantidades adeudadas hasta esa fecha conforme al apartado 2 del artículo 49 del Estatuto de los Trabajadores, sin que por ello se altere el orden de intervención del apartado 1 del artículo 105 de esta Ley. No obstante, si por la especial complejidad de los conceptos reclamados se pudiesen derivar demoras excesivas al proceso por despido, el juzgado podrá disponer, acto seguido de la celebración del juicio, que se tramiten en procesos separados las pretensiones de despido y cantidad, para lo que dispondrá la deducción de testimonio o copia de las actuaciones y elementos de prueba que estime necesarios a fin de poder dictar sentencia sobre las pretensiones de cantidad en el nuevo proceso resultante».

Ahora bien, a partir de los preceptos sustantivos y adjetivos expresados, surgen diversos interrogantes que se refieren, concretamente, al orden de resolución de las acciones acumuladas y los efectos que se desprendan entre ellas.

Recientemente, la Sala Social del Tribunal Supremo ha dictado su Sentencia núm. 641/2021, de 23 de junio de 2021 (recurso en unificación de doctrina núm. 2229/2018, ponente Sr. Antonio V. Sempere Navarro), en que se discute la procedencia del derecho al percibo de salarios de tramitación, en un caso en el que se acumularon acciones de despido y de extinción voluntaria del contrato de trabajo, lo que justifica que la Sala entre a resolver determinados aspectos conexos que seguidamente enunciaré:

1. En primer lugar, puesto que el precepto procesal deja sin concretar cuál de las dos acciones ejercitadas, la resolutoria o la de despido, debe resolverse antes así como la incidencia que sobre la segunda acción produzca lo resuelto sobre la primera, es necesario establecer pautas o criterios generales de carácter orientativo.
2. Tales criterios de resolución deben ser diferentes, distinguiendo los supuestos en que las causas de las dos acciones sean las mismas de aquellos otros en que el incumplimiento empresarial alegado para

fundar la voluntad resolutoria del trabajador nada tenga que ver con la falta que se impute a éste en la carta de despido, es decir, cuando las causas de una y otra acción sean independientes.

3. Cuando las dos acciones que se ejercitan están fundadas en las mismas causas o en una misma situación de conflicto, la sentencia de instancia debe analizar conjuntamente ambas acciones y las conductas subyacentes.

   Pero lo anterior no excluye que deban quedar indemnes las garantías que, respecto a alegaciones, prueba y conclusiones, se hallan establecidas para el proceso de despido, ni supone que hayan de decidirse las dos acciones a la vez, sino que la sentencia debe dar repuesta en primer lugar a la acción que considere que está en la base de la situación del conflicto para, luego, pronunciarse también sobre la segunda acción y emitir el pronunciamiento correspondiente para determinar las indemnizaciones, en caso de que éstas procedan.

4. Por el contrario, cuando las causas de una y otra acción son independientes, es posible el análisis autónomo de una y otra conducta y, por tanto, la fijación del orden a seguir en la respuesta a las indicadas acciones.

   Normalmente, ello conduce a resolver en primer término la acción resolutoria, en tanto que ejercida con anterioridad a que hubiera acontecido el despido, y luego la acción de despido, produciendo consecuencias el eventual éxito de la primera en la condena que se impusiera de ser también acogida la segunda.

   Así pues, a la hora de resolver qué acción debe decidirse antes, hay que seguir un criterio cronológico sustantivo no excluyente, priorizando al análisis y resolución de la acción que haya nacido antes, atendiendo al hecho constitutivo de la misma, si bien su éxito no impedirá el examen, y decisión en su caso, de la otra acción. Con ello se evitan decisiones procesales de la parte demandante tendentes, mediante el simple mecanismo de dilatar breves días la reacción frente al despido, a dar prioridad a la acción de extinción por el mero hecho de ejercitarla antes.

5. Las consecuencias de que se hayan acumulado demandas por causas extintivas no conectadas, tal y como recuerda también la STS 1019/2018 (rec. 3764/2016), deben seguir siendo las mismas que apuntaron las SSTS 10 julio 2007 (rec. 604/2006) y 27 noviembre 2008 (rec. 3399/2007), esto es, como quiera que la acción de extinción produce efectos ex nunc (es decir, es declarativa y produce efectos solo desde la fecha de la sentencia que la estima) los demandantes además del derecho a percibir la indemnización prevista en la Ley, y dado el perjuicio sufrido por culpa del empresario

que les había impedido continuar trabajando como consecuencia del despido declarado en la sentencia improcedente, tendrán derecho también a que se les repare aquel perjuicio, mediante la condena al pago de salarios de tramitación, desde la fecha del despido hasta la de la sentencia de instancia.

6. Tal y como recapitula la STS 1087/2018 de 19 diciembre (rcud. 1054/2017), cuanto antecede comporta abordar de modo diverso los casos en que las causas de las dos acciones sean las mismas de aquellos otros en que sean independientes. De igual modo, el artículo 32.1 LRJS establece un régimen específico para los casos en que las demandas por extinción causal y por despido «están fundadas en las mismas causas o en una misma situación de conflicto», al tiempo que incorpora previsiones diversas para los supuestos en que «las causas de una u otra acción son independientes».

7. La STS 319/2018 de 20 marzo (rcud. 2271/2016) resuelve un supuesto similar al ahora estudiado, concluyendo que dada la eficacia constitutiva de la sentencia que declara la extinción del contrato por los incumplimientos cometidos por el empresario con anterioridad al despido, deben abonarse los salarios dejados de percibir por el trabajador desde la fecha del despido hasta la fecha de dicha resolución judicial, sin que a ello obste que en dicho período no haya existido prestación de servicios por una decisión empresarial calificada como no ajustada a Derecho.

   También aclara que la calificación del despido como improcedente no permite el ejercicio del derecho de opción por parte de la empresa.

   Recordemos sus argumentos:

   «En casos como el enjuiciado en que el Juzgado de lo Social conoce de la demanda de extinción del contrato del art. 50 ET y de la acumulada de despido, y después de estimar la inicial, decretando la extinción de la relación laboral, examina y acoge la ulterior, declarando la improcedencia del despido, la efectividad de ambos pronunciamientos y su adecuada cohonestación comporta, en lo que ahora interesa, una doble exigencia. En primer lugar, la eficacia constitutiva del pronunciamiento judicial de extinción del contrato por los incumplimientos cometidos por el empresario con anterioridad al despido debe determinar la obligación de pago de los salarios dejados de percibir por el trabajador hasta el momento en que el órgano judicial aprecia la existencia y gravedad de los incumplimientos alegados y declara extinguida la relación laboral por esa causa, sin que a ello sea óbice que en dicho período no haya existido prestación de servicios por una decisión empresarial calificada como no ajustada a derecho. Y, en segundo lugar, la declaración de extinción del contrato por tal causa impone que la calificación del despido como improcedente no permita el ejercicio del derecho de opción por parte de la empresa.

> Esta solución no entra en contradicción con el art. 56.2 ET que circunscribe la obligación de pago de los salarios de tramitación derivados de la declaración de improcedencia del despido al supuesto en que el empresario opte por la readmisión, pues en este caso no cabe esa alternativa y la decisión adoptada no encuentra fundamento en el citado precepto, pensado para la hipótesis de que el trabajador haya ejercitado únicamente la acción de despido, sino en los efectos derivados de la estimación de las demandas acumuladas de extinción del contrato por incumplimiento empresarial y de despido y a su necesaria acomodación. Entenderlo de manera distinta significaría privar prácticamente de eficacia jurídica al pronunciamiento estimatorio de la pretensión resolutoria deducida por el trabajador, de cuyas consecuencias quedaría exonerada la empresa en razón de una actuación unilateral e injustificada, lo que no resulta admisible».

En definitiva, procede el pago de los salarios de tramitación una vez declarada la improcedencia del despido, como acción acumulada a la de extinción voluntaria ex art. 50 ET, en línea con la doctrina de la Sala Social del Tribunal Supremo en sus sentencias de 25 de enero de 2007 (rcud. 2851/2005); 27 de febrero 2012 (rcud. 2211/2011); o de 5 diciembre de 2018 (rcud. 3764/2016).

Para finalizar, debe advertirse que el supuesto ahora analizado parte de la existencia de una previa demanda en solicitud de la extinción voluntaria del contrato de trabajo por cualquiera de las causas contempladas en el art. 50 ET, lo que exige que el vínculo laboral esté vigente, sin perjuicio de que con posterioridad acontezca el despido del trabajador, por cualquier causa, y se formule demanda en plazo contra el mismo, ya que en tal caso opera la acumulación de acciones prevista en el art. 26.3 LRJS.

A este respecto, la Sentencia del Tribunal Supremo, Sala de lo Social, núm. 330/2020 de 14 de mayo de 2020, rec. núm. 4282/2017, de la que fue ponente la Sra. María Lourdes Arastey Sahún, ha puesto de manifiesto que la vigencia de la relación laboral, en el momento en que el órgano judicial se pronuncia sobre la concurrencia de la causa alegada como justificativa de la extinción que se pretende, constituye, con carácter general, un presupuesto imprescindible para la viabilidad de la acción resolutoria, dado que dicha extinción del contrato se produce en virtud de la sentencia firme que declara que el empresario ha incurrido en la causa invocada.

Esta regla general no ha impedido que se admita de manera excepcional la posibilidad de que la persona trabajadora afectada cese voluntariamente en la prestación de servicios al tiempo que formula demanda de extinción contractual cuando el mantenimiento de la relación laboral pudiera ocasionarle un grave perjuicio.

No obstante, continúa informando la sentencia comentada, esta sala también ha mantenido, en relación con la cuestión del despido ulterior a la incoación del proceso para la declaración de la extinción contractual, que la relación no podía entenderse vigente si con posterioridad a la papeleta de conciliación, pero antes de la presentación de la demanda, la persona trabajadora había sido despedida. Es cierto que en el presente caso, el despido se produce después de la demanda, pero la solución a alcanzar debe de ser la misma, ya que no estamos aquí ante un supuesto de acumulación de acciones del artículo 26.3 de la LRJS, sino, por el contrario, ante el ejercicio de una única acción —la derivada del art. 50 ET—.

Dicha acción era también la única que podía ejercitarse en el momento en que se presentó la demanda y, sobre todo, es la única que ha mantenido viva la parte actora, que en momento alguno instó una eventual ampliación de la demanda para acumular la impugnación del despido. Por el contrario, consta que dicho despido no ha sido combatido por la trabajadora, consintiendo así la ruptura definitiva de la relación contractual en una fecha en la que no había obtenido todavía sentencia favorable firme sobre su pretensión extintiva.

Solo esa impugnación del despido hubiera permitido un eventual análisis de ambas causas de finalización de la relación en los términos que esta Sala ha venido perfilando. La acumulación de las dos acciones, además, hubiera supuesto la posibilidad de debatir y resolver las dos cuestiones, incorporando, para ello, el examen sobre la eventual conexión entre las causas últimas de la extinción y del despido.

Sin embargo, nada de esto sucede en el supuesto resuelto por la Sala, en el que la trabajadora es despedida sin reacción alguna por su parte, por cuyo motivo relación laboral quedó definitivamente extinguida en la fecha del despido y, por ello, no era posible declarar la extinción de un contrato que ya no estaba en vigor.

Resulta irrelevante, al respecto, la circunstancia de que se mantuviera vigente la medida cautelar acordada por auto del Juzgado de lo Social eximiendo a la trabajadora de la prestación de servicios, puesto que dicha suspensión no es un obstáculo para sostener que la relación estuvo viva hasta la fecha del despido.

42.
El plazo procesal fatal del artículo 135 de la Ley de Enjuiciamiento Civil. Entre la ficción legal y su carácter improrrogable. Últimos criterios judiciales[1]

Sumario

I. El Auto de la Sala de lo Contencioso-Administrativo del Tribunal Superior de Justicia de la Comunidad Valenciana (Sección Tercera), de 9 de marzo de dos mil veintidós.

II. La Sentencia de la Sala 3.ª del Tribunal Supremo, de 11 de junio de 2020, veta la aplicación del art. 135 LEC a los plazos administrativos.

III. Auto de la Sala Social del Tribunal Supremo, de 21 de junio de 2022.

I. Auto de la Sala de lo Contencioso-Administrativo del Tribunal Superior de Justicia de la Comunidad Valenciana (Sección Tercera), de 9 de marzo de dos mil veintidós

Los más veteranos en la profesión recordarán que la extinta Ley de Procedimiento Laboral establecía en su art. 45 una excepción a la regla general de que todos los escritos se tuvieran que presentar en el Juzgado o tribunal que estuviera conociendo del asunto, al permitir la presentación de escritos o documentos el último día de un plazo, ante el juzgado de Guardia de la sede del Juzgado o Sala de lo Social competentes, si tenía lugar en horas en que no se hallare abierto el registro de entrada de dichos órganos[2].

---

1 Publicado en Economist & Jurist, el 14.4.2022 y, ampliado, en Linkedin, el 27.7.2022.

2 El art. 45 del Real Decreto Legislativo 2/1995, de 7 de abril, por el que se aprueba el texto refundido de la Ley de Procedimiento Laboral, establecía lo siguiente:

Esta forma de proceder comportó grandes quebraderos de cabeza y problemas de coordinación al convivir dicho precepto con la previsión que ya contenía el art. 135 de la Ley 1/2000, de 7 de enero, de Enjuiciamiento Civil (LEC), al posibilitar presentar escritos y documentos hasta las quince horas del día siguiente hábil al último de plazo[3].

Afortunadamente, dicha previsión normativa quedó posteriormente derogada por el artículo Décimo, ordinal Veintinueve, de la Ley 13/2009, de 3 de noviembre, de reforma de la legislación procesal para la implantación de la nueva Oficina judicial, al darle un nuevo redactado al expresado precepto, del siguiente tenor:

> «1. Cuando la presentación de un escrito esté sujeta a plazo, podrá efectuarse hasta las quince horas del día hábil siguiente al del vencimiento del plazo, en el servicio común procesal creado a tal efecto o, de no existir éste, en la sede del órgano judicial.
> 2. En ningún caso se admitirá la presentación de escritos en el Juzgado que preste el servicio de guardia».

En la actualidad, tras proclamar el art. 134.1 de la LEC que «Los plazos establecidos en esta Ley son improrrogables», su art. 135.5 permite que:

> «La presentación de escritos y documentos, cualquiera que fuera la forma, si estuviere sujeta a plazo, podrá efectuarse hasta las quince horas del día hábil siguiente al del vencimiento del plazo.
> En las actuaciones ante los tribunales civiles, no se admitirá la presentación de escritos en el juzgado que preste el servicio de guardia».

Dicho lo anterior, el actual redactado del art. 45 de la Ley Reguladora de la Jurisdicción Social continúa siendo el mismo[4] e igual sucede en el ámbito

---

«1. La presentación de escritos o documentos el último día de un plazo, podrá efectuarse ante el Juzgado de Guardia de la sede del Juzgado o Sala de lo Social competente, si tiene lugar en horas en que no se halle abierto el Registro de entrada de dichos órganos. A tal efecto se habrá de expresar la hora en la oportuna diligencia de presentación en el Juzgado de Guardia, debiendo el interesado dejar constancia de ello en el Juzgado o Sala de lo Social al día siguiente hábil, por el medio de comunicación más rápido.
2. En las islas en las que no tengan sede los Juzgados de lo Social, la presentación de escritos y documentos podrá efectuarse, en las mismas condiciones del apartado anterior, en cualquiera de los Juzgados de la isla que asuma las funciones de Juzgado de Guardia».

3 Problemas de coordinación que quedaron patentes en las Sentencias del Tribunal Constitucional 117/1999, 162/2005, de 20 de junio —recurso de amparo 6194/2001—y en los Autos de 18 de julio de 2021 de la Sala General del Tribunal Supremo y en el de 17 de marzo de 2003 —recurso de queja 3/2003—, resolviendo la segunda de las citadas resoluciones la convivencia de ambos preceptos.

4 Ley 36/2011, de 10 de octubre, reguladora de la jurisdicción social.

de la Jurisdicción contenciosa administrativa, en la que no obstante la naturaleza improrrogable de sus plazos[5], se aplica de manera supletoria el art. 135.5 de la LEC[6].

Llegados a este punto de la cuestión, recientemente la Sala de lo Contencioso-Administrativo del Tribunal Superior de Justicia de la Comunidad Valenciana se ha referido al plazo de gracia en la presentación de escritos y documentos, superado el previsto legalmente, y lo hace a título meramente enunciativo por lo que seguidamente se explicará[7].

Así es, se refiere el Auto del expresado Tribunal a que pretende la parte actora completar, subsanar la sentencia dictada al no haber tenido la misma en consideración que el escrito de interposición del recurso contencioso administrativo se presentó, al día siguiente de la finalización del plazo de dos meses del art. 46 de la LJCA, pero antes de las 15.00 horas solicitando, en aplicación del art. 135 de la LEC, su admisión por haber sido presentado en plazo y alegaciones, estas, que no fueron realizadas en la instancia. Si acudimos a los términos en los que fue promovido el debate entre las partes, la Administración demandada en el escrito de contestación a la demanda promovió, con carácter previo la extemporaneidad del recurso contencioso administrativo, y su correlativa inadmisibilidad, al haber sido notificada la resolución impugnada el 19-11-2020 y haber sido interpuesto el recurso contencioso administrativo el 20-1-2021, esto es, un día después de la finalización del plazo de dos meses que concluiría el 19-1-2020.

Y continúa señalando la citada resolución judicial que, sobre esta cuestión la parte actora no realizó alegación alguna en sede de conclusiones limitándose, en dicho escrito a realizar, únicamente, alegaciones sobre el fondo de la controversia y sin oponer, alegación alguna a la cuestión previa promovida sobre la inadmisibilidad del recurso contencioso administrativo formulado; por lo que, planteada en tales términos la controversia entre las partes, y habiendo tenido la actora oportunidad de formular alegaciones frente a la causa de inadmisibilidad promovida, esta Sala deliberó y resolvió la controversia en los términos en los que habían sido delimitados en la instancia y

5 El art. 128.1 de la Ley 29/1998, de 13 de julio, reguladora de la Jurisdicción Contencioso-administrativa contempla que:
«Los plazos son improrrogables, y una vez transcurridos el Secretario judicial correspondiente tendrá por caducado el derecho y por perdido el trámite que hubiere dejado de utilizarse. No obstante, se admitirá el escrito que proceda, y producirá sus efectos legales, si se presentare dentro del día en que se notifique la resolución, salvo cuando se trate de plazos para preparar o interponer recursos».

6 Su Disposición final primera, dedicada a la Supletoriedad de la Ley de Enjuiciamiento Civil, establece que «En lo no previsto por esta Ley, regirá como supletoria la de Enjuiciamiento Civil».

7 Auto de la Sala de lo Contencioso-Administrativo del Tribunal Superior de Justicia de la Comunidad Valenciana (Sección Tercera), de 9 de marzo de dos mil veintidós.

sin que por ello proceda ahora, en sede de complementación, subsanación alguna de sentencia, incorporando a la misma pronunciamientos sobre cuestiones que no fueron planteadas en la instancia, como lo es la aplicación del art. 135 de la LEC, pese haber tenido oportunidad para ello a través del trámite de conclusiones que fue en su momento cumplimentado por la recurrente. Y excediendo, sin duda, del trámite interesado solicitar que la misma se complete con cuestiones que no fueron planteadas en su momento[8].

Y acaba resolviendo el Auto en cuestión que:

> «En todo esta Sala entiende que el art. 135 de la LEC, de aplicación supletoria a esta jurisdicción en relación con la regulación de plazos que establece el art 128 de la LJCA, en el que se establece la improrrogabilidad de los plazos procesales, ha perdido vigencia en la medida en que su aplicación estaba prevista cuando la presentación de escritos no era posible durante la totalidad del último día de finalización del plazo, por cuanto que el art. 135 de la LEC no establece una prórroga del plazo de presentación sino una ficción legal en aquellos supuestos en los que no sea posible la presentación del escrito de interposición durante la tarde del último día del plazo, circunstancia que ya no concurre actualmente debido a la puesta en marcha del sistema lexnet en cuyo caso y siendo posible la presentación del escrito de interposición durante la totalidad del último día de finalización del plazo, atendida la improrrogabilidad de plazos procesales, ya no procederá la aplicación supletoria del art. 135 de la LEC».

Esta interpretación puede sin duda extenderse al ámbito de la jurisdicción social (atendida la evidente similitud en los procedimientos de ambas jurisdicciones), de ahí la importancia de la resolución ahora comentada, máxime si tenemos en cuenta que el art. 44 de la LRJS establece dos normas generales de aplicación prioritaria por lo que se refiere al lugar de presentación de escritos y documentos, referidas a que:

- 1a. Las partes habrán de presentar todos los escritos y documentos en los Registros de la oficina judicial adscrita a los Juzgados y Salas de lo Social.
- 2a. Cuando las oficinas judiciales y los sujetos intervinientes en un proceso dispongan de medios técnicos que permitan el envío y la normal recepción de escritos iniciadores y demás escritos y documentos, de forma tal que esté garantizada la autenticidad de la comunicación y quede constancia fehaciente de la remisión y recepción íntegras y de su fecha, los escritos y documentos podrán enviarse y recibirse por aquellos medios, con plenos efectos procesales, con el resguardo acreditativo que proceda de conformidad con lo dispuesto en el apartado 5 del artículo 135 de la Ley de Enjuiciamiento Civil.

8 Razón por la cual el auto objeto de comentario procede a desestimar «la solicitud presentada de completación, subsanación de la sentencia dictada».

En consecuencia, lo resuelto por el Auto del TSJ de la Comunidad Valenciana debe ponerse en directa relación con el art. 135 de la LEC, en sus apartados 1 a 4, y que seguidamente transcribiré:

«1. Cuando las oficinas judiciales y los sujetos intervinientes en un proceso estén obligados al empleo de los sistemas telemáticos o electrónicos existentes en la Administración de Justicia conforme al artículo 273, remitirán y recibirán todos los escritos, iniciadores o no, y demás documentos a través de estos sistemas, salvo las excepciones establecidas en la ley, de forma tal que esté garantizada la autenticidad de la comunicación y quede constancia fehaciente de la remisión y la recepción íntegras, así como de la fecha en que éstas se hicieren. Esto será también de aplicación a aquellos intervinientes que, sin estar obligados, opten por el uso de los sistemas telemáticos o electrónicos.

Se podrán presentar escritos y documentos en formato electrónico todos los días del año durante las veinticuatro horas.

Presentados los escritos y documentos por medios telemáticos, se emitirá automáticamente recibo por el mismo medio, con expresión del número de entrada de registro y de la fecha y la hora de presentación, en la que se tendrán por presentados a todos los efectos. En caso de que la presentación tenga lugar en día u hora inhábil a efectos procesales conforme a la ley, se entenderá efectuada el primer día y hora hábil siguiente.

A efectos de prueba y del cumplimiento de requisitos legales que exijan disponer de los documentos originales o de copias fehacientes, se estará a lo previsto en el artículo 162.

2. Cuando la presentación de escritos perentorios dentro de plazo por los medios telemáticos o electrónicos a que se refiere el apartado anterior no sea posible por interrupción no planificada del servicio de comunicaciones telemáticas o electrónicas, siempre que sea posible se dispondrán las medidas para que el usuario resulte informado de esta circunstancia, así como de los efectos de la suspensión, con indicación expresa, en su caso, de la prórroga de los plazos de inminente vencimiento. El remitente podrá proceder, en este caso, a su presentación en la oficina judicial el primer día hábil siguiente acompañando el justificante de dicha interrupción.

En los casos de interrupción planificada deberá anunciarse con la antelación suficiente, informando de los medios alternativos de presentación que en tal caso procedan.

3. Si el servicio de comunicaciones telemáticas o electrónicas resultase insuficiente para la presentación de los escritos o documentos, se deberá presentar en soporte electrónico en la oficina judicial ese día o el día siguiente hábil, junto con el justificante expedido por el servidor de haber intentado la presentación sin éxito. En estos casos, se entregará recibo de su recepción.

4. Sin perjuicio de lo anterior, los escritos y documentos se presentarán en soporte papel cuando los interesados no estén obligados a utilizar los medios telemáticos y no hubieran optado por ello, cuando no sean susceptibles de conversión en formato electrónico y en los demás supuestos previstos en las

leyes. Estos documentos, así como los instrumentos o efectos que se acompañen quedarán depositados y custodiados en el archivo, de gestión o definitivo, de la oficina judicial, a disposición de las partes, asignándoseles un número de orden, y dejando constancia en el expediente judicial electrónico de su existencia.

En caso de presentación de escritos y documentos en soporte papel, el funcionario designado para ello estampará en los escritos de iniciación del procedimiento y de cualesquiera otros cuya presentación esté sujeta a plazo perentorio el correspondiente sello en el que se hará constar la oficina judicial ante la que se presenta y el día y hora de la presentación».

De este modo, la ley contempla como regla general y preferente la presentación de escritos y documentos por la vía telemática habilitada al efecto en la comunicación entre profesionales y la Administración de Justicia y sólo cuando exista, y así se acredite, un fallo en el sistema se podrá proceder a su presentación en la oficina judicial el primer día hábil siguiente, acompañando el justificante de dicha interrupción.

Quiere ello decir, que la previsión del art. 45 LRJS no operaría de manera automática por el simple hecho de que el justiciable decida presentar el escrito hasta las 15 horas del día siguiente a la de finalización del oportuno plazo procesal, sino que deberá justificar adecuadamente la imposibilidad manifiesta de que no pudo presentarlo por los medios telemáticos habilitados a tal fin, si no es con grave riesgo, en caso contrario, de resolverse con que el trámite de comunicación ha precluido, dada la naturaleza esencialmente perentoria e improrrogable de los plazos y términos procesales (art. 43.3 LRJS), lo que conllevaría declarar su inadmisión o la finalización del procedimiento o del recurso, o que se aprecie la caducidad o la prescripción, al ser una materia de orden público procesal, por lo que su cumplimiento debe ser apreciado, incluso de oficio, por los tribunales.

II. La Sentencia de la Sala 3.ª del Tribunal Supremo, de 11 de junio de 2020, veta la aplicación del art. 135 LEC a los plazos administrativos

La Sala contencioso-administrativa del Tribunal Supremo ha resuelto que el plazo de gracia del art. 135 LEC no resulta de aplicación al cómputo de los términos administrativos, aseverando que[9]:

«... asiste la razón al Abogado del Estado cuando, en su contestación a la demanda, afirma que el cómputo de los plazos administrativos se rige por su específica regulación legal; y no por la legislación procesal. De aquí que, en particular, el 'plazo de gracia' previsto en el art. 135 de la Ley de Enjuiciamiento Civil no sea

9 STS (Sala 3.ª), de 11 de junio de 2020, rec. n.º 82/2019 (FD Tercero).

aplicable a los recursos administrativos. La cita que el Abogado del Estado hace de la sentencia de esta Sala de 19 de noviembre de 2014 (rec. 4626/2011) es absolutamente pertinente. De todo ello se sigue que el recurso de alzada aquí examinado fue, sin duda, interpuesto una vez que había expirado el plazo de un mes, por lo que su inadmisión fue ajustada a derecho» (F.D. 3º) [B.A.S.].

III. Auto de la Sala Social del Tribunal Supremo, de 21 de junio de 2022

La cuestión abordada por el Tribunal Supremo es la siguiente. La abogada afectada presentó un escrito de preparación del recurso de casación para la unificación de doctrina, vía Lexnet, el 9 de junio de 2021, a las 15:00:02 horas.

Sin embargo, el Tribunal Superior de Justicia de Andalucía entendió por medio de un auto, que el escrito estaba presentado fuera del plazo de 10 días previsto en el art. 220 de la Ley 36/2011, de 10 de octubre, reguladora de la jurisdicción social y tuvo por no preparado el aludido recurso de casación para la unificación de doctrina.

Disconforme con lo anterior, la letrada interpuso un recurso de queja contra el citado auto alegando, en síntesis, que el escrito se envió antes de la hora consignada por Lexnet.

Pues bien, sentado lo anterior, el auto de 21.6.2022 del TS recuerda que «hasta que no son las 15:01 horas, sean cuales sean las fracciones de tiempo transcurridas, siguen siendo las 15:00 horas», por lo que resuelve que el escrito de preparación del recurso de casación para la unificación de doctrina se presentó dentro de plazo.

La argumentación del tribunal se basa en diversos criterios de orden interpretativo:

- La única ocasión en la que la Ley de Enjuiciamiento Civil utiliza números (el art. 135.5 dispone que «la presentación de escritos y documentos, cualquiera que fuera la forma, si estuviere sujeta a plazo, podrá efectuarse hasta las quince horas del día hábil siguiente al del vencimiento del plazo»), lo hace obviando los segundos.
- Tanto el TS como el Tribunal Constitucional, cuando en sus resoluciones usan cifras, prescinden de los segundos.
- La plataforma Lexnet «es un sistema al servicio del proceso, no al contrario». De hecho, en el modelo de resguardo que ofrece la Resolución por la que se aprueba el modelo de formulario normalizado del sistema Lexnet, tampoco contiene segundos.
- Los distintos resguardos acreditativos emitidos por el sistema Lexnet y equivalentes de las Comunidades Autónomas, tanto utilizan segundos como no lo hacen.

El auto comentado afirma rotundamente que «aplicar un criterio interpretativo en el que se tuvieran en cuenta los segundos vendría a suponer el acogimiento de un modelo resultante de una decisión técnica (el mecanismo empleado por la plataforma Lexnet o equivalente), frente a lo establecido en las normas reguladoras de la materia; así como frente a la dicción que ha sido práctica habitual de esta misma Sala», interpretación que, por lo demás, podría tacharse de «desproporcionadamente formalista» así como de «desfavorable para la efectividad del derecho a la tutela judicial efectiva».

En cualquier caso, seguiremos atentos a cómo evolucione esta doctrina que, en cualquier caso, supone un serio aviso en términos procesales.

43.
Es recurrible en suplicación la sentencia que resuelve sobre la imposición a la empresa de una sanción administrativa en cuantía inferior a 18.000 euros en materia de Seguridad Social[1]

La vigente Ley 6/2011, de 10 de octubre, reguladora de la jurisdicción social (LRJS), contempla como una de sus modalidades procesales el procedimiento de impugnación de actos administrativos en materia laboral, cuya tramitación viene regulada por su art. 151.

Por su parte, el art. 140.1 y concordantes de la LRJS se refiere al procedimiento que regula las demandas formuladas en materia de prestaciones de Seguridad Social contra organismos gestores y entidades colaboradoras en la gestión de la prestaciones asistenciales, incluidas aquellas en las que se haya acumulado la alegación de la lesión de un derecho fundamental o libertad pública.

Las sentencias que se dicten en instancia, en cada uno de los supuestos anteriormente indicados, pueden ser objeto de recurso de suplicación ante la Sala de lo Social de los Tribunales Superiores de Justicia atendiendo a la modalidad procesal y a la determinación de su cuantía.

En concreto, el art. 192.4 de la LRJS establece las siguientes reglas de cuantificación del valor económico de la acción ejercitada:

a) En impugnación de actos administrativos en materia laboral y de Seguridad Social se atenderá, a efectos de recurso, al contenido económico de la pretensión o del acto objeto del proceso cuando sea susceptible de tal valoración y, en su caso, en cómputo anual.

b) Cuando se pretenda el reconocimiento de un derecho o situación jurídica individualizada, la cuantía vendrá determinada por el valor económico de lo reclamado o, en su caso, por la diferencia respecto de lo previamente reconocido en vía administrativa.

c) Cuando se pretenda la anulación de un acto, incluidos los de carácter sancionador, se atenderá al contenido económico del mismo, sin considerar los intereses o recargos por mora.

---

1 Publicado en Linkedin, el 26.12.2021.

d) En materia de prestaciones de Seguridad Social igualmente valorables económicamente, se computará exclusivamente a estos fines las diferencias reclamadas en cómputo anual sobre el importe reconocido previamente en vía administrativa, sin tener en cuenta las actualizaciones o mejoras que pudieran serle aplicables, ni los intereses o recargos por mora.

Complementando el anterior precepto, hemos de acudir a otros dos de especial relevancia en orden a la posibilidad de acudir en recurso de suplicación:

a) Art. 191.2.g) de la LRJS. No procederá recurso de suplicación tratándose de reclamaciones cuya cuantía litigiosa no exceda de 3.000 euros; por lo tanto de exceder de dicha cantidad la sentencia sí puede recurrirse en suplicación.

b) Art. 191.3.g) de la LRJS. Procederá en todo caso la suplicación contra las sentencias dictadas en procesos de impugnación de actos administrativos en materia laboral, cuando no sean susceptibles de valoración económica o cuando la cuantía litigiosa exceda de 18.000 euros.

Sentados lo anteriores precedentes adjetivos, la cuestión que se plantea es si la sentencia de instancia dictada en impugnación de un acto administrativo que afecta a una materia propia de Seguridad Social, en que el importe de la prestación no supere la cuantía de 18.000 euros puede ser recurrida en suplicación o si, por el contrario, debe estarse a la previsión cuantitativa del art. 191.2.g de la LRJS.

Pues bien, la Sentencia de la Sala Social del Tribunal Supremo de fecha 10 de noviembre de 2021, núm. 1106/2021 (rcud núm. 1250/2020, ponente Sr. Sebastián Moralo Gallego) entra a resolver la cuestión de si es recurrible en suplicación la sentencia del Juzgado de lo Social, que resolvió, confirmándola, la imposición a la empresa de una sanción administrativa de 10.001 euros por haber percibido indebidamente uno de sus trabajadores el subsidio de Renta Activa de Inserción, siendo calificada como una falta muy grave tipificada en el art. 23.1 a) del Real Decreto Legislativo 5/2000, de 4 de agosto, por el que se aprueba el texto refundido de la Ley sobre Infracciones y Sanciones en el Orden Social (LISOS), consistente en dar ocupación como trabajador a beneficiarios de prestación de renta activa de inserción, sin cursar previamente el alta en seguridad social.

Recurrida en suplicación la expresada sentencia de instancia, la sentencia de la Sala Social del TSJ Castilla la Mancha de 16 de diciembre de 2019 (rec. 1566/2018), concluye que no era recurrible en suplicación, porque el importe de la sanción no excedía de la suma de 18.000 euros prevista en el art. 191.3.g LRJS, desestimando por este motivo el recurso de suplicación interpuesto por la empresa.

Formulado un recurso de casación para la unificación de doctrina, la sentencia del Tribunal Supremo resuelve estimarlo, casando y anulando la sentencia recurrida, con devolución de las actuaciones a la Sala de lo Social del

TSJ de Castilla la Mancha, para que resuelva con absoluta libertad de criterio las cuestiones planteadas, considerando que cabe recurso de suplicación, no obstante el importe de la sanción no supere la cuantía de los 18.000 euros, en base a los siguientes razonamientos:

1. En primer lugar se afirma que la cuestión ya había sido resuelta en la STS 10/3/2021, rcud. 740/2019, la cual se remite a la dictada por el Pleno de la Sala Social en su sentencia 857/2017, de 2 de noviembre (rcud. 66/2016), en la que se concluía que «en la impugnación de sanciones en materia de seguridad social, el acceso al recurso viene determinado por la cuantía general de 3.000 euros (artículo 191.2 g) LRJS), calculada en la manera prevista en el art. 192.4 LRJS y referida al contenido económico del acto sancionador que se pretende anular». Pero esta norma, se dice, solo es de aplicación cuando la sanción impugnada ha recaído en materia de seguridad social, y se corresponde con alguna de las tipificadas en el Capítulo III de la LISOS bajo dicha denominación. Sin embargo, en el caso de las sanciones impuestas en cualquier otra materia rige la norma general del art. 191 3 letra g) LRJS, que tan solo admite el acceso a la suplicación cuando su importe excede de la suma de 18.000 euros.
2. Añade que una de las principales premisas de nuestra doctrina es que el artículo 191.3 g) LRJS, cuando establece el umbral de 18.000 euros para el acceso al recurso de suplicación, se ciñe a la impugnación de actos administrativos en «materia laboral», sin extenderse a la impugnación de actos administrativos en materia de seguridad social, lo que conduce a que estos últimos queden sometidos a la regla general del artículo 191.2 g) LRJS que establece el umbral de 3.000 euros para el acceso al recurso de suplicación.
3. Debe por lo tanto analizarse e identificarse a estos efectos la concreta y singular naturaleza jurídica de la sanción que es objeto del proceso, para determinar si se encuentra tipificada como una sanción en materia de seguridad social, o se corresponde por el contrario con cualquier otra clase de sanción de carácter diferente.
4. Seguidamente, alude a la STS 12/11/2019, rcud. 529/2017, en la que abordándose específicamente un supuesto similar, la sanción se impone al empresario en materia de seguridad social, distinguiéndose entre los litigios sobre imposición de sanciones en materia de Seguridad Social de aquellos otros que versan sobre impugnación de sanciones laborales. Y para esa distinción es irrelevante que la sanción se haya impuesto a un beneficiario de prestaciones de seguridad social, o a la propia empresa incumplidora de las obligaciones en esta materia. Lo determinante es que la sanción obedezca al incumplimiento de la normativa de seguridad social, y se encuentre comprendida dentro de las sanciones en materia de seguridad social que regula el capítulo III de la LISOS.

5. A tal efecto, «podría plantearse la duda de si la sanción impuesta al empresario queda dentro del ámbito laboral o de Seguridad Social. La duda surge desde el momento en las consecuencias de la sanción no afectan al reconocimiento, denegación o devolución de prestaciones; de hecho, la trabajadora no es parte en este proceso. No obstante, la sanción al empresario versa sobre incumplimiento de sus obligaciones en materia de Seguridad Social y no se limita a la sanción de 6.251 euros (artículo 23.1 de la LISOS) sino que se extiende a declarar su responsabilidad solidaria en el reintegro de las cantidades indebidamente percibidas por la trabajadora. Por tanto, coincidiendo con el criterio del Ministerio Fiscal, la sanción entra de lleno en la materia de Seguridad Social» y tras reiterar los criterios de la Sala a tal respecto, se concluye «que el acceso al recurso de suplicación vendrá determinado por la regla del art. 191. 2 g) LRJS; es decir, resulta preciso que el gravamen para el sancionado, el contenido económico de la propia sanción, supere los 3.000 euros previstos en esa norma general, y ello porque la determinación de la cuantía en estos casos y a efectos del recurso de suplicación viene regulada específicamente en el número 4 del art. 192 LRJS. No hay tampoco una regla diferenciada atendiendo al tipo de sujeto sancionado».

6. La sentencia objeto del presente comentario acaba afirmando que "debemos concluir en este caso que la sentencia recurrida contiene una interpretación opuesta a nuestra doctrina, porque la demanda impugna una sanción que le ha sido impuesta a la empresa en materia de Seguridad Social al amparo del art. 23.1 LISOS, consistente en una multa de 10.001 euros por dar ocupación a un beneficiario de prestaciones de seguridad social incompatibles con el trabajo por cuenta ajena, sin cursar previamente el alta en seguridad social, con responsabilidad solidaria en la devolución de las cantidades indebidamente percibidas por el trabajador, y la sanción accesoria de perdida automática de las ayudas, bonificaciones y beneficios derivados de la aplicación de los programas de empleo ", de todo lo cual se infiere que la sentencia de instancia debió haber podido ser objeto de posterior recurso de suplicación, tanto por razón de la materia, al tratarse de una cuestión de seguridad social, como por la cuantía en litigio.

44.
La celebración de la conciliación administrativa previa en el orden jurisdiccional social. La particularidad de la reclamación previa[1]

Sumario

I. Normativa de aplicación.

II. Naturaleza de la conciliación

III. Modalidades de conciliación administrativa. Forma de solicitarla y contenido de la papeleta de conciliación.

IV. El acto de la celebración. Efectos.

V. Acciones exceptuadas de conciliación previa.

VI. Plazos de caducidad e interrupción de la prescripción. Suspensión de los plazos.

VII. Acción de impugnación del acuerdo conciliatorio. La falta de celebración de la conciliación previa. Efectos.

VIII. La reclamación previa.

7. Regulación jurídica
8. Naturaleza de la reclamación previa
9. Obligación de resolver las peticiones administrativas y los efectos derivados del silencio administrativo. Plazo para la interposición de la demanda.

IX. Recomendaciones finales.

I. Normativa de aplicación

El intento de conciliación, requisito indispensable en la tramitación del proceso laboral, viene regulado en los artículos 63 a 68 de la Ley 36/2011, de 10 de octubre, reguladora de la jurisdicción social (LRJS).

---

1 Publicado en el Diario La Ley, n.º 9904, Sección Doctrina, 2 de Septiembre de 2021, y en la Revista Jurisdiccion Social núm. 225, de septiembre de 2021, de Juezas y Jueces para la Democracia.

Por su parte, los artículos 83 y 85.3.e) del Real Decreto Legislativo 2/2015, de 23 de octubre, por el que se aprueba el texto refundido de la Ley del Estatuto de los Trabajadores (ET) se refieren a los acuerdos interprofesionales y a los convenios colectivos como unidades de negociación donde acordar la creación de órganos de conciliación.

Finalmente, hemos de remitirnos al Real Decreto 2756/1979, de 23 de noviembre (B.O.E. de 5 de diciembre de 1.979; corrección de errores en B.O.E. de 22 de diciembre) por el que el Instituto de Mediación, Arbitraje y Conciliación asume el conocimiento en el intento de celebración del acto de conciliación como requisito previo para la tramitación de cualquier procedimiento laboral, sin perjuicio de las competencias que mediante transferencia puedan asumir las distintas Comunidades Autónomas.

II. Naturaleza de la conciliación

Desde un punto de vista técnico, la conciliación consiste en el acto jurisdiccional voluntario que tiende a establecer un acuerdo directo entre las partes, alzándose como formalidad previa y obligatoria en el procedimiento laboral.

La conciliación es, por otra parte, un medio de solución de los conflictos que aparece ligada a lo que la doctrina ha venido en denominar como autocomposición, donde las partes deciden poner fin al litigio mediante el mutuo acuerdo. Mutuo acuerdo que requiere el concurso de voluntades, a modo de auténtico negocio bilateral o contrato de transacción mediante el que las partes interesadas en el conflicto ponen los medios para evitarlo o finalizar el litigio ya comenzado a través de concesiones mutuas (artículo 1.809 del Código Civil —CC—).

Característica de la conciliación es la mediación de un tercero, que interviene para intentar la solución del conflicto dirimiendo las posturas inicialmente enfrentadas de las partes interesadas.

La LRJS, al regular la conciliación, establece la obligación de instarla de manera previa al inicio del proceso jurisdiccional ante el servicio administrativo correspondiente o ante el órgano que asuma estas funciones (art. 63), teniendo la naturaleza de materia de orden público y la consideración de verdadero presupuesto procesal y como tal controlable judicialmente (SSTS de 11 de noviembre de 1985 y de 17 de febrero de 1999). Es por ello que el art. 81.3 LRJS advierte que el Juez admitirá provisionalmente toda demanda aunque no se acompañe certificación del acto de conciliación previa, advirtiendo al demandante que ha de acreditar la celebración o intento del expresado acto en el plazo de quince días, contados a partir del día siguiente a la recepción de la notificación, bajo apercibimiento de que de no hacerse así se archivará la demanda sin más trámite, quedando sin efecto el señalamiento efectuado. Sin embargo, como tendremos ocasión de comprobar más adelante, esta exigencia se ha flexibilizado enormemente.

Obsérvese que lo que la ley establece no es tanto la obligación de conciliar, lo que en buena medida dependerá del grado de voluntariedad de las partes, como del intento de lograr la conciliación o, en su caso, de mediación, lo que se reflejará en el acta levantada al efecto.

La conciliación debe realizarse ante el servicio administrativo competente, dependiente de la Administración Central o de las Administraciones Autonómicas a las que haya sido transferida esta competencia, bajo cualquiera de las múltiples denominaciones con que se les identifica.

La LRJS, no obstante, prevé que las conciliaciones puedan celebrarse, además, ante los órganos que se constituyan con tal finalidad mediante los acuerdos interprofesionales o los convenios colectivos a que se refiere el art. 83 del ET. Puede pensarse, pues, en la existencia de órganos paritarios con representación de representantes de empresarios y de trabajadores o la creación de unidades de conciliación, arbitraje y mediación, en los que se debata y resuelvan las diferencias sometidas a su conocimiento.

Pero, tanto se trate de conciliaciones tramitadas ante los órganos administrativos dependientes de las diferentes Administraciones, como ante los órganos de naturaleza no administrativa nacidos de acuerdos interprofesionales o convenios colectivos, la finalidad del instituto comentado es evitar el nacimiento del proceso, como reza la propia rúbrica del Título V del Libro I de la LRJS.

Tal como se admite de manera pacífica por la doctrina legal, la conciliación está especialmente estimulada, obviamente, para evitar el litigio, de ahí que se exija tanto la previa, en vía administrativa, como la procesal, con la activa participación del letrado de la administración de justicia (arts. 63 y 84 LRJS), así como la protección dispensada a lo convenido en ella, que se impone a las partes mientras no se declare su nulidad, a tenor de los artículos 67 y 84.6 LRJS, precisando el art. 68 LRJS que lo acordado en la conciliación tendrá fuerza ejecutiva entre las partes intervinientes, sin que se haga depender de ratificación alguna ante el juez o tribunal, a través del cauce de ejecución de sentencias del art. 237 y concordantes de la LRJS.

A este respecto, el Tribunal Supremo ha establecido que el acuerdo contenido en una conciliación extrajudicial, aun careciendo de la fuerza de cosa juzgada, sí tiene naturaleza de contrato transaccional, no cabiendo por lo tanto exigir su cumplimiento por la vía de un proceso declarativo ordinario, sino acudir a la vía de ejecución de sentencia, dado el carácter del citado título. Ejecución de la conciliación que tratándose por despido improcedente, en relación con la indemnización y salarios de tramitación, no se suspende aunque se tramite un procedimiento concursal (STSJ Madrid, 11 de mayo de 1999. I.L. J 987).

Por otra parte, lo convenido en acto de conciliación administrativa puede ser objeto de impugnación no sólo por las propias partes sino también por quienes pudieran haber sufrido perjuicio por aquél, pudiéndose formular la nulidad de lo acordado ante el Juzgado o Tribunal competente para conocer del asunto objeto de la conciliación. Esta acción de nulidad es la prevista para las causas que invalidan los contratos en los artículos 1.262 a 1.270, ambos en relación con el art. 1.300 del Código Civil, salvo por lo que se refiere al plazo para ejercitarla que será de treinta días hábiles a contar de aquel en que se adoptó el acuerdo, o desde que lo conocieran los posibles perjudicados (art. 68.2 LRJS).

III. Modalidades de conciliación administrativa. Forma de solicitarla y contenido de la papeleta de conciliación

Siguiendo a la doctrina científica[2] y en palabras de la STS de 31 de enero de 2003, existen tres modalidades de conciliación previa:

a) En primer lugar, la conciliación «ante el servicio administrativo» (art. 63 LRJS).

b) En segundo lugar, la conciliación ante el órgano que asuma funciones conciliadoras establecidos por los «acuerdos interprofesionales o los convenios, a los que se refiere el art. 83 ET»[3].

c) Y en tercer lugar y con relación a los trabajadores autónomos dependientes, la conciliación ante los órganos establecidos en los acuerdos de interés profesional[4].

El acto de conciliación previo se inicia mediante solicitud escrita ante los órganos administrativos competentes de la Administración central o de cada Comunidad Autónoma, pertenecientes al lugar de la prestación de los servicios o del domicilio de los interesados, a elección del solicitante. Sobre este particular, la STC 58/2002, de 11 de marzo (R.º de amparo 4177/1998, I.L. J 603) afirma que la presentación de la papeleta de conciliación ante órgano de Mediación, Arbitraje y Conciliación incompetente por razón del territorio no puede justificar el tener por incumplido el intento de conciliación previo. Lo contrario supondría, según dicha sentencia, una interpretación excesivamente rigurosa, contraria al principio pro actione y vulneradora del derecho a la tutela judicial efectiva reconocido en el art. 24.1 CE.

Compartiendo este criterio, las SSTSJ de Andalucía (Sevilla) de 30 de marzo de 2001 (I.L. J 1229) y 4 de julio de 2002 (I.L. J 2281) han adver-

---

2 *Derecho del Trabajo, Seguridad Social y Proceso Laboral. Una visión global para especialistas*. Ed. La Ley, Tomo II, pág. 1.100.

3 La naturaleza jurídica de los cuales es analizada por la STS de 9 de julio de 1988.

4 Art. 13 de la Ley 20/2007, de 11 de julio, del Estatuto del Trabajo Autónomo.

tido que «(...) las solicitudes, escritos y comunicaciones que los ciudadanos dirijan a los órganos de las Administraciones Públicas pueden presentarse (...) en los registros de cualquier órgano administrativo que pertenezca a la Administración General del Estado (...) de las Comunidades Autónomas (...) o Local (...)». Consecuentemente, la presentación de la papeleta en cualquier centro administrativo (incluido Correos, STSJ de Aragón de 30 de septiembre de 2000. I.L. J 2128) distinto del conciliador tiene plena validez y, por tanto, efectos suspensivos de la caducidad e interruptivos de la prescripción desde la fecha de la presentación en el organismo administrativo o postal (STSJ de Madrid de 19 de junio de 2000. I.L. J 1585).

Es más, el error en la presentación de la solicitud de conciliación ante servicio administrativo que no fuera el territorialmente competente y la posterior presentación de la demanda ante órgano jurisdiccional igualmente incompetente, dando lugar a la estimación de una cuestión declinatoria, no da lugar a la caducidad de la acción, de presentarse la demanda ante el Juzgado de lo Social territorialmente competente, pues una interpretación literal de los preceptos en juego (arts. 14. a y 63 de la LRJS) se alejaría del espíritu y finalidad de la norma y de sus antecedentes históricos.

El registro de la papeleta o demanda de conciliación, de ordinario, se suele llevar a cabo por medio de dos vías:

a) La ordinaria, que es el procedimiento previsto para la tramitación de las solicitudes de conciliación con carácter general, bien de manera telemática o presencial.

b) La rápida, que es el procedimiento previsto para los despidos individuales con previsión cierta de acuerdo, y que se inicia exclusivamente por el canal telemático mediante firma electrónica, teniendo lugar el acto de conciliación a partir de las 24 horas siguientes de su presentación. Si llegado el día de la conciliación una de las partes no comparece o las partes no llegan a un acuerdo, el expediente se tramitará por el procedimiento ordinario y se citará a las partes para comparecer nuevamente.

En la papeleta de conciliación deberán constar los siguientes extremos:

a) Los datos personales de la persona que la presente y de los demás interesados y sus domicilios respectivos.

b) Lugar y clase de trabajo, categoría profesional u oficio, antigüedad, salario y demás remuneraciones, con especial referencia a la que, en su caso, sea objeto de reclamación.

c) Enumeración clara y concreta de los hechos sobre los que verse su pretensión y cuantía económica, si fuere de esta naturaleza. La fijación de los hechos vincula al solicitante en su posterior demanda jurisdiccional puesto que el art. 80.1c) LRJS al tratar del contenido de la demanda advierte que en ningún caso podrá alegarse hechos distintos de los aducidos en conciliación o en la reclamación administrativa previa, salvo los hechos nuevos o que no hubieran podido conocerse con anterioridad.

d) Si se trata de reclamación de despido, se hará constar la fecha de éste y los motivos alegados por la Empresa.

e) Fecha y firma.

En cuanto a la capacidad de los interesados para la celebración del acto de conciliación, es la exigida a los litigantes en el proceso laboral (art. 16 LRJS).

Tratándose de personas físicas se requerirá, pues, que: se encuentren en el pleno ejercicio de sus derechos civiles, en caso contrario, comparecerán sus representantes legítimos o los que deban suplir su incapacidad conforme a Derecho; ser mayor de dieciséis años y menor de dieciocho o, en los casos legalmente previstos, contar con la debida autorización de sus padres, tutores o de la persona o institución que los tenga a su cargo.

Por las personas jurídicas (corporaciones, asociaciones de interés particular, sean civiles, mercantiles, industriales, de interés público, fundaciones y cualesquiera otras a las que la ley conceda personalidad propia e independiente de cada uno de los asociados) comparecerán quienes legalmente las representen, otorgándose esta representación mediante poder notarial, o mediante poder otorgado por comparecencia ante el Letrado de la Administración de la Justicia (art. 18.1 LRJS), o ante las oficinas del órgano administrativo conciliador. Por las comunidades de bienes y grupos comparecerán quienes aparezcan como organizadores, directores o gestores de los mismos.

Por su parte, el art. 9 del Real Decreto 2756/1979, de 23 de noviembre que regula las funciones de conciliación del Instituto de Mediación, Arbitraje y Conciliación, indica que los interesados pueden comparecer al acto de conciliación por sí mismos o por medio de cualquier persona que se encuentre en el pleno ejercicio de sus derechos civiles, otorgándose esta representación mediante pode notarial, por comparecencia ante los órganos judiciales a que se refiere el art. 18 LRJS, o ante las oficinas del mismo Instituto de Mediación, Arbitraje y Conciliación, debiendo recaer necesariamente dicha representación en abogado, procurador, graduado social colegiado, uno de los demandantes o un sindicato, cuando el número de los que demanden de forma conjunta sea superior a diez actores.

Fuera de esta formas habituales de representación, se admite la representación mediante aportación de escrito del interesado designando específicamente al que comparece como representante, facultándole para obligarse en dicho acto, o por simple comparecencia y manifestación del representante siempre que en estos supuestos sea reconocido como tal por la otra parte y se considere suficiente a juicio del conciliador, quien advertirá al representante de las responsabilidades en que pueda incurrir en caso de no existir tal representación e incumpliese las obligaciones contraídas por tal motivo.

IV. El acto de la celebración. Efectos

De celebrarse la conciliación por la vía ordinaria, el día señalado, el conciliador, que habrá de reunir la condición de licenciado en derecho, tras comprobar la identidad, capacidad y representación de las partes y previa ratificación del solicitante, concederá la palabra a las partes para que expongan sus pretensiones, invitándoles a alcanzar un acuerdo, con el auxilio, en su caso, de los «hombres buenos de los que puedan acompañarse», levantando, seguidamente, acta de la sesión celebrada que podrá ser con avenencia, en cuyo caso se recogerán con la máxima claridad y concreción los acuerdos adoptados por los interesados, o sin avenencia, para el supuesto de haberse intentado llegar a un acuerdo, firmándose seguidamente por todos los presentes y el Letrado conciliador, y si alguno de aquéllos no sabe o no puede firmar, se hará así constar, o bien se hará constar la negativa a firmar, con expresión de los motivos, si fuesen conocidos.

Debe traerse aquí a comentario que las partes demandadas en acto de conciliación deberán, si a su derecho conviniera, anunciar en este preciso instante reconvención, expresando en esencia los hechos en que se funda y la petición en que se concreta, puesto que en el acto del juicio el demandado no podrá reconvenir si previamente no lo ha anunciado en la conciliación previa al proceso (art. 85.3 LRJS).

Para el supuesto que no compareciese el solicitante de la conciliación ni alegase justa causa, se tendrá por no presentada la papeleta, archivándose todo lo actuado. Si compareciendo la parte solicitante quien no lo hiciese fuera la otra parte, se tendrá la conciliación intentada sin efecto.

La conciliación no sólo es preceptiva para quien desee accionar ante la jurisdicción social, sino que la obligación de comparecer se extiende, de igual suerte, a la parte interesada frente a la cual se dirige aquélla. La incomparecencia de la parte demandada al acto previo de conciliación, habiendo sido citada en forma, dará lugar a que el Juez o Tribunal deba apreciar temeridad o mala fe si aquélla fuera injustificada, imponiendo una multa que no excederá de 600 euros, si la sentencia que en su día dicte coincidiera esencialmente con la pretensión contenida en la papeleta de conciliación —art. 66.3 LRJS—. En tales casos, y cuando el condenado fuera el empresario deberá abonar, además, los honorarios de los abogados y graduados sociales de la parte contraria que hubieren intervenido, hasta el límite de 600 euros (art. 97.3 RJS). Este supuesto impone a quien pretenda hacer valer dicha temeridad o mala fe, invocarlo en el acto del juicio correspondiendo al empresario la carga de justificar su ausencia al acto conciliatorio.

Al respecto, la incomparecencia de la parte demandada al acto previo de conciliación administrativa, reflejada en la certificación expedida al efecto como «intentada sin efecto», no solo supone un actitud omisiva sino un manifiesto desinterés en cumplir una obligación estrictamente procesal, ideada y pensada para lograr acuerdos en el marco de la citada conciliación, con la loable finalidad de evitar el posterior juicio ante los tribunales competentes, descargándolos —en la medida de lo posible y admisible— de la actual carga de trabajo que soportan nuestros tribunales, evidenciando un comportamiento temerario por la parte demandada.

De este modo, la Sala Social (Sección 1.ª) del Tribunal Supremo, en su Sentencia de 7 de mayo de 2010 (JUR 2010\236661), afirma que:

«Esta Sala ya tuvo ocasión de recordar que "la conciliación regulada en los artículos 63 y siguientes de la Ley de Procedimiento Laboral es susceptible de una triple consideración, a) como una actividad ordenada a una solución del conflicto con evitación del litigio, b) como un contrato-transacción cuando la conciliación llega a término y c) como un presupuesto procesal (...); la ley exige...la celebración de la conciliación[,] propiciando que las partes acudan al acto de celebración. A esta finalidad va orientado el artículo 66 de la ley de Procedimiento Laboral que en su número 1° establece la obligación de los litigantes de asistir al acto de conciliación y los números 2 y 3 previenen las consecuencias adversas para el solicitante y para la otra parte de una inasistencia injustificada" (TS 17-2-1999 (RJ 1999, 2597), R. 1457/98).

Y aunque con respecto al solicitante no cabe una interpretación desproporcionada de los motivos que puedan dar lugar a rechazar una justa causa como razón de la incomparecencia, puesto que, para él, a diferencia de lo que normalmente sucede con el demandado, la consecuencia legalmente prevista ("se tendrá por no presentada la papeleta, archivándose todo lo actuado ": art. 66.2 LPL) puede llegar a afectar a su derecho a la tutela judicial efectiva (puede verse al respecto la STC 350/93, de 22 de noviembre (RTC 1993, 350), y tal trascendental afectación no tiene porqué darse, como con acierto sostiene la sentencia de contraste, en el caso de incomparecencia de la parte demandada (la empresarial en este supuesto) al acto de conciliación, lo cierto es que ha sido el propio legislador quién, en el art. 63.3 de la LPL, ha establecido de forma expresa y clara (sin duda para dar mayor eficacia a la declaración de obligatoriedad de asistencia a la conciliación que proclama el n° 1 del mismo precepto) la mencionada consecuencia sancionatoria.

La consecuencia, pues, ha de ser prácticamente automática; pero tal efecto, que, como vimos, se produce por mandato legal expreso ("deberá ", dice el precepto y dicho término significa, según el DRAE, estar obligado a algo por ley), no es la mera secuela o el simple resultado de la incomparecencia del demandado al acto de conciliación, al que, por supuesto, hubo de ser debidamente citado, sino que, además, y sobre todo, es el producto o consecuencia de la falta de justificación de dicha ausencia. Esa justificación podrá hacerse valer ante el órgano administrativo conciliador y éste habrá de tomar las medidas que considere necesarias o convenientes al respecto, pero el lugar adecuado para hacerlo será, desde luego, ante el órgano jurisdiccional y mediante cualquier prueba válida y eficaz en derecho. Será, pues, el órgano judicial (primero el de instancia y luego el competente para atender las eventuales impugnaciones planteadas) el que deberá pronunciarse sobre la concreta justificación de aquella ausencia y, en función de su resultado, apreciar o no la temeridad o mala fe para, en definitiva, imponer o no la correspondiente sanción. Se trata, en fin, de una automaticidad relativa, no absoluta, porque siempre cabe la intervención y la ponderación judicial sobre las causas que, de existir, podrían justificar la ausencia. "Justa causa" y "justificación" son términos sinónimos, es decir, también según el DRAE, vocablos o expresiones con una misma o muy parecida significación.

Llegados a este punto, pese a lo razonado más arriba, podría ser dudosa la contradicción entre las resoluciones comparadas porque tal vez la sentencia de contraste encuentre justificada la ausenta de la empresa por la falta de gravamen que esa conducta produce en el actor. Pero, a nuestro entender, el bien jurídico que el legislador ha querido proteger con la medida sancionadora no se encuentra sólo en la esfera de los derechos individuales de quien interpone una papeleta de conciliación, sino en el interés público de dotar de eficacia al mecanismo administrativo de conciliación. Desde esta perspectiva luce con claridad, no sólo la contradicción de las soluciones otorgadas por las sentencias sometidas al juicio de identidad, sino también que la doctrina que mejor se compadece con la norma aplicable es la adoptada por la resolución aquí impugnada porque en ella, analizando la hipotética justificación en la ausencia de la empresa, se llega a la conclusión de que carecía de motivo alguno que la justificara.

La única consecuencia negativa querida por el legislador no es sino la apreciación de temeridad y la consiguiente condena pecuniaria (que no afecta al derecho fundamental a la tutela judicial del art. 24.1 CE (RCL 1978, 2836) porque ésta siempre puede obtenerse en este extremo si se justifica adecuadamente la ausencia), y con ello se trata de lograr, entre otras cosas, el razonable objetivo de evitar en lo posible la excesiva proliferación de procesos judiciales. No obstante, aun teniendo muy presente esta loable finalidad (la evitación del pleito), parece claro que, aun así, la parte demandada ante el órgano administrativo conciliador, en algunas ocasiones, puede tener razones que motiven y justifiquen su incomparecencia en ese trámite. La ponderación o valoración de esa extraordinaria justificación, en la medida que la conciliación constituye un presupuesto procesal, "corresponde siempre decidirlo al órgano judicial" (TS 17-2-1999, R. 1457/98). Por todo ello, partiendo por supuesto de que había sido legalmente citada a aquella conciliación y que su asistencia a la misma era obligatoria, la sentencia aquí impugnada impone acertadamente a la empresa condenada (ponderando su cuantía) la multa previstas a tales efectos en el art. 62.3 de la LPL».

En la práctica, sin embargo, y salvo que exista la firme decisión previa de conciliar, el acto de conciliación administrativa suele convertirse en una mera y obligatoria formalidad, al punto que ambas demandas, la de conciliación y la judicial, se suelen registrar por la parte interesada en la misma fecha, sin que demandante ni demandado se esfuercen en acercar posturas, limar asperezas, hacer concesiones y, en definitiva, hacer todo lo posible por lograr una avenencia, sin considerar los efectos derivados de una eventual estimación de la demanda, en particular cuando se declara la nulidad del despido o, incluso su improcedencia si el derecho de opción corresponde al trabajador (al continuar devengándose los salarios de tramitación debidos) o cuando se trata de reclamaciones salariales (al seguir devengándose los intereses moratorios y legales).

Claro es que, por otra parte, puede convenir al empresario demandado no comparecer o, compareciendo, oponerse a cualquier acuerdo conciliatorio, si está convencido que el despido resultará improcedente o las cantidades reclamadas (aun cuando no tengan naturaleza salarial) resulten realmente debidas (demorando con ello la fecha efectiva de pago ante el evidente retraso con que se resuelven los expedientes judiciales por sentencia).

Esta situación se agrava cuando, desde la fecha del acto conciliatorio hasta la del juicio, demandante y demandado no se han reunido para tratar de alcanzar un acuerdo satisfactorio a sus respectivos intereses que dé por finalizado el conflicto, lo que por otra parte suele ser bastante usual en la jurisdicción social.

Lo anterior puede conducir a reflexionar sobre la necesidad de este trámite conciliatorio previo o preprocesal, a excepción de la ya analizada vía rápida, y la oportunidad de canalizar las posibles conciliaciones directamente ante el tribunal competente[5].

En este sentido, se han alzado voces críticas propugnando como fórmulas alternativas a la conciliación administrativa el arbitraje y la mediación en el ámbito laboral, basada esta última en cuatro principios básicos: buena fe, transparencia, neutralidad y flexibilidad, si bien goza de mayor predilección ésta última habida cuenta de la voluntariedad en el cumplimiento de lo acordado, frente al arbitraje cuyo laudo se impone a la voluntad de las partes. Resulta preciso recordar que el artículo 2 de la Ley 5/2012, de 6 de julio, de mediación en asuntos civiles y mercantiles, advierte que será «de aplicación a las mediaciones en asuntos civiles o mercantiles». Así mismo y en el punto siguiente, la ley deja claras las mediaciones excluidas de la regulación de esta ley, tales como la mediación penal, la mediación con las Administraciones públicas, la mediación laboral y la mediación en materia de consumo.

Y ello independientemente de las funciones de conciliación, mediación y/o arbitraje que las partes negociadoras de un convenio colectivo pueden atribuir a la comisión paritaria de un Convenio Colectivo para el conocimiento y resolución de los conflictos derivados de la aplicación e interpretación del mismo (art. 85.3.e ET). Un ejemplo de mediación laboral es la Fundación SIMA (Servicio Interconfederal de Mediación y Arbitraje), perteneciente al sector público y tutelada por el Ministerio de Empleo y Seguridad Social, dotada con recursos públicos y constituida por las Organizaciones Sindicales y Empresariales más representativas en el ámbito estatal (CEOE, CEPYME, CCOO y UGT), que tiene por finalidad primordial la solución extrajudicial de los conflictos colectivos laborales surgidos entre empresarios y trabajadores o sus respectivas organizaciones representativas, a través de los procedimientos de mediación y arbitraje[6].

5 Arts. 82, apartados 1 y 2, y 84 LRJS.

6 Más información en https://www.fsima.es/.

Según la memoria de actividades del SIMA de marzo de 2017, durante 2016 los servicios de mediación y arbitraje intermediaron en 398 conflictos de carácter laboral, que afectaron a 3,27 millones de trabajadores. De todos estos casos, el 75,5 % de los procedimientos terminaron las negociaciones sin acuerdo, con lo que 2,47 millones de trabajadores salieron del SIMA con su conflicto laboral sin resolver. En el 14,6 % de los casos restantes sí se produjo acuerdo y en el 8 % se archivó el procedimiento sin ningún resultado.

No obstante, una vez que las partes en conflicto salen del SIMA sin acuerdo y trasladan su caso a los juzgados de lo social, el pacto se produce en otro buen número de casos de forma previa al juicio, hasta rebajar al entorno del 60 % los casos en los que sigue siendo imposible llegar a una solución.

La gran mayoría de expedientes tramitados (el 78 %) correspondieron a conflictos por la interpretación y aplicación de una norma estatal, convenio colectivo, acuerdo o pacto de distinta eficacia, o por una decisión o práctica empresarial. A gran distancia, se situaron las mediaciones previas a la convocatoria de una huelga, que fueron el 18 % del total. Dentro de los primeros, los conflictos por cuestiones salariales fueron mayoría, al representar un tercio del total (36 %);mientras que después se situaron las polémicas por el tiempo de trabajo (17 %).

A un nivel territorial inferior, Cataluña cuenta con un sistema de solución extrajudicial de conflictos laborales creado por acuerdos colectivos autonómicos: el Tribunal Laboral de Conciliación, Mediación y Arbitraje de Cataluña (TLC). El TLC ha sido constituido de acuerdo con el artículo 83.3 del TRET y en virtud del Acuerdo Interprofesional de Cataluña suscrito por Fomento del Trabajo Nacional y los sindicatos Unión General de Trabajadores de Cataluña y Comisión Obrera Nacional de Catalunya, el día 7 de noviembre de 1990, y el suscrito por las mismas organizaciones en fecha de 17 de junio de 2005. Actualmente, también forman parte del TLC tanto la Unión Sindical Obrera de Catalunya (USOC) como la Pequeña y Mediana Empresa de Cataluña (PIMEC). A pesar de tener un origen convencional, estos sistemas autonómicos y estatal requieren para su desarrollo práctico del apoyo y financiación públicos.

El Acuerdo Interprofesional de Catalunya se completa a nivel estatal con el VI Acuerdo sobre Solución Autónoma de Conflictos Laborales (Sistema Extrajudicial), aprobado por una Resolución de 10 de diciembre de 2020, de la Dirección General de Trabajo (B.O.E. núm. 334, de 23 de diciembre de 2020), que instaura el Servicio Interconfederal de Mediación y Arbitraje (SIMA), diseñado por conflictos de ámbito estatal o de ámbito superior al de una Comunidad Autónoma[7].

7 Un interesante estudio se recoge en *La mediación en el ámbito laboral. Libro Blanco de la Mediación en Cataluña*. Manel Luque Parra (UPF, Cuatrecasas Gonçalves Pereira), Anna Ginès i Fabrellas (UPF), que se puede consultar en www.ddd.uab.cat.

Sea como fuere, existe coincidencia en afirmar que el camino por recorrer en esta materia es aún largo, más del deseable, probablemente porque se interponen intereses económicos, personales y de preservación de ciertos principios programáticos que dificultan la entente. Pero como siempre ocurre, es necesaria la perseverancia en implementar un cambio de cultura en el ámbito de las relaciones laborales que abone el campo del acuerdo *inter partes*, soslayando como única vía posible la intervención judicial.

V. Acciones exceptuadas de conciliación previa

Se exceptúan del requisito del intento de conciliación o, en su caso, de mediación, siguiendo al art. 64 LPL (en su actual redacción aprobada por el apartado uno de la disposición final tercera de la Ley 39/2015, de 1 de octubre, del Procedimiento Común de las Administraciones Públicas), los procesos que exijan el agotamiento de la vía administrativa, en su caso, los que versen sobre Seguridad Social, los relativos a la impugnación del despido colectivo por los representantes de los trabajadores, disfrute de vacaciones y a materia electoral, movilidad geográfica, modificación sustancial de las condiciones de trabajo, suspensión del contrato y reducción de jornada por causas económicas, técnicas, organizativas o de producción o derivadas de fuerza mayor, derechos de conciliación de la vida personal, familiar y laboral a los que se refiere el artículo 139, los iniciados de oficio, los de impugnación de convenios colectivos, los de impugnación de los estatutos de los sindicatos o de su modificación, los de tutela de los derechos fundamentales y libertades públicas, los procesos de anulación de laudos arbitrales, los de impugnación de acuerdos de conciliaciones, de mediaciones y de transacciones, así como aquellos en que se ejerciten acciones laborales de protección contra la violencia de género.

Igualmente, quedan exceptuados:

a) Aquellos procesos en los que siendo parte demandada el Estado u otro ente público también lo fueren personas privadas, siempre que la pretensión hubiera de someterse al agotamiento de la vía administrativa y en ésta pudiera decidirse el asunto litigioso.

b) Los supuestos en que, en cualquier momento del proceso, después de haber dirigido la papeleta o la demanda contra personas determinadas, fuera necesario dirigir o ampliar la misma frente a personas distintas de las inicialmente demandadas.

c) Cuando por la naturaleza de la pretensión ejercitada pudiera tener eficacia jurídica el acuerdo de conciliación o de mediación que pudiera alcanzarse, aun estando exceptuado el proceso del referido requisito del intento previo, si las partes acuden en tiempo oportuno voluntariamente y de común acuerdo a tales vías previas, se suspenderán los plazos de caducidad o se interrumpirán los de prescripción en la forma establecida en el artículo siguiente.

VI. Plazos de caducidad e interrupción de la prescripción. Suspensión de los plazos

La presentación de la solicitud de conciliación suspende los plazos de caducidad e interrumpe los de prescripción previstos en el art. 59 del ET según la acción ejercitada[8]. Suspensión que mantiene su virtualidad aún cuando el trabajador no compareciera al acto conciliatorio y posteriormente (dentro del plazo que le reste de los veinte días hábiles) accionara nuevamente por despido (así parece desprenderse, en un sentido finalístico, de la STS dictada en unificación de doctrina, de 12 de mayo de 2003. TS-623).

El cómputo de la caducidad se reanudará al día siguiente de intentada la conciliación (sea sin avenencia o habiéndose intentado sin efecto) o, bien, transcurridos quince días sin que se haya celebrado.

En todo caso, transcurridos treinta días sin haberse celebrado el acto de conciliación se tendrá por terminado el procedimiento y cumplido el trámite, reanudándose el cómputo interrumpido del plazo.

En este último supuesto y siendo imprescindible acreditar la celebración o intento de conciliación mediante la certificación del acta extendida que deberá acompañarse a la demanda (art. 80.3 LRJS), se presentan dos posibilidades:

a) Aportar junto con el escrito rector de demanda, copia de la papeleta de conciliación debidamente sellada y fechada ante el órgano conciliador y de la correspondiente diligencia extendida señalando lugar, día y hora de su celebración, sin perjuicio de solicitar del órgano judicial que requiera del órgano administrativo competente la constatación a que se refiere el art. 65.2 LRJS.

b) En su defecto, y de acuerdo con el art. 44 de la Ley 30/1992, de 26 de Noviembre sobre Régimen Jurídico de las Administraciones Públicas y del Procedimiento Administrativo Común, que el propio interesado solicite directamente del órgano conciliador, certificación comprensiva de dicho extremo, acompañándose a la demanda jurisdiccional.

8 Deberá tenerse en cuenta lo previsto y regulado en a DA 4a del Real Decreto 463/2020, de 14 de marzo, por el que se declara el estado de alarma para la gestión de la situación de crisis sanitaria ocasionada por el COVID-19, al contemplar que «Los plazos de prescripción y caducidad de cualesquiera acciones y derechos quedarán suspendidos durante el plazo de vigencia del estado de alarma y, en su caso, de las prórrogas que se adoptaren». Esta disposición fue derogada, con efectos de 4 de junio de 2020, por la disposición derogatoria única.1 del Real Decreto 537/2020, de 22 de mayo, y desde esa fecha, se alzó la suspensión de los plazos contemplados en la misma, según contempla el art. 8 del citado Real Decreto.

VII. Acción de impugnación del acuerdo conciliatorio. La falta de celebración de la conciliación previa. Efectos

Es posible que aun cuando la conciliación haya finalizado con avenencia, la declaración de voluntad manifestada en su celebración pueda ser defectuosa por diversas causas, esto es, se encuentre viciada de tal manera que invalide el compromiso contraído.

Por tal razón, la LRJS garantiza que las partes puedan, en tales circunstancias, impugnar el acuerdo mediante el ejercicio de la acción de nulidad por las causas que invalidan los contratos contenidas en los artículos 7 del ET y 1262 a 1270 del Código Civil.

Tales causas invalidantes distinguen entre quienes no pueden prestar consentimiento, esto es:

- Los menores no emancipados. El art. 7 del ET se refiere a que podrán contratar los menores de dieciocho años y mayores de dieciséis, que vivan de forma independiente, con consentimiento de sus padres o tutores, o con autorización de la persona o institución que les tenga a su cargo.
- Quienes no tengan plena capacidad de obrar conforme lo dispuesto en los arts. 162 y 319 del Código Civil.
- Los extranjeros, de acuerdo con lo dispuesto en la legislación específica en materia de contratación.
- Quienes hayan prestado su consentimiento mediando:
- Error; debiendo recaer sobre la sustancia de la acción planteada, o sobre aquellas condiciones de la misma que principalmente hubiesen dado motivo a instar la conciliación.
- Violencia; esto es, cuando parar arrancar el consentimiento se emplea una fuerza irresistible.
- Intimidación; al inspirar al solicitante el temor racional y fundado de sufrir un mal inminente y grave en su persona o bienes, o en la persona o bienes de su cónyuge, descendientes o ascendientes, y atendiendo, además, a la edad y condición del solicitante intimidado.
- Dolo; o sea, cuando con palabras o maquinaciones insidiosas, es inducido el solicitante de la conciliación a alcanzar un acuerdo que, sin ellas, no se hubiera producido.

En cualquier supuesto, la acción de nulidad caduca a los treinta días de aquel en que se adoptó el acuerdo. No obstante, para los posibles perjudicados no intervinientes, el plazo contará desde que lo conocieran.

Otro aspecto de enorme interés práctico es ¿qué sucede cuando el demandante ha omitido la presentación de la previa demanda de conciliación administrativa?, ¿qué efectos de orden procesal se desencadenan ante tal situación?

Ya he advertido anteriormente que el intento de conciliación previa administrativa tiene la consideración de requisito preprocesal que condiciona la admisión a trámite de la demanda jurisdiccional. Sin embargo, la STC 69/1997, de 8 de abril flexibilizó la exigencia del acto de conciliación previa en el proceso laboral, atendido que el legislador ordinario ha derogado el carácter de presupuesto procesal que se atribuía al acto de conciliación, transformándolo en un acto intraprocesal en algunos procesos laborales, a partir de la LPL de 1990.

En esta línea, la STSJ de Cataluña de 16 de junio de 1996 sostiene que el intento de celebración del acto de conciliación no es un requisito de orden público procesal, de manera que si el juicio se celebra sin intento de conciliación, porque el juez no advirtió dicho defecto al momento de proveer la demanda, ni requirió la subsanación de esta circunstancia, siempre que el demandado no se hubiera opuesto, el juez no puede abstenerse de resolver sobre el fondo del asunto. Para el caso que hubiera habido protesta de la parte demandada, esta irregularidad procesal podría constituir un defecto de forma de los actos procesales (art. 240 LOPJ) que sirviera de fundamento a un recurso de suplicación contra la sentencia que se dicte en instancia, siempre que se den los requisitos de indefensión. No obstante lo anterior, la STS de 13 de julio de 1993 afirma que la indefensión no se produce por la falta de la conciliación previa, dado que las partes tienen la oportunidad de realizar sus alegaciones y conseguir ante el magistrado el mismo resultado que en la conciliación administrativa o extraprocesal.

Dentro de esta línea interpretativa y por lo que respecta a la posibilidad de que el demandante haya inducido a error demandando al empresario en domicilio distinto al habitual, la STSJ de Cataluña de 13 de julio de 2001 (I.L. J 1927), no aprecia una falta de agotamiento de la conciliación administrativa previa a la demanda judicial de despido, por haberse proporcionado un domicilio incorrecto de la empresa que impidió su asistencia al acto de conciliación. Según la mencionada resolución, considerar lo contrario produciría un efecto excesivo y desproporcionado, pues no se llegó a ocasionar indefensión a la demandada que «(...) llegó a tener conocimiento de la celebración del juicio, asistió al mismo y pudo efectuar las alegaciones y practicar las pruebas pertinentes en defensa de su intereses (...)».

A modo de resumen, el FD Tercero de la más reciente Sentencia núm. 1728/2020 de 22 junio. AS 2021\117, del Tribunal Superior de Justicia de Andalucía, Sevilla (Sala de lo Social, Sección 1.ª), resuelve con lo siguiente:

> «(...) la falta de conciliación previa no justifica por sí sola la nulidad de actuaciones, por las siguientes razones:

1.º) Es un requisito subsanable, y así el artículo 81.3 de la Ley reguladora de la Jurisdicción Social dispone que cuando no se acompañe a la demanda certificación que acredite la celebración del acto de conciliación previo, "el secretario judicial, sin perjuicio de resolver sobre la admisión y proceder al señalamiento, advertirá al demandante que ha de acreditar la celebración o el intento del expresado acto en el plazo de 15 días", estableciendo la obligación de requerir al demandante para que subsane el defecto, subsanabilidad que es ratificada por el Tribunal Constitucional en su sentencia nº 76/1996 (RTC 1996, 76), por lo que la admisión del motivo de impugnación no conduciría más que a la nulidad de actuaciones para que se cumpliera dicho trámite.

2.º) Por otra parte la conciliación no exige su efectiva celebración, no sólo porque puede terminar sin avenencia, incluso puede ser declarada intentada sin efecto si no comparece la parte demandada a su celebración, sino que puede no celebrarse como así admite el artículo 65.2 de la Ley reguladora de la Jurisdicción Social, que dispone que "en todo caso, transcurridos treinta días, computados en la forma indicada en el número anterior, sin haberse celebrado el acto de conciliación o sin haberse iniciado mediación o alcanzado acuerdo en la mismas se tendrá por terminado el procedimiento y cumplido el trámite", por lo que la celebración de este acto preprocesal o intraprocesal como se le ha calificado recientemente, no es un requisito esencial para conocer del fondo de la cuestión planteada en el procedimiento.

3.º) Únicamente justifica la nulidad de actuaciones en el recurso de suplicación cuando cause indefensión a la parte que alega este defecto procesal y así el artículo 181.3 d) de la Ley reguladora de la Jurisdicción Social, permite el recurso de suplicación "contra las sentencias dictadas en reclamaciones que tengan por objeto subsanar ... la omisión de intento de conciliación o de mediación obligatoria previa, siempre que se haya formulado la protesta en tiempo y forma y hayan producido indefensión", situación que se caracteriza por suponer una privación o minoración sustancial del derecho de defensa, un menoscabo sensible de los principios de contradicción y de igualdad de partes en el acto del juicio y que impide o dificulta gravemente a una de ellas la posibilidad de alegar y acreditar en el proceso los hechos constitutivos de su derecho, o de replicar y desvirtuar las alegaciones de la parte contraria, creando una situación de desigualdad muy perjudicial para la estimación de sus pretensiones.

En este caso no debemos olvidar que la conciliación previa regulada en el artículo 63 de la Ley reguladora de la Jurisdicción Social tiene como finalidad evitar el litigio y favorecer la rápida y pacífica solución de los conflictos, por ello el objetivo de la conciliación es obtener un acuerdo transaccional entre las partes que evite el pleito, y así la sentencia del Tribunal Constitucional nº 119/2.007, de 21 de mayo (RTC 2007, 119), que aunque referida a la legislación anterior contiene doctrina aplicable al caso, declara que "la finalidad que inspira la conciliación previa es la de evitación del proceso. De ahí que el artículo 63 Ley de Procedimiento Laboral (RCL 1995, 1144, 1563) no la considere en rigor como requisito previo a la demanda sino como requisito 'previo para la tramitación del proceso' (sentencias del Tribunal Constitucional nº 69/1.997, de 8 de abril (RTC 1997, 69) y 199/2.001 de 4 de octubre (RTC 2001, 199), F. 6, y, F. 3), cuya finalidad es asegurar que las partes hayan tenido oportunidad de, antes de tramitarse aquél, someter la controversia a solución extrajudicial intentando un acuerdo, garantía que está en la base del citado artículo 81.2 Ley de Procedimiento Laboral", finalidad que se ha conseguido en el presente caso en el que aunque las partes si bien no han comparecido ante al CMAC, por una defectuosa citación que maliciosamente la empresa Securitas trató de ocultar previamente al acto del juicio, para así dilatar el procedimiento, sí han comparecido ante el Juzgado y celebrado la conciliación previa al acto del juicio sin lograr acuerdo alguno, por lo que la finalidad del acto conciliatorio hemos de entenderla satisfecha con la conciliación judicial.

4.º) Por último, la doctrina del Tribunal Constitucional contenida en las sentencias 10/2001 (RTC 2001, 10) y 58/2002 (RTC 2002, 58), consideran que la exigencia de conciliación previa debe interpretarse de una forma flexible, pues aunque la aplicación e interpretación del artículo 24 de la Constitución Española (RCL 1978, 2836) "no supone prescindir de los requisitos que se establecen en las Leyes que ordenan el proceso en garantía de los derechos de todas las partes (sentencia del Tribunal Constitucional nº 64/1.992, de 24 de abril (RTC 1992, 64), F. 3), ni tampoco debe entenderse como forzosa la selección de la interpretación más favorable a la admisión de entre todas las posibles, pues esta exigencia llevaría al Tribunal Constitucional a entrar en cuestiones de legalidad procesal que corresponden a los Tribunales ordinarios (sentencias del Tribunal Constitucional nº 195/1.999, de 25 de octubre (RTC 1999, 195), F. 2; 3/2.001, de 15 de enero (RTC 2001, 3), F. 5)", sin embargo "el derecho a la tutela judicial efectiva que se reconoce en el artículo 24.1 Constitución Española comprende, primordialmente, el derecho de acceso a la jurisdicción, es decir, a provocar la actividad jurisdiccional que desemboque en una decisión judicial ", ya que "el principio *'pro actione'* proscribe las interpretaciones y aplicaciones que eliminen u obstaculicen injustificadamente el derecho a que un órgano judicial conozca y resuelva en Derecho sobre la pretensión a él sometida" (sentencias del Tribunal Constitucional nº 63/1.999, de 26 de abril (RTC 1999, 63), y 108/2.000, de 5 de mayo (RTC 2000, 108)).

5.º) Por último, no hay que olvidar que la ausencia de la falta de conciliación previa que ahora se denuncia es también imputable al órgano judicial, que omitió su deber de requerir a la empresa para que subsanara el defecto, ya que el artículo 81.3 de la Ley reguladora de la Jurisdicción Social confiere al Letrado/a de la Administración de Justicia en fase de admisión de la demanda la vigilancia ex officio de la corrección jurídica de aquel escrito, con la finalidad que el proceso no se frustre por el incumplimiento de requisitos susceptibles de posterior realización por la parte y que no se configuran como presupuestos procesales de indeclinable cumplimiento en tiempo y forma» .

También se ocupa de este particular la STSJ de Galicia de 24 de julio de 2001 (I.L. J 1766) para quien la no consignación del domicilio de la demandada en la demanda de conciliación constituye un error que debe ser subsanado bien por el propio servicio de conciliación o bien por el demandante, previa concesión del correspondiente plazo para ello, pero sin que en ningún caso pueda generar caducidad del derecho.

VIII. La reclamación previa

1. Regulación jurídica

El Capítulo II del Título V del Libro I de la vigente Ley Reguladora de la Jurisdicción Social lleva por rúbrica «Del agotamiento de la vía administrativa previa a la vía judicial», trámite de obligado cumplimiento, junto con la ya comentada conciliación previa, para poder demandar contra las Administraciones Públicas en las materias competencia del orden jurisdiccional social. Su regulación se contiene en sus arts. 69 a 73.

Tratándose de Entidades Públicas, la anterior y ya derogada Ley 30/1992, de 26 de noviembre sobre Régimen Jurídico de las Administraciones Públicas y del Procedimiento Común (LPA), eleva a la categoría de requisito previo a la acción judicial laboral la presentación de reclamación previa. Deben tenerse cuenta sus arts. 120 y 121, así como también los arts. 125 y 126.

Por su parte, la Ley 39/2015, de 1 de octubre, del Procedimiento Administrativo Común de las Administraciones Públicas —LPA— (en vigor desde el 2 de octubre de 2016) no regula la reclamación previa si bien procede a modificar por medio de su disposición final tercera determinados preceptos de la LRJS y, entre ellos, los arts. 64, 69, 70, 72 y 73.

2. Naturaleza de la reclamación previa

Advierte el art. 69 LRJS que para poder demandar al Estado, Comunidades Autónomas, entidades locales o entidades de Derecho público con personalidad jurídica propia vinculadas o dependientes de los mismos será requisito necesario haber agotado la vía administrativa, cuando así proceda, de acuerdo con lo establecido en la normativa de procedimiento administrativo aplicable.

Se trata de una norma de remisión, debiendo estarse a lo contemplado en la normativa propia de cada Entidad en cuanto al modo y circunstancias en que deba llevarse a cabo la reclamación previa. La complejidad de las normas reguladoras de cada una de ellas aconseja que me remita a las previsiones generales contempladas en la LPA y LRJS.

Tratándose de formular demanda en materia de prestaciones de Seguridad Social, la interposición de la reclamación previa debe serlo ante el órgano competente que haya dictado la resolución sobre la solicitud inicial del interesado, en el plazo de treinta días desde la notificación de la misma, si es expresa, o desde la fecha en que, conforme a la normativa reguladora del procedimiento de que se trate, deba entenderse producido el silencio administrativo. Al respecto, la Sentencia del Tribunal Supremo n.º 609/2016, Sala 4.ª, de lo Social, 5 de julio de 2016 [j 2] determina que el defectuoso agotamiento de la vía administrativa previa en materia de prestaciones de Seguridad Social, por inobservancia del plazo de treinta días no afecta al derecho material controvertido y no supone prescripción alguna, sino que únicamente comporta la caducidad en la instancia y la correlativa pérdida del trámite, por lo que tal defecto no resulta obstáculo para el nuevo ejercicio de la acción, siempre que la misma no estuviese ya afectada por el instituto de las referidas prescripción o caducidad.

Se ha dicho de la reclamación previa que tiene la finalidad de poner en conocimiento del organismo correspondiente el contenido y fundamentos de la pretensión y darle la oportunidad de resolverla evitando el uso de mecanismos judiciales, a modo de lo que acontece con la conciliación previa, sin perjuicio de la diferencia de que las entidades públicas no pueden transaccionar, objetivo primordial de la conciliación (STC 60/89, de 16 de marzo, FJ 2). No obstante, algunas voces críticas han propugnado su desaparición como obligación procesal, para su conversión en un instrumento meramente facultativo.

El Tribunal Constitucional ha tenido ocasión de pronunciarse sobre este particular, señalando que aun cuando la reclamación previa aparece como un obstáculo para acceder a la prestación jurisdiccional, está razonablemente justificado en atención a las funciones constitucionales que la Administración tiene asignadas, ya que cumple con unos objetivos beneficiosos para el desenvolvimiento de los mecanismos jurisdiccionales en su conjunto (SSTC 21/86, de 14 de febrero, FJ 2.º y 60/89, de 16 de marzo, FJ 5.º).

Sin embargo, diversas resoluciones cuestionan esta realidad. Así, la STSJ de Cantabria de 28 de febrero de 2000 (I.L. J 355) entiende que la interposición de la reclamación previa fuera de plazo por parte del actor, no constituye un vicio que invalide las actuaciones judiciales seguidas posteriormente, al no haberse causado indefensión a la Administración demandada. Incluso para la STSJ de Murcia de 2 de marzo de 1999 (I.L. J 358), la reclamación previa puede ser sustituida por el intento de conciliación administrativa, al considerar que la presentación de la papeleta de conciliación, en lugar de la reclamación previa, interrumpe el plazo de caducidad de la acción de despido; pronunciándose en el mismo sentido la STSJ de Valencia de 26 de octubre de 2000 (I.L. J 2884), al afirmar que el intento de conciliación extrajudicial cumplió los fines de la reclamación previa, aunque no fuera una vía adecuada por ser de carácter público la entidad demandada. Por el contrario, la STSJ del País Vasco de 7 de noviembre de 2000 (I.L. J 2943), declara la nulidad de actuaciones en un proceso en el que se amplió la demanda contra determinados organismos públicos sin haber interpuesto la correspondiente reclamación previa, al ser éste un requisito obligatorio que el juez a quo debió advertir para su subsanación antes de celebrar el acto de la vista.

Ahondando en esta materia, como pone de manifiesto la Sentencia núm. 339/2006 de 30 junio —JUR 2007\17533— del Tribunal Superior de Justicia de Madrid, (Sala de lo Social), el artículo 71.1 de la Ley de procedimiento laboral —LPL— (y de la vigente Ley reguladora de la jurisdicción social, aprobada por Ley 36/2011, de 10 de octubre —LRJS—) dice que será requisito necesario para formular demanda en materia de Seguridad Social que los interesados interpongan reclamación previa ante la Entidad Gestora o Tesorería General de la Seguridad Social correspondiente. Por otro lado, el artículo 139 de la LPL, (actualmente, art. 140.2 LRJS) dispone que en caso de omitirse la presentación de la reclamación previa, el Juez dispondrán que se enmiende el defecto en el plazo de cuatro días, con prevención que de no hacerlo, se ordenará el archivo de la demanda, sin más trámite.

Sobre los defectos procesales observados en las demandas, a todos los efectos, la jurisprudencia ha señalado que «El punto de arranque ha sido la doctrina proclamada por el Tribunal Constitucional (SS. 335/1994, 19-12 [RTC 1994, 225] y 22-2-1999 [RTC 1999, 16]), que ha entendido el artículo 81.1 de la Ley de Procedimiento Laboral como "un claro mandato dirigido al juzgador para advertir de oficio de los defectos en qué pueda haber incurrido la demanda y que puedan ser enmendados", precisando la sentencia 335/1994 (RTC 1994, 335) que «se trata, no de una mera facultad sino de una auténtica obligación legal del órgano judicial dirigida a garantizar que los importantes derechos de fondos deducidos en una demanda laboral no resulten ineficaces por el juego riguroso y formalista de la falta o defecto de los requisitos formales que pudiera imputársele a aquella».

La sentencia del mismo Tribunal 25/1991 (RTC 1991, 25) apuntó en esta misma dirección al declarar que si bien «es en la fase de admisión de la demanda cuando tiene que tener lugar el requerimiento, también propugna la jurisprudencia que la inadvertencia inicial no impide la obligación del órgano judicial de poner de manifiesto en un momento procesal posterior los defectos observados»; esta misma idea late en algunas resoluciones de esta Sala, como la de 20 de noviembre de 1996 (RJ 1996, 8667).

Además de la sentencia citada últimamente, en las de 14 de octubre de 1988 (RJ 1988, 7812), 22 de diciembre de 1988 (RJ 1988, 9892) y 27 de diciembre de 1988 (RJ 1988, 9921) optó esta Sala por anular las actuaciones en supuestos como el presente, pero donde en realidad se abordó de pleno la cuestión fue en la sentencia de 15 de diciembre de 1987 (RJ 1987, 8942), declarando que una correcta interpretación del artículo 72 de la Ley de Procedimiento Laboral (texto de 1980) «impone solamente al Magistrado de instancia el examen de oficio de la concurrencia de todos los requisitos generales que en los diferentes escritos de demanda exige el precedente artículo 71, para advertir a la parte de los defectos u omisiones en qué haya incurrido aquel, a fin de que los enmiende dentro del plazo de cuatro días, bajo prevención de archivo de las actuaciones» (STS 5 de mayo de 2000 [RJ 2000, 2772]).

En todo caso, la STC 108/2000 parece inclinarse por conceder de oficio al juzgador la posibilidad de dar a la parte la posibilidad de que subsane la omisión de la reclamación previa. En todo caso, si el órgano jurisdiccional no aprecia de oficio la omisión y la Administración nada alega, nada impedirá entrar en el fondo del asunto, sin que puede alegarse la omisión en vía de recurso (SSTS de 27 de febrero y 24 de marzo de 1984, 27 de febrero de 1990 y 15 de junio de 1999). Cuestión distinta es si alegada la omisión por la parte demandada debe permitirse la subsanación o dictarse una sentencia absolutoria en la instancia. La STC 65/1993 sostiene que «no es constitucionalmente justificable no dar a la parte interesada la posibilidad de subsanar el error, permitiéndole formular previamente la reclamación administrativa», sin «perjuicio ajeno o de la parte contraria» y «sin afectar a la regularidad del procedimiento», el cual no pierde su finalidad por permitir la subsanación, pues «el art. 24.1 CE impone al juez un deber de favorecer la defensa de los derechos e intereses cuya tutela ante él se reclaman sin denegar dicha protección mediante la aplicación desproporcionada de las normas procesales que prevén una resolución de inadmisión o de eficacia equiparable, favor actionis que, en todo caso, habrá de tener en cuenta la entidad del defecto advertido, la posibilidad de cumplir, a pesar de todo, los fines que la regla incumplida persigue, los datos ofrecidos en la ley o en la resolución judicial de instancia y, por último, la actitud adoptada a lo largo del proceso por el recurrente el orden a la defensa de sus derechos». Sosteniendo el TC que «ante la existencia de una irregularidad formal o vicio de escasa importancia por cumplimiento defectuoso debido a error o equivocación disculpable y no malicioso, que no genere consecuencias definitivas, debe otorgarse la técnica de la subsanación de las irregularidades que permita atender a la voluntad de cumplimiento» —doctrina reiterada en la STC 11/1988 y 16/1999—.

Por su parte, la STC 108/2000 sostiene que el requisito exigido por la Ley de formular reclamación previa «es susceptible de subsanación, y ello incluso con carácter ex post, es decir, aunque la demanda ante la jurisdicción civil o social no hubiera sido precedida de reclamación dirigida a la Administración demandada». Añadiendo que «en la vía judicial laboral, la posibilidad de subsanación se instrumenta a través del examen de oficio por el juez del requisito incumplido ...». (*Derecho del Trabajo, Seguridad Social y Proceso Laboral. Una visión global para especialistas*. Ed. La Ley, Tomo II, págs. 1124 a 1125).

En otro orden de cosas, la jurisprudencia ha dicho que la finalidad de la reclamación previa «es conciliable en el proceso laboral con el derecho del litigante al hecho que se le conceda un plazo para la enmienda de su falta o de su defectuosa formulación, de forma que, de una parte, el obstáculo del acceso a la jurisdicción que su implantación supone "tendrá que guardar una notoria proporcionalidad con la carga de diligencia exigible a los justiciables"; y de otra, el privilegio se justifica cuando la administrativa trata, con la diligencia exigible, "de evitar el planteamiento litigioso o conflictos entre los Tribunales"» (STS de 24 de marzo de 2004 [RJ 2004, 2046]).

Más recientemente, la STS de 16-9-2015 (rec. núm. 1779/2014, ponente Sr. Jordi Agustí Julià), afirma que:

> «... debe tenerse en cuenta fundamentalmente la concreta finalidad del requisito de la reclamación previa, como tuvimos ocasión de destacar en la sentencia de 18 de marzo de 1997 (rcud. 2885/1996), razonando que: "En este aspecto la jurisprudencia constitucional ha establecido:

a) La compatibilidad con el derecho a la tutela judicial efectiva de la exigencia de trámites previos al proceso, como son los de conciliación o de reclamación administrativa previa (entre otras, SSTC 60/1989, 162/1989 y 217/1991 de 14-XI). Lo que se fundamenta 'de un lado, porque en ningún caso excluyen el conocimiento jurisdiccional de la cuestión controvertida, ya que únicamente suponen un aplazamiento de la intervención de los órganos judiciales; y, de otro, porque son trámites proporcionados y justificados, ya que su fin no es otro que procurar una solución extraprocesal de la controversia, lo cual resulta beneficioso tanto para las partes, que pueden resolver así de forma más rápida y acomodada a sus intereses el problema, como para el desenvolvimiento del sistema judicial en su conjunto que ve aliviada su carga de trabajo' (STC 217/1991).

b) En concreto, con relación a la exigencia de reclamación previa en la vía administrativa se afirma que 'es, sin duda, un legítimo requisito exigido por el legislador, no contrario al art. 24 CE' (entre otras, SSTC 21/1986, 60/1989, 162/1989, 217/1991 y 120/1993 de 19-IV), pero añadiendo que 'su finalidad es poner en conocimiento del órgano administrativo el contenido y fundamento de la pretensión formulada y darle ocasión de resolver directamente el litigio, evitando así la necesidad de acudir a la jurisdicción' (entre otras, SSTC 60/1989, 120/1993, 122/1993 de 19-IV, 144/1993 de 26-IV y 191/1993 de 14-VI), o, en otros términos, que la reclamación administrativa previa 'encuentra su justificación en la conveniencia de dar a la Administración las oportunidad de conocer las pretensiones de sus trabajadores antes de que acudan a la jurisdicción y de evitar así el planteamiento de litigios o conflictos ante los Tribunales' (STC 122/1993).

Por esta Sala de lo Social también se ha venido sustentando, en concordancia con la referida doctrina constitucional, como recuerda la STS/IV 30-V-1991 (recurso 1169/90), que 'la reclamación previa, evidente privilegio de la Administración que obstaculiza el libre acceso jurisdiccional, responde a la finalidad de ofrecer a aquélla un anticipado conocimiento de la pretensión que un particular tenga decidido interponer frente a la misma, facilitándole así la emisión de una declaración de voluntad que evite el proceso o que marque para éste su línea de defensa' (STS/Social 5-XII-1988) y que 'la función asignada a la reclamación previa administrativa, lo mismo que la atribuida a la conciliación, es la de proporcionar a la parte frente a la que se dirija, la oportunidad de una mayor reflexión sobre los hechos que originan la acción, evitando tal vez así posibles procesos, y también dar posibilidad de preparar adecuadamente la oposición' (STS/Social 9-VI-1988).

De la doctrina y jurisprudencia expuesta, es dable deducir que la reclamación administrativa previa, privilegio procesal de la Administración demandada, tiene dos finalidades. Una primera, esencial y prioritaria, la de poner en conocimiento del órgano administrativo el contenido y fundamento de la pretensión formulada y darle ocasión de resolver directamente el litigio, evitando así la necesidad de acudir a la jurisdicción. Una segunda, accesoria, subordinada y de más escaso relieve, la de dar a la Administración demandada la posibilidad de preparar adecuadamente la oposición"».

Las materias sobre las que debe versar la reclamación previa son las determinadas en el art. 2 LRJS (y, entre ellas, las relativas a las cuestiones litigiosas que se promuevan entre empresarios y trabajadores como consecuencia del contrato de trabajo), con exclusión de las contenidas en su art. 3, regulándose de manera específica las relativas en materia de Seguridad Social, incluida la protección por desempleo, si bien excluyendo los procedimientos de impugnación de las resoluciones administrativas expresas en las que se acuerda el alta médica emitidas por los órganos competentes de las Entidades gestoras de la Seguridad Social al agotarse el plazo de duración de trescientos sesenta y cinco días de la prestación de incapacidad temporal, en otro caso la reclamación previa se interpondrá en el plazo de once días desde la notificación de la resolución (art. 71.1 y 2 LRJS).

Tampoco será necesario agotar la vía administrativa para interponer demanda de tutela de derechos fundamentales y libertades públicas frente a actos de las Administraciones públicas en el ejercicio de sus potestades en materia laboral y sindical, si bien el plazo para la interposición de la demanda será de veinte días desde el día siguiente a la notificación del acto o al transcurso del plazo fijado para la resolución, sin más trámites; cuando la lesión del derecho fundamental tuviera su origen en la inactividad administrativa o en actuación en vías de hecho, o se hubiera interpuesto potestativamente un recurso administrativo, el plazo de veinte días se iniciará transcurridos veinte días desde la reclamación contra la inactividad o vía de hecho, o desde la presentación del recurso, respectivamente (art. 70 LRJS).

No obstante y como había puesto anteriormente de manifiesto, la Ley 39/2015, de 1 de octubre, del Procedimiento Administrativo Común de las Administraciones Públicas —LPA— (en vigor desde el 2 de octubre de 2016), aunque no regula la reclamación previa, procede a modificar por medio de su disposición final tercera determinados preceptos de la LRJS y, entre ellos, sus arts. 64, 69, 70, 72 y 73.

Así es, según la exposición de motivos de la norma se deben «suprimir trámites que, lejos de constituir una ventaja para los administrados, suponían una carga que dificultaba el ejercicio de sus derechos (...) debido a la escasa utilidad práctica que ha demostrado».

Dicho lo anterior, para un importante sector de la doctrina especializada, a partir de la aprobación de la nueva LPA, en los supuestos en que se ejerciten acciones de naturaleza laboral contra el Estado, Comunidades Autónomas, entidades locales o entidades de Derecho público con personalidad jurídica propia vinculadas o dependientes de los mismos, no resulta ya preceptivo haber agotado la vía administrativa mediante la interposición de la reclamación previa a la vía judicial social, pudiéndose interponer directamente la demanda ante el tribunal competente.

Y es que, como se ha venido sosteniendo, hay que distinguir entre los actos administrativos, que exigen agotar la vía administrativa con los recursos que sean precisos, y por otro lado, actos en los que la administración pública actúa como empresario, y en los que por tanto queda sujeta al derecho privado laboral, sin que lo anterior implique tener que presentar, en sustitución de aquella reclamación previa, una demanda para intentar la conciliación previa ante el órgano administrativo competente en cada Comunidad Autónoma, y en esa línea cabe mencionar la comunicación laboral 67/2016 de la Abogacía del Estado —departamento social—, manifestando que no cabe demanda de conciliación previa ante el servicio administrativo, cuando se demanda a las administraciones públicas, tomando en cuenta los límites legales a la transacción previstos, en caso del Estado, en el artículo 7.3 de la Ley General Presupuestaria 47/2003 de 26 de noviembre, que dispone que:

«Sin perjuicio de lo establecidc en el apartado 2 del artículo 10 de esta ley, no se podrá transigir judicial ni extrajudicialmente sobre los derechos de la Hacienda Pública estatal, ni someter a arbitraje las contiendas que se susciten respecto de los mismos, sino mediante real decreto acordado en Consejo de Ministros, previa audiencia del de Estado en pleno».

Igualmente resulta clarificadora la sentencia de 20 de junio de 2017 del Tribunal Superior de Justicia del País Vasco, Recurso 1166/2017, analizando un supuesto de reclamación laboral frente a una administración que actuaba como empleadora, en la cual manifiesta:

«(...) En este sentido, gran parte de la doctrina científica ha entendido que el agotamiento de la vía previa administrativa ha de ser exigible únicamente en los supuestos de impugnación de actos administrativos, argumentando, en esencia, como sigue:

- que, aunque la Exposición de Motivos de una Ley carece de contenido normativo, lo cierto es que el legislador aclara por este medio la finalidad de la norma, contribuyendo así a despejar las dudas interpretativas que pudieran suscitarse;

- que la Exposición de Motivos de la Ley 39/2015 razona que "De acuerdo con la voluntad de suprimir trámites que, lejos de constituir una ventaja para los administrados, suponían una carga que dificultaba el ejercicio de sus derechos, la Ley no contempla ya las reclamaciones previas en vía civil y laboral, debido a la escasa utilidad práctica que han demostrado hasta la fecha y que, de este modo, quedan suprimidas".

- que el agotamiento de la vía administrativa previa se mantiene en los mismos términos de la regulación anterior, o sea, tal como se ha dicho más arriba, en relación con la impugnación de actos de la Administración sujetos a Derecho administrativo, es decir, dictados en el ejercicio de una potestad administrativa;

- que las demandas dirigidas frente a una Administración Pública en su condición de empleadora pueden instarse directamente, sin tener que cumplir ningún trámite previo en vía de evitación del proceso;

.- que el Tribunal Supremo ya había razonado —por todas, la STS de 8 de octubre de 2009, Rcud. 3604/2008— que "(...) los actos de la Administración cuando actúa como empresario no están sujetos al derecho administrativo, sino al derecho laboral, como los de cualquier otro empresario. Y al no estar sujetos al derecho administrativo, es claro que no le son de aplicación las previsiones que para la revisión de los actos administrativos en sentido estricto establece el Título Vil de la Ley 30/1992 LRJPAC, y más concretamente, su art. 103 sobre declaración de lesividad de los actos anulables. La Administración, cuando actúa como empresario laboral puede, como cualquier otro, modificar sus decisiones por sí mismo, sin perjuicio de su posterior control judicial y el trabajador con relación laboral a su servicio, tampoco está obligado a agotar los recursos que los arts. 107 y siguientes de la LRJPAC prevén para la revisión de los actos administrativos sujetos al derecho administrativo. La propia Ley en el art. 125 de su Título VIII establece una vía más rápida y sencilla como es la simple reclamación previa, para que el trabajador que esté en desacuerdo con la decisión de su empresario, pueda obtener en vía judicial el reconocimiento del derecho que éste le niega (...)";

.- que, en consecuencia, ha de concluirse que las demandas dirigidas frente a una Administración Pública en su condición de empleadora pueden interponerse directamente, sin que sea exigible el cumplimiento de ningún requisito preprocesal de evitación del proceso;

.- que, además, a esta posición abunda la modificación operada en el artículo 70 LRJS, al haberse eliminado su anterior apartado 1, en el que se preveían las excepciones a la reclamación administrativa previa por razón de demanda directa o de agotamiento de la vía previa, manteniéndose únicamente el anterior apartado 2 de dicho precepto en relación con la modalidad procesal de tutela de derechos fundamentales y libertades públicas (...).

(...) Esta conclusión viene, además, sostenida por la Comunicación Laboral 67/2016, de 18 de octubre, de la Abogacía General del Estado, que ha interpretado que las demandas fundadas en Derecho laboral planteadas frente a la Administración Pública deben interponerse directamente ante los órganos de la jurisdicción social, sin necesidad de cumplimentar ningún requisito preprocesal —reclamación previa, agotamiento de la vía administrativa o intento de conciliación administrativa—, con la sola excepción de las demandas sobre prestaciones de Seguridad Social y las reclamaciones al Estado del pago de los salarios de tramitación en juicios por despido, supuestos en los que se mantiene la obligación de plantear reclamación previa en vía administrativa, así como la impugnación de actos administrativos en materia laboral y de Seguridad Social en que se exige el agotamiento de la vía administrativa. Concluye, pues, dicha Comunicación que el agotamiento de la vía administrativa exigido por el art. 69 LRJS solo es aplicable a la impugnación de "actos administrativos", esencialmente los contemplados en las letras n) y s) del art. 2 LRJS, a través del procedimiento especial previsto en el art. 151 de la misma.(...)

(...) En definitiva y como decisión interpretativa de esta Sala, entendemos que el requisito preprocesal del agotamiento de la vía administrativa previa a la judicial es exigible en relación con los litigios en materia de Derecho Administrativo del Trabajo, en los que la Administración Pública ha intervenido realizando un acto administrativo en materia laboral, esto es, como poder público, ejercitando potestades en materia laboral que tiene atribuidas. Pero este requisito no es exigible cuando la Administración Pública actúa en su condición de empleadora».

Participando de este criterio de la no necesidad de agotar la vía administrativa previa, la Sentencia de 5 de junio de 2020 de la Sala Social de la Audiencia Nacional (recurso núm. 113/202, ponente Sra. Emilia Ruiz-Jarabo Quemada) afirma en su Fundamento de Derecho Cuarto que:

«... el agotamiento de la vía administrativa a la que ahora se refiere el artículo 69.1 de la LRJS ha de entenderse limitado a los supuestos en los que se impugnen actos de la administración propiamente administrativos, es decir los actos de contenido laboral que son realizados por la Administración en el ejercicio de las potestades que como tal tiene en materia laboral, y no en los procedimientos de conflicto colectivo que además están exceptuados del preceptivo trámite de mediación previa por así disponerlo el artículo 64.1 LRJS que establece la excepción en la aplicación de este requisito procesal en los procesos relativos a la suspensión del contrato reducción de jornada por causas económicas, técnicas, organizativas o de producción o derivadas de fuerza mayor. Avala tal consideración el dato de que fue con la Ley Reguladora de la Jurisdicción Social (Ley 36/2011) cuando junto a la reclamación administrativa previa y la conciliación previa se pasó a incluir un tercer medio de evitación del proceso social, el trámite del agotamiento de la vía administrativa y ello por causa de las competencias que pasaban al orden jurisdiccional social sobre materias que hasta entonces estaban atribuidas al orden contencioso-administrativo (así, los referidos en los apartados n) y s) del artículo 2 LRJS). Este es el criterio contenido en las sentencias, entre otras, de las Salas de lo Social del TSJ de Asturias 11/7/2017, rec. 1408/2017; País Vasco 20/6/2017, rec. 1166/2017 y de Madrid de 5/5/2017, rec. 169/2017 y 18/07/2018, ref. 338/2018.

La Exposición de Motivos de la Ley 39/2015 que, aun careciendo de contenido normativo, viene a aclarar la finalidad de la norma contribuyendo así a despejar las dudas interpretativas que pudieran suscitarse al recoger que "De acuerdo con la voluntad de suprimir trámites que, lejos de constituir una ventaja para los administrados, suponían una carga que dificultaba el ejercicio de sus derechos, la Ley no contempla ya las reclamaciones previas en vía civil y laboral, debido a la escasa utilidad práctica que han demostrado hasta la fecha y que, de este modo, quedan suprimidas".

Esta conclusión viene, además, corroborada por la Comunicación Laboral 67/2016, de 18 de octubre, de la Abogacía General del Estado, que ha interpretado que las demandas fundadas en Derecho laboral planteadas frente a la Administración Pública deben interponerse directamente ante los órganos de la jurisdicción social, sin necesidad de cumplimentar ningún requisito preprocesal —reclamación previa, agotamiento de la vía administrativa o intento de conciliación administrativa—, con la sola excepción de las demandas sobre prestaciones de Seguridad Social y las reclamaciones al Estado del pago de los salarios de tramitación en juicios por despido, supuestos en los que se mantiene la obligación de plantear reclamación previa en vía administrativa, así como la impugnación de actos administrativos en materia laboral y de Seguridad Social en que se exige el agotamiento de la vía administrativa . Concluye, pues, dicha Comunicación que el agotamiento de la vía administrativa exigido por el art. 69 LRJS solo es aplicable a la impugnación de "actos administrativos", esencialmente los contemplados en las letras n) y s) del art. 2 LRJS (EDL 2011/222121), a través del procedimiento especial previsto en el art. 151 de la misma».

Finalmente, resulta de gran interés al respecto lo manifestado por la Magistrada de la Sala Social del Tribunal Supremo, María Lourdes Arastey Sahún, en el curso de las 28.ª Jornadas de Derecho Social de Cataluña, al afirmar que «El agotamiento de la vía administrativa previa subsiste en los mismos términos de la regulación anterior; esto es, únicamente frente a los actos de la Administración sujetos al Derecho Administrativo. Y por acto administrativo solo cabe comprender el realizado por un órgano de la Administración pública en el ejercicio de una potestad administrativa. Las demandas dirigidas contra una Administración pública como empleadora pueden instarse directamente, sin necesidad de acudir a ninguna vía de evitación del proceso».

3. Obligación de resolver las peticiones administrativas y los efectos derivados del silencio administrativo. Plazo para la interposición de la demanda

Establece el art. 21 LPA que «La Administración está obligada a dictar resolución expresa y a notificarla en todos los procedimientos cualquiera que sea su forma de iniciación».

En el ámbito del proceso laboral, la Administración pública deberá notificar a los interesados las resoluciones y actos administrativos que afecten a sus derechos e intereses, conteniendo la notificación el texto íntegro de la resolución, con indicación de si es o no definitivo en la vía administrativa, la expresión de los recursos que procedan, órgano ante el que hubieran de presentarse y plazo para interponerlos, sin perjuicio de que los interesados puedan ejercitar, en su caso, cualquier otro que estimen procedente.

Las notificaciones que conteniendo el texto íntegro del acto omitiesen alguno de los demás requisitos previstos en el párrafo anterior mantendrán suspendidos los plazos de caducidad e interrumpidos los de prescripción y únicamente surtirán efecto a partir de la fecha en que el interesado realice actuaciones que supongan el conocimiento del contenido y alcance de la resolución o acto objeto de la notificación o resolución, o interponga cualquier recurso que proceda (art. 69.1 LRJS).

Como norma general, el plazo máximo en el que debe notificarse la resolución expresa será el fijado por la norma reguladora del correspondiente procedimiento. Este plazo no podrá exceder de seis meses salvo que una norma con rango de Ley establezca uno mayor o así venga previsto en el Derecho de la Unión Europea. En todo caso, cuando las normas reguladoras de los procedimientos no fijen el plazo máximo, éste será de tres meses (art. 21.2 y 3 LPA).

Ahora bien, ¿qué sucede cuando en el plazo legalmente establecido la Administración no resuelve de manera expresa? El art. 24.1 LPA advierte expresamente que:

> «En los procedimientos iniciados a solicitud del interesado, sin perjuicio de la resolución que la Administración debe dictar en la forma prevista en el apartado 3 de este artículo, el vencimiento del plazo máximo sin haberse notificado resolución expresa, legitima al interesado o interesados para entenderla estimada por silencio administrativo, excepto en los supuestos en los que una norma con rango de ley o una norma de Derecho de la Unión Europea o de Derecho internacional aplicable en España establezcan lo contrario. Cuando el procedimiento tenga por objeto el acceso a actividades o su ejercicio, la ley que disponga el carácter desestimatorio del silencio deberá fundarse en la concurrencia de razones imperiosas de interés general.
>
> El silencio tendrá efecto desestimatorio en los procedimientos relativos al ejercicio del derecho de petición, a que se refiere el artículo 29 de la Constitución, aquellos cuya estimación tuviera como consecuencia que se transfirieran al solicitante o a terceros facultades relativas al dominio público o al servicio público, impliquen el ejercicio de actividades que puedan dañar el medio ambiente y en los procedimientos de responsabilidad patrimonial de las Administraciones Públicas».

Bajando al terreno de lo práctico, un ejemplo de lo anterior lo tenemos en las reclamaciones formuladas al Fondo de Garantía Salarial respecto de las prestaciones a su cargo previstes en el art. 33 ET. Pues bien, el art. 28.7 del Real Decreto 505/1985, de 6 de marzo, sobre organización y funcionamiento del Fondo de Garantía Salarial, contempla que: «El plazo máximo para dictar resolución en primera instancia será de tres meses, contados a partir de la presentación en forma de la solicitud».

Superado dicho plazo legal debe entenderse concedida la prestación solicitada por silencio administrativo, tal como lo ha resuelto la Sala Social del Tribunal Supremo en su Sentencia de 16 de marzo de 2015 (Ponente Sr. Jesús Souto Prieto, rec. núm. 802/2014), cuando en su fundamento jurídico segundo afirma lo siguiente:

> «El recurrente denuncia la infracción del art. 43.1.2 y 3 a) de la Ley del Régimen Jurídico de las Administraciones Públicas y del Procedimiento Administrativo Común y del art. 28.7 del Real Decreto 505/1985.
>
> El citado art. 28.7 dispone que el plazo máximo para que el FOGASA dicte resolución "será de tres meses, contados a partir de la presentación en forma de la solicitud". Dicha disposición no establece ninguna excepción, por lo que se aplica a la totalidad de los expedientes cuya tramitación corresponde al Fondo.
>
> La referida normativa no regula los efectos que para el administrado pudiera tener el incumplimiento del referido plazo, razón por la que ha de acudirse a la Ley 30/92 (LRJS de AP y PAC) que en su artículo 2.2 comprende al FOGASA en su ámbito de aplicación. El artículo 43.1 de esta Ley (redacción dada por Ley 25/09, sobre Libre Acceso a Actividades y Servicios) dispone que, en los procedimientos iniciados a solicitud del interesado, sin perjuicio de la resolución que la Adminis-

tración debe dictar en la forma prevista..., "el vencimiento del plazo máximo sin haberse notificado resolución expresa legitima al interesado... para entenderla estimada por silencio administrativo, excepto en los supuestos en que una norma con rango de ley.... o una norma de Derecho Comunitario establezcan lo contrario", excepción que no se da en el caso de autos, donde sí se dictó, en cambio, resolución expresa extemporánea. El n.º 2 de este artículo establece, a su vez, que "la estimación por silencio administrativo tiene a todos los efectos la consideración de acto administrativo finalizador del procedimiento". Y el n.º 3 del mismo precepto condiciona el sentido de la resolución expresa, al disponer que "en los casos de estimación por silencio administrativo, la resolución expresa posterior a la producción del acto sólo podrá dictarse de ser confirmatoria del mismo".

Podemos adelantar, por tanto, que entendemos como doctrina correcta la de la sentencia de contraste, que se apoya en la sentencia de la Sala 3.ª de este Tribunal Supremo de 25 de septiembre de 2012, doctrina coincidente con la sentencia de la misma Sala de 15 de marzo de 2011, que interpretan y aplican la legislación vigente, al contrario que la sentencia en que se apoyó la recurrida, anterior a las leyes administrativas y reglamentos vigentes.

No podemos aceptar la argumentación del Abogado del Estado de que no resulta posible obtener por silencio administrativo licencias o autorizaciones contra legem o en contra del ordenamiento jurídico, ya que tal argumentación se refiere a supuestos distintos y, como hemos visto, lo único que puede impedir el juego del silencio positivo por el transcurso del plazo máximo en resolver, en los procedimientos iniciados de instancia o de parte, es que exista norma con rango de Ley o norma de Derecho Comunitario que prevea para el caso el efecto negativo del silencio, lo cual no ocurre en el caso de autos.

Como señala con acierto el Ministerio Fiscal, la exposición de motivos de la ley 30/92 anuncia que el silencio administrativo, positivo o negativo, no debe ser un instituto jurídico formal, sino la garantía que impida que los derechos de particulares se vacíen de contenido cuando Administración no atiende eficazmente y con la celeridad debida las funciones para las que se ha organizado. Esta garantía, exponente de una Administración en la que de primar la eficacia sobre el formalismo, solo cederá cuando exista un interés general prevalente o, cuando realmente, el derecho cuyo reconocimiento se postula no exista. Así, la sentencia de la Sala Tercera de 2-2-2012 precisa que el silencio administrativo pueda tener lugar ante cualquier clase de solicitud, siempre que su contenido sea real y posible desde el punto de vista material y jurídico.

En el caso examinado, sobre rechazo del FOGASA al abono del 40 % de la indemnización derivada de la extinción del contrato, podemos traer a colación nuestra sentencia de 26-12-2013, expresiva de que la responsabilidad del FOGASA por el 40 % de la indemnización legal de despido ex art. 33.8 del Estatuto de los Trabajadores es una responsabilidad directa, que constituye un beneficio legal a favor de las empresas que cuentan con una plantilla inferior a 25 trabajadores independientemente de la situación económica empresarial.

Por otra parte como señala la sentencia de la Sala Tercera de 17-7-2012, citada en la de la misma Sala Tercera de 25-9-12 (R. 4332/11) —a su vez traída a colación por la parte recurrente en nuestro recurso y por el Ministerio Fiscal—: "una vez operado el silencio positivo, no es dable efectuar un examen sobre la legalidad intrínseca del acto presunto, pues, si bien es cierto, que según el art. 62.1 f) de la Ley 30/92 son nulos de pleno derecho los actos presuntos 'contrarios' al Ordenamiento Jurídico por los que se adquieren facultades o derechos cuando se carezca de los requisitos esenciales para su adquisición, no es menos cierto que para revisar y dejar sin efecto un acto presunto (nulo) o anulable la Administración debe seguir los procedimientos de revisión establecidos por el art. 102, o instar la declaración de lesividad"».

En idéntico sentido se pronuncian las Sentencias de la Sala Social del TSJ de Cataluña de 10-6-2016 y 18-7-2016, precedidas de su Sentencia de 9-4-2013, núm. 2532/2013 (Rollo 4057/2012).

La más reciente Sentencia de la Sala Social del Tribunal Supremo de 11 de junio de 2018, advierte que la anterior doctrina no significa que la Sala entienda que, como regla general, pueden obtenerse prestaciones del FOGASA superiores o no previstas en la normativa vigente en cada momento. Antes al contrario: resulta evidente el carácter imperativo del artículo 33 ET. Ocurre, sin embargo, que el citado organismo está obligado a resolver en el plazo previsto en su propia norma de funcionamiento. Si no lo hace, es la propia ley (LPA) la que establece que la solicitud del interesado ha sido estimada por silencio administrativo —resolución tácita equiparada legalmente a resolución expresa— y es la propia ley la que prevé que, posteriormente, tal resolución presunta no puede dejarse sin efecto por la propia Administración al establecer que «en los casos de estimación por silencio administrativo, la resolución expresa posterior a la producción del acto sólo podrá dictarse de ser confirmatoria del mismo».

No obstante, el hecho de que se hayan otorgado derechos superiores o no previstos legalmente, no significa que no puedan dejarse sin efecto; «pero, para ello, la propia ley ha previsto que tal operación únicamente puede efectuarse a través de los procedimientos revisorios previstos en las normas legales. El FOGASA, con fundamento en el entonces vigente artículo 62.1.f) LRJPAC (en la actualidad: artículo 47.1 f) LPAC): "serán nulos de pleno derecho:... los actos expresos o presuntos contrarios al ordenamiento jurídico por los que se adquieren facultades o derechos cuando se carezca de los requisitos esenciales para su adquisición", podrá iniciar el correspondiente procedimiento de revisión del acto presunto a través, en este caso, del artículo 146 LRJS en el que, además de las medidas cautelares que estime oportuno, deberá solicitar la nulidad del referido acto presunto».

Criterio que ha sido confirmado en recurso de casación para la unificación de doctrina por la Sentencia de la Sala Social del Tribunal Supremo, núm. 139/2020, de 13-2-2020 (Ponente Sr. Ricardo Bodas Martín, rec. 3365/2017), al incidir en su Fundamento de Derecho Cuarto, letra e), que:

«Esta doctrina no significa que la Sala entienda que, como regla general, pueden obtenerse prestaciones del FOGASA superiores o no previstas en la normativa vigente en cada momento. —Por el contrario: resulta evidente el carácter imperativo del artículo 33 ET. Ocurre, sin embargo, que el citado organismo está obligado a resolver en el plazo previsto en su propia norma de funcionamiento (Real Decreto 505/1985). Si no lo hace, es la propia ley (LRJPAC) la que establece que la solicitud del interesado ha sido estimada por silencio administrativo—resolución tácita equiparada legalmente a resolución expresa y es la propia ley la que prevé que, posteriormente, tal resolución presunta no puede dejarse sin efecto por la propia Administración al establecer que "en los casos de estimación por silencio administrativo, la resolución expresa posterior a la producción del acto sólo podrá dictarse de ser confirmatoria del mismo"».

Así pues, una vez operado el silencio positivo, no era posible efectuar un examen sobre la legalidad intrínseca del acto presunto, pues, aunque según el art. 62.1 f) de la LPAC son nulos de pleno derecho los actos presuntos contrarios al Ordenamiento Jurídico por los que se adquieren facultades o derechos cuando se carezca de los requisitos esenciales para su adquisición, no es menos cierto que para revisar y dejar sin efecto un acto presunto (nulo) o anulable la Administración debe seguir los procedimientos de revisión o instar la declaración de lesividad.

No obstante, intentando clarificar dicha situación, el B.O.E. núm. 150, de 27 de mayo de 2020, ha publicado el Real Decreto-ley 19/2020, de 26 de mayo, por el que se adoptan medidas complementarias en materia agraria, científica, económica, de empleo y Seguridad Social y tributarias para paliar los efectos del COVID-19, cuya entrada en vigor lo fue el día 28 de mayo de 2020 (Disposición final decimoséptima).

En el preámbulo de la norma se advierte, en la letra D), sobre «Medidas en el ámbito de empleo y Seguridad Social», inserta en el apartado I, sobre «Antecedentes, motivación y medidas», que «Se llevan a cabo mediante este real decreto ajustes técnicos a las medidas urgentes adoptadas en materia de Seguridad Social para mitigar el impacto del COVID-19, a la luz de los problemas de interpretación que se están identificando en su aplicación. Estos ajustes son necesarios y urgentes, teniendo en cuenta la inseguridad jurídica que la redacción actual está generando en los interesados».

Entre tales ajustes «... se incluye una regulación específica sobre el silencio administrativo en los procedimientos de garantía salarial previstos en el artículo 33 del texto refundido del Estatuto de los Trabajadores, de modo que, señalándose que el plazo de tramitación sea de tres meses, se dispone el silencio administrativo estimativo para el caso de que no se hubiera resuelto en plazo, bien que constreñido al reconocimiento de las obligaciones en favor de personas que puedan ser legalmente beneficiarias de esa prestación y por la cuantía que resulte por aplicación de los límites previstos en dicho artículo. Y ello para evitar que personas que en ningún caso puedan ser beneficiarias obtengan este tipo de prestaciones y también evitar que los solicitantes puedan percibir cantidades por encima de los límites máximos previstos en la ley».

Consecuentemente, la Disposición final quinta del Real Decreto-ley 19/2020 procede a la modificación del texto refundido de la Ley del Estatuto de los Trabajadores, aprobado por Real Decreto Legislativo 2/2015, de 23 de octubre (ET), añadiendo un nuevo apartado 11 al artículo 33, con la siguiente redacción:

> «11. El Fondo procederá a la instrucción de un expediente para la comprobación de la procedencia de los salarios e indemnizaciones reclamados, respetando en todo caso los límites previstos en los apartados anteriores.
>
> Concluida la instrucción del expediente, el órgano competente dictará resolución en el plazo máximo de tres meses contados desde la presentación en forma de la solicitud. La notificación al interesado deberá ser cursada dentro del plazo de 10 días a partir de la fecha en que el acto haya sido dictado.
>
> Transcurrido dicho plazo sin que haya recaído resolución expresa, el solicitante podrá entender estimada por silencio administrativo la solicitud de reconocimiento de las obligaciones con cargo al Fondo, sin que en ningún caso pueda obtenerse por silencio el reconocimiento de obligaciones en favor de personas que no puedan ser legalmente beneficiarias o por cuantía superior a la que resulte por aplicación de los límites previstos en los apartados anteriores. La resolución expresa posterior al vencimiento del plazo solo podrá dictarse de ser confirmatoria del reconocimiento de la obligación, en favor de personas que puedan ser legalmente beneficiarias y dentro de los límites previstos en los apartados anteriores. En todo caso, a efectos probatorios, se podrá solicitar un certificado acreditativo del silencio producido, en el que se incluirán las obligaciones con cargo al Fondo que, dentro de los límites previstos en los apartados anteriores, deben entenderse reconocidas.
>
> Contra dicha resolución podrá interponerse demanda ante el órgano jurisdiccional del orden social competente en el plazo de dos meses contados desde el día siguiente al de la notificación si el acto fuera expreso; si no lo fuera, dicho plazo se contará a partir del día siguiente a aquel en que deba entenderse estimada la solicitud conforme a lo establecido en el apartado anterior por silencio».

La reforma, pues, se adapta a lo regulado en los ya citados arts. 21, apartados 2 y 3, y 24.1 LPA, en correspondencia con el art. 28.7 del Real Decreto 505/1985, de 6 de marzo, sobre organización y funcionamiento del Fondo de Garantía Salarial, conforme al cual: «El plazo máximo para dictar resolución en primera instancia será de tres meses, contados a partir de la presentación en forma de la solicitud».

Ahora bien, para evitar que la resolución administrativa estimatoria por silencio positivo reconozca derechos a favor de personas que no puedan ser legalmente beneficiarias de las prestaciones reclamadas o éstas sean de cuantía superior a la que resulte en aplicación de los límites previstos en el art. art. 33 del ET, obligando a la Administración a acudir en procedimiento de revisión administrativa (art. 102 LPCAP), en procedimiento de declaración de lesividad de actos anulables (art. 103 LPCAP) o, en su caso, por medio de la Revisión de actos declarativos de derechos, a través del cauce procesal regulado en el art. 146 LRJS, el nuevo apartado 11 del art. 33 del ET establece que serán nulos de pleno derecho los actos presuntos contrarios al ordenamiento jurídico por los que se adquieren facultades o derechos por carecer de los requisitos esenciales para su adquisición, lo que vinculará al juzgador en su sentencia, haya o no certificado acreditativo del silencio producido y de su alcance legal.

En todo caso y advertido lo anterior, considerando que el art. 80.3 LRJS exige que a la demanda se acompañará la documentación justificativa del agotamiento de la vía administrativa, cuando proceda, o alegación de no ser necesarias éstas, en el ámbito de aplicación de la LRJS deberán tenerse en cuenta los siguientes criterios:

1. Desde que se deba entender agotada la vía administrativa el interesado podrá formalizar la demanda en el plazo de dos meses ante el juzgado o la Sala competente. A la demanda se acompañará copia de la resolución denegatoria o documento acreditativo de la interposición o resolución del recurso administrativo, según proceda, uniendo copia de todo ello para la entidad demandada.

2. En las acciones derivadas de despido y demás acciones sujetas a plazo de caducidad, el plazo de interposición de la demanda será de veinte días hábiles o el especial que sea aplicable, contados a partir del día siguiente a aquél en que se hubiera producido el acto o la notificación de la resolución impugnada, o desde que se deba entender agotada la vía administrativa en los demás casos.

   Debe advertirse que la notificación del acto de despido por la administración, sin indicar vía y plazo de impugnación, mantiene suspendido el plazo de caducidad hasta que el trabajador lo impugne por la vía procedente (STS núm. 80/2022, recurso núm. 4282/2019, de 27/01/2022, que reitera la doctrina de STS 727/2020, 24 de julio de 2020 (rcud 1338/2018), reiterada por las SSTS 402/2021, 14 de abril de 2021 (rcud 3663/2018) y STS 1254/2021, 10 de diciembre de 2021 (rcud 947/2019).

3. Tratándose de prestaciones de Seguridad Social:

   – La Entidad deberá contestar expresamente a la misma en el plazo de cuarenta y cinco días. En caso contrario se entenderá denegada la reclamación por silencio administrativo.

   – La falta de agotamiento de la vía administrativa previa implica la caducidad de la vía administrativa, pero no de la acción, cuyo ejercicio pervive mientras no prescriba el derecho material del que deriva, aunque sólo es aplicable a la acción de reconocimiento o denegación de prestaciones interpuesta por los beneficiarios sin que se beneficien de ello las Mutuas Patronales y sus reclamaciones por imputación de responsabilidades (Sentencia núm. 723/2017 de 27 septiembre, de la Sala Social del Tribunal Supremo (Sección 1.ª), que confirma otras anteriores como la núm. 413/2017, de 11 de mayo, la núm. 188/17, de 7 de marzo o la núm. 157/17, de 23 de febrero, entre otras).

- En los procedimientos de impugnación de altas médicas en los que deba interponerse reclamación previa, el plazo para la contestación de la misma será de siete días, entendiéndose desestimada una vez transcurrido dicho plazo.
- La demanda habrá de formularse en el plazo de treinta días, a contar desde la fecha en que se notifique la denegación de la reclamación previa o desde el día en que se entienda denegada por silencio administrativo.
- En los procesos de impugnación de altas médicas el plazo anterior será de veinte días, que cuando no sea exigible reclamación previa se computará desde la adquisición de plenos efectos del alta médica o desde la notificación del alta definitiva acordada por la Entidad gestora.
- Las entidades u organismos gestores de la Seguridad Social expedirán recibo de presentación o sellarán debidamente, con indicación de la fecha, las copias de las reclamaciones que se dirijan en cumplimiento de lo dispuesto en la presente Ley. Este recibo o copia sellada, o el justificante de presentación por los procedimientos y registros alternativos que estén establecidos por la normativa administrativa aplicable, deberán acompañarse inexcusablemente con la demanda.

4. En ningún supuesto las partes podrán introducir en el proceso judicial variaciones sustanciales respecto de los hechos contenidos en la reclamación previa, salvo cuando los hechos fueran nuevos o no hubieran podido conocerse con anterioridad (art. 72 LRJS).

IX. Recomendaciones finales

- Atendida la naturaleza extraprocesal de la conciliación administrativa, la parte demandante debe obligatoriamente presentar la papeleta ante el organismo autonómico competente, independientemente de que la comparecencia de la parte demandada en el día señalado para intentar llegar a un acuerdo sea voluntaria, aunque no así la de la parte demandante, so pena de tener por no presentada la papeleta, archivándose todo lo actuado.

- La incomparecencia de la demandada puede comportar que en la sentencia que se dicte se le condene al pago de los honorarios del letrado o graduado social del actor hasta un máximo de 600 euros.
- Resulta de suma trascendencia que las partes se esfuercen en acercar sus respectivas posturas para alcanzar una avenencia que evite el procedimiento judicial, y si este no fuera posible al menos establecer unos criterios mínimos de consenso que procuren el posterior acuerdo ante el letrado de la administración de justicia o, en última instancia, ante el magistrado que conozca de las actuaciones judiciales, evitando los inconvenientes que pudiesen derivarse de una sentencia para los intereses de cualquiera de las partes en litigio.
- Lo anterior se entiende sin perjuicio de las mediaciones y arbitrajes que los convenios colectivos pudiesen establecer para determinados conflictos individuales o colectivos.
- Tanto por lo que se refiere a la conciliación administrativa como a la reclamación administrativa previa, en la posterior demanda judicial no podrán, conforme al art. 72 LRJS, alegarse hechos distintos o introducirse variaciones sustanciales de tiempo, cantidades o conceptos respectos de los que fueran objeto de la previa demanda de conciliación o del procedimiento administrativo, salvo que se refieran a hechos nuevos o que no hubieran podido conocerse con anterioridad[9].

---

9 Resulta ilustrativo a este respecto el FD Segundo de la Sentencia núm. 2494/2014 de 28 noviembre. AS 2014\3261, del Tribunal Superior de Justicia de Asturias, (Sala de lo Social, Sección 1.ª) cuando advierte de lo siguiente:
«La prohibición abarca tanto el objeto de la pretensión como a sus fundamentos, para evitar las denominadas "cuestiones nuevas" que puedan provocar indefensión en la parte contraria. No obstante, la congruencia entre el expediente administrativo y el proceso, no se altera si en éste se invocan extremos que ya figuran incorporados en el primero, aunque no estuviesen presentes en la solicitud o en la resolución administrativa, de lo que cabe concluir que aquella prohibición es relativa. La jurisprudencia del Tribunal Supremo, así lo ha destacado en sentencias como las de 10 de marzo de 2003 (RJ 2003, 3640) y 27 de marzo de 2007 (RJ 2007, 3189). La última de las citadas, cuyo fundamento de derecho tercero trae a su vez a colación la Sentencia de idéntica Sala de fecha 28 de junio de 1994 (RJ 1994, 6319), expone que "el término alegación referido a las dos partes puede llevar a la conclusión de que la Entidad Gestora no puede invocar más causas de oposición que las que expresamente haya establecido como motivación de la resolución inicial o en la desestimación de la reclamación previa y que el demandante no puede invocar más hechos para defender su pretensión que los que formalmente haya alegado al solicitar la prestación o en el escrito de reclamación previa. Pero esta interpretación extrema plantea dificultades insuperables desde la perspectiva del principio de legalidad y obligaría además a una exhaustividad en las alegaciones y en la motivación muy difícil de cumplir en la práctica. Por otra parte, no puede olvidarse que la reclamación previa es una institución instrumental de evitación del proceso; no una exigencia que limite la función jurisdiccional —como función de satisfacer pretensiones conforme a Derecho—, imponiendo una cognición limitada, en la que el juez, aunque se haya alegado y probado un hecho que de acuerdo con la norma tiene una determinada consecuencia jurídica, deba establecer una

decisión contraria a la Ley porque ese hecho no haya sido formalmente invocado en los escritos del solicitante o en las resoluciones administrativas. La prohibición de aportar al proceso hechos que no lo hayan sido al procedimiento administrativo supone ya una limitación importante que habría que relacionar con la prohibición de introducir variaciones sustanciales en la pretensión (artículo 72.1 de la Ley de Procedimiento Laboral (RCL 1995, 1144 y 1563), actual Ley de la Jurisdicción Social) y con la falta de agotamiento de la vía previa como consecuencia de su desconocimiento. Pero si esta limitación se interpreta como un mandato al juez para pronunciarse únicamente sobre el motivo de denegación que se invoca en la resolución administrativa entonces se invierte la relación entre vía administrativa previa y proceso, se subordina éste a aquélla con las graves consecuencias que de ello se derivan desde la perspectiva del principio de legalidad, del principio «iura novit curia» y, en general, de los principios que rigen la carga de la alegación y de la prueba de los hechos en el proceso".

Por su parte, lo que impide el artículo 85.1 de la Ley de la Jurisdicción Social, que deja perfectamente claro que al ratificarse la demanda el demandante no podrá realizar variación sustancial, entendiéndose como tal la que varía las causas de pedir (Sentencia del Tribunal Supremo de 11 diciembre 2013 (RJ 2013, 8465)). Señala en tal sentido la Sentencia del Tribunal Supremo de 18 de julio de 2005 (RJ 2005, 7043), "que el derecho a no sufrir indefensión, como afirma las Sentencia del Tribunal Constitucional 226/2000 (RTC 2000, 226) —con cita de las sentencias del propio Tribunal 48/1984, de 4 de abril (RTC 1984, 48); 70/1984, de 11 de junio; 50/1988, de 22 de marzo (RTC 1988, 50), y 116/1995, de 17 de julio (RTC 1995, 116)— está materialmente dirigido 'a garantizar la posibilidad de ambas partes procesales de alegar o probar cuanto consideren preciso a la defensa de sus intereses y derechos en función de igualdad recíproca'. Y es claro, que, en el procedimiento en que se dictó la sentencia de instancia el recurrente vio eliminada esta posibilidad de defensa. La Ley de la Jurisdicción Social (RCL 2011, 1845) cuida con esmero las alegaciones sorpresa que, en un proceso oral como el regulado en dicha norma, impiden la adecuada defensa de la parte. Así se prohíbe la modificación sustancial de la pretensión (artículo 85.1), o la reconvención que no hubiera sido previamente anunciada en conciliación o reclamación previa (artículo 85.2) o se impone la obligación de comunicar al Juzgado que se acudirá a juicio con asistencia técnica (artículo 21.2 y 3)". Esto es, para que pueda apreciarse una variación sustancial de la demanda es preciso que la modificación afecte de manera decisiva a la pretensión ejercitada o a los hechos en que ésta se funda, introduciendo un elemento innovador esencial en la delimitación del objeto del proceso que pueda producir indefensión para la parte demandada».

45. La eficacia de la cosa juzgada impide que sea ajustada a derecho la demanda presentada por el FOGASA, en reclamación de prestaciones indebidas, cuando dichas prestaciones han sido reconocidas previamente por sentencia firme que estimó su pertinencia[1]

Establece el art. 21 de la Ley 39/2015, de 1 de octubre, del Procedimiento Común de las Administraciones Públicas (LPA) que «La Administración está obligada a dictar resolución expresa y a notificarla en todos los procedimientos cualquiera que sea su forma de iniciación».

En el ámbito del proceso laboral, la Administración pública deberá notificar a los interesados las resoluciones y actos administrativos que afecten a sus derechos e intereses, conteniendo la notificación el texto íntegro de la resolución, con indicación de si es o no definitivo en la vía administrativa, la expresión de los recursos que procedan, órgano ante el que hubieran de presentarse y plazo para interponerlos, sin perjuicio de que los interesados puedan ejercitar, en su caso, cualquier otro que estimen procedente.

Las notificaciones que conteniendo el texto íntegro del acto omitiesen alguno de los demás requisitos previstos en el párrafo anterior mantendrán suspendidos los plazos de caducidad e interrumpidos los de prescripción y únicamente surtirán efecto a partir de la fecha en que el interesado realice actuaciones que supongan el conocimiento del contenido y alcance de la resolución o acto objeto de la notificación o resolución, o interponga cualquier recurso que proceda (art. 69.1 de la Ley 36/2011, de 10 de octubre, reguladora de la jurisdicción social —LRJS—).

Como norma general, el plazo máximo en el que debe notificarse la resolución expresa será el fijado por la norma reguladora del correspondiente procedimiento. Este plazo no podrá exceder de seis meses salvo que una norma con rango de Ley establezca uno mayor o así venga previsto en el Derecho de

1 Publicado en Linkedin el 28.11.2021.

la Unión Europea. En todo caso, cuando las normas reguladoras de los procedimientos no fijen el plazo máximo, éste será de tres meses (art. 21.2 y 3 LPA).

Ahora bien, ¿qué sucede cuando en el plazo legalmente establecido la Administración no resuelve en plazo y de manera expresa? El art. 24.1 LPA advierte expresamente que:

> «En los procedimientos iniciados a solicitud del interesado, sin perjuicio de la resolución que la Administración debe dictar en la forma prevista en el apartado 3 de este artículo, el vencimiento del plazo máximo sin haberse notificado resolución expresa, legitima al interesado o interesados para entenderla estimada por silencio administrativo, excepto en los supuestos en los que una norma con rango de ley o una norma de Derecho de la Unión Europea o de Derecho internacional aplicable en España establezcan lo contrario. Cuando el procedimiento tenga por objeto el acceso a actividades o su ejercicio, la ley que disponga el carácter desestimatorio del silencio deberá fundarse en la concurrencia de razones imperiosas de interés general.
>
> El silencio tendrá efecto desestimatorio en los procedimientos relativos al ejercicio del derecho de petición, a que se refiere el artículo 29 de la Constitución, aquellos cuya estimación tuviera como consecuencia que se transfirieran al solicitante o a terceros facultades relativas al dominio público o al servicio público, impliquen el ejercicio de actividades que puedan dañar el medio ambiente y en los procedimientos de responsabilidad patrimonial de las Administraciones Públicas».

Bajando al terreno de lo práctico, un ejemplo de lo anterior lo tenemos en las reclamaciones formuladas al Fondo de Garantía Salarial (Fogasa) respecto de las prestaciones a su cargo previstas en el art. 33 ET. Pues bien, el art. 28.7 del Real Decreto 505/1985, de 6 de marzo, sobre organización y funcionamiento del Fondo de Garantía Salarial, contempla que:

> «El plazo máximo para dictar resolución en primera instancia será de tres meses, contados a partir de la presentación en forma de la solicitud».

Superado dicho plazo legal debe entenderse concedida la prestación solicitada por silencio administrativo, tal como lo ha resuelto la Sala Social del Tribunal Supremo en su Sentencia de 16 de marzo de 2015 (Ponente Sr. Jesús Souto Prieto, rec. núm. 802/2014), cuando en su fundamento jurídico segundo afirma lo siguiente:

> «El recurrente denuncia la infracción del art. 43.1.2 y 3 a) de la Ley del Régimen Jurídico de las Administraciones Públicas y del Procedimiento Administrativo Común y del art. 28.7 del Real Decreto 505/1985.
>
> El citado art. 28.7 dispone que el plazo máximo para que el FOGASA dicte resolución "será de tres meses, contados a partir de la presentación en forma de la solicitud". Dicha disposición no establece ninguna excepción, por lo que se aplica a la totalidad de los expedientes cuya tramitación corresponde al Fondo.

La referida normativa no regula los efectos que para el administrado pudiera tener el incumplimiento del referido plazo, razón por la que ha de acudirse a la Ley 30/92 (LRJS de AP y PAC) que en su artículo 2.2 comprende al FOGASA en su ámbito de aplicación. El artículo 43.1 de esta Ley (redacción dada por Ley 25/09, sobre Libre Acceso a Actividades y Servicios) dispone que, en los procedimientos iniciados a solicitud del interesado, sin perjuicio de la resolución que la Administración debe dictar en la forma prevista..., "el vencimiento del plazo máximo sin haberse notificado resolución expresa legitima al interesado... para entenderla estimada por silencio administrativo, excepto en los supuestos en que una norma con rango de ley.... o una norma de Derecho Comunitario establezcan lo contrario", excepción que no se da en el caso de autos, donde sí se dictó, en cambio, resolución expresa extemporánea. El nº 2 de este artículo establece, a su vez, que "la estimación por silencio administrativo tiene a todos los efectos la consideración de acto administrativo finalizador del procedimiento". Y el nº 3 del mismo precepto condiciona el sentido de la resolución expresa, al disponer que "en los casos de estimación por silencio administrativo, la resolución expresa posterior a la producción del acto sólo podrá dictarse de ser confirmatoria del mismo".

Podemos adelantar, por tanto, que entendemos como doctrina correcta la de la sentencia de contraste, que se apoya en la sentencia de la Sala 3.ª de este Tribunal Supremo de 25 de septiembre de 2012, doctrina coincidente con la sentencia de la misma Sala de 15 de marzo de 2011, que interpretan y aplican la legislación vigente, al contrario que la sentencia en que se apoyó la recurrida, anterior a las leyes administrativas y reglamentos vigentes.

No podemos aceptar la argumentación del Abogado del Estado de que no resulta posible obtener por silencio administrativo licencias o autorizaciones contra legem o en contra del ordenamiento jurídico, ya que tal argumentación se refiere a supuestos distintos y, como hemos visto, lo único que puede impedir el juego del silencio positivo por el transcurso del plazo máximo en resolver, en los procedimientos iniciados de instancia o de parte, es que exista norma con rango de Ley o norma de Derecho Comunitario que prevea para el caso el efecto negativo del silencio, lo cual no ocurre en el caso de autos.

Como señala con acierto el Ministerio Fiscal, la exposición de motivos de la ley 30/92 anuncia que el silencio administrativo, positivo o negativo, no debe ser un instituto jurídico formal, sino la garantía que impida que los derechos de particulares se vacíen de contenido cuando Administración no atiende eficazmente y con la celeridad debida las funciones para las que se ha organizado. Esta garantía, exponente de una Administración en la que de primar la eficacia sobre el formalismo, solo cederá cuando exista un interés general prevalente o, cuando realmente, el derecho cuyo reconocimiento se postula no exista. Así, la sentencia de la Sala Tercera de 2-2-2012 precisa que el silencio administrativo pueda tener lugar ante cualquier clase de solicitud, siempre que su contenido sea real y posible desde el punto de vista material y jurídico.

En el caso examinado, sobre rechazo del FOGASA al abono del 40 % de la indemnización derivada de la extinción del contrato, podemos traer a colación nuestra sentencia de 26-12-2013, expresiva de que la responsabilidad del FOGASA por el 40 % de la indemnización legal de despido ex art. 33.8 del Estatuto de los Trabajadores es una responsabilidad directa, que constituye un beneficio legal a favor de las empresas que cuentan con una plantilla inferior a 25 trabajadores independientemente de la situación económica empresarial.

Por otra parte como señala la sentencia de la Sala Tercera de 17-7-2012, citada en la de la misma Sala Tercera de 25-9-12 (R. 4332/11) —a su vez traída a colación por la parte recurrente en nuestro recurso y por el Ministerio Fiscal—: "una vez operado el silencio positivo, no es dable efectuar un examen sobre la legalidad intrínseca del acto presunto, pues, si bien es cierto, que según el art. 62.1 f) de la Ley 30/92 son nulos de pleno derecho los actos presuntos 'contrarios' al Ordenamiento Jurídico por los que se adquieren facultades o derechos cuando se carezca de los requisitos esenciales para su adquisición, no es menos cierto que para revisar y dejar sin efecto un acto presunto (nulo) o anulable la Administración debe seguir los procedimientos de revisión establecidos por el art. 102, o instar la declaración de lesividad"».

En idéntico sentido se pronuncian las Sentencias de la Sala Social del TSJ de Cataluña de 10-6-2016 y 18-7-2016, precedidas de su Sentencia de 9-4-2013, núm. 2532/2013 (Rollo 4057/2012).

La más reciente Sentencia de la Sala Social del Tribunal Supremo de 11 de junio de 2018, advierte que la anterior doctrina no significa que la Sala entienda que, como regla general, pueden obtenerse prestaciones del Fogasa superiores o no previstas en la normativa vigente en cada momento. Antes al contrario: resulta evidente el carácter imperativo del artículo 33 ET. Ocurre, sin embargo, que el citado organismo está obligado a resolver en el plazo previsto en su propia norma de funcionamiento. Si no lo hace, es la propia ley (LPA) la que establece que la solicitud del interesado haya de ser estimada por silencio administrativo —resolución tácita equiparada legalmente a resolución expresa— siendo la propia norma la que prevé que, posteriormente, tal resolución presunta no puede dejarse sin efecto por la propia Administración al establecer que:

«...en los casos de estimación por silencio administrativo, la resolución expresa posterior a la producción del acto sólo podrá dictarse de ser confirmatoria del mismo».

No obstante, el hecho de que se hayan otorgado derechos superiores o no previstos legalmente, no significa que no puedan dejarse sin efecto:

«...pero, para ello, la propia ley ha previsto que tal operación únicamente puede efectuarse a través de los procedimientos revisorios previstos en las normas legales. El FOGASA, con fundamento en el entonces vigente artículo 62.1.f) LRJPAC (en la actualidad: artículo 47.1 f) LPAC): "serán nulos de pleno derecho:... los actos expresos o presuntos contrarios al ordenamiento jurídico por los que se adquieren facultades o derechos cuando se carezca de los requisitos esenciales para su adquisición", podrá iniciar el correspondiente procedimiento de revisión del acto presunto a través, en este caso, del artículo 146 LRJS en el que, además de las medidas cautelares que estime oportuno, deberá solicitar la nulidad del referido acto presunto».

Criterio que ha sido confirmado, en recurso de casación para la unificación de doctrina, por la Sentencia de la Sala Social del Tribunal Supremo, núm. 139/2020, de 13-2-2020 (Ponente Sr. Ricardo Bodas Martín, rec. 3365/2017), al incidir en su Fundamento de Derecho Cuarto, letra e), que:

«Esta doctrina no significa que la Sala entienda que, como regla general, pueden obtenerse prestaciones del FOGASA superiores o no previstas en la normativa vigente en cada momento. —Por el contrario: resulta evidente el carácter imperativo del artículo 33 ET. Ocurre, sin embargo, que el citado organismo está obligado a resolver en el plazo previsto en su propia norma de funcionamiento (Real Decreto 505/1985). Si no lo hace, es la propia ley (LRJPAC) la que establece que la solicitud del interesado ha sido estimada por silencio administrativo—resolución tácita equiparada legalmente a resolución expresa y es la propia ley la que prevé que, posteriormente, tal resolución presunta no puede dejarse sin efecto por la propia Administración al establecer que 'en los casos de estimación por silencio administrativo, la resolución expresa posterior a la producción del acto sólo podrá dictarse de ser confirmatoria del mismo».

Así pues, una vez operado el silencio positivo, no resulta posible efectuar un examen sobre la legalidad intrínseca del acto presunto, pues, aunque según el art. 62.1 f) de la LPA son nulos de pleno derecho los actos presuntos contrarios al Ordenamiento Jurídico por los que se adquieren facultades o derechos cuando se carezca de los requisitos esenciales para su adquisición, no es menos cierto que para revisar y dejar sin efecto un acto presunto (nulo) o anulable la Administración debe seguir los procedimientos de revisión o instar la declaración de lesividad.

No obstante, intentando clarificar dicha situación, el BOE núm. 150, de 27 de mayo de 2020, publicó el Real Decreto-ley 19/2020, de 26 de mayo, por el que se adoptaban medidas complementarias en materia agraria, científica, económica, de empleo y Seguridad Social y tributarias para paliar los efectos del COVID-19, cuya entrada en vigor lo fue el día 28 de mayo de 2020 (Disposición final decimoséptima).

En el preámbulo de la norma se advierte, en la letra D), sobre «Medidas en el ámbito de empleo y Seguridad Social», inserta en el apartado I, sobre «Antecedentes, motivación y medidas», que:

«Se llevan a cabo mediante este real decreto ajustes técnicos a las medidas urgentes adoptadas en materia de Seguridad Social para mitigar el impacto del COVID-19, a la luz de los problemas de interpretación que se están identificando en su aplicación. Estos ajustes son necesarios y urgentes, teniendo en cuenta la inseguridad jurídica que la redacción actual está generando en los interesados».

Entre tales ajustes:

> «...se incluye una regulación específica sobre el silencio administrativo en los procedimientos de garantía salarial previstos en el artículo 33 del texto refundido del Estatuto de los Trabajadores, de modo que, señalándose que el plazo de tramitación sea de tres meses, se dispone el silencio administrativo estimativo para el caso de que no se hubiera resuelto en plazo, bien que constreñido al reconocimiento de las obligaciones en favor de personas que puedan ser legalmente beneficiarias de esa prestación y por la cuantía que resulte por aplicación de los límites previstos en dicho artículo. Y ello para evitar que personas que en ningún caso puedan ser beneficiarias obtengan este tipo de prestaciones y también evitar que los solicitantes puedan percibir cantidades por encima de los límites máximos previstos en la ley».

Consecuentemente, la Disposición final quinta del Real Decreto-ley 19/2020 procede a la modificación del texto refundido de la Ley del Estatuto de los Trabajadores, aprobado por Real Decreto Legislativo 2/2015, de 23 de octubre (ET), añadiendo un nuevo apartado 11 al artículo 33, con la siguiente redacción:

> «El Fondo procederá a la instrucción de un expediente para la comprobación de la procedencia de los salarios e indemnizaciones reclamados, respetando en todo caso los límites previstos en los apartados anteriores.
>
> Concluida la instrucción del expediente, el órgano competente dictará resolución en el plazo máximo de tres meses contados desde la presentación en forma de la solicitud. La notificación al interesado deberá ser cursada dentro del plazo de 10 días a partir de la fecha en que el acto haya sido dictado.
>
> Transcurrido dicho plazo sin que haya recaído resolución expresa, el solicitante podrá entender estimada por silencio administrativo la solicitud de reconocimiento de las obligaciones con cargo al Fondo, sin que en ningún caso pueda obtenerse por silencio el reconocimiento de obligaciones en favor de personas que no puedan ser legalmente beneficiarias o por cuantía superior a la que resulte por aplicación de los límites previstos en los apartados anteriores. La resolución expresa posterior al vencimiento del plazo solo podrá dictarse de ser confirmatoria del reconocimiento de la obligación, en favor de personas que puedan ser legalmente beneficiarias y dentro de los límites previstos en los apartados anteriores. En todo caso, a efectos probatorios, se podrá solicitar un certificado acreditativo del silencio producido, en el que se incluirán las obligaciones con cargo al Fondo que, dentro de los límites previstos en los apartados anteriores, deben entenderse reconocidas.
>
> Contra dicha resolución podrá interponerse demanda ante el órgano jurisdiccional del orden social competente en el plazo de dos meses contados desde el día siguiente al de la notificación si el acto fuera expreso; si no lo fuera, dicho plazo se contará a partir del día siguiente a aquel en que deba entenderse estimada la solicitud conforme a lo establecido en el apartado anterior por silencio».

La reforma, pues, se adaptó a lo regulado en los ya citados arts. 21, apartados 2 y 3, y 24.1 LPA, en correspondencia con el art. 28.7 del Real Decreto 505/1985, de 6 de marzo, sobre organización y funcionamiento del Fondo de Garantía Salarial, conforme al cual:

«El plazo máximo para dictar resolución en primera instancia será de tres meses, contados a partir de la presentación en forma de la solicitud».

Ahora bien, para evitar que la resolución administrativa estimatoria por silencio positivo reconozca derechos a favor de personas que no puedan ser legalmente beneficiarias de las prestaciones reclamadas o éstas sean de cuantía superior a la que resulte en aplicación de los límites previstos en el art. art. 33 del ET, obligando a la Administración a acudir en procedimiento de revisión administrativa (art. 102 LPA), en procedimiento de declaración de lesividad de actos anulables (art. 103 LPA) o, en su caso, por medio de la Revisión de actos declarativos de derechos, a través del cauce procesal regulado en el art. 146 LRJS, el nuevo apartado 11 del art. 33 del ET establece que serán nulos de pleno derecho los actos presuntos contrarios al ordenamiento jurídico por los que se adquieren facultades o derechos por carecer de los requisitos esenciales para su adquisición, lo que vinculará al juzgador en su sentencia, haya o no certificado acreditativo del silencio producido y de su alcance legal.

No obstante lo anterior, la Sala Social del Tribunal Supremo ha dado una nueva vuelta de tuerca a toda esta cuestión resolviendo con la desestimación de la demanda presentada por el Fogasa, en reclamación de prestaciones indebidas por medio de revisar, en perjuicio del beneficiario, un acto administrativo declarativo de derechos al amparo del art 146 LRJS, cuando dichas prestaciones hayan sido reconocidas previamente por sentencia firme que haya estimado su pertinencia, en virtud del efecto del silencio positivo, al no haber resuelto el citado organismo, en el plazo reglamentario de tres meses, y acudiendo al principio de cosa juzgada.

Así, es, la muy reciente Sentencia de la Sala Social del Tribunal Supremo, núm. 985/2021, de 6 de octubre de 2021 (recud 3734/2018, ponente Sra. Rosa María Virolés Piñol), razona que:

«1. El silencio positivo opera cuando el FOGASA no ha dictado resolución expresa dentro del plazo de que dispone para resolver las solicitudes en reclamación de las prestaciones que debe garantizar a los trabajadores que han tenido reconocidos unos créditos frente al empleador y éste ha resultado insolvente, sin que la resolución denegatoria expresa emitida cuando ya se ha sobrepasado ese plazo tenga eficacia para enervar el derecho del trabajador ganado anteriormente por silencio.

Esta doctrina no significa que la Sala entienda que, como regla general, pueden obtenerse prestaciones del FOGASA superiores o no previstas en la normativa vigente en cada momento. Antes al contrario: resulta evidente el carácter imperativo del artículo 33 ET. Ocurre, sin embargo, que el citado organismo está obligado a resolver en el plazo previsto en su propia norma de funcionamiento (Real Decreto

505/1985). Si no lo hace, es la propia ley (LRJPAC) la que establece que la solicitud del interesado ha sido estimada por silencio administrativo —resolución tácita equiparada legalmente a resolución expresa— y es la propia ley la que prevé que, posteriormente, tal resolución presunta no puede dejarse sin efecto por la propia Administración al establecer que "en los casos de estimación por silencio administrativo, la resolución expresa posterior a la producción del acto sólo podrá dictarse de ser confirmatoria del mismo".

2. Obtención de prestaciones por encima de los topes legales.

El hecho de que se hayan otorgado derechos superiores o no previstos legalmente, no significa que no puedan dejarse sin efecto. No obstante, para ello, la propia ley ha previsto que tal operación únicamente puede efectuarse a través de los procedimientos revisorios previstos en las normas legales. El FOGASA, con fundamento en el entonces vigente artículo 62.1.f) LRJPAC (en la actualidad: artículo 47.1 f) LPAC): "serán nulos de pleno derecho:... los actos expresos o presuntos contrarios al ordenamiento jurídico por los que se adquieren facultades o derechos cuando se carezca de los requisitos esenciales para su adquisición", podrá iniciar el correspondiente procedimiento de revisión del acto presunto a través, en este caso, del artículo 146 LRJS en el que, además de las medidas cautelares que estime oportuno, deberá solicitar la nulidad del referido acto presunto.

3. Virtualidad de la cosa jugada

La eficacia de la cosa juzgada aboca a que no sea ajustada a Derecho la demanda presentada por el FOGASA, en reclamación de prestaciones indebidas, cuando dichas prestaciones han sido reconocidas previamente por sentencia firme que estimó su pertinencia, en virtud del efecto del silencio positivo, al no haber resuelto el citado organismo, en el plazo de tres meses, la petición de prestaciones que le formuló la trabajadora.

De admitirse en tales casos la pretensión del FOGASA se vulneraría el derecho fundamental a la tutela judicial efectiva y seguridad jurídica, que exige que las resoluciones judiciales tengan la eficacia que supone la ejecución en sus propios términos y el respeto a la firmeza de las situaciones jurídicas declaradas, entre otras SSTC 190/1999, de 25 de Octubre; 58/2000, de 28 Febrero; 135/2002, de 3 de Junio; 200/2003, de 10 de noviembre y 15/2006, de 16 de enero.

El artículo 222.4 de la LEC regula el efecto positivo o prejudicial de la cosa juzgada en el sentido de que "Lo resuelto con fuerza de cosa juzgada en la sentencia firme que haya puesto fin a un proceso vinculará al tribunal de un proceso posterior cuando en este aparezca como antecedente lógico de lo que sea su objeto, siempre que los litigantes de ambos procesos sean los mismos o la cosa juzgada se extienda a ellos por disposición legal".

En el presente caso, al igual que en la sentencia referida, nadie discute que las partes eran las mismas en este proceso y en el precedente que dio lugar a la sentencia firme que estimó la demanda del trabajador contra el Fondo y le condenó a abonar al trabajador la cantidad de 12.978,71 euros.<< Por ello, aunque acierta la sentencia recurrida al afirmar que no resulta aplicable el art. 222.1 LEC en relación con el efecto negativo de la cosa juzgada, resulta insoslayable decir que ese precedente judicial firme se configura por imperativo de lo previsto en el art. 222.4 LEC como antecedente lógico del proceso posterior y del objeto del que ahora resolvemos, puesto que el reconocimiento firme y por ello con fuerza de cosa jugada que puso fin al pleito de reclamación de prestaciones con cargo al FOGASA con la estimación de la cantidad reclamada, ha de ser por fuerza el punto de partida para cualquier decisión judicial posterior que incida en el derecho al percibo de esa prestación.

Además, debemos decir que lo que pretende el FOGASA con su demanda no es realmente revisar en perjuicio del beneficiario un acto administrativo declarativo de derechos al amparo del art 146 LRJS, puesto que el presupuesto para esa estimación de sus pretensiones sería preciso dejar sin efecto la sentencia firme, susceptible de ejecución, en la que se reconoció definitivamente de manera parcial el derecho del administrado mismo. Como hemos dicho en ocasiones precedentes, "de admitirse la pretensión del FOGASA se vulneraría el derecho fundamental a la tutela judicial efectiva y seguridad jurídica, que exige que las resoluciones judiciales tengan la eficacia que supone la ejecución en sus propios términos y el respeto a la firmeza de las situaciones jurídicas declaradas, entre otras SSTC 190/1999, de 25/Octubre, FJ 4; 58/2000, de 28/Febrero, FJ 5; 135/2002,de 3/Junio, FJ 6; 200/2003, de 10/Noviembre, FJ y 15/2006, de 16/Enero, FJ 4)".

Hay que traer a colación asimismo la STC 22/2009, de 26 de enero, con arreglo a la que "... el derecho a la ejecución de sentencias y demás resoluciones judiciales firmes constituye una manifestación del derecho a la tutela judicial efectiva, en tanto que garantía del cumplimiento de los mandatos que estas resoluciones judiciales contienen, lo que determina que este derecho tenga como presupuesto lógico y aun constitucional la intangibilidad de las resoluciones judiciales firmes y de las situaciones jurídicas por ellas declaradas. El derecho a que la ejecución de lo juzgado se lleve a cabo en sus propios términos, es decir, con sujeción al principio de inmodificabilidad de lo juzgado, se traduce, así, en un derecho que actúa como límite y fundamento que impide que los Jueces y Tribunales puedan revisar las sentencias y demás resoluciones al margen de los supuestos taxativamente previstos en la Ley (por todas, STC 86/2006, de 27 de marzo, F. 2"».

Doctrina la expuesta reiterada por las SSTS de 27 de febrero de 2019, recurso 3597/2017 (Pleno); 16 de marzo de 2020, recurso 3937/2017; 16 septiembre de 2020, recurso 4428/2017; 13 de octubre de 2020, recurso 2038/2018; y 27 de enero de 2021, recurso 4144/2019.

46.
La instructa como irregularidad procesal en el procedimiento social[1]

El art. 85.1 de la Ley 36/2011, de 10 de octubre, reguladora de la jurisdicción social (LRJS), al establecer las reglas a observar en la celebración del juicio, pone de manifiesto que con carácter previo se resolverá, motivadamente, *en forma oral* y oídas las partes, sobre las cuestiones previas que se puedan formular en ese acto, así como sobre los recursos u otras incidencias pendientes de resolución, sin perjuicio de la ulterior sucinta fundamentación en la sentencia, para posteriormente tomar la palabra el demandante para ratificar o ampliar su demanda, y sin que en ningún caso pueda hacer en ella variación sustancial[2].

La naturaleza sustancialmente oral del acto de la vista se pone de manifiesto en varios de los artículos de la LRJS (arts. 85.1 y 4, 87.4 y 5 y 89.1), tratándose de uno de los principios que junto con el de celeridad, inmediación y concentración informan el proceso social.

Como ha puesto de manifiesto la doctrina, en el procedimiento laboral predomina la oralidad sobre la escritura, lo que significa en una primera aproximación que «la resolución judicial sólo puede basarse en el material procesal aportado oralmente» (Montero Aroca). Asimismo, mediante la oralidad, «se pretende simultáneamente la simplificación del proceso, su accesibilidad por parte de los litigantes, la facilitación al juez del conocimiento de alegaciones y pruebas, así como la mayor rapidez de las actuaciones»[3].

---

1 Publicado en Economist & Jurist, el 12.12.2021 y en Linkedin el 14.10.2021.

2 «El demandado contestará afirmando o negando concretamente los hechos de la demanda, y alegando cuantas excepciones estime procedentes», y lo anterior sin perjuicio de que «Las partes harán uso de la palabra cuantas veces el juez o tribunal lo estime necesario» (art. 85, apartados 1 y 4 LRJS).

3 Sagardoy Bengoechea, Juan A. *El proceso laboral: principios informadores*.

Dicho de otro modo, el principio de oralidad significa la realización de manera verbal por contraprestación a la escrita, de algunos de los actos más significativos del proceso, aplicándose al acto del juicio y a los incidentes en fase de ejecución, pudiendo aplicarse igualmente en relación a comparecencias espontáneas realizadas por las partes con objeto de solicitar alguna diligencia, presentar documentación o cumplir algún requerimiento previo del órgano judicial[4].

Ahora bien, en la práctica forense algunos letrados y graduados sociales tienen por costumbre dar comienzo a su contestación a la demanda leyendo de manera íntegra un escrito conteniendo su oposición a los hechos de la demanda, en lo que viene conociéndose como minuta o instructa que, al finalizar el juicio, suelen entregar al Magistrado para su conocimiento.

Desde de mi particular punto de vista, tal actitud supone una seria e intolerable quiebra del principio de oralidad que informa el procedimiento laboral, por lo que acostumbro advertir a la parte de la naturaleza oral de la fase de contestación sin permitirle la lectura de ninguna instructa ni menos de aportarla al ramo de prueba documental, y ello porque la fase de contestación en ningún caso es escrita, sin perjuicio de poder hacerse valer la parte de un guión de los extremos a desarrollar en la contestación (oral) a la demanda.

Y es que el proceso laboral, se ha dicho, es directa consecuencia de la inadaptación del proceso civil común para resolver adecuadamente los litigios de trabajo[5], de modo que la ley procedimental laboral ha tomado nota de la naturaleza compensadora e igualadora de las normas laborales, materiales y adjetivas, introduciendo las correcciones equilibradoras a la igualdad formal de las partes a fin de procurar una igualdad sustancial.[6]

Al respecto, el Tribunal Supremo ha señalado que la aportación de la instructa no produce la nulidad de las actuaciones si la misma no se folió a los autos[7], o aun foliada fue aportada a los meros efectos ilustrativos sin que su contenido haya determinado la decisión judicial fuera de las alegaciones verbales[8], e incluso si la aportación de la instructa se ha realizado «con entrega de copia a la parte actora y efectuando seguidamente la empresa una exposición oral de dicha contestación», poniendo así de manifiesto la oralidad de la fase de contestación a la demanda[9].

---

4 GÓMEZ GARRIDO, Luisa María. «Derecho del Trabajo, Seguridad Social y Proceso Laboral. Una visión global para especialistas». *La Ley*. Tomo II, pág. 911.

5 Rodríguez Piñero.

6 Valdés del Re.

7 STS de 21 de julio de 1993.

8 STS 5 de julio de 1990.

9 STSJ de Cataluña de 9 de febrero de 2007, rec. 7398/05.

De manera más detallada se ha pronunciado la Sentencia núm. 2198/2013, de 21 de marzo de 2013 de la Sala Social del Tribunal Superior de Justicia de Cataluña (recurso núm. 7244/2012, ponente Sra. Matilde Aragó Gassiot), que aborda la posibilidad de que la instructa pueda generar alguna indefensión en la parte contraria, razonando su Fundamento de Derecho Segundo lo siguiente:

«El primer motivo del recurso, por la vía del artículo 193 a) de la LRJS, pide la nulidad de la sentencia, por infracción de las normas de procedimiento que han generado indefensión, alegando que la parte demandada aportó una "instructa" documento que no está contemplado en el procedimiento, arts. 94 y 87.6, y frente al que expresó en el acto de juicio su disconformidad la parte actora de manera expresa, tal como consta en el DVD 45 a 46. Dice que la aportación de la "instructa" generó una desigualdad manifiesta y por tanto generó indefensión a la parte demandante.

Es cierto que en el juicio oral, regulado en el artículo 85 de la LRJS, las alegaciones de las partes se tienen que realizar verbalmente en la comparecencia, y queda constancia en la grabación de la vista (art. 89 LRJS). Igualmente, en la fase de proposición de la prueba y de conclusiones, la intervención es verbal (art. 87) de las partes, sus defensores o sus representantes. No se prevé la documentación escrita de las posiciones de las partes, mientras que se indica que podrán hacer uso de su palabra, cuántas veces estime el juez o tribunal necesario. Pero excepcionalmente, los artículos 87.3 y el 86, de la misma ley, sí que permiten una audiencia, mediante alegaciones escritas, después de concluido el juicio, siempre por previo acuerdo del magistrado de instancia, en relación a la valoración de la prueba practicada, respecto a cuestiones que tengan que ser resueltas de oficio o por conexión o consecuencia de la prueba practicada, o en casos de extraordinario volumen o complejidad de las pruebas documentales o periciales practicadas.

La aportación de "instructa" escrita, en la fase de alegaciones, es pues una irregularidad procesal, como dice el demandante. Pero no toda irregularidad del proceso tiene que tener como consecuencia la nulidad de las actuaciones, sino únicamente aquella que por su trascendencia y gravedad, ha generado una concreta y efectiva indefensión a la parte que la alega, así lo establece la doctrina jurisprudencial, que indica que la nulidad de la sentencia o de las actuaciones tiene que ser siempre un remedio único y excepcional, siempre que el defecto no sea subsanable y que se tiene que interpretar con carácter restrictivo la norma que la regula, sin que se pueda acordar por vicios meramente formales, tal como establece el artículo 11.3 de la Ley Orgánica del Poder Judicial.

La Sala IV del Tribunal Supremo ha establecido (Sentencias de 1 diciembre 1987 EDJ 1987/8924, 28 mayo 1990 EDJ 1990/5598\4510) y 9 de abril 1991 EDJ 1991/3629) un criterio general claramente restrictivo sobre la declaración de la nulidad de actuaciones al atender el carácter instrumental de las formas y las consecuencias negativas de esta decisión sobre el proceso. En el mismo sentido la Sala IV del Tribunal Supremo ha establecido también (Sentencia de 10 de abril 1990 EDJ 1990/4038) que "es constante doctrina de la Sala la que afirma que la nulidad de las resoluciones judiciales es una medida excepcional que, por sus negativas consecuencias sobre el proceso, tiene que limitarse a los supuestos legalmente tipificados en el arte. 238 de la Ley Orgánica del Poder Judicial y a los vicios formales especialmente cualificados que menciona el n.º 1 del art. 240 de dicha Ley, respecto de los que no pueda operar la subsanación prevista en el n.º 2 de este último artículo, sin que en ningún caso irregularidades formales carentes de auténtica proyección invalidante, al no impedir que el acto alcance su fin ni generar indefensión, puedan justificar la adopción de tal medida cono infracción del principio de economía procesal". (En sentido análogo, Sentencia de la Sala IV del Tribunal Supremo de 2 de marzo 1992 EDJ 1992/2023).

La Sala IV del Tribunal Supremo (Sentencia de 30 de octubre 1991 EDJ 1991/10309) ha establecido los criterios siguientes: "1) La anulación de sentencia es un remedio último y excepcional al que sólo cabe acudir cuando el Tribunal que conoce del recurso no pueda prácticamente adoptar una decisión correcta de la controversia planteada (entre otras muchas Sentencias, las de 20 abril EDJ 1988/3255 y 16 mayo 1988 EDJ 1988/4192 (y), 'o no haya podido ser subsanada por una u otra vía (S. 17 octubre 1989 EDJ 1989/9180)'".

Por otro lado el Tribunal Constitucional ha dicho también que "para que las irregularidades procesales produzcan el radical efecto de la nulidad de actuaciones se precisa que, como señala el Ministerio Fiscal en sus alegaciones, la indefensión que produzcan tiene que ser material y efectiva y no simplemente posible". (Auto del Tribunal Constitucional de 15 de enero de 1996); nulidad que comporta la indefensión material y no meramente formal atendido "que el citado defecto haya causado un perjuicio real y efectivo para el demandado en sus posibilidades de defensa (SSTC 43/1989 EDJ 1989/1852, 101/1991 EDJ 1991/5025, 6/1992 EDJ 1992/270 y 105/1995 EDJ 1995/3109), ..." (Sentencia del Tribunal Constitucional n.º 118/1997, de 23 junio EDJ 1997/4030).

En el caso concreto, el recurso no dice en qué concretamente le ha generado indefensión la aportación de la "instructa" por la parte demandada, más allá del juicio de intencionalidad que afirma. Tampoco se deduce de la sentencia que haya tenido la cuenta en su razonamiento algún elemento que se deduzca de aquella y no de las al legaciones verbalmente formuladas y con respeto por tal a los principios de audiencia, defensa y contradicción. Por lo tanto, el motivo de nulidad no puede ser atendido».

Por lo tanto, lo recomendable es no leer un farragoso y extenso escrito a modo de imposible por ilegal contestación escrita de la demanda, sino desarrollar los puntos esenciales de dicha contestación mediante el empleo de un guión.

Y desde luego, no puede aportarse la instructa al ramo de prueba documental, como si de un documento probatorio más se tratase, y mucho menos que el juzgador razone o fundamente su sentencia en base a la misma más allá de la estricta exposición verbal, si no es con manifiesto quebranto de la igualdad procesal de la parte actora. Y ello sin perjuicio de la deferencia que pueda suponer hacer entrega al Magistrado y a la parte actora de copia de la instructa, cuyo contenido deberá ser sustancialmente idéntico a lo expuesto por la demandada de manera verbal en el acto de juicio.

47.
La suspensión del procedimiento social con ocasión de la tramitación de causa penal vinculada con el despido impugnado en sede judicial[1]

Voy a referirme a un supuesto que considero de gran interés atendidos los efectos que sobre la calificación judicial del despido puedan desprenderse.

Partamos de la previa notificación escrita de un despido disciplinario, basado, por ejemplo, en la agresión física o verbal supuestamente cometida por un trabajador frente a un compañero de trabajo, o bien, en el hurto de productos o bienes en el centro de trabajo.

La empresa, como es previsible, decide extinguir la relación laboral acudiendo a la vía del art. 54.2 del Real Decreto Legislativo 2/2015, de 23 de octubre, por el que se aprueba el texto refundido de la Ley del Estatuto de los Trabajadores —ET—, letras c) —«Las ofensas verbales o físicas al empresario o a las personas que trabajan en la empresa o a los familiares que convivan con ellos»— y d) —«La transgresión de la buena fe contractual, así como el abuso de confianza en el desempeño del trabajo»—.

Formulada la preceptiva demanda ante la jurisdicción social, admitida a trámite y señalada fecha para juicio, se da cuenta al tribunal de la interposición por parte de la empresa o de la persona agredida de una denuncia o querella frente al trabajador despedido por la presunta comisión de un delito, instruyéndose la causa ante la jurisdicción penal, motivo por el cual se solicita del juzgado de lo social que conoce del despido disciplinario la suspensión de los actos de conciliación y de juicio a la espera de que se dicte resolución que de fin a la causa penal.

¿En tal caso, es posible acceder a dicha suspensión?

Recordemos que las causas de suspensión en el orden jurisdiccional social se hayan reguladas y tasadas en el art. 86 de la Ley 36/2011, de 10 de octubre, reguladora de la jurisdicción social (LRJS), precepto que parte de la afirmación

1 Publicado en la Revista Consell Obert, editada por el Colegio de Graduados Sociales de Barcelona, núm. 363, de septiembre-octubre de 2021 (págs. 9 a 11).

de que «En ningún caso se suspenderá el procedimiento por seguirse causa criminal sobre los hechos debatidos», salvo lo exceptuado en su apartado 2, referido al supuesto en que «fuese alegada por una de las partes la falsedad de un documento que pueda ser de notoria influencia en el pleito, porque no pueda prescindirse de la resolución de la causa criminal para la debida decisión o condicione directamente el contenido de ésta, continuará el acto de juicio hasta el final, y en el caso de que el juez o tribunal considere que el documento pudiera ser decisivo para resolver sobre el fondo del asunto, acordará la suspensión de las actuaciones posteriores y concederá un plazo de ocho días al interesado para que aporte el documento que acredite haber presentado la querella. La suspensión durará hasta que se dicte sentencia o auto de sobreseimiento en la causa criminal, hecho que deberá ser puesto en conocimiento del juez o tribunal por cualquiera de las partes», de modo que «si cualquier otra cuestión prejudicial penal diera lugar a sentencia absolutoria por inexistencia del hecho o por no haber participado el sujeto en el mismo, quedará abierta contra la sentencia dictada por el juez o Sala de lo Social la vía de la revisión regulada en la Ley de Enjuiciamiento Civil».

Conforme a la literalidad del expresado precepto, en la situación expuesta, el juez de lo social debería denegar la suspensión postulada y continuar con el procedimiento hasta dictar sentencia con libertad de criterio en base a la valoración conjunta de la prueba admitida y practicada, de modo que apreciando los elementos de convicción, declare expresamente los hechos que estime probados, haciendo referencia en los fundamentos de derecho a los razonamientos que le han llevado a esta conclusión (arts. 87.2, 88.1 y 97.2 LRJS).

Sólo para el supuesto de que ambas sentencias, la social y la penal, una vez firmes, discreparan en los hechos declarados probados se alzaría la posibilidad de poder acudir en demanda de revisión (arts. 509 a 516 de la Ley 1/2000, de 7 de enero, de Enjuiciamiento Civil —LEC—).

Debe advertirse, conforme ha puesto de manifiesto la doctrina científica, que la revisión no entra en la categoría de los recursos sino que se configura como una pretensión impugnativa de la sentencia firme sobre una base fáctica nueva y diferente de la que fue tratada en el proceso anterior (Sentencia del Tribunal Constitucional núm. 158/1987, de 20 de octubre), teniendo la consideración de proceso o juicio autónomo (Sentencia del Tribunal Supremo, Sala 1ª, de 18 de marzo de 1998).

De lo dicho se desprende que la revisión no es un recurso (Sentencia del Tribunal Constitucional número 158/1987, de 20 de octubre), pues no se continúa el mismo proceso en otra fase o etapa, sino que se trata de un nuevo proceso, por cuanto:

a) La revisión sólo procede contra sentencias firmes que resuelvan sobre el fondo del asunto (artículo 509 LEC), pero precisamente las sentencias son firmes cuando contra ellas no cabe recurso alguno (artículo 207.2 LEC). En ningún caso puede confundirse la revisión con una nueva instancia ni cabe tratar de nuevo en ella las cuestiones debatidas en el pleito en que se dictó la sentencia que se impugna (Sentencia del Tribunal Supremo, Sala 1.ª, de 27 mayo 2003).

b) Si fuese un recurso procedería únicamente contra las sentencias del Tribunal Supremo, es decir, guardando el orden debido y evitando la revisión *per saltum*; pero no es así, pues mediante la revisión pueden impugnarse todas las sentencias firmes, sea cual fuere el órgano jurisdiccional que las dictara.

c) La pretensión que se ejercita en la revisión no es la misma que se ejercitó en el proceso anterior, diferenciándose en la fundamentación y en la petición (los elementos objetivos que identifican el objeto del proceso); los recursos continúan el proceso en una fase distinta mientras que la revisión tiene como fundamento los hechos calificados de motivos de revisión y como objeto la petición de que se rescinda la sentencia firme.

Del mismo modo, el art. 236.1 de la LRJS se refiere a que «Contra cualquier sentencia firme dictada por los órganos del orden jurisdiccional social y contra los laudos arbitrales firmes sobre materias objeto de conocimiento del orden social, procederá la revisión prevista en la Ley 1/2000, de 7 de enero, de Enjuiciamiento Civil, por los motivos de su artículo 510 y por el regulado en el apartado 3 del artículo 86, de la presente Ley. La revisión se solicitará ante la Sala de lo Social del Tribunal Supremo».

Todo lo anterior debe conducir a que, conforme contempla el art. 516.1 de la LEC «Si el tribunal estimare procedente la revisión solicitada, lo declarará así, y rescindirá la sentencia impugnada. A continuación mandará expedir certificación del fallo, y devolverá los autos al tribunal del que procedan para que las partes usen de su derecho, según les convenga, en el juicio correspondiente. En este juicio, habrán de tomarse como base y no podrán discutirse las declaraciones hechas en la sentencia de revisión».

Ahora bien, dicho *iter* procesal comporta un largo recorrido que puede ser salvado, en aras de un elemental principio de seguridad y de economía procesal, acordando la suspensión del procedimiento social hasta que se resuelva la cuestión en el ámbito de la jurisdicción penal.

En apoyo de dicha tesis, debe invocarse la Sentencia de la Sala Social del Tribunal Supremo de 21 de diciembre de 2012 (rec. núm. 1165/2011, Ponente Sra. Luisa Segoviano Astaburuaga) y la Sentencia de la misma Sala de 9 de febrero de 2009 (rec. núm. 4115/2007. Ponent Sr.: Jesús Gullón Rodríguez), cuyo Fundamento de Derecho tercero afirma lo siguiente (la negrita es mía):

> «Cumplido el requisito de contradicción procedería entrar a conocer del fondo del asunto, examinando la censura jurídica formulada. Sin embargo, no cabe tal examen sin valorar la trascendencia que pueda tener la modificación de la relación de hechos probados, en virtud de la incorporación de la sentencia penal firme, que supone la adición de un hecho nuevo, **de influencia decisiva en la resolución del**

litigio, pues se trata de una sentencia firme que establece que el actor ... es autor de un delito continuado de apropiación indebida, atendida la comisión de determinados hechos, **entre los que se encuentran los imputados por la empresa como causa del despido. Esta circunstancia no puede ser ignorada por la Sala, ya que se ha de incorporar al relato de hechos probados los realizados por el actor y calificados como constitutivos de un delito** de apropiación indebida por la Audiencia Provincial de Barcelona.

La Sala tiene vedada la revisión del relato de hechos probados, por lo que no podría incorporar este nuevo hecho, lo que vulneraría la tutela judicial efectiva y produciría indefensión pues, aunque no se ha producido infracción procesal alguna generadora de dicha indefensión, ésta se produce para el demandado recurrente, de forma material y efectiva, en virtud de una circunstancia sobrevenida que no le es imputable, que es la sentencia firme penal, dictada con posterioridad a la sentencia de la Sala de lo Social del Tribunal Superior de Justicia del País Vasco. Para satisfacer el derecho de la parte a la tutela judicial efectiva y evitar la indefensión procede decretar la nulidad de actuaciones al amparo de lo establecido en el artículo 240.2 LOPJ, debiendo entenderse la petición de nulidad consustancial a la solicitud de la recurrente de que de incorporarse a los autos la sentencia penal dictada por la Audiencia Provincial de Barcelona, sección segunda..., y que dicha incorporación surta los efectos correspondientes, es decir, integrar con su contenido los hechos probados y, a la vista de la nueva **relación de probanza, resolver acerca de la calificación de despido**.

Procede, por lo tanto, acordar la nulidad de lo actuado, reponiendo las actuaciones al momento anterior a dictarse la sentencia de instancia, a fin de que por el juzgador de instancia se dicte nueva sentencia en la que se integren los hechos probados con el contenido de la sentencia penal de referencia, procediendo a su valoración jurídica con absoluta libertad de criterio».

Así pues, el Tribunal Supremo parte del criterio de que resulta necesario conocer con toda su amplitud y exactitud la conducta patronal sancionada, y que no hay que sostener que se produce sino cuando la conducta del trabajador lleva a cabo todo su recorrido en la jurisdicción penal, sin necesidad de celebrar el juicio social antes de conocer el relato fáctico que confirme en vía penal la comisión de los hechos que han sido objeto y razón del despido impugnado.

En base a tales consideraciones, mi criterio es el de evitar precisamente que, por desconocer la relación de hechos probados que contenga la sentencia firme en vía penal, se dicte sentencia calificando el despido de forma contradictoria a lo realmente acontecido, acudiendo a la demanda de revisión, velando así por la adecuada seguridad jurídica de las partes procesales con pleno respeto a la tutela judicial efectiva proclamada en el art. 24 de la CE.

Criterio que debe sostenerse aun cuando la STSJ de Madrid núm. 365/2011, de 23 de mayo de 2011 (rec. núm. 70/2011) se remite a lo expuesto por el Tribunal Supremo en su sentencia de 21-12-2010 (rec. 4073/2010), que refiere doctrina constitucional (STC 36/1985, de 8 de marzo) sintetizable así: «"La jurisdicción penal y la laboral persiguen fines diversos, operan sobre culpas distintas y no manejan de idéntica forma el material probatorio para enjuiciar en ocasiones una misma conducta" (STC 36/1985), recordando que (...) en este sentido ha de tenerse en cuenta que la jurisprudencia y la doctrina del TC es unánime y reiterada en la consideración de que los órdenes jurisdiccionales penal y social son plenamente independientes, y el enjuiciamiento en el orden penal de unos hechos que también han sido valorados en el social, en este caso a efectos de despido disciplinario, no tiene por qué ser coincidente».

Y en el mismo sentido se refiere a la STS de 11-11-2004 (recurso de revisión 51/2002) recordando que: «La finalidad del proceso de despido no es la declaración de culpabilidad del despedido, sobre el que no se ha formulado acusación de culpabilidad penal, sino que su objeto, al que debe contraerse la actuación procesal de las partes y del órgano jurisdiccional laboral, se centra en el debate sobre si existe o no, a la luz del derecho laboral, una causa justificadora al despido disciplinario realizado por el empleador y la comprobación al efecto se desenvuelve en el marco establecido por las normas sustantivas y procesales laborales, entre las que se encuentra el art. 89.2 LPL, que faculta al juzgador para formar su convicción conforme a las pruebas practicades en el proceso laboral. Con ello no se desconoce, ni se reduce a la nada la sentencia penal firme, sino que se limita su campo de aplicación a la esfera penal en la que se dictó, sin que afecte a la realidad jurídica que ya quedó cualificada en una sentencia laboral, que también goza de firmeza».

Consecuentemente y aplicando similares argumentos, el debate debe centrarse, en mi opinión, en determinar con exactitud y precisión los hechos probados que determinen la conducta observada por el trabajador despedido, de manera que puedan conciliarse los criterios de valoración de ambas jurisdicciones, social y penal, en aquello que resulte acreditado, siendo ajustada a derecho, en suma, la suspensión, entre tanto no finaliza el procedimiento penal, del seguido en el ámbito social.

48.
La opción del empresario entre la readmisión del trabajador o el abono de la indemnización en los supuestos de despido declarado improcedente exige que sea manifestada por escrito[1]

La Sentencia de la Sala Social del Tribunal Supremo núm. 95/2020, de fecha 4 de febrero 2020 (rec. núm. 1788/2017, ponente Sr. Sebastián Moralo Gallego) resuelve el conflicto acerca de si el ingreso en la cuenta de consignaciones del juzgado de la suma correspondiente a la indemnización en caso de despido improcedente, puede considerarse como opción tácita de la empresa por la resolución indemnizada de la relación laboral, cuando no ha manifestado expresamente por escrito o mediante comparecencia su voluntad de optar por el pago de la indemnización.

Para la expresada resolución (FD Tercero.1), el punto de partida para la resolución del recurso no puede ser otro que lo dispuesto en el art. 56. 1.º ET: «Cuando el despido sea declarado improcedente, el empresario, en el plazo de cinco días desde la notificación de la sentencia, podrá optar entre la readmisión del trabajador o el abono de una indemnización...».

Si ya este precepto no apunta en favor de ninguna fórmula de exteriorización tácita de la manifestación empresarial por la opción, con mayor rotundidad veda esa posibilidad el art. 110. 3 LRJS, al imponer que «La opción deberá ejercitarse mediante escrito o comparecencia ante la oficina del Juzgado de lo Social, dentro del plazo de cinco días desde la notificación de la sentencia que declare el despido improcedente, sin esperar a la firmeza de la misma, si fuera la de instancia».

Como es de ver, el legislador no se ha limitado solamente a reconocer el derecho a tal opción en favor de la empresa —con carácter general—, sino que ha ido más allá y ha dispuesto específicamente el modo, la forma, el tiempo y manera en que debe ejercitarse: por escrito o comparecencia, en los cinco

1 Publicado en Economist & Jurist, el 25.5.2022.

días siguientes a la sentencia que declara la improcedencia y sin esperar a su firmeza, lo que demuestra la clara intención de rodear ese acto de una serie de formalidades ineludibles para dotarlo de la necesaria seguridad jurídica que tan perentorio plazo exige, además de evitar cualquier equívoco con las normas del art. 111 LRJS que desarrollan los efectos jurídicos derivados de la interposición de recurso contra las sentencias que declara la improcedencia del despido y contemplan la ejecución provisional de la sentencia; así como con el cumplimiento de los requisitos para recurrir que demandan igualmente la consignación a tal efecto del importe de la indemnización, ex art. 230.1 LRJS.

En definitiva, el TS rechaza la posibilidad de la opción tácita por la indemnización (exigiendo, por el contrario, que la opción de la empresa por la indemnización se manifieste de manera expresa) apoyándose en los siguientes razonamientos:

Primero. A partir de la literalidad del art. 56.1 ET entiende que «el precepto no apunta en favor de ninguna fórmula de exteriorización tácita de la manifestación empresarial por la opción».

Y añade que:

> «...con mayor rotundidad veda esa posibilidad el art. 110.3 LRJS, al imponer que "La opción deberá ejercitarse mediante escrito o comparecencia ante la oficina del Juzgado de lo Social, dentro del plazo de cinco días desde la notificación de la sentencia que declare el despido improcedente, sin esperar a la firmeza de la misma, si fuera la de instancia"».

Segundo. «El legislador no se ha limitado solamente a reconocer el derecho a tal opción en favor de la empresa —con carácter general—, sino que ha ido más allá y ha dispuesto específicamente el modo, la forma, el tiempo y manera en que debe ejercitarse: por escrito o comparecencia, en los cinco días siguientes a la sentencia que declara la improcedencia y sin esperar a su firmeza».

En cualquier caso, esta regulación:

> «...demuestra la clara intención de rodear ese acto de una serie de formalidades ineludibles para dotarlo de la necesaria seguridad jurídica que tan perentorio plazo exige, además de evitar cualquier equívoco con las normas del art. 111 LRJS que desarrollan los efectos jurídicos derivados de la interposición de recurso contra las sentencias que declara la improcedencia del despido y contemplan la ejecución provisional de la sentencia; así como con el cumplimiento de los requisitos para recurrir que demandan igualmente la consignación a tal efecto del importe de la indemnización, ex art. 230.1 LRJS. Interpretación en la que abunda lo establecido en el art. 110. 1 letra a) LRJS».

Tercero. Esta interpretación se ve reforzada por la literalidad del art. 110.1 letra a) LRJS, posibilitando la anticipación de la opción a través de una manifestación expresa y con ello evidenciándose «que esa declaración de voluntad ha de ser necesariamente inequívoca, clara y concluyente, sin admitir ninguna otra manifestación que no pase por su expresa y terminante expresión ante el órgano judicial».

Cuarto. La opción tácita en favor de la readmisión ex art. 56.3 ET también contribuye a corroborar esta interpretación, porque con ello «se quiere (...) evitar cualquier posibilidad de admitir por el contrario una opción tácita favorable a la extinción indemnizada de la relación laboral, incompatible y contraria a esa previsión legal».

Quinto. Para el empresario resulta muy fácil y sencillo dar cumplimiento a estos requisitos formales:

> «...que se resumen en la simple y mera presentación de un escrito o la realización de una comparecencia ante el juzgado —cuando es lo cierto que de igual manera han debido comunicar por escrito la realización de la consignación judicial de la indemnización que pretende hacer valer como manifestación de la opción por la no readmisión—, con lo que no se le impone el cumplimiento de ninguna carga que pudiere calificarse como excesivamente gravosa y que de alguna forma pudiere justificar por este motivo una interpretación flexibilizadora de la norma. Bien al contrario, la introducción de criterios de mayor flexibilidad no previstos en la Ley para el cumplimiento de una exigencia legal de tan sencillo trámite, no haría sino introducir enormes dosis de inseguridad para la ejecución provisional y definitiva de las sentencias de despido, que es precisamente lo que ha querido evitar el legislador con introducción de tales exigencias formales en la regulación de esta materia».

Para finalizar esta breve exposición, la reciente Sentencia de la Sala Social del Tribunal Supremo núm. 393/2022, de 27 de abril de 2022 (rec. núm. 4230/2020, ponente Sra. Rosa María Virolés Piñol) reitera la anterior doctrina confirmando que el ingreso de la indemnización en la cuenta de consignaciones no supone el ejercicio de la opción por el empresario.

Habrá, pues, de estar alerta en este tipo de opciones, de carácter eminentemente formal, si no queremos que la sentencia se declare fatalmente firme.

49.
Las dobles escalas salariales establecidas en convenio colectivo deben considerarse nulas si no existe una justificación objetiva y razonable[1]

Traigo a colación la Sentencia núm. 105/2021, de 14 de octubre de 2021, dictada por la Sala Social del Tribunal Supremo en unificación de doctrina, de la que fue ponente el Sr. Ignacio García-Perrote Escartín.

La expresada sentencia aborda la problemática suscitada en torno a determinar la licitud o no de la doble escala salarial aplicada por la empresa recurrente, en cumplimiento de las previsiones del convenio colectivo del centro de trabajo, que deriva de la fecha de ingreso en la empresa y que se proyecta en el complemento de antigüedad, reclamándose en el concreto supuesto analizado diferencias por la indemnización derivada del despido efectuado al trabajador como consecuencia de un despido colectivo.

La sentencia recurrida por la empresa demandada es la de la Sala de lo Social —sede de Sevilla— del Tribunal Superior de Justicia de Andalucía de 18 de septiembre de 2018, dictada en el recurso de suplicación núm. 2768/2017, que estimó el recurso de suplicación formulado por el trabajador y, con revocación de la sentencia de instancia, incrementó la indemnización por despido individual derivado de un despido colectivo, al considerar ilícita la doble escala salarial aplicada por la empresa en función de la fecha de ingreso establecida por el correspondiente convenio colectivo de centro de trabajo.

Como cuestión previa, debe advertirse que la jurisprudencia de la Sala Social en torno a la doble escala salarial se sintetiza, entre otras, en las SSTS de 17 de junio de 2010 (rec. 148/2009), 18 de junio de 2010 (rec. 152/2009), 14 de febrero de 2017 (rec. 43/2016), 9 de marzo de 2017 (rec. 135/2016) y 28 de noviembre de 2018 (rec. 193/2015).

1 Publicado en Linkedin, el 13.10.2022.

En esta última se razona que la uniforme doctrina de la sala ha venido a vetar la posibilidad de que el convenio colectivo establezca diferencias retributivas entre los trabajadores por la sola y única circunstancia de su fecha de ingreso en la empresa, declarando por este motivo la nulidad de las dobles escalas salariales que puedan establecerse en función exclusiva de esa particularidad, cuando no tienen una justificación objetiva y razonable que salve esa diferencia de trato que en otro caso resultaría contraria al principio de igualdad que consagra el artículo 14 CE.

Asimismo, la STS de 10 de noviembre de 2010 (rec. 140/2009), sintetiza la doctrina sobre la doble escala salarial, sobre la base de los siguientes principios:

1. La doble escala salarial cuando se establece por un convenio colectivo estatutario, que, a diferencia de lo que ocurre con los acuerdos privados o las decisiones empresariales (STC 34/1984), es un instrumento de regulación que se inserta en el ordenamiento jurídico, conculca el principio constitucional de igualdad, si la diferencia de trato que se establece no tiene una justificación objetiva y razonable.
2. Esa justificación podría estar constituida por la garantía de los derechos adquiridos para los trabajadores que, de acuerdo con el régimen convencional aplicable con anterioridad, tuvieran reconocidos o en curso de reconocimiento los correspondientes conceptos.
3. Sin embargo, dicha garantía de los derechos adquiridos no se concibe de forma dinámica, como mantenimiento de un régimen jurídico que puede determinar la aplicación en el tiempo de cantidades variables o actualizadas, sino de forma estática, limitándose a conservar los derechos ya reconocidos a los trabajadores en el momento en que se produce el cambio normativo, sin que se establezcan «dos regímenes de antigüedad diferentes y abiertos al futuro».

Con mayor precisión, la STS 21 de octubre de 2014 (rec. 308/2013), en relación al artículo 14 CE, precisó que «si bien la igualdad de trato no cabe en dicho ámbito en sentido absoluto, pues la eficacia en el mismo del principio de autonomía de la voluntad, deja margen a que por acuerdo privado por decisión del empresario unilateral en el ejercicio de los poderes de organización de la empresa, pueda libremente disponer la retribución del trabajador imputando los mínimos legales o convencionales, en la medida que la diferencia salarial no tenga un significado discriminatorio por incidir en alguna de las causas prohibidas en la Constitución o ET», por lo que admite, que en «el ámbito de las relaciones privadas en el que el convenio colectivo se incardina, los derechos fundamentales, y entre ellos el de igualdad, han de aplicarse matizadamente, haciéndolos compatibles con otros valores que tienen su origen en el principio de la autonomía de la voluntad con independencia de que el Convenio Colectivo, como fuente reguladora de la relación laboral, según el artículo 3 del ET, tiene que someterse y ajustarse a los dictados de la Constitución, de la Ley y de los reglamentos, respetando en todo caso los principios y los derechos constitucionales».

Tras lo que concluye rotundamente que, pese a ello, no puede incurrir el convenio colectivo en el establecimiento de diferencias en el trato de los trabajadores, a menos que tales diferencias sean razonables, objetivas, equitativas y proporcionadas, estando el convenio colectivo facultado para establecer determinades diferencias en función de las particulares circunstancias concurrentes en cada caso, sin que cuando se trata de la retribución del trabajo quepan las generalizaciones, de manera que el principio general a tener en cuenta sea el de igual retribución a trabajo de igual valor, como ordena el artículo 28 del ET, motivo por lo que en principio está desprovista de toda fundamentación razonable la inclusión en el convenio colectivo de diferencias salariales en atención únicamente a la fecha de la contratación.

Fijadas las anteriores premisas, la sentencia objeto de comentario entra a resolver el conflicto planteado como resultado del convenio colectivo del centro de trabajo, en el que se resuelve con respecto del «Complemento Personal de Antigüedad» lo siguiente:

1. Se establece un complemento personal de antigüedad a percibir en 14 pagas (doce mensualidades más las Pagas de Verano y Navidad). El importe anual de este complemento por escalones figura en el Anexo X.
2. El número máximo de trienios y quinquenios que podrá acumular cada persona será de dos trienios y cuatro quinquenios.
3. El personal que ascienda de nivel a partir de 01.01.94, seguirá percibiendo dentro del complemento personal de antigüedad la cantidad que por sobrante del antiguo Fondo le corresponda en dicha fecha en el nivel de origen, a la que se aplicarán los incrementos generales pactados. El importe de los trienios y quinquenios serán los correspondientes al nuevo escalón de calificación.
4. Este nuevo complemento se aplicará desde el 01.01.94.
5. El personal que ingrese en la fábrica a partir de 1 de en 1995 no percibirá el complemento personal de antigüedad ni devengará trienios ni quinquenios.

Pues bien, para el TS el citado convenio colectivo en cuestión pudo suprimir el complemento de antigüedad para todos los trabajadores o, incluso, respetar tan solo los derechos adquiridos hasta su entrada en vigor, pero lo que no resulta aceptable es que el convenio colectivo mantenga el premio de antigüedad y lo establezca para el futuro en cuantía distinta para dos colectivos de trabajadores, y lo haga exclusivamente en función de que la fecha de su ingreso en la empresa como fijos sea anterior o posterior al 31 de mayo de 1995, razonamiento que lo efectúa a partir de dos argumentos esenciales:

a) Podría admitirse que a quienes ingresaron antes se les reconociera un complemento único y no compensable por la cantidad hasta entonces cobrada y que a partir de ese día cobrasen igual plus de antigüedad que los de nuevo ingreso, pero sin que sea aceptable que, a partir de determinada fecha, unos generen un plus de antigüedad por cuantía muy superior al que generan otros trabajando el mismo número de años (STS 06/11/07, rcud 2809/2006).

b) Es rechazable una cláusula de diferenciación que no se limita a conservar una determinada cuantía retributiva ya percibida, sino que instaura, sin que —se insiste— conste justificación, un cuadro doble de complemento de antigüedad con elementos de cálculo dinámicos en cada uno de sus componentes, destinados por tanto a perpetuar diferencias retributivas por el mero hecho de la fecha de ingreso en la empresa (STS 05/07/06, rec. 95/2005, reproducida por la de 27/09/07, rec. 37/2006).

Para acabar señalando que el Tribunal Constitucional tuvo ya ocasión de declarar que «la distinta fecha de ingreso en la empresa, por sí sola, no puede justificar un modo diferente de valoración de la antigüedad en el convenio de un grupo de trabajadores respecto del otro, puesto que su lógica descansa en un trato peyorativo a quien accede más tarde al empleo, haciendo de peor condición artificiosamente a quienes ya lo son por las dificultades existentes en la incorporación al mercado de trabajo y por la menor capacidad de negociación con la que cuentan en el momento de la contratación, con lo que la diversidad de las condiciones laborales que de ello se deriva supone una infravaloración de su condición y de su trabajo» (STC 27/2004, de 4 de marzo, FJ 6).

Sin embargo nada impide que en el nuevo convenio, y a partir de su entrada en vigor, se fije una estructura salarial que trate por igual a todos los trabajadores a los que ha de aplicarse (sin perjuicio de que se respeten las percepciones consolidadas); pues lo que es reprochable desde la perspectiva del derecho a la igualdad es que se establezca una valoración de la antigüedad para el futuro de modo distinto para dos colectivos de trabajadores, y que se haga exclusivamente en función de la fecha de su ingreso en la empresa.

Añadiendo, seguidamente, otras dos consideraciones:

a) Para que la diferencia salarial fundada en el concepto de antigüedad pueda ser conforme al principio de igualdad es necesario que, en el seno del convenio, se introduzca algún tipo de compromiso empresarial que conlleve una contraprestación a los afectados que pueda hacer potencialmente compatible la medida con el artículo 14 CE.

b) Con base en pautas de compensación o reequilibrio, debe determinarse el establecimiento de la diferencia de modo transitorio, asegurando su desaparición progresiva (STC 27/2004, de 4 de marzo, FJ 7).

Made in United States
Orlando, FL
06 November 2026

90301611R00210